Clemens J. Setz

La abeloj kaj la nevidebla

Clemens J. Setz

La abeloj
kaj la nevidebla

Tradukita el la germana de
Detlef Karthaus

MONDIAL

Mondial
Novjorko

Clemens J. Setz:
La abeloj kaj la nevidebla

Tradukita el la germana en Esperanton
de Detlef Karthaus

Kun enkonduko de Jan P. Sandel

La eldonejo kaj la tradukisto dankas al Jan P. Sandel
ankaŭ pro la kontrollegado kaj helpo dum la tradukado.

Originala germanlingva titolo:
Die Bienen und das Unsichtbare

© Suhrkamp Verlag Berlin 2020.
All rights reserved by and controlled through Suhrkamp Verlag Berlin.
Ĉiuj rajtoj rezervitaj kaj kontrolitaj de la eldonejo Suhrkamp, Berlino.

© Por la Esperanto-traduko: Detlef Karthaus kaj Mondial 2023.

Kovrilo: Mondial

ISBN 9781595694577

www.esperantoliteraturo.com

Enkonduko

Videbligi la nevideblan en la granda ora ĉelaro

Ĉiu komunumo profitegas de la okaza privilegio esti vole-nevole konfrontita kun la imagaĵo, kiun ĝi elvokas sub iu lumĵetilo de la eksterkomunuma mondo. Principe ne ludas rolon, ĉu la imagaĵo estas perceptita per la okuloj de sobra sciencisto aŭ per la intuiciplenaj okuloj de poeto, kiu sondadas la abismojn de la homa ekzistado – la ĉefa afero estas, ke temas pri la okuloj de eksterkomunumulo. (Cetere, tiuj du nature malsamaj aliroj, la scienca kaj la poezia, estas nepre distingendaj. Ĉu vi atendas sekan, sobran, sisteme sciencan fenomenologion pri planlingvoj? Ĉu vi neniam deklamis poemon, plenkore ĝuante la pejzaĝon de ĝia komponaĵo? Tiukaze tuj formetu la jenan libron – ĝi enhavas en si la potencon endanĝerigi vian ĝisnunan rigardon sur la mondon!)

La eksterkomunulo ĝuas la liberecon ignori ĉian kondutkodon, al kiu komunumanoj kutime kaj plej ofte nekonscie submetas sin (nehazarde, la devizo de nia poeto vortiĝas: "aparteni al kulturo sen esti posedata de la kulturo"). Kaj ĝuste en tiu kvazaŭ senantaŭkondiĉa elekstera pririgardado kuŝas la granda gajno por la pririgardata komunumo, eĉ se la pririgardanto neniel intencis turni sin al la komunumo mem. La komunumo videbliĝas, sen ke ĝi povus ornami sin per siaj ĝissate aŭskultataj signifodonaj rakontoj.

Ĉi-kaze, la ekstravaganca fenomeno de la lingvo internacia ne estas denove lumigita laŭ la iom erodita pado de la biografio de bone konata oftalmologo, kiel en la kultivita propagando, sed laŭ la eksterordinaraj travivaĵoj de certa blinda adepto, kiu estas kurioze nevidebliĝinta en la literaturo hodiaŭ verkata de siaj samlingvanoj, kvazaŭ li estus forbalaita en la mallumon de forgeso: Vasilij Jakovleviĉ Eroŝenko (1890-1952).

Sobrigan efikon sur la entuziasmulojn inter la portantoj de la torĉo de nia lingvokomunumo havos la fakto, ke la propra afero neniel konsistigas la tuton (kvankam konsiderindan parton) de la pririgardado fare de la poeto. Sekve, ni trovas nian aferon puŝita el la kutima spotlumo antaŭ la buntan fonon de la kompleta scenejo, stucita al pli proporcia mezuro, aperigita kiel nur unu, kvankam okulfrape brila kolortono el la tuta kolorspektro, klasifikita kiel nur unu, kvankam la plej sukcesa projekto en la kunteksto de diversaj aliaj similaj fenomenoj.

La taksado de la vera valoro de la propralingvaj bardoj (krom Eroŝenko estas iluminitaj Auld, Ragnarsson, Štimec kaj Camacho), en rilato al la mondskala literaturo verkita en la grandaj mondlingvoj, sukcesas multe pli fidinde, se la verdikto estas eldirita ne de partia juĝanto, kiu emas rigardi la propran aferon tra rozkolorigitaj okulvitroj, sed fare de literaturlingve sperta ekstermovadulo, kiu aplikas bone pesitan okulmezuron. Kun tia atesto en mano, esperantistoj rajtas des pli memfide referenci la kvazaŭ certigite altan nivelon de la propra skriba kulturo.

* * *

Aldone, tiu elekstera pririgardo kompreneble efikas eble pli forte reen, de kie ĝi estas ĵetita, nome sur la eksterkomunuman mondon. Tiamaniere ĝi alportas almenaŭ la transiran atenton de la mondparto, en kies lingvo la rigardraporto estas verkita. Tia aserto aparte validas, se la pririgardanta verkisto ĝuas konsiderindan reputacion en sia samlingvana literaturmondo.

Ĉi-kaze, la aŭtoro (naskiĝinta en 1982) akiris mirige grandan atenton kaj famon en la decidaj priliterature interesiĝantaj rondoj en la germanlingvaj landoj dum la lastaj 15 jaroj (lia debuta romano *Söhne und Planeten (Filoj kaj planedoj)* aperis kaj jam furoris en 2007). Superflue estas rimarkigi pri la fajraĵo, kiu akcelis lian gloron, kiam li ricevis la eminentan germanan literaturpremion memore al la dramisto kaj revoluciulo Georg Büchner (1813-1837) en 2021.

Lia aŭdaca pririgardado sentime lumigas la emociajn nuancojn de la grava batalado inter tradukeblaj kaj netradukeblaj vivspertoj. La perceptkapablo de liaj okuloj neniam riskas malakriĝi pro infektiĝo je la ŝaŭmecaj nebulvualoj de la ŝajne aŭtoritata, memproklamite "vekiĝinta" subkulturo kun ĝia submetiĝema kliniĝo antaŭ ĉiaj anglalingvaj kliŝaĵoj. Li sukcese kontraŭstaras al tiu blindiĝo pro ideologia katarakto.

* * *

Kiu kuraĝas partopreni en ĉi tiu ekskurso malfermanta novajn planlingvajn horizontojn, tiu havos la ĝojon konatiĝi ne nur kun tre personaj spertoj rilate la kutimajn suspektatojn (kiel ekzemple Volapukon, la Blisan simbolskribon, la Klingonan kaj Loĵbanon), sed ankaŭ rilate eksterordinare ekzotajn lingvajn kreitaĵojn (kiel ekzemple la feminisman lingvon Laadano por aŭtorinoj de sciencfikciaj verkoj, la lingvo sen sinonimoj Prashad, la mikronacilingvon de la Reĝlando Talossa kaj la enigman pseŭdokeltan Piktan lingvon de H.C. Artmann). Al ĉiuj tiuj planlingvoj ni alproksimiĝos per ilustraj ekzemploj de iliaj poezioj.

Ni ekkonas la mirindan vivrakonton de Karl Blitz, poste angligite Charles Bliss (1897-1985), kaj nur iom ekkomprenas la netakseblan signifon de lia simbolskribo por homoj kun severaj komunikaj handikapoj (plej probable nur la Brajla planskribo havis similan kvazaŭrevelacian karakteron). Bliss malamis metaforojn, kiujn li konsideris kiel la plej grandajn aberaciojn de lingvo. Ĉu tio signifas, ke oni devas rezigni pri ĉiaj poeziaj ebloj de la Blisa simbolskribo?

Ekzemple estas prezentita la vera vivrakonto de Przemek Chrzanowski kaj ties malsukcesaj provoj klarigi al liaj familianoj, ke li estas kompren- kaj penskapabla. Kiam li lernis la Blisan simbolskribon, li finfine povis diri al sia patrino la frazon, kiun li ĉiam volis diri al ŝi: "Mi ne estas legomo!" En la kunteksto de la Blisa simbolskribo, ni renkontas ankaŭ la verŝajne plej trafan resumon pri ĉiaj planlingvaj utopioj: "Kvazaŭ savi la homaron estus nur lernopaŝo."

Ĉiu ja konas la kreinton kaj unuan ĉifalon de Volapuko, Johann Martin Schleyer (1831-1912), sed kiu konas la kvaran ĉifalon, Johann Schmidt (1895-1977), la verŝajne plej grandan poeton en tiu planlingvo? (En Volapukujo, "Cifal", kunmetita el "cif = ĉefo, estro" kaj "al = moŝto", estas la titolo de la plej alta estro de la movado; ekde 2014 ĝis hodiaŭ oficas la sepa ĉifalo, Hermann Philipps. Zamenhof konscie rifuzis tian funkcion de kvazaŭa lingvopapo.)

* * *

Sed pri kiu speco de literaturo do temas? Honesteco postulas refoje atentigi pri la fakto, ke "La abeloj kaj la nevidebla" tute ne konstituas sisteman, sciencan esploron de la temo, kiel supre jam menciite, sed pli ĝuste raporton pri tute persona aventurvojaĝo tra la grandparte nekonataj landoj de planlingvaj poezioj. Danke al sia celtrafa instinkto, nia poeto-aventurulo sentime gvidas nin tra diversaj konfrontiĝoj kun tre homaj motivoj aŭ kun tro homaj abismoj en la strebado al interhoma interkompreniĝo, neniam distingante, ĉu ĉi tiu strebado montriĝas sukcesa aŭ, eĉ pli ofte, malsukcesa.

Pro la tute nescienca aliro fare de nia poeto, al la instruita kaj espereble tamen senantaŭjuĝa leganto sendube mankos multe da tio, kion li atendas renkonti en libro pri ĉi tiu temo. Sed kompense la leganto spertos multajn aspektojn de la temo, pri kiuj li probable neniam antaŭe aŭdis – kaj se tamen, almenaŭ neniam kun tiaj vortigoj. Verŝajne li eĉ trovos sian koron neatendite tuŝita de kelkaj renkontiĝoj, ĉirkaŭ kiuj li ĝis nun zorge faris longan ĉirkaŭiron.

La aŭtoro estas, en la vera senco de la vorto, senkompate verama! Same scivole kiel celtrafe li metas la fingron de dubema Tomaso en la vundojn, kiujn multaj aliaj tro volonte kovras per la mantelo de silento. Tio estas menciita nur por averti ĉiujn delikatsentajn animojn, kies nervoj ne eltenas pli ol senkulpan fabelon kun feliĉa fino.

Cetere, la supra atesto pri la nescienca aliro tamen neniel signifas, ke la aŭtoro strute fermas la okulojn antaŭ scioj, kiuj estas akiritaj pere de natursciencaj metodoj. Sed la maniero, laŭ kiu li komprenas kaj pritraktas tiujn sciencdevenajn sciojn, estas ĝisoste lirikisma. Impresega ekzemplo troviĝas en la kunteksto de la fama Sapir-Whorf-hipotezo, kie li priskribas la fenomenon de tetrakromatiaj virinoj, kiuj povas percepti pli da koloroj ol trikromatiaj virinoj kaj ĉiuj viroj.

* * *

La eble plej trafa difino de poeto, nome "abelo de la nevidebla [subkomprenu: mondo]", kiun proponis Rainer Maria Rilke (1875-1926), aparte validas, laŭ Setz, por poetoj verkantaj en elpensitaj lingvoj. Rilke komentis siajn "Duinajn Elegiojn", asertante en letero al sia pola tradukisto Witold Hulewicz (la 13-an de Novembro 1925):

"Nia tasko estas enmemorigi tiun provizoran, kadukan mondon tiel profunde, tiel superplene kaj pasie, ke ĝia nevidebla esenco denove reviviĝu en ni. Ni estas la abeloj de la nevidebla [subkomprenu: mondo]. Ni arde arigas la mielon de la videbla por amasigi ĝin en la granda ora ĉelaro de la nevidebla." *(Ja, denn unsere Aufgabe ist es, diese vorläufige, hinfällige Erde uns so tief, so leidend und leidenschaftlich einzuprägen, daß ihr Wesen in uns unsichtbar wieder aufersteht. Wir sind die Bienen des Unsichtbaren. Nous butinons éperdument le miel du visible, pour l'accumuler dans la grande ruche d'or de l'invisible.)*

Aparte laŭdinda estas la elstare kolosa laborego, per kiu Detlef Karthaus siavice videbligis ĉi tiun oran ĉelaron al nia verdlingva mondo. Dankon, Detlef, pro via instruplena batalado pri la vivo (la tradukebla) kaj morto (la netradukebla) de fremdlingvaj poeziaĵoj!

Kaj nun bonvenon al fascina, tre persona rondvojaĝo tra la multkolora pejzaĝo de planlingvaj poezioj, imprese pentrita de elstare esprimkapabla abelo de la nevidebla mondo! Vi jam tenas vian bileton en la manoj.

Jan P. Sandel
en Aprilo 2023

La abeloj kaj la nevidebla

I decided not to be silent when the battery dies.[1]
Mustafa Ahmed Jama

Nibuds kömons suvo lü'stopöp su lubel –
tü'minuts degtel. Nek spidon tope, do nibuds
binons mödiks.
Busoj ofte venas al la haltejo sur la monteto –
unu ĉiujn dek minutojn.
Neniu volas tro rapide atingi tiun lokon, sed la busoj tien
multnombras.
el la *lingvokurso de Ralph Midgley* Volapük in Action.

---

1   Angle: Mi decidis ne silenti kiam la baterio elĉerpiĝas.

ENKONDUKO

"Mustafa, vi naskiĝis en Somalio, lando kiu oficiale ne ekzistas. Kiom vi aĝis kiam vi venis al Svedio?"

"Mi naskiĝis en 1979. Post mia naskiĝo mi estis morta dum kvin minutoj. Ni venis al Svedio, kiam mi aĝis tri jarojn, post multaj vojaĝoj, kiujn miaj gepatroj entreprenis, en Somalio kaj ankaŭ eksterlanden. Ili serĉis helpon por mi."

"Ĉu vi memoras ion pri via alveno?"

"Jes, kaj ne. Mi ankoraŭ havas ĉirkaŭ dek procentojn de miaj memoroj pri tiam."

"Kiam vi kapablis komuniki je la unua fojo?"

"Kvinjaraĝe. Mi ludis kun aliaj infanoj, kaj ĉeestis instruisto, kiu donis al mi dolĉaĵojn kaj diris: Venu en ĉi tiun ĉambron kaj lernu ĉi tiujn Bliss-simbolojn. Hodiaŭ mi estas treege danka al tiu instruisto, ĉar tiutempe mi kompreneble provis paroli kiel ĉiuj aliaj infanoj, sed tio apenaŭ eblis."

"Kiel estis, kiam vi povis esprimi aferojn je la unua fojo?"

"Ne ĉiam estis kiel hodiaŭ. Hodiaŭ mi flue regas la simbolojn. Mia leciono komencis per la signoj por viro kaj paĉjo. Poste sekvis la konceptoj frato, fratino kaj tiel plu."

"Kiom longe daŭris ĝis vi flue regis ilin?"

"Dek jarojn, per ĉiutaga ekzercado."

"Ĉu hodiaŭ vi sonĝas en Bliss-simboloj?"

"Kompreneble."

"Kaj kiel vi komencis poemadi per ili?"

"Unue mi legis poemojn, kaj poste mi pli kaj pli ŝatis poezion; ĝi fariĝis pasio. Iam mi komencis mem verki poemojn. Kaj se mi rajtas paroli iomete por ĉiuj Somalianoj: verki poemojn ludas centran rolon en nia vivo. Ne estas hazarde, ke la brita vojaĝverkisto Gerald Hanley skribis: Somalio estas la lando de poetoj."

"Tion mi ne sciis."

"Ankaŭ la frato de mia avo estis poeto. Kiel infano mi legis svedajn lirikistojn kaj aŭskultis somalian poezion per sonkasedoj. Ambaŭ tre influis min. La somalia poezio estas esence karakterizata de metaforoj. Certa poemo, ekzemple, povas soni kvazaŭ la poeto parolas pri la patrina naturo, dum la temo estas io tute alia, kion ankoraŭ neniu konas."

"Ekzistas diferenco en la pensado inter Bliss-simboloj[2] kaj la sveda?"

"Jes, certe. Bliss estas multe pli klara. Bliss donas la signifon mem, sen la koneksaĵoj. Nur la signifon kaj nenion pli. Oni povas vidi kiel vere estas la mondo. Ekzemple la vorto por hospitalo. Domo plus malsanulo."

"Via libro de poemoj profunde imponis al mi. Ĉu en la plej proksima estonteco eble aperos nova libro de vi?"

"Mi ne scias ĉu aŭ kiam mi volas refoje publikigi ion. Eble io aperos kiam mi estos en la tombejo."

"Mi esperas, ke vi publikigos ion antaŭ tio."

"Mi fakte intencas publikigi ĉion plian postmorte. Mi tre malŝatas la ideon, ke ĵurnalistoj venas kaj komentas mian verkon. Tio nur doloros min. Sed eble, se mi estas bonŝanca, ĝi estos eldonita kiam mi estas maljuna grizulo."

"Ĉiaokaze mi ŝatus legi pli da viaj verkoj. Viaj poemoj trafas onin rekte en la laringo."

"Prefere ne laŭdu min tro, aŭ finfine mi ekhavos la simptomon de blokata verkisto."

"Nu, en mia libro mi tamen verŝajne laŭdos iomete viajn poemojn."

"Bone. Mi provos preteratenti tion."

---

[2] Ankaŭ nomita Blisa skribo en Eo.

UNUA ĈAPITRO

La Karakolado

*This is not the best we can do.
Noises with your mouth.*[3]

Joe Rogan, JRE Podcast #1383

1

Estas malnova historio. La itala poeto Tommaso Landolfi (1908-1979) rakontas ĝian arketipe bazan formon en sia *Dialogo dei massimi sistemi* el la jaro 1937. Iu viro, konata nur sub la nomo Y, ekkonas anglan kapitanon, kiu fanfaronante pri sia lerteco en orientaj lingvoj sidadas en la taverno kiun Y frekventis de tempo al tempo. Y lernas de li la persan kaj montriĝas kiel diligenta lernanto. La persa ŝajnas esti perfekte alĝustigita al lia cerbo. Ĉiujn novajn gramatikajn strukturojn li somnambule ensuĉas kvazaŭ bagatelaĵojn. Post nelonge li regas la lingvon tiel bone, ke li verkas poemojn en ĝi. Lia eta poezia verko fierigas lin nemalmulte. Ĝi aperas al li kiel la plej direkta, sincera esprimo de lia animo.

Post multaj jaroj venis al li la ideo iam legi klasikan, persan poeton. Eble li pensis pri Hafizo, pri Firdausi, aŭ Rumi. Li akiris libron, malfermis ĝin kaj vidas aranĝon de tute fremdaj skribsignoj antaŭ si. Nun, li pensis, eble la kapitano malĝuste instruis al li la persan skribon. Sed ankaŭ ĵetante rigardon en persan gramatikon prezentas al li nur nekompreneblon. Tio, kion la kapitano instruis al li ne estis la persa.

Do la kompatindulo traserĉis ĉiujn lingvistikajn fontojn kiujn li povis trovi, parolis kun instruituloj kaj profesoroj, dissendis tekstekzemplojn, sed neniu konis tiun lingvon en kiu li poemadis. Ĝi ne memorigis onin pri io konata. Tiu stranga kapitano devintus elpensi ĝin.

---

3   Angle: Ĉi tio ne estas la plej bona, kion ni povas fari. Bruoj kun la buŝo.

Y skribis leteron al la kapitano kaj ricevis de tiu nekredeblan skribitan respondon: "Kara Sinjoro! Mi ricevis vian leteron. Malgraŭ mia konsiderinda lingvika scio, la lingvo kiun vi priskribas estas tute nekonata al mi. (...) Rilate tiujn bizarajn skribsignojn, kiujn vi aldonis, ili parte similas al la aramea kaj parte al la tibeta skribsistemoj, sed estu certa ke ili reprezentas nek la unuan nek la alian lingvon."

La nun tute malesperanta Y konsultis recenziston por ekscii kiel oni taksas tiujn poemojn, kiujn li verkis en tiu stranga, kvazaŭ virgulin-naskita fantazilingvo. Neniu homo en la mondo povas legi ĝin, sed li verŝis sian tutan animon en ĝi. Li ŝatus scii almenaŭ, ĉu tiu animo ankoraŭ ekzistas en ĝi. "Kio tristas en la tuta afero", li diris, "estas ke tiu damnita lingvo, kiu ne havas nomon, estas tre bela – kaj mi ĝin tutkore amas." La recenzisto atentigis lin, ke lingvo nenecese devas esti komprenata de aliuloj por funkcii kiel portanto de poezio. Oni povus diri ankaŭ, ke la poeto en ĉi tiu kazo similas al senlime potenca reĝo en kies reĝlando li estas la ununura administranto kaj loĝanto, netuŝita de efemereco kaj la miskomprenoj de la famo. Iusence li vivas la idealan vivon. Je la fino la kompatinda Y freneziĝas. Almenaŭ tio estis la interpreto de liaj samtempuloj, kiam ili observis lin iradi al la oficejoj de literaturgazetoj kun folietoj plenskribitaj per siaj nekompreneblaj skribsignoj.

En la historio, precipe tiu de la 20a jarcento, ekzistis tre multaj Y-oj kaj kelkaj kapitanoj. Ankaŭ estis recenzistoj kaj kritikistoj. Ĉi tiu libro priparolos iujn el ili: rimarkinde talentaj poetoj; rezignitaj reĝoj, kiuj regis solece kaj ĝisfine en siaj reĝlandoj; provizore perdituloj, homoj nevideblaj kaj persekutitaj, robotoj kaj krimuloj, herooj kaj mondliberigantoj.

2

Homo kiu estas ekparolanta havas laŭŝajne ion magian. Sed tiu magio rapide transformiĝas en tragikan ensorĉitecon, jes, iafoje eĉ en malbeno, kiam tiu persono devas tute sole barakti kun vortoj en sia cerbo, sen perspektivoj renkonti aŭskultpretan kamaradon kiu parolas la saman lingvon.

Werner Herzong raportis, ke dum la filmado de *Wo die grünen Ameisen träumen*[4] en Port Augusta en la sudo de Aŭstralio, li ekkonis aborigenan viron, kiu estis la lasta parolanto de lingvo tute izolita de aliaj idiomoj. Tiu viro ne kapablis komprenigi sin al iu ajn. Li loĝis en flegejo kie oni donis al li la kromnomon "la mutulo". Laŭ konversacio de Herzog kun Paul Cronin, la viro pasigis siajn posttagmezojn ĵetante monerojn en malplenan vendomaŝinon kaj aŭskultante la tintadon de la falantaj moneroj. Kiam la viro dormis la flegistoj reprenis la monerojn el la aŭtomato kaj remetis ilin en lia poŝo, kaj tiu magia reakiro de liaj moneroj supozeble tute ne estis la plej konsterniga ero en la ĉiutaga vivo de la viro.

En la verkaro de Franz Kafka, la loko kiu plej emociigis min ekde mia junaĝo troviĝas je la fino de la mallonga rakonto *"Eine Kreuzung"* (Krucaĵo). Iu viro posedas strangan beston aspektante duonkate kaj duonŝafide. Ĝi estas familia heredaĵo. Malfacilaĵoj akompanis ĝian duoblan naturon. Ĝi ŝajnis esti ne nur ŝafido

kaj kato, sed ankaŭ, en certa maniero ĝi volas esti homo. "Iam kaj iam ĝi saltas sur la fotelon apud mi, apogas sin per la antaŭkruroj kontraŭ mia ŝultro kaj tenas sian muzelon ĉe mia orelo. Estas kvazaŭ ĝi diras ion al mi, kaj fakte ĝi tiam kliniĝas antaŭen kaj rigardas en mian vizaĝon por observi la impreson kiun tiu komunikaĵo faris sur mi. Por komplezi al ĝi, mi ŝajnigas ke mi komprenis ion kaj kapjesas.- Tiam ĝi saltas malsupren sur la plankon kaj dancetas ĉirkaŭen." Estas tiu dancetado aŭ karakolado pri kio temas mia libro. Tio estas nia vera naturo.

---
4 Filmo de 1984 = Kie la verdaj formikoj sonĝas

La ĥaoso ĉiam komencas tie, kie la karakolado de kompreniĝo ne plu ekzistas. Kiel ekzemple en la terura vivhistorio de la lasta ano de nordamerika indiĝena tribo improvize nomita "Ishi" (Viro) ĉar neniu povis diri lian veran nomon, kiun oni uzis nur ene de la tribo kaj nur je certaj okazintaĵoj. Tamen la tribo kaj "certaj okazintaĵoj" ne plu ekzistis. Nuntempe ekzistis nur kvazaŭ eksterteraj estaĵoj, kiuj kolektiĝis ĉirkaŭ li. Li pasigis sian lastan vivjaron kiel vivanta ekspoziciaĵo en la Antropologia Muzeo de Berkeley, kie li lasis sin filmi kaj pridemandi pri la plej diversaj aferoj de afable zorgema sciencisto, Alfred Kroeber, kiu scipovis nur tre malproksime parencan dialekton. Ishi mortis en 1916 pro tuberkulozo.

Forta hororo eliras el ĉiuj ĉi rakontoj en kiuj homa kapo, denature plenplena de esprimkapabloj, estas subite kaj neatendite metita en staton de kompleta manko de sociaj ligo kaj kontakto. Neniam plu li karakoladus.

De tempo al tempo estas eĉ memtruditaj kialoj, kiuj kondukas al perdo de ies tuta mondo.

La aŭstralia aborigenlingvo Mati Ke nun havas nur du vivantajn parolantojn, Patrick Nudjulu kaj Agatha Perdjert, sed ĝi ne plu estas uzata inter ili. Ĉar ili estas – tiel ordonis la fatalo – gefratoj: Tio estas sortobato, ĉar la forta tabuo de la Mati Ke tribo malpermesas ke frato kun fratino interkomunikiĝas post la pubereco. La kontakto kiel plenkreskulo kun frato aŭ fratino de la alia sekso estus por ili, laŭ la fakliteraturo pri tiu kazo, tiel obscena kiel por ni incesto. Sed aliflanke ili estas la solaj vivantaj anoj de sia tribo, do neniu restas, kiu povus puni ilin por rompi la tabuon! Ili fakte estus same liberaj kiel la du lastaj homoj sur la tero. Sed tio ne funkcias tiel. Ĉu mondofino aŭ ne, ili preferas obei la tabuon ĝismorte, kaj sidas en siaj vilaĝoj, parolas en la angla kaj mutas en Mati Ke.[5]

La granda franca aŭtoro Emmanuel Carrère verkis tutan libron, *Un roman russe* (2007) inspirita de la kazo de hungara soldato, kiu

---

5   Priskribita en *The Trouble with Diversity* de Walter Benn Michaels, ankaŭ menciita de Jennifer Lawn en *Neoliberalism and Cultural Transition in New Zealand Literature*, kaj kompreneble ankaŭ en *Spoken Here* de Mark Abley, kiu eĉ vizitis Patrick Nudjulu. (N.d.l.A.)

estis kaptita en 1944 en Ruslando kaj konsiderata mensmalsana, ĉar, inter alie, li ne komprenis la rusan kaj ne ekpaŝis al la lernado de tiu lingvo. Oni metis lin en psikiatrejon en la urbeto Kotelniĉo kie li restis enŝlosite nekredeblajn 53 jarojn sen iam ajn diri unu vorton en la rusa. Ne ĝis la jaro 2000 kaj jam profunde trafita de stuporo kaj nur murmurante li estis resendita al Hungarujo kie li pasigis siajn lastajn jarojn flegita de sia fratino kaj eĉ rekomencis paroli. La mistero kial li neniam lernis la rusan restis nesolvita. Carrère iris al
Kotelniĉo kaj studis la medicinajn dokumentojn, kiuj informas ke en la kvindekaj jaroj la soldato ankoraŭ skribis hungarajn frazojn sur la murojn, pordojn kaj fenestrojn de la psikiatrejo. Poste, jaron post jaro, oni monotone raportas: "Li parolas nur la hungaran." Nur unusola interago per improvizita gestlingvo estas notita, en la jaro 1965. Ekde tiam ĝis la 90aj jaroj: "Kondiĉo de la paciento senŝanĝa." Fine, unu el liaj kruroj estis amputita.

Eĉ pli strangaj ol la kazoj de lingva izolado kaŭzita de sindevigo aŭ truddevigo estas tiuj, kiuj estas enkondukitaj artefarite, kun plena intenco kaj kun klara menso, kvazaŭ pasanta lukso, por tiel diri. Ĉiaj homoj en la historio elpensis propran lingvon, lernis ĝin kaj okupiĝis intense pri ĝi por fine stari tiel: tutsole. Sekve ili plejofte komencis misian laboron, kelkfoje mildan kaj ŝercan, foje pasian kaj malesperan, aŭ reklamkampanjon aŭ eĉ religian militon, kiu ĉiam havis unu celon: krei pli da parolantoj.

Kelkaj el la plej konataj planlingvoj, kiuj povas prezenti sukcesan misian laboron nomiĝas Esperanto, la Klingona, Volapuko, la Blisa skribo kaj Loĵbano. Al ĉiuj tiuj lingvoj ni proksimiĝos per ilia poezio kaj iliaj verkistoj. Nuntempe ekzistas eĉ denaskaj uzantoj por Esperanto kaj la Blisa skribo. La plej multajn verkistojn posedas Esperanto. En la jaro 1887 la Varsovia okulisto Ludoviko Zamenhof kreis lingvon kaj formulis ĝiajn regulojn kaj ĝian celon en broŝuro. Li nomis sian kreaĵon "Lingvo Internacia" kaj sin mem "Doktoro Esperanto" kio en lia lingvo signifas plimalpli "Esperplena Doktoro". Oni baldaŭ nomis la lingvon laŭ la pseŭdonimo de ĝia kreinto. Jam en la unua jaro de ĝia ekzisto, Antoni

Grabowski, kiu poste amikiĝis kun Zamenhof, lernis la lingvon kaj komencis krei en ĝi himnajn poemojn. En 1889 oni presis en Nurenbergo gazeton tute en Esperanto. Ĉirkaŭ 1900 fondiĝis Esperantokluboj ĉie en la mondo. En 1907 aperis la unua 500-paĝa romano. Hodiaŭ la Esperanta poezio estas ege multnombra kaj diversa; ĝi havas siajn proprajn literaturhistoriajn tendencojn kaj epokojn, kaj eĉ la denseco de ĝiaj genie talentaj poetoj estas, oni devas konfesi, atentokapte alta.

Sed kio ekzakte faras verkisto, kiu aŭtoras en lingvo kreita de ununura homo? Ĉu vere estas la samo kiel skribi en nature evoluinta lingvo? Ĉu verkistoj ne volas esti legataj kaj komprenataj de kiel eble plej multaj homoj? Ne. Almenaŭ ne nepre. Tamen la kazo restas sufiĉe konfuza unuavide. Kiam Esperanto havis nur tre malmultajn parolantojn – kiel sentis sin Antoni Grabowski, kiu verkis poemojn, kiuj poste fariĝis famkonataj? Por kiu li verkis? Por la estonteco? Aŭ por liaj proksimaj amikoj? Aŭ por si mem?

La kompatinda Y el la rakonto de Landolfi ja kredis verki en komunumo de alia persaj parolantoj, kaj nur kiam li serĉis kontakton kun tiuj li venis en la inferon. Jen poemo el lia plumo:

Aga magéra difura natun gua mesciún
Sánit guggérnis soe-wáli trussán garigúr
Gúnga bandúra kuttavol jerís-ni gillára.
Lávi girréscen suttérer lunabinitúr
Guesc ittanóben katír ma ernáuba gadún
Vára jesckílla sittáranar gund misagúr,
Táher chibíll garanóbeven líxta mahára
Gaj musasciár guen divrés kôes jenabinitúr
Sòe guadrapútmijen lòeb sierrakár masasciúsc
Sámm-jab dovár-jab miguélcia gassúta mihúsc
Sciú munu lússut junáscru garulka varúsc.

Ni do rigardu pli detale ĉi tiun paĝon dum kelkaj momentoj. Granda parto de ĉi tiu libro aspektos tiel. Tekstoblokoj konsistantaj el nekompreneblaj vortoj. Kaj la legantoj, mi supozas, dividiĝos en du kategoriojn: Unu tralegas almenaŭ kelkajn liniojn de la nekonata sinsekvo de literoj, eble eĉ emfaze voĉlegas ilin por eltrovi, ĉu ene de ĝi io neatendita restas kaŝita, ĉu estas aludo al io konata aŭ interpretebla, dum la alia perceptos la tekston simple kiel homogenan-fremdan blokon, kiel tutaĵon, kiel bildon. Y, tio estas Landolfi, afable donas al ni tradukon:

Kun laca vizaĝo, plorante pro ĝojo,
la virino rakontis pri sia vivo
kaj certigis min pri sia frata amo.
Kaj pinoj kaj larikoj sur la strato gracie kurbiĝis
kontraŭ la fono de la varma rozkolora sunsubiro
kaj malgranda vilao kun nacia flago,
kaj ŝi similis al la sulka vizaĝo de virino, kiu ne
komprenis, ke ŝia nazo brilas. Kaj tiu brilo briliantis
longtempe por mia plezuro, plene de ironio kaj akreco.
Mi sentis tiun brilon salteti kaj saltegi, kiel eta simplanima fiŝo
en la profunda ombro de mia animo.

La kritikisto trovas ĉi tion tre sukcesa. Sed Y atentigas, ke la traduko kapablas konservi nenion, absolute nenion de la ĉarmo de la originalo. Li estas kaj restas sola kun sia iam sukcese vortumita esenco.

Walter Benjamin[6] skribis: "La karakterizaĵo de homlingvo estas tia, ke oni devas nomi aferojn. Nomi kiucele? Al kiu komunikas sin la homo? - Sed ĉu tiu demando rilate la homon diferencas de aliaj komunikiĝoj (lingvoj)? Al kiu komunikas la lampo? La montaro? La vulpo?—Sed ĉi tie jenas la respondo: al la homo. Tio estas nenia antropomorfismo." Kaj finfine li trafas la formulon: "Per la nomo, la spirita estaĵo de la homo komunikas sin al Dio."

Oni povas demandi nun, al kiu komunikas tiu, kiu tutsole estas la ununura parolanto de lingvo, kiu ne estas kunhavita de iu alia kunhomo. Ĉu ekzistas nomado de la mondo, kiu rilatas al Dio sen la kromvojo komuniki kun kunhomoj? Mi esperas, ke jes. Sed sur la tero mi vidas ĝis nun neniun plenkonvinkan signon.

3

---

6 Walter Benjamin 1892-1940 – germana marksista filozofo N.d.l.T.

Frederiko estis en mia klaso en la bazlernejo. Li estis surda. Pro kialoj nekompreneblaj por mi, oni lasis lin "sen lingvo". Neniu instruis al li la aŭstrian gestlingvon. Oni iel supozis, ke li mem, sen ekstera helpo, lernus ion kiel liplegadon kaj la "normalan" voĉlingvon. Mi ne scias kiom disvastigita estis tiu institucia formo de infanmistrakto tiutempe. Sed mi certas, ke ĝi okazis, simile al certaj nuntempaj formoj de mistrakto, sub la gvidprincipo de prizorgado.

Iutage Frederiko atakis min sen averto kaj sufokis min. Mi provis forskui lin dum kelka tempo, sed li estis pli forta; eble pasis dudek sekundoj, kaj tiam mi spertis tunelvidon, kaj interna alarmo ululis, mia koro leviĝis en mia torako, kaj ĉio kion mi vidis estis miksaĵo de ruĝa kaj griza. Iu trenis lin for de mi.

La malbona afero ne estis, ke li vundis min, sed ke poste oni simple ne povis komprenigi al li, kio fakte okazis. La instruistino tenis lin je la brako, probable iom tordante ĝin, kaj Frederiko timkriis kaj tiris kaj ploris, li tute ne sciis, kial oni punas lin.

Li neniam en sia vivo konversaciis kun alia persono. Tenante lin, la instruistino kriis al li. Mi ankoraŭ hodiaŭ povas vidi la scenon klare antaŭ mi: ŝia laŭta voĉo, ŝiaj admonaj vortoj, ŝia insista *klarigo* pri lia krimo.

Melanie, alia samklasano, ankaŭ estis aŭdhandikapita, sed ŝi havis tiel nomatan restan aŭdkapablon, kaj ŝi komprenis almenaŭ iomete de nia malfacile komprenebla, dominanta kulturo, kiu ĉefe okazas en la sfero de sonondoj. Ŝi trankviligis la konfuzitan Frederikon post la punado, ĉar estis ŝi, kiu maljuste ricevis la taskon prizorgi lin. Sed ankaŭ ŝi komprenebie ne kapablis "kompreni" lin, kaj ne povis "traduki", kiel eble supozis la tiamaj pedagogoj en ilia treege konfuzita mensostato. Ĝis hodiaŭ mi sentas murdan koleron, kiam mi imagas la bone establitajn aŭtoritatulojn, kiuj decidis teni la du aŭdhandikapitajn infanojn plejparte sen esprimkapablo. Ili iam sentu la saman doloron, kiun ili tiam kaŭzis.

En la fascina studo *A Man Without Words* de Susan Schaller, ni renkontas surdan meksikanon nomatan Ildefonso loĝanta en Usono, kiu plenkreskis tute sen lingvo kaj nur lernis gestolingvon en plenaĝeco sub la gvidado de Schaller en ekstreme peniga procezo. La plej kortuŝa ĉapitro troveblas ĉe la fino mem de la libro, kie Schaller vizitas sian iaman studenton denove post kelkaj jaroj, kaj oni memorigas ŝin, ke Ildefonso tute ne estas la sola en la urbo, kiu ne havas parolkapablon. Jen ekzemplo de Mario, la propra frato de Ildefonso kaj ĉi ties multaj amikoj. Iutage, Schaller iras al ili kaj renkontas "ĉambron plenan de senvoĉaj homoj" kiuj interkomunikiĝas dum horoj en pitoreska pantomimo.

Simpla esprimo, kiel ekzemple "Kiam mi transiris la landlimon inter Meksikio kaj Usono, mi sentis grandan timon", necesis horojn por esti komunikata. La interkomunikantoj uzas nenian komunan gramatikan strukturon, nenian vortostokon. Kion ajn iu volas esprimi, devas ĉiufoje esti denove kreita, per pacienca pantomima ripeto de individuaj faktoj kaj scenoj. Ne ekzistas provizo da interkonsentitaj gestoj. Ĉiu eldiro estas tur-konstruo.

Kio estas Usono kaj kio estas Meksikio ne estas klara al la homoj en tiu ĉambro. Ili tre bone komprenas, ke ĉi tie en Usono, ili (kiel inmigrintoj) estas nedezirataj. Homoj estas deportitaj, kio signifas, ke iam ili simple forestos. Ankaŭ tiu terura fakto estas ofte prezentita pantomime. Pro longa, pacienca observado ili lernis "*that little cards worked to repel green men*"[7]. Tial ili komencis kolekti kartojn, ĉiajn specojn, kaj ili estis gardataj kiel "pecoj da oro". Oni montras al Schaller tiujn magiaĵojn kaj ŝi konstatas, ke nur tre malmulte el ili konstituas ion similan al legitimilon. Ĉio, kion oni devas lerni aŭ komuniki, bezonas multan tempon en ĉi tiu komunumo. La plej etaj diferencoj en la amasiĝanta ripetado de la rakontoj estas decidigaj por la tipo kaj direkto de certa informo. Ildefonso montras ĉi tiujn malgrandajn diferencojn al Susan Schaller plurfoje. Sed eĉ li ne rimarkas ilin tiel facile kiel antaŭe. Hodiaŭ li devas koncentriĝi. Susan Schaller raportas, ke eĉ post iom da tempo Ildefonso plendis pri malfacilaĵoj en kompreno: li ne plu povis facile sekvi la pantomimojn. Lia cerbo subite trovis la procezon agonie malrapida, eble kvazaŭ la unuopaj filmeroj de filmo estus prezentitaj kiel apartaj kartoj.

La amikaro nun rigardas Ildefonson kiel specon de geniulo, ĉar li lernis paroli kun "normalaj" homoj. Dum la kunveno li

---

7   Angle: ke kartetoj funkciis por forpuŝi verdajn virojn.

ofte tradukas inter la sferoj de lingvo kaj tiu de senvorteco. - Tre stranga frazo, ĉi tiu lasta. Ĝi sonas kiel sensencaĵo. Mi suspektas, ke mi, kiu posedas lingvon en la tradicia senco, ne povas imagi la internan mondon de la viroj, kiujn Schaller vizitis. Tial mia elekto de vortoj por la traduko de Ildefonso estas nur mia malpreciza alproksimiĝo. Aŭ ĉu la senparola mondo estas ĉiam proksima kaj konata al ni? Kaj de kie precize venas la teruro, kiu alfrontas nin ĉiufoje el la ideo de kompleta senvorteco?

4

Ankoraŭ hodiaŭ mi ofte preterpasas la konstruaĵon nomatan *Hirtenkloster* (Paŝtista Monaĥejo) survoje al la pitoreska, neprizorgata Ponto Weinzödl en la nordo de Graz. Ni estas en mia plej ŝatata urboparto, kaj en la plej multaj flankaj stratoj ĉi tie troviĝas aferoj el mia pasinteco. La Paŝtista Monaĥejo estas la loko, kie mi, ok- aŭ naŭ jaraĝa, unue renkontis grupon da grave aŭ multoble handikapitaj infanoj. Dum semajnoj ni ekzercis nin al ia teatraĵo en elementa lernejo. Mia rolo estis tiu de televida anoncisto. Sur la scenejo, mi sidis en la malplena televidŝranko kaj deklamis kelkajn parkerigitajn frazojn. Mi ne memoras la precizan enhavon, iel temis pri la fakto, ke mia rolo estis ĉarme impertinenta trompisto, kiu volis persvadi homojn doni sian tutan monon al li. Mi ankoraŭ memoras la vortojn *sekvestri* kaj *malloĝigi*, kiuj laŭ ilia senco ne estis al mi tuj kompreneblaj. Meze de mia prezentado tamen okazis, ke unu el la infanoj en la publiko komencis krii terure. Ĝi sonis kiel longega kokokriado. Mi neniam antaŭe aŭdis ion similan. Mi estis terurita, sed mi parkere konis mian tekston kaj perfekte finis ĝin. Poste, malantaŭ la kulisoj mi ekploris pro konfuzo. Mi ne komprenis, kio okazis al la infano, ke ĝi tiel kriegis.

Oni rekondukis min flanke de la scenejo en la halon. Kaj tie, tuj apud fenestro heligita de taglumo, mi vidis knabon, kiu sidis en rulseĝo. Mi kredas, ke eĉ tiu fakto timigis min iomete, sed sur lia kapo troviĝis io, kio fascinis min kaj kio venkis mian infanaĵan timon almenaŭ dum kelkaj sekundoj: temis pri unukornula ĉapelo, kun teleskopeca montrobastono je la pinto de la frunto. Jes, tiu vidaĵo trankviligis min.

Unukornulo, tio estis io amuza kaj plaĉa, kaj mi rapide komprenis, ke la unukornula aparato plenumis la funkcion de montrobastono. Ĝi estis alligita al la frunto de la knabo kiel lampo de ministo, kaj li montris per ĉi tiu kurioza ilo al diversaj partoj de grandega tabulo, kiu aspektis kiel la perioda tabelo de kemiaj elementoj (al kies mirinda simetrio mi malfeliĉe enamiĝis je la aĝo de ses aŭ sep), krom ke en ĉi tiu tabelo estis pli da kvadratoj kaj pli da farboj.

Mi unue perceptis la unikornecan bastonon kiel ion repacigan kaj maskeradecan, sed nun, kiam mi komprenis iom pli pri ĝia celo, la enigma teruro revenis: la knabo ŝajne povis nur komuniki montrante tien kaj tien sur tabulo plena de simboloj! Li ne posedis voĉlingvon, li ne povis skribi, supozeble li eĉ ne kapablis flustri. Kiel mi hontas hodiaŭ pro la sensenca timo, kiun mi sentis; en mia stulta imago mi staris antaŭ nevole kurbiĝanta homo, kiu estis duone transformita en ion similan al kudromaŝino, kaj ĉar ĉiuj miaj infanaĝaj timoj ĉiam estis asociitaj kun identeca aŭ metamorfoza manio, mi eĉ timis, ke mi tuj perdos mian propran esprimkapablon se mi plue moviĝus en lian sferon. Mi memoras, ke ĉi tiuj multaj malgrandaj kvadratoj sterniĝis antaŭ li, ĉiu kun bildo. Ekde tiam mi provis esplori, kio okazis al la knabo kun la montrilo fine de la okdekaj jaroj en la Paŝtista Monaĥejo de Graz, sed ĝis nun senrezulte. La signoj sternitaj antaŭ li estis nek literoj, nek bildoj. Ili estis simboloj kiel ĉi tiuj:

Preskaŭ tridek jarojn poste, mi denove renkontis la signotabulon kaj la pintan bastonon. Ĉi tiu lingvo nomiĝas *Blissymbolics*. Ĝi estis inventita de viro nomata Charles Bliss. Lia vivhistorio, mi kuraĝas veti, certe filmiĝos. Kaj la filmo, kun siaj 90 aŭ 100 minutoj, sendube estos timiga. Do ni anticipu ĝin dum ni ankoraŭ povas.

DUA ĈAPITRO

La malfacile filmebla historio de S-ro Bliss

Karl Kasiel Blitz naskiĝis en 1897 en Ĉernivco, sur la orienta rando de la Aŭstria-Hungaria Imperio. Samjare la urbo ricevis sian unuan tramon. Jam tiutempe, en la lastaj momentoj de la antaŭlasta jarcento, malkvieta implikaĵo regis la mondan historion. Kiam Karl estis unujara, la imperiestrino Elizabeto la 1-a estis murdita ĉe la lago Lemano. La familio de Karl vivis en malriĉetaj kondiĉoj. La patro estis elektrikisto. La unua magia objekto, kiun renkontis la eta Karl, estis la cirkvitoj kaj diagramoj sur la konstruplanoj de lia patro. Ĉi tiuj venis al li en la cerbon sen deĉifra problemo, eĉ sen lia interna deziro kompreni, kaj tie la senco evidentiĝis. Dume glaciaj ŝtormoj el la rusia stepo kovris la urbon per neĝo je regulaj intertempoj. La homoj malmulte moviĝis kaj parolis inter si ne pli ol necese. Kiam la glacio kaj neĝo degelis, foje okazis pogromoj. Ofte amasoj da infanoj vagadis sur la stratoj kaj kiam ili ekvidis Karlon, ili vokis al li: "Hep! Hep!", per kio H.E.P. signifis *Hierosolima est perdita*, (*Jerusalemo perdiĝis*). La knabo bezonis iom da tempo por lerni deĉifri ĉi tiun antisemitan malaman mesaĝon, kaŝitan en la literoj de en si mem tute sendanĝera ekkria vorteto. Kaj eble eĉ tiam jam kreskis la unuaj duboj pri la laŭdira senkulpeco de ĉiuj lingvoj artikulaciitaj per la homaj parolorganoj.

La dua magia evento de lia vivo sekvis kelkajn jarojn poste. En la urbo, en 1908, okazis prelego per magia lanterno[8] de la aŭstra vojaĝanto al la norda poluso Julius Payer, kiu kune kun Carl Weyprecht gvidis ekspedicion al la plej foraj randoj de la konata mondo de 1872 ĝis 1874. La eta Karl sidis en la mallumo, kaj antaŭ li, akompanata nur de la malfortaj paperbruoj, io neimagebla kaj neniam antaŭvidita aperis en la devote silenta ĉambro: la polusa nokto. Unue la vojaĝo norden de Tromsø, poste la ŝipo, kiu supozeble frostiĝos en la bankizo kaj drivos en ĝi al la poluso.

---

8   Magia lanterno – Instrumento, per kiu oni projekcias sur ekranon bildojn pentritajn sur vitraj lamenoj: *PIV*, N.d.l.T.

Tiam la senfinaj vintroj plenaj de malhavo en la frosto frakasanta la homon. Ĉu la ŝipo moviĝis? Supozeble. Sed post du jaroj, bona Dio, la ŝipo estis ankoraŭ fiksfrostigita surloke, sen espero eskapi. Kelkmetrojn altaj glaciofragmentoj ĉirkaŭe, "fantom-pala pejzaĝo" (Payer), kunmetita de nenio krom elementoj malamikaj al la homa vivo. Payer kaj Weyprecht ordonis al la teamo marŝadi sur la glacio kaj treni la boatojn, de la glaciorando cele al Nova Zemlo.[9] Kaj la konscio de Karl estis tute kaptita de la heroa sorto de ĉi tiuj viroj. Li estis kun ili, en ilia nereala, luneca mondo, same infestita de skorbuto, elĉerpita, ĉirkaŭita de blankaj ursoj. Tiam la plej malbona bildo. Post du monatoj de ilia fuĝo trans la glacion, la viroj subite ekvidis sian propran ŝipon denove! Ne, ne estis miraĝo. La norda glacia drivo estis denove alportinta ilin "hejmen", proksime al la "Tegetthoff". Ili estis perditaj. Ili volis reiri al la ŝipo, kie atendis la morto. Sed kapitano Weyprecht ne permesis tion. Payer montris al la publiko sian pentraĵon kun titolo *Neniam Malantaŭen!* Sur ĝi oni povas vidi Weyprecht alparoli la virojn, kaj ĉiuj fervore aŭskultas lin. Li diris, ke la viroj devas ne plu rigardi malantaŭen! Li mem estas la sola, kiu ne obeis al tiu, por ĉiu valida, instigoslogano *Neniam Malantaŭen!*, ĉar rigardante la virojn li ankaŭ rigardis en la direkto de la ŝipo, kiu fantome estis postveninta ĉe iliaj kalkanoj. Karl spertis ĉi tiun bildon kiel revelacion. – Mi staras antaŭ lia pentraĵo hodiaŭ. Ĝi pendas en la Armeo-Historia Muzeo en Vieno. Estas trankvila mateno, neniu troviĝas en la ĉambro krom mi. Payer, post sia mortaventuro ĉe la norda poluso, kompreneble fariĝis pentristo. Dum la resto de sia vivo li registris kaj priskribis.[10]

Karl ne fariĝis pentristo, sed la tagon, kiam lia patro kondukis lin al la prelego de Payer, kaj tiel estis kvazaŭ transportita en la mortigan polusan nokton, li komprenis, ke tre simila sorto atendas lin sur la tero: forlasi sian hejmon por aventuro, malkovri novajn

---

9 Nova Zemlo (aŭ Nova Zembla, ruse Новая Земля, Novaja Zemlja; "Nova Lando") konsistas el du grandaj kaj kelkaj malgrandaj insuloj en la Arkta Oceano norde de Rusio. Vikipedio, N.d.l.T.
10 El la taglibro de Payer, kiu estis verkita en nekredeble brila prozo, Christoph Ransmayr citas tre malavare en lia romano, *Die Schrecken des Eises und der Finsternis* = La hororoj de glacio kaj mallumo. N.d.l.A.

landojn kaj kontinentojn, superi la nesupereblajn lastajn limojn de la homaro. Tion li rakontis multajn jarojn poste sur malnova sonkasedo, kiu konservis lian voĉon, kion mi nun aŭdas. Eble ankaŭ lia sorto estos konduki perditajn homojn el izoliteco kaj kondamniteco reen al la konata mondo.

En 1920 li renkontis la edziniĝintan Claire Adler, kiu estis dek kvin jarojn pli aĝa. Lia unua geedzeco kun Rosika Kottler, ankaŭ el Ĉernivco, finiĝis per divorco mallongan tempon poste. En 1922 li finis siajn inĝenierajn studojn en la Teknika Universitato de Vieno. Dum mallonga tempo li tiam laboris en firmao kiel kemiisto, poste en la patent-oficejo, kaj dum longa tempo mi kredis, ke ĉi tiu periodo en lia vivo estas imagenda kiel relative sekura kaj feliĉa. Tamen ne estis tiel. Blitz estis proksima al memmortigo, kaj li pli kaj pli profunde deprimiĝis kaj oni maldungis lin de lia posteno en firmao, kiu fabrikis elektrajn lampojn. Tamen li primajstris la mandolinan ludadon, kio estis laŭdita de multaj samtempuloj. Iam li eĉ ludis kun la Filharmonia Orkestro sub la direkto de Franz Schreker.[11] Ekde 1933 Karl kaj Claire, kies edzo mortis antaŭnelonge, vivis kune. Karl aĉetis kameraon kaj ekfaris artajn filmojn. Lia unua filmo nomiĝis "Sopiro al la Sudo"[12] kaj estis montrita en 1936 en la Viena kinejo nomita Urania. Filmo planita por 1938, titolita *La Nefinita Simfonio*,[13] neniam estis kompletigita. Ĉar post la anekso de Aŭstrio al nacisocialisma Germanio ĉio subite okazis tre rapide. La 18an de marto 1938, nur ses tagojn post la aneksado de Aŭstrio, Karl venis al sia firmao kaj trovis ĉiujn ĉambrojn plenaj de agopretaj SS-viroj. Unu el liaj kolegoj, certa Slavik, fingro-montris al Karl Blitz. Li estis kondukita al la policejo en la strato Rossauer Lände en la urbodistrikto Alser-

---

11 Ĉiuj biografiaj detaloj venas el: C.K. Bliss *Semantography*; el Arika Okrent *In the Land of Invented Languages*; el la Radiolab-Podcast *Mr. Bliss*; kaj la libro *The book to the film Mr. Symbol Man*; ankaŭ *Semantography Series 103: Text of the First Lecture on Semantography 1943*, *Semantography Series 104: Newspaper Articles and Notes 1943–1946 following the First Lectures on Semantography*, *Semantography Series 205: My First 23 Years*, *Semantography Series 206: My Life in China and Afterwards*, *Semantography Series 210: In Memory of Claire*, *Semantography Series 220: From the Cradle to the Concentration Camp*. N.d.l.A.
12 Originala germana titolo: *Sehnsucht nach dem Süden* N.d.l.T.
13 Germana titolo: *Die unvollendete Symphonie* N.d.l.T.

grund, pli precize al la ellandiga arestejo kaj malliberejo Hahngasse. Claire, tiutempe ankoraŭ ne edziniĝinta kun li, ŝajnigis ke ŝi estis lia luigantino (ŝia aĝ-avantaĝo super Karl donis al ŝi certan kredindecon pri ĉi tiu punkto) kaj iris al ĉiaj aŭtoritatoj por ekscii pri lia kieo. Ŝi sukcesis aranĝi, ke oni donis al li pakaĵon da vestaĵoj. La patrino de Karl en Ĉernivco atendis la kutimajn tajpitajn leterojn de sia filo, do oni konvinkis la bofraton de Karl verki leterojn laŭ la stilo de Karl kaj eĉ falsi lian subskribon, por ke la patrino ne eksciu, kia danĝero ŝvebis super ŝia filo.

Dum ilia prizona restado, la kaptitoj dispelis la senfinan atendadon ludante ŝakon (la pecoj estis kneditaj el pano) kaj demandante pri la ĝusta horo, ĉar unu el la malliberigitoj ankoraŭ havis sian brakhorloĝon pro preteratento de la gardistoj kaj nun oni donis al li la taskon anonci la horon ĉiuj momenton, kiam ajn oni demandis lin. Iom post iom la disŝiriĝonte streĉita menso de la kaptito estis eluzita per tiu rito, do Karl senprokraste faris ciferdiskon el kartona peco, por ke la horloĝulo povu montri la horloĝon por agordi la ĝustan horon sur ĝi ĉiun kvinan minuton. Karl instruis al siaj kunkaptitoj geografion, fizikon, kemion kaj la relativecan teorion de Einstein.

La 15a de junio 1938 estis tago kiel ĉiu alia. Judaj kaptitoj estis premitaj en vagonojn kaj deportitaj al Dachau. Ĉi-foje Karl estis inter ili. Li restis en ĉi tiu koncentrejo ĝis septembro, kiam oni translokigis lin al Buchenwald. Dume, Claire provis akiri vizon por Karl per notario. La notario laboris nome de la tiel nomata "Aktion Gildemeester" (eksproprietigo de riĉaj judaj civitanoj kontraŭ eblo forlasi la landon) kaj renkontiĝis kun Karl en Buchenwald. Claire sukcesis (kiel do?) sendi al sia edzo lian gitaron kaj mandolinon en la koncentrejon, kie lia ludado, kiel li mem poste rakontis, impresis kaj amuzis la gardistojn. Dum la vesperaj distraĵoj (muziko, teatro, ŝercoj) prezentitaj de la kaptitoj, Karl portis ĉemizon kaj kravaton, ambaŭ slojditaj el kartono. Blokestro, kiu aparte entuziasmiĝis pri la distraj kapabloj de Karl, ofte alkriis lin: "Blitz, ludu ion per mandolino, sed du-voĉe!"

Kiam la notario venis en la koncentrejon, hazarde okazis, ke ĉi tiu blokestro deĵoris. Karl ĉion kaj vere ĉion riskis petante la blokestron forlasi la ĉambron dum momento, ili volis diskuti pri konfidencaj aferoj. Mi ŝatus scii, ĉu li eldiris ĉi tiun frazon, kiu estis decidiga por lia vivo, per ŝerca tono, por ne ŝajni impertinenta al la blokestro, aŭ serioze kaj decideme, kiel decas al la situacio. Ĉiukaze la frazo efikis. La blokestro forlasis la ĉambron. Nun oni povis subskribi la dokumentojn por la translokigo de la riĉaĵoj de Karl interŝanĝe kontraŭ vizo. Tiam atendado.

La tempo pasas.

Subite la afero fariĝas konkreta kaj eĉ oficiala: la liberigo de Karl el Buchenwald estas planita por la 2a de februaro 1939. Sed en la sama tago oni al li rifuzis liajn civilajn vestojn, ĉar estis tifa epidemio en la koncentrejo. La nova dato estis la 13a de aprilo.

La tagoj pasas.

La 13an de aprilo li estis informita, ke li finfine ne estos liberigita. Karl malesperas.

La sekvan tagon li estas liberigita. Kaj li staras en la stacidomo, li eniras la trajnon. Kaj en ĉi tiu trajno, en ordinara kupeo, kun ordinara bileto, kiun li rajtis aĉeti, li veturas reen al Vieno kaj renkontiĝas tie, eĉ se nur por mallonga tempo, Clair. Ŝi ne rajtas akompani lin en ekzilon en Anglujo.

Claire fuĝis de Vieno al Ĉernivco, kaj pluen al Grekujo. Intertempe Blitz trovis laboron en fabriko en Anglujo. Sed en 1940 komenciĝis la bombado de Londono, kaj nun lia familia nomo pli kaj pli fariĝis problema. Homoj estis fortimigita de li ĉar "Blitz" signifas ion kiel "bombado" en la angla; eble simile la nacisocialistoj en Aŭstrio sentis sin forpuŝita jarojn antaŭe, ĉar la nomo Blitz sonis juda. Iel misis la lingvo. Ne kun certa lingvo, germana aŭ angla, sed kun ĉiuj. Ĉiuj, kiuj uzis vortojn. Ĉar vortoj, kiel ajn ili sonas, povas esti misuzataj kaj perversigitaj. Oni povas renversi ilian signifon en la malon. Oni povas mensogi. Oni povas eĉ mortigi grandegan nombron da homoj per vortoj, kiel la kaptitoj en Buchenwald spertis, ĉar ĉiumatene ili aŭdis alparoladon el knare resonantaj laŭtparoliloj. Dum lingvo posedas sonstrukturon, pensis Blitz, kiu de nun nomis sin Charles Bliss,[14] tiel longe ĝi estas vundebla kaj koruptebla, kaj finfine servas al milito kaj

---

14 "Bliss" en la angla signifas: feliĉego, beateco. N.d.l.T.

detruo. Ĉu homo estas kondamnita uzi lingvon kun sonstrukturo simple ĉar li havas buŝon? Aŭ ĉu io kiel signifo povus esti transdonita "rekte", sen ĉirkaŭvojo tra voĉaj sonoj?

Post kiam la italaj faŝistoj invadis Grekujon, Claire denove devigis fuĝi. Charles provis ricevi azilon en Kanado en 1940. Liaj klopodoj malsukcesis pro la nepenetrebla burokratio. La du elmigris, ankoraŭ apartigitaj unu de la alia, elektante ĝenajn sed sekurajn itinerojn tra la tuta mondo, al unu el la lastaj lokoj sur la tero, kiuj ankoraŭ tiam akceptis judojn: Ŝanhajo. La kuzino de Bliss, Paula, loĝis tie kun sia edzo. Ekde la kristnaska tago 1940, Charles kaj Claire finfine estis kune. Ili geedziĝis la 25-an de januaro, 1941. Sed la feliĉo pri la nova komenco en ĝis tiam politike sekura ekzilo daŭris nur mallongan tempon. Claire kontraktis tifon kaj pasigis semajnojn en la hospitalo en danĝero de morto. Post kiam ŝi venis el la malsanulejo kaj iom resaniĝis, ŝi rompis sian brakon falante de rikiŝo. Bliss prizorgis sian edzinon, kaj dume fervore studis la ĉinan. Iutage lia ĉina instruisto klarigis al li ion mirindan: laŭ la instruisto, du ĉinoj el diversaj lokoj de la lando povus legi kaj kompreni ĵurnalon, sed se oni lasus ilin paroli inter si, ili ne nepre komprenus unu la alian, ĉar ili parolis tute malsamajn dialektojn. Poste, ankaŭ al Bliss ŝajnis de tempo al tempo, ke li povas legi la titolojn en ĉinaj gazetoj sen scii la prononcon; same kiel la cirkvitaj desegnoj de lia patro, la ideografiaĵoj transformiĝis en lia kapo en germanlingvan mesaĝon. Bliss estis profunde impresita de ĉi tiu fakto. Ĉu tio povus esti la solvo? Ŝajnis al li, ke ĉi tiu principo povus esti etendita al la tuta mondo. Li komencis skizi lingvon konsistantan nur el simboloj.

Jam en decembro 1941 Ŝanhajo estis okupaciita de la japanoj. La okupaciantoj, aliancitaj kun la nazioj, aranĝis, ke ĉiuj judoj estis translokigitaj en la Hongkou-geton. La germana SS-ulo Josef Meisinger respondecis pri efektivigo de ĉi tiu operaco. Pro tio, ke la japanoj ne kapablis ĉerpi ian malamikan bildon el la termino "judoj", Meisinger senceremonie alinomis ilin "kontraŭ-nazioj" en diplomatia komunikiĝo kaj deklaris ilin spionoj. Ĝuste ĉi tiu demarŝo kondukis al grandskala antisemita furiozo inter la japanaj generaloj. La japana gvidantaro timis nenion pli ol spionadon. Denove la lingvo montris sian demonan vizaĝon. Vortoj uzataj kiel municio.

Claire tamen estis germano kun romkatolika konfesio, kio signifis ke, por eskapi de la mizera kaj vivdanĝera sorto de internigo en la difinita loko, ŝi povus simple peti eksedziĝon, kiel fakte faris tiutempe multaj virinoj, sed kvankam la geto sendube signifis malsanon kaj malsaton, ŝi akompanis sian edzon tien en 1943. Tian frazon oni ne skribas facile.

Kvankam la ekstera situacio fariĝis terura por ambaŭ, la interna mondo de Bliss estis same intensa kaj esperplena. Sekvante la ekzemplon de Julius Payer, li ekiris por malkovri novan kontinenton, sed nun, post longa cerbumado kaj studinte la ĉinan, li malkovris multe pli ol nur novan kontinenton. Li malkovris la savon de la homaro. Savo kontraŭ kio? Kontraŭ malbono t.e. de la lingvo, de la voĉlingvo, de la insida ludo kun vortoj. Komunikado ne eblas tute sen lingvo, sed oni bezonas ion novan, per kiu la signifo estas transdonebla rekte kaj senpere, por tiel diri. Tio nova estas signoj interŝanĝeblaj en monaĥa silento, kiuj enhavis "puran signifon". Bliss nomis sian koncepton unue *New World Writing* kaj poste *Semantography*.

"Povus ekzisti orelo, laŭ kiu ĉiuj popoloj parolas nur unu saman lingvon", skribis Georg Christoph Lichtenberg,[15] kaj Charles Bliss eĉ elprenis la orelon el ĉi tiu penso. Kiom da damaĝoj, kiom da detruoj estis kaŭzitaj per blekigitaj aŭ flustritaj vortoj! Sufiĉe! Al tio farendas fino por ĉiam! Donu al la oreloj la liberecon aŭdi muzikon kaj naturajn sonojn.

Jam antaŭ ol li estis ekzilita al la geto, Bliss komencis prelegi pri sia nova sistemo en la *Shanghai Jewish Club*. Sed li ankaŭ aperis kiel publika parolanto en la geto, ekzemple antaŭ la *Hongkew Medical Society*, kaj tiel renkontis aprobon kaj intereson, foje eĉ entuziasmon. Li dungis Vienan ĵurnaliston nomatan Kars, kies tasko estis kritiki lian *New World Writing* (Novan Mondan Skribadon). Li vendis kameraojn, ofertis filmajn servojn, elpensis manie-

---

15   Georg Christoph Lichtenberg 1742-1799, germana natursciencisto kaj verkisto Vikipedio N.d.l.T.

rojn eviti la limigojn de la geto kaj ellaboris Maggi-saŭco-similan tablokondimenton por ekzilitoj. Kaj li ekverkis libron.

Ĝi estas ĉi tie sur la skribotablo antaŭ mi. Aĉetita de librobrokantisto, ĝi estis aĉe multekosta, oldega, eluzita, kaj dika je kelkcent paĝoj. Karlo aldonis multajn novajn ĉapitrojn kaj deflankiĝojn al ĉiu nova eldono. Finfine la libro enhavis ĉion. Lia tuta vivo, lia nova lingva sistemo, lia amo por Claire.

En aŭgusto 1945 la atombomboj falis sur Hiroŝimon kaj Nagasakon. La milito finiĝis, Japanio kapitulacis senkondiĉe. Ĉiuj japanaj kaj germanlingvaj loĝantoj de Ŝanhajo estis minacataj per perforta eksproprietigo de sia lasta cetera havaĵo. Antaŭ ol la ĉina registaro efektivigis ĉi tiun dekreton, la geedzoj Bliss forlasis la urbon celante Aŭstralion.

Karlo ankaŭ akiris Aŭstralian vizon por sia patrino, sed ŝi mortis la 8-an de marto 1947. La validaj enmigradaj paperoj troviĝis sub ŝia kapkuseno.

La plej grava distingo en la lingva filozofio de Bliss estas tiu inter "logika" kaj "nelogika" uzo de vorto. Jen ekzemplo, kiu ilustras la diferencon per la germana vorto "gehen" (iri):
Ich gehe in mein Zimmer – Mi iras en mian ĉambron. – logike.
Ich gehe drauf – (laŭvorte: Mi iras supren) – ĝusta traduko:
Mi pereas – nelogike.
Hodiaŭ oni preferas diri: "laŭvorte" kaj "idiotisme". Resume, Bliss malamis ĉiujn parolturnojn. Por li ili estis la mortiga malsano de ĉiu lingvo. Lia semantografio devas, almenaŭ laŭ lia intenco, ne plu enhavi idiomaĵojn.

Historie kaj lingvike, kompreneble, ĉi tio estas sensenca aŭ laŭkaze eĉ malebla. Kion oni komprenas laŭvorte hodiaŭ estos idiomaĵo morgaŭ. Krome, la esprimoj de Bliss foje ŝajnas al mi tre metaforaj, eĉ tute baroke pompegaj, precipe kiam temas pri abstraktaj terminoj.

Tamen iuj el la distingoj, kiujn li faris, havas nekontesteblan ĉarmon, ekzemple la simbolo de "ekzisti". Oni skribas ĝin tiel:

Depende de kiom granda oni skribas la simbolon, ĝi signifas la ekziston de viva estaĵo aŭ senviva objekto. Ju pli granda, des pli animita. "Viro ekzistas" - ĉi tie la simbolo estas skribita en la sama majusklo kiel "Viro". Kontraŭe la frazo "La ŝtato ekzistas" skribiĝas minuskle. Sed oni povas uzi la etan simbolon ankaŭ por homo - nome en situacioj, kie la homa ekzisto ne konstituas la ĉefan aferon, sed estas nur provizora. "Homo estas en ĉi tiu domo nun, sed li kutime ne loĝas tie" - ĉi-kaze ni uzas la etan simbolon. Sed kio okazas se oni uzas la gigantan simbolon por la ŝtato? La lernolibro de Bliss ne donas al ni konsilojn pri tio.

En 1974, en la dokumenta filmo *Mr. Symbol Man*, filmita de la Nacia Kinkomisiono de Kanado,[16] Charles Bliss ankaŭ montras sian simbolon de la signifokampo "havi". Ĝi aspektas kiel plussigno. Se oni metas horizontalan linion sub la plussigno, oni kreas la simbolon de "posedi":

"Rigardu," vokas Charles Bliss, kelkfoje sovaĝe frapante la simbolon, "ĝi aspektas kiel tomboŝtono! Kaj tio ankaŭ veras, ĉar ĉiujn viajn surterajn havaĵojn vi ne povas kunporti en la transtombejon!" Li estas forte kortuŝita de sia propra interpreto.

La romantika vidpunkto de Bliss pri la ĉinaj skribsignoj kaj tiurilate, pri siaj propraj piktogramoj kaj ideogramoj komprenebleneestas unika en la historio de ideoj. Ni pensu pri Ernest Fenollosa, ekzemple, kiu tute ne parolis la ĉinan kaj nur rudimentan japanan, sed tamen kuiris tiel allogan kaĉon per sia "interpreto" de la supo-

16 Nacia Kinkomisiono de Kanado (NKK), angle: National Film Board of Canada (NFB); france: Office national du film du Canada (ONF)) estas kanada publika produktoro kaj distribuisto de filmoj kaj ciferecaj rimedoj. Vikipedio N.d.l.T.

zata poezio en ĉinaj skribsignoj, ke li inspiris ĉiujn eblajn poetojn komence de la 20-a jarcento. Precipe li inspiris al Ezra Pound, la mania ĉiokomprenemulo, kiu scipovis neniun azian lingvon, eĉ ne rudimente sed malgraŭ tio diligente kaj influhave tradukis Konfuceon. – Mi suspektas, ke ni renkontos sinjoron Pound pli ofte en ĉi tiu libro. Eble tio estos evitebla, sed ni vidos.

Ĉiuokaze Fenollosa konsideris la ĉinan skribon "notsistemo bazita sur bildeca stenografio de naturaj procezoj."[17] Sekve, la signoj kondukis la parolanton al "pli originala" kaj "senpera" percepto de la mondo: "Mozaiko per la kunigo de pluraj bildecaj elementoj en unu solan signon." Pound tuj vidis en ĝi la bazan esencon de la nova poezio: rapide moviĝanta, konciza kunmetaĵo, kvazaŭ vortico, de eroj de signifo prezentante "moviĝantan universon", de daŭre dinamikaj rilatoj inter si.

Hm.

Komprenebla, multe antaŭ Bliss aŭ Pound, homoj ĉiam revis krei tiajn rektajn signifostrukturojn, kiuj povus esti transdonitaj inter la kapoj de homoj sen frota energio aŭ inercio ene de la komunikilo, por tiel diri. Krome, oni devas agnoski, ke sur certaj kampoj de la homa vivo ekzistas ĉagreniĝaj misagordoj ene de la uzataj vortoj, kiuj preskaŭ malebligas la normalan laboron, ekzemple en la germanaj nomoj de fungoj. Oni devas nur rigardi la jenajn nomojn:[18] *Filziger Milchling* (felteca laktario), *Gedrungener Wulstling* (larĝa ŝvelaĵeto), *Igel-Stachelbart* (erinaca pikbarbo), *Krause Glucke*, (krispa patrino-kokino), *Rötelnder Wüstling* (rubena libertino), *Säufernase* (drinkemula nazo), *Schleimchen* (muketo), *Wolliger Milchling* (laneca laktario), *Ziegenlippe* (kapra lipo). Kiel sciencisto povas trakti tiajn nomojn sen konstante faligi sian monoklon en sian teon?

En la 17a jarcento vivis la episkopo John Wilkins, kiu provis solvi ĉi tiun problemon. Ĝenis lin la rolo de homo kiel donanto de nomoj al ĉiuj bestoj kaj aĵoj en la mondo. Li malfidis homon. Doni nomojn, prefere faru Dio. El ĉi tiu vidpunkto, Wilkins estis

---

17 El *The Chinese Written Character as a Medium for Poetry* de Fenollosa, traduko al la germana de Eva Hesse, de ŝia epilogo al *Die Cantos* (Arche Verlag, 2012). N.d.l.A.

18 En krampoj estas la laŭvorta Esperanta traduko de la germana nomo. N.d.l.T.

antaŭulo de Charles Bliss. En *An Essay Towards a Real Character, and a Philosophical Language*,[19] li projektis lingvon, en kiu afero ne nomiĝas laŭ ĝia formo aŭ funkcio, sed ekskluzive laŭ ĝia loko ene de la granda arbodiagramo de la taksonomio, reproduktante ĉi tiun lokon akustike. Ĉiu branĉo havas sian propran silabon. Tio sonas terure abstrakte. Jen ekzemplo: La silabo "de" indikas la kategorion *elemento*. Ĝia kvina variaĵo, *brilo en la aero*, estas identigita per "t" kaj la unua specio ene de ĉi tiu kategorio per "a" (responda al la angla silabo "aw"). Sed kio estas la unua specio en *brilo en la aero*? La atentema leganto rapide divenas ĝin. Kompreneble ĝi estas arkĉielo."Deta".[20] La tria specio en *brilo en la aero*, "dete", ankaŭ facile diveneblas: kromsuno,[21] *parhelio(n)* en diversaj lingvoj kaj *sundog* (sunhundo) en la angla.

Ĝis nun ĉio estas sufiĉe simpla. Sed kio okazas se iam estonte anstataŭ ĉielarko aŭ kromsuno ni volas nomi la iom pli nekutiman koncepton "leporo"? Tiam ni devas konsulti la tabelon de Wilkins (aŭ, laŭ li, koni ĝin parkere de frua aĝo), kaj ni malkovras la leporon en la tria variaĵo de la bestkategorio, en la tria loko. La silabo por besto estas "Zi", la tria variaĵo en ĝi estas markita per "g" kaj la tria specio per "e" aldonenda al la fino.

Do: "Zige".

Mia Dio. Ĉu serioze? La leporo estas elparolata "Zige"?[22]

Iru for kun via absurdaĵo! Bone, do kiel oni diras "kapro" en

---

19 Eseo cele al Reala Karaktero kaj Filozofia Lingvo 1668 N.d.l.T.
20 Ekzemplo el *The Mechanic Muse* de Hugh Kenner N.d.l.A.
21 Kromsuno: optika atmosfera fenomeno, ŝajna kroma suno apud la vera. (Glosaro en *Insulanoj de Hemsö*, de August Strindberg; tradukis Sten Johansson – Mondial) N.d.l.T
22 En la germana "Ziege" signifas "kapro". N.d.l.T

la Wilkins-a? Mi scias, ke la principo estas delonge klarigita, sed mi tamen devas rigardi ĝin.

Do la kapro loĝas ĉi tie, en la dua skatolo: Do: "Zi-d-a". Tamen sur la sama nivelo kiel ŝafoj. En ĉi tiu kazo, kion Wilkins nomis "objektoj kun rilato per afineco", laŭ lia regulo, la lokdetermina vokalo devas esti ligita al la komenco de la vorto. Ŝafo: "Zida". Kapro: "Izida". Kaj dum ni prilaboras tion, kio pri nia katŝafido?²³ Ni esploru. Ĝia nomo en la filozofia lingvo de episkopo Wilkins estas: "Zipizida". *Alright*.²⁴ Nun mankas la vorto "prancante". La koncepto de *dancado* troviĝas en la speciale alligita vortaro sub "Movado, V, 5", t.e. "cet-o". Tiam ni ankoraŭ devas transformi "ceto", "la danco", en ĝian adjektivon, kaj ni havas la finitan strukturon: "C'eto Zipizida".²⁵

BEAST		
I	Whole footed	
1	Horse	
2	Asse	Mule
3	Camel	
4	Elephant	
II	Cloven footed	
1	Kine	
2	Sheep	Goat
3	Elke	Stagg
4	Buck	Rein deer
5	Roe buck	
6	Rhinocerot	
7	Camelopard	
8	Hogg	
III	Clawed not rapaceous	
1	Baboon	Ape
2	Monkey	Sloth
3	Hare	
4	Conny	Marmotto
5	Porcupine	Hedghogg
6	Squirrell	Ginny pigg
7	Ratt	Mouſe
8	Mole	

Do, jen nia feliĉe prancanta katŝafido, la emblema dorlotbesto kiu akompanos nin tra la historio.

Ni revenu nun al Charles Bliss. En la ĉapitro "*How Semantics of Semantography works*" en la verko *Semantografy* li analizas por ni la frazon "Germanio super ĉio".²⁶ En Blisa skribo ĉi tio estas skribita tiel:

---

23 Katŝafido, germane *Katzenlamm* estas titolo de rakonto de Franz Kafka pri hibrido. N.d.l.T.
24 Alright – angle en la originalo = bone, konsentite, prave N.d.l.T.
25 La apostrofita "C" iom diferencas de tiu ĉe Wilkins, anstataŭ apostrofo li uzas la oblikvan grekan alfa, kaj se mi ĝuste komprenas ĝin, ĝi estas prononcata kiel "kw" kun angla "w". Mi tamen ne sciis kiel tajpi tion. N.d.l.A.
26 *Deutschland über alles* – Nacia himno verkita 1841 de Hoffmann von Fallersleben, por alvoko al la unuiĝo de la diversaj germanaj ŝtatoj al unu federacio. Misuzata kaj miskomprenata por kredigi al homoj pri la supereco de Germanio. N.d.l.T.

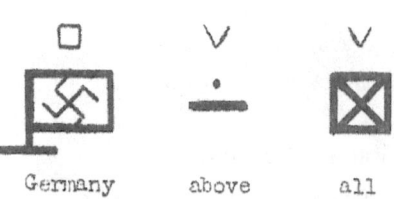

Bliss skribas pri tio:
Se oni tradukas la deklarojn de Hitler en semantografion, oni komprenas kial ne nur granda parto de la germana loĝantaro, sed ankaŭ Hitler mem kredis je ili. La koncernaj vortoj apartenas al klaso nomata HOMA TAKSADO en semantografio.
Mi petas indulgon pro tio, ke la leganto devas tuj konfronti la simbolojn, kies ĝusta signifo aperos nur post zorga legado de la tuta libro. Ĉi tio estas nur enkonduka ĉapitro.
La simboloj estas facile klarigeblaj: la simbolo de *flago* super la simbolo de *tero* donas al ni la simbolon de "*ŝtato*". Poste ni aldonas la bildon de la specifa nacia flago.
La simboloj de *super* kaj *sub* estas memkompreneblaj. Tamen ni devas rekoni, ke ilia signifo estas neklara kaj relativa. Ĉio dependas de tio, kie oni mem starigas la limon, t.e. la linion. Kiam oni desegnas ĉi tiun linion, oni devas ankaŭ indiki la rilaton al la celo de ĝia ekzisto: *ĉu super marnivelo* aŭ *super la domo*. Kaj *maro* kaj *domo* estas kemiaj OBJEKTOJ. Sed se ni uzas vortojn el la klaso HOMA TAKSADO, kiel *super ĉiu kritiko*, *ĝenerale, krom tio*, la rezulto povas signifi absolute ĉion.
La simbolo de *ĉio* konsistas el la multiplika signo (×), kiu estas skribita en fermita areo, t.e. kvadrato. Ĝi povas signifi "multaj aferoj", "diverseco", kvankam limigitan. Ĉi tiu simbolo havu semantikan efikon, kiu rememorigas pri eldiro de E.T. Bell:[27] "*The wretched monosyllable "all" has caused mathematicians more trouble than all the rest of the dictionary.*"[28] Sed ni tute ne bezonas tiun interpreton. Ni simple demandas nin: "Ĉu tiuj vortoj *super* kaj *ĉio* indikas iun specialan kemian OBJEKTON aŭ fizikan

---

27 Eric Temple (E.T.) Bell 1883-1960 – Skot-usona matematikisto kaj edukisto. N.d.l.T
28 Angle en la originalo. "La mizera unusilaba vorto (all/ĉio) kaŭzis al matematikistoj pli da problemoj ol ĉiuj ceteraj de la vortaro. "

PROCEZON?" La respondo estas Ne. Tial la simbolo ricevas la indikilon por TAKSADO.

Se Hitlero estus dirinta:

Germanio super ĉio, mezurita laŭ la marnivelo!

– la sensencaĵo de lia deklaro estus tuj klara al ĉiuj. Sed eldiro, kiu enhavas vortojn el la klaso TAKSADO sen precizigi la ĝustan rilaton (super *kio*? super *kioj*?) povas esti interpretata alimaniere de iu ajn. Ripetita milionfoje, ĝi fariĝas "vero" en la mensoj de homoj".

La celo de semantografio, laŭ ĝia inventinto, do estas antaŭ ĉio videbligi la semantikajn klasojn, el kiuj la vortoj originas. Tiamaniere, almenaŭ laŭ la teorio, simile al la vortoj de Wilkins ĝi evitas la ambiguecon kaj malklarecon, el kiu tiom da propagando ĉerpas sian energion. Simplaj malsubtilaj sloganoj, kiujn oni kriegas senpripense – aŭ ne, apriore oni neniel kriegu –, ĝuste, kiujn oni senpripense ripetas en la kapo, tiaj sloganoj ne estas facile verkeblaj en la Blisa skribo.

Sed kion tio signifas por poezio? Ĉu ni ankaŭ devas rezigni pri ĝi? Estis sciate, ke Charles Bliss malamis metaforojn. Li rigardis ilin kiel unu el la plej grandaj aberacioj de lingvo ĝenerale – kaj tial li eĉ disvolvis sian propran simbolon, per kiu oni povas klare marki metaforon, por ke neniu falu en la kaptilon de ĝia obskura, sorĉa potenco.

Semantography entenas, je la fino de la verko, ĉapitron pri poezio, en kiu li sensurprize citas Profesoron Fenollosa. Krome li donas al la poetoj, kaj, laŭ mia vidpovo, nur al ili, certan specialan rajton sur la tero:

Mi longdaŭre laboris kiel esploristo en la kampo de industria kemio kaj disvolvis multajn utilajn aferojn, sed la plej utila afero, mi estas konvinkita, estas poemo. (...) Mi ankaŭ estas konvinkita, ke poetoj estas la plej sentemaj estaĵoj. En *"flesh of understanding"* (sic!)[29] Ili sente esploris la naturajn leĝojn,

---

29 Eraro en la angla. "flesh" devas esti "flash", do ne "karno de komprenemo" sed "brila ekkompreno". (Se oni parolas kun forta germana akĉento la du vortoj ŝajnas samsonaj.) N.d.l.T

milojn da jaroj antaŭ la nuntempaj fizikistoj kaj matematikistoj. La lingvo de la poetoj diferencas de la lingvo de la vendoplaco, sed pardonu ilin, ĉar ili provas klarigi la neklarigeblan per metaforo, komparo kaj analogio.

Bliss konsideras ĉinan poezion la plej bela en la mondo. Ĝi prezentas al ni veran sentempecon. Oni eĉ ne bezonas regi la lingvon, nur la signojn, kaj oni povas kompreni la signifon, eĉ 2500 jarojn post la verkado de la poemo. Jen unu linio por ilustri ĉi tiun penson:

    or

Mi ne avaris la tempon iri en la apudan ĉambron kaj demandi mian amikinon, kiu estas ĉinologo, ĉu ŝi povus noti al mi la skribsignojn por ĉi tiuj du poeziaj linioj. Mi volis vidi, ĉu mi efektive *iel* povas kompreni ilin sen scii la ĉinan.

"Sed iel ajn tio estas kompleta sensencaĵo", diris Sarah. "Por *girl* oni povas elekti inter pluraj signoj. Kaj kio, do, fine estus la rezulto?"

"Notu al mi la signojn!"

"Notu al mi la signojn. Ĝuste tio, ne tiel simple funkcias. En la ĉina, oni ne nur listigas ajnajn signojn unu apud la alia. Oni devas koni la gramatikon. La klasika ĉino ankaŭ havas gramatikon. Ĉio ĉi tio estas stulta Fenollosa aĵo, *girl cheek soft peach,* mia Dio."

"Kio?"

"Viroj, kiuj rigardas virinojn kiel fruktojn."

Ŝi tiris franclingvan eldonon de Tang-poezio de la breto.

"Tie elektu iun ajn. Tiam mi skribos al vi la signojn."

"Sed mi volis refuti tiun Bliss-ekzemplon ĉi tie."

"La ekzemplo estas sensencaĵo. Ĉi tiuj kvadratoj neniel rilatas al la ĉina lingvo."

"Sed tie, ekzemple, *moon*", mi diris.

"Kio *moon*?"

"La luno", mi diris kaj senpacience movetadis sur mia seĝo.

"Certe ekzistas signo por tio."
"Jes. Kaj?"
"Luno, arĝenta maro, trankvila."
Sed mi ne plu sciis, kion mi celas. Do mi malfermis la antologion kaj legis kelkajn liniojn. Sed mi eĉ ne komprenis ĉiujn francajn esprimojn. *Humecter*, kion tio signifas?

Bliss ankaŭ donas al ni ekzemplon en la sama ĉapitro de poezia linio en Blisa skribo:

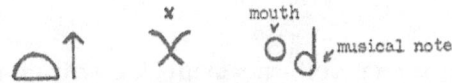

Laŭ emo, la leganto mem povas pensi dum momento kaj diveni, kion tio povus signifi. La angle skribaĉitaj esprimoj "*mouth*" kaj "*musical note*" estas jam indikiletoj. Mi efektive ĝuste legus la simbolon maldekstre kiel SUNO. La suno leviĝas. Jes, ne malfacile. Sed tiam la dua. Ĉifita X, kiel la stiligita vizaĝo de kato, kiu volas terni sed ne povas. Kaj hm, la simbolo por "pluraj" super ĝi, ni jam konas ĝin per la instruo pri la frazo *Germanio super ĉio*. Do pluraj ternantaj katoj. La suno leviĝas super la ternantaj katoj, kaj ili kantas.

Sed la simbolo signifas "birdo". Mi neniam divenus tion. Birdo ne aspektas tiel. Kvankam ĝi havas sencon, komprenible, tia flirtanta flugaĵo. Do: la suno leviĝas, birdoj kantas.

Bliss tiam donas al ni tri malsamajn interpretojn de la frazo en diversaj lingvoj. En la germana ĝiaj tri variantoj estas:

Die Sonne steigt, die Vöglein zwitschern. /
La suno leviĝas, la birdoj pepas.

Auf geht die Sonne, Vöglein singen. /
Leviĝas la suno, birdoj kantas.

Im Sang der Vögel steigt die Sonne. /
Dum kantado de birdoj leviĝas la suno.

La lasta varianto iom mirigas min. De kie ni legu "*Im Sang*/Dum kantado"? Nu bone. Bliss mem vidas la danĝeron, ke oni uzas lian sistemon en la kampo de poezio pli ofte por "*landscape painting*",[30] anstataŭ por esprimo de pli altaj ideoj. Bliss kontrastas ĉi tion kun la jena formado de nova termino:

Poezio: proverba parolturno, metita kiel striketo-homo inter paperfolio kaj koro. Tute akceptebla kiel difino.

Parolante pri pejzaĝismo: Antaŭ jaroj mi malkovris la tre plaĉan blogon de kreiva entuziasmulo de la Blisa skribo kun la ŝajne tre uson-milita nomo George F. Sutton en la interreto. Ĉi tiu viro estas la fondinto kaj posedanto de la retejo *symbols.net* kaj iuj rilataj retejoj. Tamen, dum jaroj forestas ĉiu spuro de li en la interreto. Lia blogo estis forigita, kaj lia laboro troveblas nur en la aŭtomate generitaj ekrankopioj de la *Wayback Machine*, la interreta arkivo. Tie, el lia mem-priskribo, ni povas vidi, ke s-ro Sutton estis piloto, kiu spertis religian iluminiĝon en la aĝo de dudek kvar jaroj, rezulte de tio – la ĝustaj detaloj ne estas donitaj – li estis diagnozita kun dupolusa perturbo unu jaron poste. Post sia frupensiiĝo li studis ĉiajn sanktajn skribojn kaj sciencajn librojn. Inter 1993 kaj 1996 li renkontis la Bliss-simbolojn, kiuj ŝanĝis lian vivon. Li komencis traduki la kabalon en la Blisan skribon, kaj unuafoje uzis bildbazitan procezon, kiun li nomis *Visual Bliss*. (vida blisa)[31]

---

30 Angle: Landscape painting – Pejzaĝismo estas pentradĝenro, kiu bildigas variajn pejzaĝojn kiel montoj, arboj, riveroj, valoj kaj forstoj. Vikipedio N.d.I.T
31 Sutton skribis: "As I study Kabbalah, I am interpreting it into, translating it into Visual Language and Blissymbolics is strongly influencing the visual forms. It (Kabbalah interpreted visually) seems to be strongly penetrating into a possible intuitive understanding of Quantum Physics, indicating that humanity's current escalating difficulties with chaos are related to increasing quantum dynamics erupting into our everyday atomic reality. If so, this is very dangerous, and this must be stabilized before it is too late. I'm be-

En la moderna Blisa skribsistemo, do tiu, kiu estis disvolvita de postaj edukistoj, parolpartoj (adjektivo, substantivo ktp) ne plu estas indikataj per diakritaj signoj, sed per koloroj. Sutton akceptas ĉi tion kaj aldone prezentas spacajn kaj tempajn rilatojn per vidaj ekvivalentoj. Jen unu el liaj ekzemploj de ĉi tiu nova speco de lingva pejzaĝismo:

Aŭ jen frazo pri virino sur kuŝseĝo:

Sutton asertas, ke ĉi tiu "nelinia" lingvo estas la sola ekzemplo (krom la brazila Pirahana lingvo),[32] kiu ne sekvas la regulojn de la *generativa gramatiko* establitajn de Noam Chomsky. Mi havas nenian ideon, ĉu tio ĝustas. Ĉiuokaze, en Visual Bliss oni povas pentraĵe priskribi sufiĉe kompleksajn aferojn, tiel ke ĉiuj aferoj pri niaj frazoj, kiel en postmoderna epopeo de John Barth,[33] ekzistas egale kaj samtempe flank-al-flanke. Kompreneble, estas signife pli

---

ginning to sense the Kabbalah's purpose is to assist human consciousness in stabilizing these quantum eruptions properly without resulting in Fascism. If we can't crack open the Ark of the Covenant in time, Fascism will lockdown the mind of Man in a desperate attempt to block these quantum eruptions. But it can't succeed, only the treasure in the Ark can succeed. The eruptions are microscopic now, but are likely to intensify if we don't select a neural pattern and accept it universally. The Jews have the secret, which is why they released it in 1995." Neniu ideo. N.d.l.A

32 Vidu: Daniel Everett: *Don't sleep there are snakes* (germana traduko *Das glücklichste Volk*) N.d.l.A.
33 John Barth – usona verkisto, naskiĝis 1930 N.d.l.T

malalta supra limo por komplekseco ol por linearaj esprimoj, do esprimoj, kiuj disvolviĝas ĉefe laŭ la tempo anstataŭ en la spaco. La rakonto de Kafka pri la katŝafido probable aspektus kiel kaŝita objekto en *Visual Bliss* konsistigita de signoj, frotantaj kaj inflamigantaj unu la alian. Kaj la priskribo de krimoj en *Visual Bliss* tute ne funkcius, ĉar la nelinia disvolviĝo de la agadoj troon rivelus ekde la unua sekundo kaj forigus la suspenson de la intrigo. Verŝajne la nelinia simple ne estas nia hejmo.

La lasta vivsigno de la multmerita s-ro Sutton en la interreto devenas de 2013. Post tio mi nenion povas trovi.

En 1946, Claire kaj Charles Bliss ricevis, kiel mi diris, la eniran permeson por Aŭstralio. Ili translokiĝis al Coogee, antaŭurbo de Sidnejo. La mondsava simbola lingvo de Charles ne falis sur fekundan teron en la nova lando. Akademiuloj, lernejoj, politikistoj – neniu el ili volis scii ion pri semantografio.

Inter 1949 kaj 1953, Claire skribis kaj sendis ĉirkaŭ 6.000 leterojn por subteni la aferon de ŝia edzo, el kiuj nur eta parto estis responditaj. Kaj se estis respondo, ĝi ne estis invita, bonveniga aŭ kuraĝiga. Ŝajnas, ke la sola escepto estis la filozofo Bertrand Russell, kiu tiam ĵus estis ricevinta la Nobelpremion, kaj li esprimis sian aprobon pri la nova simbola lingvo. Bliss citis lian laŭdon en ĉiu nova eldono de sia verko.

The meaning of "Wanderkamerad", as we understood it, is most difficult to translate. It does not mean "wander comrade." It means much more than "hiking companion".

For us, it meant walking hand in hand through flowering mountain meadows up to the towering mountain peaks.

But it also meant walking hand in hand through the dark abyss of despair, and through the valley of the shadow of death.

La 2an de oktobro 1953 Claire suferis koratakon. Dum la sekvaj ok jaroj ŝi estis en malbona animstato, ekstreme malforta kaj kaduka. Ŝi ne plu povis marŝi kaj dormis multe. Post injekto ŝi vekiĝis unufoje pli el sia droga duondormo kaj kun gaja, juna esprimo sur la vizaĝo komencis kanti malnovan Vienan kanton: "Estos vino / sed ni ne plu estos! / Vivos belaj knabinoj, /sed ne plu vivos ni!" La vivo de Claire finiĝis la 14an de aŭgusto 1961, en la aĝo de okdek jaroj, kaj tiel, en certa maniero, finiĝis, almenaŭ provizore, la vivo de Charles Bliss. Lia malespero pro la morto de sia "kara vojaĝkunulo" estis kripla kaj absoluta. Dum monatoj li povis fari nenion krom iel akiri la ĉiutagajn necesaĵojn. La vorto "vojaĝkunulo", kiun li uzis por priskribi la lastajn tagojn de Claire, ŝajnis netradukebla al Karlo. Do li aldonis klarigan bildstrion al la responda ĉapitro de la *Semantography*.

Mi malinklinas uzi la rakonton de Claire kiel nur rakonton pri subteno aŭ inspiro, nur ĉar la centra figuro en mia rakonto estas ŝia edzo. Sed malgraŭ multaj esploraj klopodoj, mi simple ne sufiĉe scias pri ŝi. Oni ne supraĵe rigardu ŝin kiel nura kunulo, kiu nur dediĉis sin en sia rolo kiel edzino al la supozeble pli alta celo de sia edzo, do oferante sin al lia verko. Se mi ne povas fari multon alian, mi povas almenaŭ peti vian pardonon pro tio, ke el la hodiaŭaj spuroj de ilia tiama ekzisto mi povis akumuli tiel malmultajn informojn pri ilia antaŭa vivo.

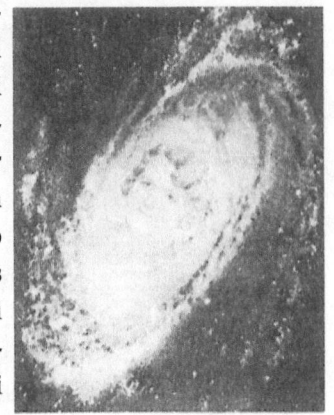

Almenaŭ mi havas ŝian bildon ĉi tie. Bedaŭrinde ĝi estas senfokusa, ĉar Karlo, la iama sperta fotisto kaj amatora filmartisto, metis ĝin en spiralan galaksion.

Ĉar ŝajnis al li, kiel li skribas komence de sia *Semantography*, ke la "vivantaj atomoj, kiuj konsistigis la korpon de mia bona Claire, formis ĉefverkon de amo, inteligenteco, boneco, konscienco kaj beleco en etika interrilato". "La 14-an de aŭgusto 1961, ĉi tiu etika aganto forlasis sian korpon kaj revenis al la nevidebla oceano de etika energio, de kie ĝi reaperos en Claire-similaj estaĵoj kaj aliaj ĉielaj korpoj." Al Bliss, kio plej similis al la ĉeesto de lia edzino estis la arboj en la urbo; kiel la edzino ili estis ĉie.

La funebra tempo daŭris longe ĉe Karlo. Sed ĝi ne estis neproduktema. Jam en 1965 li publikigis la novan vastigitan eldonon de sia *Semantography*. Multe pli memfide, li nomis ĝin por la unua fojo, per la nova nomo: *Blissymbolics*. Kaj iuj homoj estis konvinkitaj, inkluzive la aŭstralia politikisto Douglas Everingham, kiu eĉ proponis Bliss, en 1969, por la Nobel-premio pri paco. Sed neniu aktive adoptis tiun metodon, neniu instruis la novan lingvon, Bliss nur fojfoje estis laŭdata pro siaj klopodoj, kaj li fervore akceptis iun ajn laŭdon kaj dankis per entuziasmaj leteroj. Sed neniu krom li ŝajnis vere interesiĝi pri savo de la homaro.

Ni turniĝu al Ontario, Kanado en la jaro 1971. Se ĉi tio estus filmo (Dio gardu), ni nun vidus ĉi tiun konstruaĵon de ekstere – senemocia, klinikeca arkitekturo, koniferoj en la unua plano.

Ontario Crippled Children's Centre – 1962

Ni estas antaŭ OCCC, la Ontario Crippled Children's Centre [Ontaria centro por kripligitaj infanoj]– (nomo intertempe feliĉe ŝanĝita).[34] La kinomuziko, kun kiu oni sendube regalus nin, estus kontinua drona sono, eble akordo dunota, ĉiuokaze io, kiu signalas, ke io grava mankas ĉi tie, kaj ni ankoraŭ ne povas rekoni ĝin. Ni ankoraŭ ne atingis la celon. Estas ankoraŭ senfinaj problemoj antaŭ ni.

Ni vidas junan instruistinon, Shirley McNaughton, en biblioteka ĉambro. Ŝi alfrontas grandegan problemon. Ŝi estas instruisto por infanoj kun cerba paralizo. Ĉi tio signifas, ke en pli severaj kazoj almenaŭ, ŝiaj gelernantoj povas apenaŭ movi muskolon en sia korpo laŭvole. Ili moviĝas kaj evidente maldormas, sed ili ne povas reagi aŭ nur limige reagi kiam oni volas komuniki kun ili.

Pri kelkaj el ŝiaj infanoj oni do supozas ke ili estas kogne apenaŭ evoluintaj aŭ eble tute senvivaj; "*vegetables*", oni nomas

---

34 La nuna nomo estas: Holland Bloorview Kids Rehabilitation Hospital. (Holland estas nomo de la mecenato; Bloorview – nomo de urboparto; + Infana Reebliga Hospitalo. N.d.l.T.

ilin malestime, ĉar ilia korpo estas ununura kontrakturo aŭ konstanta, nekunordigita tordiĝado. Sed McNaughton certas, ke ĉiuj ŝiaj infanoj posedas la samajn rimedojn por riĉa interna vivo kiel tiuj kun nur parte limigita muskola kontrolo.

Kiel ŝi konstatis, ke la infanoj klare konsciis, demandis ŝin Jad Abumrad, la gastiganto de la podkasto *Radiolab*. "The twinkle in their eyes",[35] diris McNaughton.

Mi memoras, ke mi jam aŭdis pri ĉi tiu *twinkle* unufoje en mia infanaĝo. Temis pri la frato de mia samklasano M. (ne lia vera inicialo). Mia patrino, kiu estas kuracisto, eksciis pri la sorto de ĉi tiu infano de ties patrino. La knabo naskiĝis kun cerba paralizo kaj ne povis movi eĉ unu muskolon, tial li troviĝas tie nun, ŝi diris al mi, ne hejme kun la familio, sed en azilo, li nenion povis fari, oni ne interrilatas kun li, li simple nur ekzistas. Kaj kompreneble tio estis sekreto, kaj mi ne rajtis malkaŝi al iu ajn ke mi scias pri tio, Mi ekstremis pro ĉi tiu priskribo. Mi ne povis imagi tion. Esti enfermita en korpo ekde la komenco de la tempo. Kaj, almenaŭ tiel mi interpretis la situacion de la knabo, forlasita de lia propra familio.

Iutage, meze de unu el la kutime sencelaj etikaj diskutoj en religia klaso, nia instruisto diris, responde al iu argumento de M: "Sed nur kiel ekzemplo, ĉu vi havas gefratojn?" – kaj li korektis sin tuj: "Ha ne, vi estas solinfano." Kaj la diskuto daŭris. Mi ankoraŭ povas vidi ĉi tiun mallongan scenon klare antaŭ mi hodiaŭ. La religiinstruisto agis tre bone. Ĉar neniu sciis pri la frato de M., krom ŝajne tiu instruisto. Kaj mi. Mi ne scias, ĉu iu alia konis la sekreton. Eble, M. iam konfidis al la instruisto, ĉar la instruisto estis ekstreme afabla, amika homo; li estis konsiderata konfidulo. (Mi preskaŭ konfidis al li unufoje, en tute alia afero, sed tiam mi ektimiĝis kaj ne faris tion.)

Iam, M. kaj mi kaj du aliaj studentoj de nia mezlernejo estis invititaj al la Matematika Olimpiko en Ostrava, en Ĉeĥio. Ni iris tien, sed ne havis ŝancon kontraŭ la ĉeĥoj kaj la rusoj, mi solvis duonon de duon-ekzemplo kaj tio estis ĉio. Malproksime videblis la malvarmigaj turoj de nuklea centralo. Mi nutris min per ĉipsoj

---

35 Angle: La brileto en iliaj okuloj.

kaj Fanta.[36] Estis vivaj estaĵoj en la matraco de la dormejo, kie ni tranoktis. Krome la somera varmo suferigis min, kaj mi grumbladis al mi la tutan tempon. La kulmino de la afero estis kiam la buso, en kiu ni veturis, ekbrulis (*long story*),[37] kaj akompanataj de niaj Matematik-instruistoj, ni devis daŭre marŝadi sur senarba kampara ŝoseo, en la sufoka varma sunbrilo de ĉi tiu malbenita eŭropa regiono. Mi blasfemis kaj ĝemis al mi mem. Tiam M. levis la voĉon kaj riproĉis min. Li havas sufiĉe nun, mi finfine fermu la faŭkon, senĉese tiu plendado. Kaj tuj mi eksilentis, hontigita. Sed la varmego ankoraŭ premis min, kaj mi ŝvitis en miajn proprajn okulojn, do post iom da tempo mi fingromontre turnis min al li, kaj volis diri ion detruigan, ĉar fakte mi havis ĉi tiun municion, mi sciis, ke li sekretis pri sia frato. Mi sukcesis nur elbuŝigi "via" - kaj tiam haltis. Al kiu aŭ kio ajn, kiu detenis min tiutage pluparoli, danku ilin el la fundo de mia koro.

Iun matenon en la vintro de 2018, mi telefonis al mia patrino por demandi, ĉu miaj memoroj rilate al la mistera sekreto pri la frato de mia samlernejano kongruas kun ŝia. Jes, ŝi konfirmis. Plimalpli tiel ankaŭ ŝi memoras ĉion ĉi. Kaj ŝi ĵus havis kompareblan kazon en la kliniko.

"Klarigu."

Tiutempe, iom antaŭ sia emeritiĝo, mia patrino laboris en la sekcio pri komatula prizorgado. Unu el ŝiaj pacientoj tie estis konscia, ŝi diris. Sed neniu kredis tion.

"Kion vi celas per "neniu kredis tion?"

"Ili ne havas tempon por tio."

"Sed ĉu ne ekzistas ia maniero mezuri tion?"

"Ne. Kiam li vere ne povas movi muskolon. Kiel vi povas mezuru tion? "

"Ĉu io kiel MRB?"[38]

"Ne. Verdire tio, kompreneble, eblus. Sed ĝi estas tro temporaba. Ne estas mi, kiu diras tion; estas ili, la altrangaj kuracistoj, la

---

36 Varmarko por karbonata nealkoholaĵo produktita de Coca-Cola Company el Atlanta, Usono. N.d.l.T.
37 Angle: longa rakonto N.d.l.T
38 Magneta resonanca bildigo aŭ magneta resonanca tomografio ...estas subfako de radiologio. Vikipedio N.d.l.T

flegistinoj. Ili ne havas tempon eltrovi, ĉu finfine iu perceptas ĉion aŭ ne. Ili rifuzas tian esploron."

"*Fuck.*"[39]

"Ĉiuj neniam havas tempon por io ajn."

"Sed kio precize diferencas ĉe ĉi tiu viro?"

"Li ne volas vivi. Per tio mi perceptas tion. Li diras aŭ signalas tion. Jes, mi vere pensas, ke li konscias. Se li ne estus, li ne volus ne vivi."

"Kio?"

"Li ne tiom protestus."

"Sed kion li komunikas al vi?"

"Li simple ne volas vivi. Io tia rimarkeblas. Li origine volis sinmortigi, sed iu trovis lin. "

"Ho, damne."

"Jes. Kaj nun li ankoraŭ restas en la universo. Kaj protestas."

"Sed kiel tio evidentiĝas?"

"Lia korpo estas konstante infektita. Li vomas, li provas eliri el si mem ... Kaj kompreneble liaj okuloj."

"Ĉu oni povas vidi tion en ili?"

"Jes. Ĉiam en la okuloj. Ĉi tiu brilo, ĉi tiu volo malekzisti."

"Sed la flegistinoj ne vidas tion?"

Mia patrino cerbumis.

"Nu, tio certe sonas kruele," ŝi diris singarde, "sed mi ĉiam havas la senton, ke la komataj pacientoj estas ia bebosurogato de iuj flegistinoj. Ili ofte montras unu la alian, kiel drole plaĉa unu el ili aspektas. Iafoje ili vestos kaj fotos tiun."

"Ĉu la flegistinoj mem ne havas infanojn?"

"Ne ne. Plej multaj el ili estas ankoraŭ tre junaj fraŭlinoj."

Mia patrino suspiris.

Kompreneble, mi devis pensi pri la viro, kiu, kaptita en tute senmova korpo, estis plene konscia kaj nun senĉese vomis kiel protesto kontraŭ lia daŭra ĉeesto en la kosmo. La konstruaĵo, en kiu li estis, estis malpli ol dek minutojn da piediro de mia loĝejo. Mi eĉ estis tie kelkfoje. Kaj negrave en kiu metropolo oni troviĝas,

---

[39] Fuck– internacia vorto el la angla, kiu ankaŭ aperas en la alte respektata germana vortaro Duden sub "F-Wort". Parenca kun Esperanto "fiki" ĝi esprimas frustriĝon; en Esperanto eble "diable". N.d.l.T.

oni ĉiam, relative rapide, povas esti proksime al iu kun simila sorto. Ili estas ĉie. Ili ne estas maloftaj.

"Flegistinoj similas al milicia organizo," diris mia patrino. "Ili havas striktajn hierarkiojn. Ili ne ŝatas vivi rezistante al la generalo. Ili estas absolute lojalaj. Simpatieco nur malantaŭ la dorso."

"Simpatieco?"

"Ĉu oni ne diras tiel? Simpatio, eco. Neniu ideo. Estas vi la lingvemulo."

"Nu, la vorto konvenas. Ĝi devus ekzisti."

"Ĉiuokaze, simpatieco konvenas nur se ili sentas sin neobservataj. Tio estas la terura afero. "

"Do neniu parolas kun li? Aŭ legas ion al li, aŭ faras ion alian, kion mi scias. "

"Ne. Ili nur lavas lin. Ne estas tempo por pli."

"*Fuck*. Kial neniu legas al li? Mi povas legi ion al li."

"Lia edzino ne permesas tion. De unu jaro li jam atendas komunikan aparaton. Per tio oni almenaŭ povus vidi, ĉu li ankoraŭ volas iel komuniki. Kun tio, teorie, li povus komuniki kun sia edzino, kondiĉe ke ŝi estas en lia ĉambro."

"Unu jaron?"

"Jes. Sed la aĵo simple ne alvenas. Mi ne komprenas."

"Kia aparato estas tio? Bliss-simboloj? Ĉu ĝi estas tia granda surfaco kun koloraj kvadratoj? "

"Mi ne scias. Mi neniam vidis unu antaŭe. La aparatoj neniam alvenas."

Homoj en kompleta infero, tiel mia patrino resumis la faktojn. Foje ili eĉ kudre fermas liajn palpebrojn ŝi klarigis, por ke la korneo ne sekiĝu. Ĉar la palpebrumado ne plu funkcias, do oni devas decidi: ĉu horloĝvitra bandaĝo aŭ kunkudri la palpebrojn. Kutime la dua venkas. Jen ili kuŝas tiel, ŝi diris, en senmovaj korpoj, sen tuŝo kaj sen vidkapablo. Kaj dum la tuta tago ĉi tiu senanima muziko, de la sendostacio Radio Steiermark. Neniu alia muziko estas permesita. Kial ĉi tio? Neniu kialo, diris mia patrino. Nur ia tradicio. Kie homoj nenion scias, ili do komencas formi mitojn kaj tradiciojn. Oni malpermesis al ŝi karesi la brakojn de la paciento – ĉar nur firmaj tuŝoj, tiuj, kiuj supozeble "klare laŭlongas la korpan konturon", estas permesataj. Ĉar oni supozas, ke ĉi tiuj homoj ne scias, kie finiĝas la limoj de ilia korpo. Sed ĉu tio ne estas sensencaĵo?, mi demandis. Jes, kompreneble, diris mia patrino, kompleta sensencaĵo, ĉar neniu scias ion pri ilia korpa sento; tiuj ideoj ĉiuj estas nur mitoj, kodigitaj supozoj. Krome, la konstanta devigo esti maldorma! Maldormaj komataj pacientoj ne rajtas dormi multe, malgraŭ tio ke dormo precipe utilas; ĉiu pli alta vivestaĵo scias tion; oni ne devus science pruvi ĝin.

"Ankoraŭ unu demandon," mi diris. "Ĉu iu iam vekiĝis?"

"Mi neniam aŭdis pri tio. Sed dum jardekoj mi ne estis en la sekcio, kiel aliaj."

"Sed ĉu tia kazo estas konata el la fakliteraturo?"

"Estas kazoj, ke post jaroj oni malkovras, ke iu jam de longa tempo estas konscia, fakte ekde la akcidento, kiu kaŭzis ĝin."

"Ĉu tio ofte okazas?"

"Jes, kompreneble, tio okazas konstante. Sed kompreneble la parencoj ofte eraras. Ili ne povas kompreni kial tio ne plu ekzistas."

"Kio?"

"Nu, ke tiu persono ne estas la sama homo kiel antaŭe. Ofte la esenco vere malaperas por ĉiam. Eble efektive restas nenio en la persono, sed tamen ili sekvas vin per siaj okuloj kiam vi trairas la ĉambron. Kaj malfermas sian buŝon."

"Sed kiel povas esti, ke restas nenio en la persono?"

"Ĝuste," diris mia patrino. "Oni neniam scias. Neniu scias ion. Ĝi estas *griza zono*."

Kaj ŝi rakontis al mi pri reala kazo, en kiu viro estis konsiderata "legomo" dum dek du jaroj post akcidento, sed tiam oni demandis lin, kiel li fartas dum funkcia tomografio (fMRI) kaj li efektive povis doni raciajn respondojn. La komputilo povas lerni distingi kategorie malsamajn pensojn unu de la alia. Oni petis la pacienton imagi du aferojn: Ludi tenison kaj eniri alian ĉambron. Pensi pri teniso signifas Ne. Eniri alian ĉambron signifas – *Jes*.

Oni tiam demandis lin, ĉu li suferas.

Sen instigo al ago, sen interagado kun la paciento, ŝajnas al mi, ke efektive povas esti malfacile konstati konscion. Sed krome: kio se la persono rezignis kaj simple ne plu volas pensi pri teniso?

Estas ankaŭ sciate, ke viroj en bankizo rezignis, mense saviĝis en muĝanta frenezo kaj perdiĝis en la polusa nokto.

La radiomesaĝo al Scott Routley, la nomo de la paciento, estis farita en 2011. Li havis akcidenton en 1999 kaj de tiam vivis en la tiel nomata *Griza Zono*. Liaj gepatroj kredis, ke li ŝatas certan muzikon pli ol aliajn kaj ke li eĉ foje reagas al agrablaj aferoj per dikfingraj gesto. La kuracistoj restis skeptikaj. Ili retiriĝis al la sokrata pozicio, sciante, ke oni nenion scias. Certe, ĝis antaŭ nelonge la lando de la *Griza Zono* eĉ ne ekzistis, des malpli havis loĝantojn. Homoj simple mortis post trunkcerba infarkto aŭ post ekstrema kranicerba traŭmato. Sed hodiaŭ, pro la senlime rafinita arto de revivigo, estas tre multaj homoj en tiu griza zono, kaj nur Dio, kiu konas ĉiujn kreitaĵojn, scias ilian nombron.

Kaj nun la demando pri la doloro. La neŭrosciencisto Adrian Owen skribas en artikolo por *The Guardian*, ke ĝuste ĉi tiu demando videbligis la grandegan abismon, kiun ni traktas ĉi tie. Ĉar kio se la respondo estis Jes? Kio se Scott efektive ne imagis ludi tenison. Sed tiam la trankviligo: lia respondo estis Ne. Scott pensis pri ludado de teniso. Ĉiuj rajtis spiri trankvile. Mi havas la plej profundan respekton al Scott Routley, pro tio ke li tiel respondis – ĉar li havus kialojn respondi Jes eĉ se li ne suferus tujan korpan doloron. Eble ĉi tiu Ne, ĉi tiu penso pri teniso, estas la plej kuraĝa ago, kiun mi iam ajn renkontis. Ĉiuokaze: ĉiuj trankviliĝas, nur ne la patrino. Ŝi estis la sola, kiu ne trankviligis sin. Ĉar ŝi jam sciis. "Li dirintus al mi se li suferus."

En la sekvaj monatoj Scott respondis demandojn pri sia ĉiutaga vivo, pri siaj helpantoj, pri sia familio. Li ankoraŭ sciis ĉion, la jaron en kiu li estis; li sciis, ke li troviĝas en hospitalo; li konis la nomon de sia nuna prizorganto. Li mortis du jarojn post la unua konversacio en la fMRI-tubo.

Laŭ Adrian Owen, ĉirkaŭ 15 ĝis 20 procentoj de homoj origine klasifikitaj kiel "vegetaj" estis perfekte konsciaj post similaj testoj.

Dum mia tempo ĉe la Odilien-Institut en Graz, mi respondecis pri flegado de unu aŭ du grave handikapitaj infanoj dum unu aŭ du horoj posttagmeze, malgraŭ mia nekontestebla nekompetenteco. Mi tiam spertis plurfoje, ke mi ĉiam aŭtomate supozis, ke malmulto aŭ nenio okazis en la estaĵo pri kiu mi respondecis. De kie venas ĉi tiu reflekso? Infano, kiu mortis dum mi estis en la instituto, povis nur kriegi per ensuĉado de aero. Mi kredas, ke mi neniam parolis al li. Alia infano falis en epilepsian staton ĉiujn kelkajn sekundojn, tremante kaj konvulsiante eĉ dum dormo. Iun tagon, kiam la atakoj restadis for dum kelkaj valoraj minutoj, li larĝe malfermis la okulojn, rigardis en mian vizaĝon kaj kriis, "Aaaaaaĉulo!" Aĉulo. Kaj mi ankaŭ kredas, ke mi ne reagis aparte bone al tio. Iu infano mordis mian manon kaj perdis denton dum la procezo. Oni rakontis al mi pri knabo, kiu kutimis paroli normale je la aĝo de tri aŭ kvar jaroj, sed poste falis en grandan maltrankvilon dum kelkaj semajnoj, en konstantan plendadon, ploradon kaj frotadon de la okuloj, kaj li poste retiriĝis pli kaj pli en sin mem. Finfine li perdis sian jam akiritajn kapablojn kaj direktis sian atenton al rigardado de sia mano, kiun li tenis tre proksime al sia okulo. La fingrartikoj preskaŭ tuŝis la okulglobon. Li fiksrigardis, kvazaŭ tie estus serurtruo. De ekstere ŝajnis, ke la mano pli kaj pli ekposedis lin. Verdire li fine ne povis fari ion alian. Agnoskite: Mi scias nenion pri tio. Je mia aĝo de apenaŭ dekok jaroj mi povis nur stari antaŭ tio. Io estis klarigita al mi kaj mi kapjesis. Interne mi plej ofte silentis kiel luna korono. Sed ekzistas tiaj aferoj sur la tero kaj ankoraŭ neniu scias ilian sekreton. Kvankam tiukaze ne estis vere, ke la knabo ne plu povis fari ion; li tamen povis grinci siajn dentojn. Li estis nutrita per nutrotubo, kies enirejon mi hazarde difektis unufoje. Mi memoras, ke mi iam skribis poemon pri li kaj lia mano dum la vojo hejmen en la tramo. Ĝi estis tute ridinda, rimita, kaj plena de metaforoj. Alian fojon mi proponis al li mandarinan segmenton kaj gutigis iom de la bongusta dolĉa likvaĵo sur liajn lipojn, kaj li reagis tiel terurite al la atako, ke la mandarino tuj timigis min kaj mi ĵetis ĝin tra koridora fenestro en la ĝardenon.

Do, komprenble, malfacilas al mi kritiki ĉiujn, kiuj firme subtenas la "*vegetable*" teorion. Sed tamen oni devus demeti tiun teorion kie ajn oni povas, eĉ se la mondo fariĝos multe pli malgastama kaj teruriga. Senviveco aŭ senkonscieco ŝajnas al ni almenaŭ sekura; ĝi ne plu povas esti atingita per ĉiutagaj kaj ĉiujaraj troaj postuloj.[40] Sed tamen tiu teorio ne estas adekvata. Kiu scias, eble tial la babilado de aŭtoroj frapas min plej ofte tiel abomene trudema kaj obscena, kiam ili opinias, ke per sia verko ili donas voĉon al tiuj, kiuj havas neniun propran.

Sed ni revenu al la historio. Ni vidas la junan Shirley McNaughton, instruiston por handikapitaj infanoj en Ontario. Ŝi ne estis subtenanto de la "vegetable" teorio. Do, ŝia ĉefa problemo estis ekscii, kion la nesinmoveblaj infanoj sciis kaj ne sciis pri la mondo. Ŝi ne povis montri al ili iujn ajn presitajn anglajn vortojn kaj lasi ilin interpreti la skribaĵon, ĉar la infanoj ankoraŭ ne povis legi. Kaj kiel ili lernu legi, se ili ne povus paroli aŭ celkonscie moviĝi?[41]

McNaughton kaj unu kolegino ricevis permeson de la lerneja administracio uzi tolaĵejon en la kelo, kie ili povis labori kun la neparolkapablaj infanoj. Tio funkciis. Nur ili devis sendepende elpensi simbolojn sufiĉe koherajn por ĉiaj aferoj, kio ne ĉiam estis facila. Ĉu neniu antaŭe entreprenis ĉi tiun klopodan taskon?

La libro *Semantography* longas 800 paĝojn, sed ĝi ne estas vortaro de Bliss-simboloj, nek manlibro nek gramatiko. Ĝi enhavas multajn teoriajn, personajn, longajn *rants* kaj *ramblings*,[42] sed oni tamen povas imagi la triumfan senton de malkovro fare de Shirley McNaughton kiam ŝi ektrovis ĉi tiun mirindan verkon. Jen sistemo, kompleta kaj detala. Ĝi estis dinamika kaj disetendigebla. Ĝi enhavis ĝuste tion, kio mankis ĝis nun: la vizio de kompleta lingva mondo.

Por la unua fojo en sia vivo ŝi povis dialogi kun la infanoj.

La infanoj aktive montris la simbolojn kaj klarigis al ŝi siajn bezonojn, sian internan vivon kaj siajn perceptojn. Knabo estis demandita, en kiu kostumo li ŝatus maski sin por Haloveno. Li montris la simbolojn: estaĵo – trinki – sango – nokto. Aranĝita kaj kombinita en novan simbolon, tio rezultigis unu el la unuaj sim-

---

40 Tio estas cetere la kialo, kial la testo de Turing, ne plu plenumas la specifojn. Principe ĝi funkcias nur en unu direkto, nome la pozitiva. N.d.l.A
41 Detaloj pri Shirley McNaughton el *"In the Land of Invented Languages"* de Arika Okrent. N.d.l.A
42 Angle: "rants...ramblings" = furioza, senĉesa deklamado. N.d.l.T.

bolaj vortoj naskita ekster la kapo de Charles Bliss. La karakolado de la katŝafido de Kafka, finfine eblis.

Ekzistas pluraj intervjuoj kun Shirley McNaughton, kaj ŝi mem publikigis multon pri didaktiko kaj la apliko de la Bliss-simboloj. Sed ĝis nun oni skribis tre malmulte pri tio, kion sentis la infanoj finfine, kiam ili memstare povis formuli frazojn post jaroj de streĉa atendado. Mi serĉis delonge. En la libro de Arika Okrent *In the Land of Invented Languages* estas menciita Kari Harrington, studentino de OCCC, kiu feliĉe sidis en sia rulseĝo ĉiutage antaŭ la simbolkartoj etenditaj ĉirkaŭ ŝi. Iuj poemoj de Kari Harrington estas en la interreto, en la angla sed eble originale verkitaj en la Blisa. Unu el ili priskribas ŝian kreskantan bezonon komuniki kaj ŝiajn grandegajn klopodojn movi ŝiajn brakojn en certa direkto, por klarigi kion ŝi volas diri. Kiel severe ĝenas iuj obstakloj en ŝia vivo evidentiĝas, kiam oni legas la poemon pri ŝia rulseĝo, kiu devus faciligi ŝian vivon, sed kiu havas siajn proprajn planojn:

My Wheelchair's Plans[43]

My wheelchair plans
To do something awful.
I can hear it saying,
"I'm going to make Kari and her Dad miserable."

Its first plan is
To wait until my Dad
Has to go out
Before it squeaks and groans.

---

43 *Planoj de mia rulseĝo*
Mia rulseĝo planas fari ion teruran. Mi povas aŭdi ĝin diri, "Mi faros Kari kaj ŝian Paĉjon mizeraj." Ĝia unua plano estas atendi ĝis mia paĉjo devas eliri antaŭ ol ĝi grincas kaj ĝemas. Tio certigas, ke mia paĉjo restos multe preter noktomezo, do mi havas seĝon por iri al lernejo. Ŝajnas, ke ĝi ŝatas vidi mia paĉjon streĉigitan. Ĝia sekva plano estas maltrankviligi min per ĝia plej forta bruo. Mi devas aŭdi ĝin la tutan tagon ĝis mi iras hejmen. Kiam mi diras al paĉjo, kion ĝi faras, mia rulseĝo diras, "O kej! Estas tempo por lertiĝi." Ofta plano estas elĉerpigi bateriojn. Mi povas fari nenion Sed voku iun por helpi min supreniri plej malgrandan deklivirejon. Sed ĉefe nenion mi malamas pli ol troviĝi kontraŭ la muro, ŝtopita en konektingo, kaj sidi tie ĝis mia baterio estos ŝarĝita.

> It makes sure my Dad
> Stays up way past midnight
> So I have a chair to go to school in.
> It seems like it likes to see
> My Dad get uptight.
>
> Its next plan is
> To worry me with
> Its loudest noise.
> I have to hear it all day
> Until I go home.
> When I tell Dad what it is doing,
> My wheelchair says, "O.K. It's time to smarten up."
>
> It's common plan to do
> Is run out of batteries.
> There's nothing I can do
> But call someone to help me
> To go up a smallest ramp.
> But most of all
> There's nothing I hate more
> Than to be plugged into the wall
> And sit there until my battery charges. (...)

Atentu la lastajn tri liniojn.- Harrington ankaŭ verkis mallongan aŭtobiografion priskribantan la tempon, kiam la kontakto okazis:

> Kiam Kari fariĝis sepjaraĝa, io ekscita okazis. Unu instruisto havis mirindan manieron instrui tiujn infanojn, kiuj povis diri malmulton aŭ nenion. Tio estis sinjorino McNaughton. Tio funkciis bonege. Tiuj, kiuj povis montri ion, montris ion, kaj tiuj, kiuj ne povis, montris ion per sia rigardo aŭ uzis elektronikan simbolan tabulon.[44]

---

[44] Disvolvita de Rachel Zimmerman, kiu tiutempe havis dek du jarojn. La knabino programis Bliss-programon kun presila funkcio por Atari 400 kaj konstruis tuŝplaton kun Bliss-simboloj. Ŝia programo konvertis la tuŝitajn simbolojn en anglajn vortojn, kiuj estis montritaj sur la ekrano aŭ presitaj sur papero. Ne plu necesis tradukisto, kiu konis la Blisan, por paroli por la Bliss-uzanto. Hodiaŭ Rachel laboras por NASA kaj Dio scias, ke ŝi meritas pli da spaco ol ĉi tie en malgranda piednoto. N.d.l.A

Jes, Kari havis simbolojn por paroli! Kiam Kari prenis sian simbolan tabulon hejmen por la unua fojo, ŝia familio estis feliĉa kaj fiera pri ŝi:
"Kion vi volus diri unue, karulino?"
"Ŝatas paroli." (En la originalo "Like talk.")
"Ĉu plaĉas al vi, ke vi povas paroli la unuan fojon?"
Kari estis ekscitita.
"Jes?"
En la somero Anne (la adopta patrino de Kari) sendis Kari al la Blue Mountain Camp por handikapitaj infanoj. Kari estis tie dum du semajnoj kaj entuziasmiĝis. Do Anne lasis ŝin iri al somera tendaro kiam ajn Kari diris, "Iri al tendaro." Kari ankoraŭ ne lernis formi kompletajn frazojn.
En la pasintaj jaroj, Kari progresis kun la simboloj.
"Mi ŝatus iri al la somera tendaro, patrino."
"Bone, kara."

En artikolo el 1977 estas iomete alia priskribo de la unuaj interŝanĝitaj frazoj. Kari Harrington ĵus lernis la Bliss-sistemon kaj unu el la unuaj demandoj, kiujn ŝi faris al siaj gepatroj, estis: "Kial vi neniam parolas kun mi?" Ŝia patro reagis tre ĉagrenite. Ambaŭ gepatroj estis amoplenaj homoj, sed ili neniam pensis paroli al sia filino eĉ se ŝi ne povis respondi. Laŭ la filmo *Mr. Symbol Man*, unu el la unuaj frazoj de Kari estis "Mi kompatas mian kobajon". Demandite kial ŝi kompatas, ŝi respondis: "Ĉar ĝi ne povas pensi."

Sue Odell, alia studento de McNaughton, eĉ pasigis dudek jarojn en korpo nekapabla respondi. Per la simboloj ŝi finfine povis komuniki. Okaze de diservo ŝi diris: "I know symbols are good because I am a changed person. The self is not as you see on the outside. The other person has to feel with the heart inside your body."[45]

Studento de OCCC nomata John disponis ĉirkaŭ dek krudajn esprimojn, tamen per manipulado de la simboloj li atingis tian nivelon, ke li projektis sian propran simbolbazitan inteligentecan teston kaj prezentis ĝin al siaj gepatroj, kiuj ĝis antaŭ nelonge eĉ ne sciis pri la inteligenteco de la filo.

---

45 "Mi scias, ke simboloj bonas, ĉar mi estas ŝanĝita homo. La memo ne estas kiel vi vidas ĝin de ekstere. La alia persono devas senti kun la koro en via korpo."

La plej impona kaj intensa portretado de la jaroj antaŭ kaj post nia kontaktiĝo per Bliss-simboloj estas provizita de pola filmo de la jaro 2013 kun la titolo "*In meinem Kopf ein Universum*".[46] Temas pri Mateusz, knabo, kiu suferas de cerba paralizo, kaj kiun lia familio, kaj ankaŭ neŭrologo, konsideras "mense malfruiĝinta", kvazaŭ "legomo". La filmo baziĝas sur la vera vivrakonto de Przemek Chrzanowski kaj temas pri la malsukcesaj provoj de Mateusz komuniki al sia familio, ke li estas kompren- kaj penskapabla. Iam lia patrino serĉas broĉon. Mateusz scias, kie ĝi estas, kaj li volas montri al ŝi la lokon – sed la patrino, blinda pri ĉio, kio povus deturni ŝin de la kutima rutino de ama flegado, misinterpretas liajn fortajn movojn en la direkto de la broĉo kiel sensencan eksciton, kiel atakon, kaj tenas sian filon des pli firme. Aldone al la virtuoza aktorado de la ĉefa aktoro Dawid Ogrodnik, unu truko estas aparte rimarkinda: la eksterscena voĉo. Ĉar Mateusz komentas kaj rakontas al ni, per aŭdebla voĉo, la tutan filmon. Li komprenas la erarojn kaj obstinecon de siaj kunhomoj. Bliss-simboloj bilde enkondukas ĉiun novan filman ĉapitron.

La kulmino de la filmo estas sceno, en kiu Mateusz, nun plenkreskulo loĝanta en hejmo por menshandikapuloj, vidas parolterapiiston kun Bliss-simboloj laborantaj en la fizioterapia ĉambro, kie lia kruro estas masaĝita. Ŝi instruas la sistemon al alia knabo, kiu povas respondi per ilia helpo. Mateusz ekkomprenas ke tio estas lia elirejo. Li provas rampi proksime al la instruistino, tordiĝante kaj kalcitrante. Komprenebie, flegistoj tuj alkuras, firmtenante lin kiel ĉiam, kaj preskaŭ injektas al li trankviligilon, kiam la parolterapiistino intervenas. Ŝi starigas al li unu jes/ne demandon; palpebrumi unufoje signifas jes kaj palpebrumi dufoje signifas ne. Tio estas tiel simpla; estintus tiel facile komuniki kun li dum ĉiuj tiuj jaroj. Oficistino alkuras kun rentgenfotoj de lia cerbo en la mano kaj protestas, ke oni jam ofte testis la junulon, Li ne povas esti konscia! Sed li donas raciajn respondojn. Kiam la interesa kazo Mateusz estis montrita baldaŭ poste al iuj seriozaj kaj barbohavaj profesoroj starantaj ĉirkaŭe en lia ĉambro, unu el la

---

[46] "Universo en mia kapo", traduko de la germana titolo, Originala titolo pole/angle "CHCE SIE ZYC / LIFE FEELS GOOD."

dungitoj klarigis: "Ĉi tiu estas nia Mateusz, dum dudek ses jaroj neniu kontakto estis ebla." Nu jes. Eble. Mateusz diras nur unu Blisan vorton al la viroj: "Adiaŭ." Ene de mallonga tempo li lernis la lingvon kaj nun povas finfine diri al sia patrino la frazon, kiun li ĉiam volis diri al ŝi. Ne, ne "Mi amas vin", sed pli ĝuste: "Mi ne estas legomo."
Verdire, mi estis kortuŝita kiam mi vidis la filmon. Kiel multaj de tiaj aferoj, la filmo havas ankaŭ sian dubindan flankon. En iom fora loko, en preĝeja gazeto, mi trovis la jenan noton: "Laŭ intervjuo kun la nun 35-jaraĝulo, la produktoroj ekspluatis lian rakonton komerce kaj, finfine, plibeligis ĝin. Krome, Chrzanowski apenaŭ vidis ion ajn el la enspezoj kaj ne povas pagi medikamentojn gravajn por sia sano, novan rulseĝon kaj komputilon. Li eĉ ne estis invitita al la premiero, ĝis lia patrino petis tion. Oni laŭdire promesis ne forgesi lin kaj subteni lin. La reĝisoro Maciej Pieprzyca neas la akuzojn kaj asertas, ke li nenion promesis al la knabo."

Nenion promesis.

Motherfucker[47]

En la lasta sceno de la filmo oni povas vidi "la knabon", la veran, kiel li interagas kun la aktoro Dawid Ogrodnik. Przemek parolas kun Dawid pri Bliss-tabulo. Do la filmo insistas, ke ĉi tio ne estas historio malligita de la realo, eĉ se la ĉefrolulo ricevis alian nomon. Kio rimarkeblas en la lastaj sekundoj de la filmo: Kontraste al Mateusz, al Przemek mankas la supraj tranĉodentoj. En terura sceno en la filmo, ili estas forigitaj de la juna Mateusz ĉar li konstante mordas siajn lipojn, sed dum la historio progresas, kiam evidentiĝas, ke li ne estas "legomo", li ricevas enplantaĵojn kaj estas tre feliĉa pri ili. Eblas, ke fakte Przemek ankaŭ ricevis enplantaĵojn kaj ĉi tiuj estis ial denove forigitaj. La spektanto havas nur la informon prezentitaj al li per la bildoj. Kaj jen evidenta interrompo en la bildoj. Se oni lasas la veran rolmodelon aperi en la kreditaĵoj, ĉio, kio venis antaŭe, akiras dokumentan karakteron poste. Tio estis la konscia decido de la reĝisoro. Sed tiam li ne plu povas diri, ke li "promesis nenion al la knabo."

---

47 Motherfucker – angle, laŭvorte patrinfikanto, uzata de la malelito por kolere komuniki la plej profundan malestimon. N.d.l.T.

Simile al la fama eldiro de Claude Lévi-Strauss en *Triste Tropique*, ke la originala celo de verkado esence estis kontroli kaj sklavigi homojn, oni povus argumenti, ke la signifo de kompato elvokita de artaĵoj ofte servas al superpentrado de la veraj vivkondiĉoj de handikapitaj homoj. Pensu pri la kriplaj almozuloj de Breughel, pri la lepruloj en eŭropa bildarto, pri la *Idiotoj* de Velázquez, kaj tiel plu. Oni ĉiam tro multe transformas ilin kaj puŝas ilin en la angulon de regeblaj emocioj de muzeo-vizitantoj. Ĉiuokaze mi kredas, ke arto, pro la kompato kiun oni povas sperti en ĝi, ofte malebligas sinceran imagan memeksperimenton. Kompato estas ia luksa varo, kiel la timo, kiun hororfilmoj transdonas; ĝi estas ia *safe space*.⁴⁸ Ĉar oni jam havis la emociojn, oni mem ne plu bezonas la sperton.Tamen memprovoj estus multe pli urĝaj kaj necesaj, precipe en la areo de handikapula vivo. Samuel R. Delany raportas unu el ĉi tiuj en sia aŭtobiografio *The Motion of Light in Water*. Esence ĉiu povas fari tian memprovon, kompreneble kun modifoj. Delany deziris seksajn renkontojn kun viroj kaj ne certis kiel li, kiel juna viro meze de la sesdekaj jaroj, kaj edziĝinta kun virino, devas iniciati tion. Unu tagon li vagadis ĉe la Staten-Insula pramo kaj, laŭ kaprico, komencis roli kiel menshandikapita junulo. Li starigis sin antaŭ florbudo kaj reagis al alparolado nur per fiksrigardo. Post nur kelkaj minutoj li estis trenita en angulon de la florvendisto kaj devigita fari aferojn, kiujn li, Delany, certe iel esperis en ĉi tiu aparta kazo. Tamen, finfine la kontakto estis dolora kaj malagrabla. Senceremonie seksperfortinte la *stupid kid*, la florvendisto donacis al li floron kaj forpelis lin. Delany scivolis, ĉu eble tio ne okazus ĉiutage en Novjorko al ĉiuj tiuj kun kognaj mankoj. "La memo ne estas kiel vi vidas ĝin de ekstere. La alia persono devas senti kun la koro ene de via korpo" kiel Sue Odell esprimis sin.

Cetere, en la Odilien-Instituto tiam, en oktobro 2000, kiel enkonduko al la civila servo,⁴⁹ ĉiu partoprenanto, dum duontago, devis porti okulvitrojn kiuj limigas la vidkampon aŭ distordas la vidadon. Tiel ili devis promeni, butikumi, tramveturi, kaj tiel

---

48 Safe space – angle, "sekura spaco" rilatas al lokoj kreitaj por individuoj, kiuj sentas sin socie marĝenigitaj kaj bezonas spacon for kunveni kaj komuniki sin danĝero de perforto, ĉikano aŭ malama parolado. Vikipedio N.d.I.T

49 Civila servo – la deviga laborperiodo, kiun en aro da landoj plenumas junuloj, kiuj rifuzas militservon. Vikipedio N.d.I.T.

plu. Kiel atendite, tio provizis eksterordinaran plezuron, esti trenita ĉiujn kelkajn minutojn de ia nekonatulo trans ia stratokruciĝon, kiun oni tute ne volis transiri, aŭ esti insultita kaj riproĉita de homoj pro tio, ke oni obstaklis al ili la vojon, kaj kompreneble konstante kolizii kontraŭ io, kio troviĝas absurde bruste alta kaj tiel ne estas palpebla de la blanka kano svinganta super la trotuaro, kiel ekzemple poŝtkesto, ĉi tiu fi-stulta inventaĵo.

En 2012 mi ekverkis romanon, en kiu unu el la ĉefaj roluloj estas viro en rulseĝo. Mia amiko F., kiu estas en rulseĝo, promesis al mi, ke li deŝiros mian kapon se mi skribos ion tian, sen mem havi ian sperton kiel uzanto de rulseĝo. "Vi eĉ ne sukcesos fari ĝin dum unu mateno," li diris. Li pravis pri tio, ĉar post ĉirkaŭ unu horo mi estis proksima al larmoj, kvankam ni nur moviĝis sur la strato ĉirkaŭ lia loĝejo. "Estis tiel ĉiutage en la komenco," diris F. Miaj manikoj estis plenaj de hundofeko, ĉar mi ne zorgis granddistance eviti la tutan malpuraĵon sur la strato kun la pneŭoj, kiuj turniĝis kaj tuŝis min. Miaj brakaj muskoloj muĝis kaj apenaŭ sin lasis movi. La tutan tempon mi devis rigardi la ingvenon de fremdaj homoj antaŭ mia vizaĝo kaj mi malamis ilin pro tio. Infanoj rigardis min terurite kaj mi malamis ilin pro tio. F. diris, ke oni ofte estas nomata rulseĝo. "Ĉu la rulseĝo volus elvagoniĝi", klasika frazo en tramoj. F. havas muskolan distrofion kaj veturas en elektronika rulseĝo, mi havis permanan. Post tuta mateno mi rajtis leviĝi,- ĉi tiu neaŭdita privilegio. Ni ripetis ĉi tiujn ekzerc-horojn ankoraŭ kelkajn fojojn.

Ekde kiam mi legis ĝin, mi ĉiuokaze ne povas forgesi la jenan bonegan versaĵon de Kari Harrington:

There's nothing I hate more
Than to be plugged into the wall
And sit there until my battery charges.

(Estas nenio, kion mi pli malamas)
(Ol esti ŝtopita en la muron)
(Kaj sidi tie ĝis mia baterio estos ŝargita.)

Sed reen al la filmo, tiu pri Charles Bliss. Letero kun foto de Kari Harrington alportas al Charles Bliss la neatenditajn bonajn novaĵojn de liaj malfruaj jaroj. Ŝia bildo presita sur afiŝo montranta ŝin ridetanta kaj ĉirkaŭita de ŝiaj simboloj alvenis en koverto sur lia skribotablo en Coogee en 1971. La bildo estas akompanata de letero, en kiu ŝi rakontas al li pri la impresa sukceso de la Bliss-simboloj en frua terapio de cerbe paralizitaj infanoj. Nun venis la tempo por Karlo danci kaj karakoli.

Li dancis, ne figure sed vere dancis, dum sia unua vizito al OCCC mallongan tempon poste. Li ludis kaj parolis kun la infanoj, li kisis ilin, kantis al ili, ni multe ridis kune. Estas sonregistraĵo, en kiu Charles Bliss aŭdeblas kanti *"Ĝoj'! Fajrero belradia!"*[50] kaj akompani sin per sia mandolino. Li ŝercas kaj ridas kun la infanoj, li lasis ilin montri al li la Bliss-kartojn. Li montras al ili Aŭstralion sur la terglobo, li ĵonglas kaj plene de eŭforio kaj tro ekscitite pro la neatendita graco li eĉ spontanee petas la manon de la parolterapiistino post kiam li ekscias, ke ŝi lastatempe perdis sian edzon.

Ĉio boniĝus nun. La Bliss-simboloj estus lernitaj de nova generacio kaj tiel portataj tra la mondo. La semoj por la fino de ĉiuj militoj, ĉiuj mensogoj, ĉiuj perfortoj estis semitaj kaj burĝonos. La universala lingvo iom post iom flankenpuŝus la aliajn malnoblajn lingvojn. Kaj tra la venontaj jarcentoj la homaro probable trankvile liberiĝus kaj saniĝus de siaj aberacioj.

Sed jam ekde la komenco, Charles, laŭ sia kutimo, strikte kontrolis la plenumadon de ĉiuj gramatikaj reguloj kaj simboloj, kiujn li elpensis. Ĉar kompreneble la revolucio nur tiel taŭge funkcius.

Kaj kiel evidentiĝis, ĉiuj faris ĉion malĝuste.

Ili agis kiel frenezuloj. Ili daŭre elpensis novajn simbolojn! Aŭ ili skribis unu simplan signon por indiki la malon de vorto! Kaj ili uzis terminojn kiel *substantivo* aŭ *verbo*, kiuj estis perfekte tiranaj terminoj, rekte el la infero de la mondoendanĝeriga voĉlingvo!

---

50 El "Odo al Ĝojo" muziko de Beethoven el la naŭa Simfonio, kaj ekde 1985 ĝi fariĝis la Eŭropa himno. Esperanta traduko de Kálmán Kalocsay. Vikipedio, N.d.l.T

Krome, dum la infanoj pliaĝiĝis, ili lernis la latinajn literojn! Kaj la instruado en la klasoj ne okazis en monaĥeja silento, sed oni laŭte, konstante prononcis anglajn vortojn!

Bliss kritikis kaj korektis tion, laŭ siaj kapabloj. Sed tio ne helpis, tio ne sufiĉis.

Jen en la plej lasta novaĵletero de OCCC, troviĝis denove kelkaj simboloj ĵus inventitaj de kanadaj amatoroj. Tiuj simboloj ne estis interkonsentitaj kun li kaj aldone al tio, ili temis pri sporto, ho Dio, kia naŭza temo; temo kiun li longe skurĝis en siaj libroj! Tio estis monstra. Ili intence faris tion.

En sceno de la filmo *Mr. Symbol Man*, Charles vidiĝas sidi apud Kari Harrington. La knabino diktas dankleteron de "Mr. Simbol Man"(t.e. Charles Bliss) al siaj gepatroj per sia simboltabulo. La gepatroj donacis al la vizitanto el Aŭstralio belan letermalfermilon. Ĉu la knabino iam skribus leterojn en la angla? El la brila studo de Arika Okrent *In the Land of Invented Languages* ni ekscias, ke baldaŭ antaŭ filmado de ĉi tiu sceno de la dokumenta filmo, la direktoro de la OCCC elĵetis Bliss el sia oficejo kaj malpermesis al li denove alpaŝi al la instituto.

Bliss malesperis. La malbonfaremaj instruistoj uzurpis lian senmankan kreaĵon kaj poste vastigis ĝin, precizigis ĝin kaj kompletigis ĝin. Terure! Ili eĉ, ho ve, aldonis *novajn pronomojn*! Novajn pronomojn. Tio estis la fino de la mondo.

Kaj, plej mise: ili perversigis la Blisan sistemon en la ĝustan malon de tio, kion li intencis: Ĝi devis fariĝi UNIVERSALA, lia mondlingvo, sed nun ĉiu infano parolis iomete alian, personigitan dialekton, depende de ĝiaj kapabloj kaj la postuloj de ĝia fizika difekto.

Sed tio tute ne estis la plej mava afero. La kulmino estis, ke oni ne aŭskultis lin! Ke oni rifuzis al li respekton. Kiam li prelegis, ĉiam aperis interesataj instruistoj kaj flegistinoj, do laboremaj ranguloj, sed neniam profesoroj kaj politikistoj! Malgraŭ ĉiuj liaj sukcesoj. Tio estis freneziga. Neniu Nobel-premio sur la horizonto.

Sed fakte ankaŭ tio ne estis la mava kulmino.

Ne, la plej malbona afero estis, ke liaj Bliss-simboloj nun estis uzataj por enkonduki la infanojn al lernado de la angla, sveda, aŭ hungara, ĉar lia sistemo nun estis uzata ankaŭ en aliaj landoj. *Enkonduki*! Kvazaŭ savi la homaron estus nur lernopaŝo, kio en la vivo de la infanoj reprezentas nur la fruan fazon, kiu kompreneble poste formas parton de la pasinteco.

Kiel Charles Bliss imagis la estontecon de la infanoj? Ni supozu, ke ĉio irintus laŭ lia filozofio. Al la infanoj oni instruus *Blissymbolics* kaj ekde tiam oni nur komunikus tiel kun ili la tutan tempon, silentante kaj perfingre montrante, kaj la angla neniam ekzistus por ili. Ili tiam logike havus neniun kapablon kompreni la mondon ĉirkaŭ ili. Laŭ la pensmaniero de Charles Bliss, ĉi tio ne kreus plian difekton, sed liberiĝon, ian savadon. La infanoj formus ion similan al izolita pastra kasto de la nova konscio. En flugfolio por gastprelego en knabina lernejo en Sidnejo (1972), kiun mi malkovris en mia ekzemplero de *Semantography*, Bliss skizas scenon inter du knabinoj. Unu knabino insultas la alian: "Mia patrino estas multe pli bela ol via." Laŭ Bliss, tia malpreciza frazo simple ne plu eblus, se la du knabinoj disponus nur pri la Blisa anstataŭ la angla. Tiam la difino de "bela" devus inkluzivi la rilaton al io. Kaj finita. *No more bullying*.[51] Mi suspektas, ke ĝuste tiaj malklarkonturaj fantazioj pri forigo de konceptaj malklaraĵoj estis la fina utopia bildo de liaj pensoj.

Bliss estis la papo de sia lingvo, kaj tiurilate li praktikis senfinan korespondadon kun OCCC en kiu li proklamis siajn juĝajn verdiktojn pri la kreado kaj uzo de novaj simboloj. Nenio kaj neniu evitis kritikon. Tio principe celis la nekompreneblajn ideojn por vortoj de ShirleyMcNaughton, kiujn ŝi ĉerpis rekte el la ĉiutaga praktiko. "A new Babel of Symbols!"

En kian inferon li do mispaŝis? Oni komencis kun *Blissymbolics*, tiam oni lernis la anglan. "McNaughton perversigis mian laboron," li diris. Liaj leteroj fariĝis pli koleraj kaj akuzaj. Fine alvenis leteroj de advokatoj. Charles Bliss volis devigi OCCC uzi la simbolojn nur laŭ sia propra koncepto.

La ĝoja karakolado, la kontakto kun infanoj, la revelacio de internaj mondoj devis esti tuj ĉesigitaj ĝis la ĉefaj filozofiaj problemoj estis klarigitaj.

---

51 Angle: Jen la ĉesigo de ĉikanado N.d.l.T

Bliss nun prelegis en diversaj kanadaj urboj, pli precize en aliaj financsubtenaj organizoj, en kiuj li eksplicite avertis kontraŭ la interpreto de la *Blissymbolics* fare de OCCC. La infanoj de Kanado devis esti savitaj de ĉi tiu okulfrapa perverseco de ĉiuj valoroj. Li skribis al instruistoj, li skribis al lernejoj, li skribis al la ministro pri sano. Kaj oni aŭskultis lin. Financado por OCCC estis blokita, sensuspektaj homoj skribis protestleterojn al la instruistoj. Feliĉe, tiam ne ekzistis Facebook kaj Twitter, aŭ Shirley McNaughton sendube estus perdinta sian laboron.

En 1975 la tutmondaj rajtoj estis donitaj de Charles Bliss al *Blissymbolics Communication International* (BCI), kiun Shirley McNaughton iniciatis, sed la 25an de novembro 1977, la advokato de Bliss deklaris la uzpermesilon malvalida. Charles Bliss nun revis pri malliberigi Shirley McNaughton "por la resto de ŝia vivo". Malgraŭ lia tuta simpatio, tio ŝajnis al li la sola ĝusta rimedo. Nu, por savi la homaron oni foje devas turni sin al duraj rimedoj. Dume, li estis elektita membro de la *Order of Australia*[52] pro sia engaĝiĝo por handikapitaj infanoj.

Ĉiun printempon, pasiginte la reston de la jaro en kampanjoj kaj akuzoj kontraŭ Shirley McNaughton kaj ŝiaj kolegoj, li aperis ĉe la OCCC kun donacoj kaj pardonis ĉiujn, pardonpetis abunde kaj serĉis repaciĝon. Mallongan tempon poste, li akuzis ilin per letero, ke ili ne sufiĉe aprezis liajn donacojn. Ĉi tiu kapturniga interna malkonsento estas aparte klare ilustrita de jena epizodo. Post pasigado de la mateno kune en intertrakta ĉambro kun akre diskutantaj advokatoj, Charles Bliss petis sian malamikon Shirley McNaughton veni kun li al sia hotelo kaj helpi lin preni siajn orelmedikamentajn gutojn. McNaughton tion faris.

En 1979 Charles Bliss estis nomumita Honorary Fellow[53] de la Lingvistika Fakultato en la Aŭstralia Nacia Universitato.

"Mi neniam volis interŝanĝi lokojn kun iu ajn," li diris. "Krom kun unu: Charlie Chaplin. Ĉar mi neniam volis fari ion alian en mia vivo ol ridigi aliajn homojn. Eĉ en la koncentrejo. Mi rever-

---
52 Angle: Ordeno de Aŭstralio N.d.l.T.
53 Honorary Fellow – honora kunularano de scienca socio estas iu, al kiu oni agnoskis, ke li grave kontribuis al la celoj de la socio, ĉu per sia esplorado, ĉu per servo al la socio mem. N.d.l.T

kis la tekston de la kanto de Buchenwald, unu el la plej malĝojaj kantoj iam ajn - kaj ĉiuj ridis kaj ridadis. (...) Ĉiu komikulo, en sia plej profunda koro, volas esti tragikulo, volas roli Hamleton, volas fariĝi filozofo.(...) Sed mi, mi neniam volis esti io krom komikulo! Kaj kompreneble mi fariĝis filozofo! "

Post preskaŭ dek jaroj da militado, eksterjuĝeja kompromiso estis finfine atingita, kun granda monsumo fluanta rekte el la poŝoj de gepatroj de handikapitaj infanoj t.e. 160 mil dolaroj. Estis 1982. Charles Bliss uzis la monon por financi sian lastan libron, *The Blissymbols Picture Book*. La kovrilo sciigas ke la aŭtoroj estas: " Doktoro Charles K. Bliss kaj liaj sindonemaj kunlaborantoj."

Dum jaroj la lerneja apliko de la Blisa skribo estis interrompita. La instrua programo *Blissymbolics* en lernejoj por handikapitaj infanoj neniam estis resaniĝonta post la longaj devigitaj paŭzoj. Charles Bliss mortis en 1985.

Mi ne povis ekscii multon pri tio, kion li faris en la lastaj tri jaroj de sia vivo. De tempo al tempo li probable ricevis kelkajn etajn honorojn. Liaj cindroj, kune kun tiuj de Claire, estis disĵetitaj sur la strando proksime al la *Coogee Surf Life Saving Club*.[54] La klubo estas kompakta fortikaĵa konstruaĵo elstaranta en la maron - malgranda templo el helkolora masonaĵo, sur kies flanko estas ŝtonĉirkaŭita naĝejo. En tiu zono de prizorgado kaj sekureco, sub la furioza forto de la suno kaj la terura vento de la maro, la infanoj lernas pluvivi en la akvo.

*

"Mustafa, kiom da homoj ankoraŭ uzas Blissymbolics en Malmö aŭ en Svedujo hodiaŭ?"

"Tre malmultaj. Ĉirkaŭ dek en Malmö. Kaj en la tuta Svedujo estos eble tridek, sed tio estas nur malglata takso. "

"Ĉu estas iu, kun kiu vi parolas nur per simboloj?"

"Jes, mi havis amikon kun kiu mi faris ĉi tion. Sed li mortis antaŭ kvar jaroj. "

"Mi tre bedaŭras pri tio."

---

54 Klubo de volontulaj naĝsavantoj fondiĝis en 1907 en Sydney Aŭstralio N.d.l.T

"Nu, ni ĉiuj devas iri iam."

"Jes, bedaŭrinde. Vi venis al Svedujo kiel infano, kiam la somala komunumo tie ne estis tiel granda kiel hodiaŭ. Hodiaŭ vi loĝas en Malmö, kie troviĝas tre granda komunumo. La demando eble estas iom stulta, sed ĉu vi sentas vin kiel svedo aŭ somaliano kaj kiel oni interagas kun vi en la ĉiutaga vivo? "

"La spegulo diras al mi, ke mi estas somaliano. Sed ĉu mi sentas min somaliana, tio estas alia demando. Mi certe amas svedan manĝaĵon. Mi membras en klubo kaj ni fosas putojn en Somalio. Aŭ efektive Somalilando. Ĉi tio estas grava distingo. Pardonu se mi sonas tro politika, sed tion mi studis: politikan sciencon."

"Mi pensas, ke poeto povas soni tiel politike kiel li volas. Bedaŭrinde mi ne scias multon pri la situacio en Somalilando, sed sendube ŝajnas al mi bedaŭrinde, ke oni rifuzas agnoski ĝin kiel sendependan ŝtaton. Mi konjektas, ke la internacia komunumo kaj la tiea loĝantaro nur profitus de ĉi tio. "

"Jes."

"Vi estis en Somalio multajn fojojn. Mi vidis mallongan tranĉeton ĉe YouTube, kie, se mi bone komprenas, vi vizitas handikapulojn. Ĉu tiaj vojaĝoj malfacilas al vi?"

"Estus malfacile per parol-sintezilo. Sed ĉi tiel tute ne estas problemo."

"Ha jes, mi vidas, ke vi uzas kartonan simboltabulon. La Blisa skribo estas konata pro sia kapablo plifaciligi formadon de novaj terminoj. Mi legis, ke la unua vorto kreita de denaska parolanto estis tiu por *vampiro*. Creature that drinks blood at night.[55] Oni tiam skribas ĉi tiujn simbolojn interligite aŭ unu apud la alia - kaj oni havas novan vorton. Kiel vi kreas novajn simbolojn kun fiksa simboltabulo?"

"En mia kapo komprenebla."

Je ĉi tiu punkto ni interrompis nian konversacion, ĉar la frato de Mustafa, kiu tradukis por mi, devis akiri la lavitaĵon de la memserva vestaĵolavejo. Estis ankaŭ tempo por la vespera preĝo.

---

55 Angle: Estaĵo, kiu trinkas sangon nokte.

En 2015 mi hazarde eksciis pri ĉi tiu Malmö-poeto, kies gepatra lingvo, laŭdire, estis la simbola lingvo kreita de Charles Bliss, kaj ke li ankoraŭ verkis poezion en ĉi tiu lingvo: Mustafa Ahmed Jama.

Mi bezonis iom da tempo por ektrovi lian volumon de poezio; oni devis mendi ĝin de lerninstituto en la interreto. La mallarĝa volumo nomiĝas *Viljan* (La Volo) kaj enhavas manplenon da poemoj en Blisa skribo kun sveda traduko, plus fotojn de la poeto, kiu suferis de severa cerba paralizo ekde la naskiĝo, kio malfaciligas al li moviĝi en celita maniero kaj indiki la simbolojn, kion li faras helpe de anteno ligita al lia frunto. Mi ankoraŭ memoras, ke la tago, kiam mi legis la nekutiman libreton, estis suna; la ĉerizarbo en la ĝardeno knaris kaj susuris, kaj vizaĝoj montriĝis sur la trotuaro. De kelkaj monatoj mi estis lernanta la Bliss-simbolan lingvon, kvankam tiel malrapide kiel la lantmova rapideco en filmo, kaj nun mi legis la poeziaĵojn de Mustafa Ahmed Jama kaj kontrolis la de mi supozatan signifon en la tradukoj.

Min aparte kaptis poemo titolita *Rulseĝulo*, melankolia, malgaja teksto. Jen la komenco:

Ni unue rigardu la tiparon. Koro kun sago aperas en ĝi. Kaj ia besto, sur kvar kruroj. Demandosigno. Starantaj najloj. Ĉio ĉi estas interpretebla intuicie, kaj oni plimalpli iras en la ĝustan direkton.

Dum ni daŭrigis nian konversacion, mi demandis al Mustafa:

"Ĉu vi efektive iam uzis parolsintezilon?"

"Certe, mi kutimis havi tian maŝinon kun Bliss-simboloj kaj

komputila voĉo, sed tiam mi decidis ne silenti kiam la baterio elĉerpiĝas."

I decided not to be silent when the battery dies. Tiel oni tradukis al mi la frazon. Bedaŭrinde mi ne vidis la originalan Bliss-vortigon. Tamen mi ne maltrafis la elegantan blusan poezion de ĉi tiu linio. Mi parolis al poeto. Tio, kion mi ĉiam volis esti.

Ni memoru la versaĵon de Kari Harrington:

There's nothing I hate more
Than to be plugged into the wall
And sit there until my battery charges.

Jen mia germana traduko de la poemo de Mustafa:

Rollstuhlmann

Mach Spastikermann froh
wenn du kannst
Spastikermann ist ein Esel
Werde ich gehen können
Werde ich sprechen
Werde ich lieben
Lassen wir diesen Spastikeresel jetzt am Leben oder nicht
Lieben wir ihn oder nicht
Können wir ihn akzeptieren oder nicht
Manche Leute sagen, Gottes Strafe
verhängt über Eltern ein Spastikerkind
weil Vater und Mutter
sündig waren
Nein, am besten wir erschießen ihn
Pang Pang Pang

(*Rulseĝulo*

Feliĉigu spasmulon[56]
se vi povas
Spasmula viro estas azeno

---
56 Persono kun spasta cerba paralizo. N.d.l.T

Ĉu mi povos marŝi
Ĉu mi parolos
Ĉu mi amos
Ĉu ni lasu ĉi tiun spasmulan azenon vivi aŭ ne
Ĉu ni amas lin aŭ ne
Ĉu ni povas akcepti lin aŭ ne
Iuj diras, la punon de Dio
trudas spasmulan infanon al gepatroj
ĉar patro kaj patrino
estis pekaj
Ne, ni pli bone pafus lin
Pang pang pang)

Ĉi tio, sed ankaŭ la plej multaj el la aliaj poemoj en la volumo, memorigas min, pro ilia pionira formo (ekz. Uzado de skribado por riĉigi la puran simbolan mondon) kaj pro ilia mallonga, konciza, *No-bullshit*[57] brutaleco, pri iuj el miaj plej ŝatataj avangardaj poetoj de la mondliteraturo, kiel ekzemple la slovena poeto Srečko Kosovel. (" La Morto. / Morto venas por konsoli nin. / Kaj kion faras la birdoj?/XYZ."), pri la koreano Yisang ("Pomo falis. La tero rompiĝis. Dedukto. Nun ne plu ĝermas spiritoj."), Al Ernst Jandl kaj Ilse Aichinger, al Edith Södergran ("Ho, kiel mirinda infero estas! (...) En infero neniu malsaniĝas kaj neniu laciĝas. Infero estas senŝanĝa kaj eterna."), Al Edmund Mach kaj Ernst Herbeck. Pensu ekzemple pri la fama poemo *beisel* (taverno) de Jandl pri "manĝi budenon",[58] aŭ la poemo de Edmund Mach, *Brauchbare Menschen* (Utilaj homoj), kiu komenciĝas per la korŝiraj linioj:

Foje estas utilaj homoj
en fabrikoj kaj laboras,
kelkfoje ili vivas malespere
iuj havas Striezel[59] (panplektaĵo) kun si,
Striezel, kiun ili mem manĝas.

---

57 Angle? en la originalo nun uzata en la germana laŭ la vortaro Duden (der Bullshit) kun la signifo "Sensencaĵo; io stulta, ĝena, malakceptenda". Signifo en la angla laŭ Wells: mensogoj, sensencaĵoj; trompi, mensogi N.d.l.T
58 Budeno = sangokolbaso PIV N.d.l.T
59 Striezel – Aŭstra dolĉa plektita pano, kiu tradicie estis donita al malriĉaj infanoj por iom kompensi la malabundan manĝaĵon dum la jaro. (Wikipedia de) N.d.l.T.

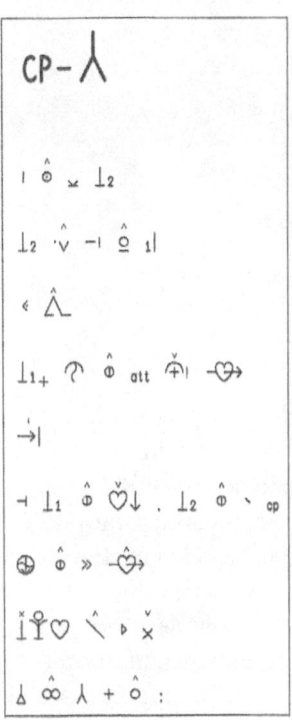

Jen la traduko de la poemo *Spastikulo* de Mustafa. La komenco de la poemo aspektas tiel en la originalo:

En la sveda traduko, la titolo estas *CPmannen*, do "La CP-Viro", kie CP estas la mallongigo de cerba paralizo. Sveda amiko certigas min, ke la esprimo sonas iom malestime, sed sen esti rekta blasfemo, io kiel "Rigardu, jen la Down-sindromulo".

Mi ne scias, ĉu mia vortelekto efikas simile.

Spasmulo

Rigardu vin mem
vi eĉ ne povas manĝi sen helpo
aŭ paroli
Mi sopiras
al vera amo
sed hej mi bedaŭras, ke vi estas spasmulo
La vetero idealas por amo
kaj la poetoj multe verkas
kaj la virino kisas la viron sur la buŝo kaj diras:
Ho mia edzo lasas nin forkuri
la spasmulo ne kapablas kuri
Ni kune duŝu nin en la varma pluvo
La spasmula viro nur sidas kaj rigardas
dum ĉiuj aliuloj ridas
kaj unu la alian brakumas
Kiu brakumos la spasmulon

Amo inter viro kaj virino
ili senkaŝe krias de kontenteco
kaj antaŭnelonge edziĝis
Neniu deziras spasmulan edzon
Ne, ho ne, forgesu pri amo
inter virino kaj vi
Estas tiom multaj fortaj viroj, kiuj
povas prizorgi virinon
Kaj vi, spasmulo, povas nur sidi kaj
skribi dum la tuta nokto
Skribado kaj skribado, hida spasmulo

Laŭ Mustafa mem, somalia poezio estas grava modelo. Mi estis scivolema kaj rigardis en unu el la bedaŭrinde ne tre multaj antologioj, *Anthology of Somali Poetry* de B.W. & Sheila Andrzejewski. Ha jes. Kion mi taksis kiel maloftan avangardan ekzemplon de *no-bullshit* kaj *straight-forward*[60] en eŭropa poezio, ĉi tie estis nature memkomprenebla sinteno de ĉiu poeto. En ilia pasinteco ne estis stultaj jarcentoj da kortega poezio plena de nerealisma, malpopulara, artefarita lingvo. La somalaj poetoj en ĉi tiu nekredeble riĉa libro kantis pri ĉio, kio ekzistis, viroj kaj virinoj, pejzaĝo, forestantaj aŭ ŝvelantaj nuboj. Mi precipe memoris sorĉan kaj kortuŝan poemon de Ismaaciil Mire, odo al kamiono forlasanta la vilaĝon.

Agnoskite, estas sufiĉe eŭropocentre tuj citi alian blankan aventurvojaĝanton post la ĵus menciita Gerald Hanley por konfirmi la opinion, ke Somalio estas la lando de poetoj, kvazaŭ tiaj juĝoj realiĝus nur per blankula atesto, tamen, simple ĉar la la citaĵo belas, mi ŝatus citi Richard Burton, kiu skribis la jenan pri Somalio: *"The country teems with poets ... every man has his recognized position in literature as accurately defined as though he had been reviewed in a century of magazines.*[61]

---

60 Straightforward (en la angla unu aŭ du vortoj sed sen streketo) = malkomplika, simpla, senĉirkaŭvoje, facile komprenebla. Laŭ Wells: rekta; lojala; simpla N.d.l.T.
61 Angle: "La lando abundas de poetoj ...ĉiu viro havas sian agnoskitan pozicion en literaturo, tiel precize difinitan kvazaŭ li estus recenzita en jarcento de revuoj." N.d.l.T.

Ĉi tiu humura metala klareco en la verko de Mustafa estas mirinda.

Tradukitaj la linioj signifas:

> Bonvolu do montri al mi la biletbutikon
> Mi volas aĉeti bileton hejmen
>
> Ĝis la

Mi memoras, ke Shirley McNaughton mem parolis pri la Blisssimboloj en maniero, kiu elvokas Fenollosa / Pound. Ili estas ia *"poetry in its purest form"* kaj *"beyond words"*.[62] Kaj Mustafa diris precize la samon – ĝuste tion, kion diris Charles Bliss pri sia lingvo. *Pure meaning.*[63] Mustafa: "Bliss donas al vi la signifon mem, sen la superflua balasto. Nur la signifo kaj nenio alia. Vi vidas, kio vere estas la mondo. Ekzemple la vorto por hospitalo. Domo plus malsanulo."

Kaj nun la stranga situacio: Ĉiuj lertaj fakuloj diras aŭ skribas, ke tio estas neebla, estas miskomprena, kontraŭdiro, ktp. Sed li estas denaska parolanto kaj Shirley McNaughton estas kompetenta parolanto. Ĉu ili ambaŭ ne scias pli pri la lingvo ol fakuloj, kiuj rigardas ilian sistemon de ekstere? Se Mustafa, unu el la du (almenaŭ de mi) konataj Blisaj poetoj sur la tero, miskomprenas lingvon de interne, kial spertulo en sia kabineto povus ĝuste vidi ĝin de ekstere?

Mustafa, ĉu vi ankoraŭ nuntempe verkas poemojn ĉiutage?"

"Jes."

"Dank' al Dio."

"Kiam mi subite eksentas la bezonon, mi verkos poemon. Mi neniam povus plani, tiam kaj tiam mi verkos poeziaĵon, ne tiel tio funkcias. Tio simple nur venas. Tiam mi petas mian fraton: bonvolu alporti folion, por surpaperigi la poemon."

---

62 Angle: "poezio en ĝia plej pura formo" kaj "preter vortoj = nevortigebla". N.d.l.T.

63 Angle: "pura signifo" N.d.l.T.

"Do via laboro donas al vi tempon por verki poeziaĵon?"

"Ne multe. Nuntempe mi laboras en kompanio, kiu produktas abelujojn kaj mielon. "

La kompanio, kiun Mustafa administras nomiĝas Urbi (www.urbi.nu) kaj ĝi ofertas abelujojn por tegmentoj de kompaniaj konstruaĵoj kaj publikaj parkoj. Mielo estas iaspeca amiko de poetoj ekde antikvaj tempoj.

TRIA ĈAPITRO

Liber Pictorum

"Laithe cach lūain   lui cath cnedach fri Fergus,
fid cach mercūir mandrais,   mōin cach sathuirn selgus.

Ĉiun lundon li liveris en batvundoriĉan batalon kontraŭ Fergus; ĉiun mardon li detruis arbaron; erikejon li detruis ĉiun sabaton."

Kuno Meyer, Über die älteste irische Dichtung
(Pri la plej malnova Irlanda Poezio.)

"Luid seom sunn,   tarclam tnū,
sūainem Segsa   coclann cū.

Tiu strofo estas nekomprenebla al mi."

Kuno Meyer

1

Mi tre ĝojis, ke la konversacio kun Mustafa finfine okazis, ĉar kelkajn monatojn antaŭe mi jam iris al Malmö por renkonti lin sen sukceso. Mi indikis la periodon, kiam mi troviĝos en la pluveta marborda urbo, kaj ni akordiĝis pri renkontiĝo, kvankam sen precizigi la tempon kaj lokon. Kaj tiam mi veturis al Malmö kaj mi ennestiĝis en la malnova urboparto en eta hotelo, kie oni ĉie flaris la agrablan odoron de malnovaj, malmultekostaj, beletraĵoj de la eldonejo Reclam.

Mi skribis al Mustafa, ke mi estas alveninta, kaj demandis kiam li havos tempon por renkontiĝo. Sed ne estis respondo.

Mi atendis unu tagon, ĉirkaŭiris mian hotelon, en ĉiam pli grandaj cirkloj. Mi atendis duan tagon. Mi estas tre mallerta ĵurnalisto.

Mi vekiĝis kelkajn fojojn nokte, ĉar mi sentis la laserpunkton de kaŝpafisto sur la malantaŭo de la kapo. Kuŝante en la mallumo, ŝirmita de la kolombo-kvereca bruo de la trinkaĵ-fridujeto, mi daŭre provis forviŝi la ĝenan punkton per mia neagema mano. La sekvan matenon, fine liberigita de la neelteneblaj, geometriaj koŝmaroj, kiuj ĉiam venas al mi en la nordo de certa latitudo, mi malkovris la binoklecan mordon de araneo sur mia ŝultro.

Plia tago pasis sen respondo.

Mi komencis maltrankviliĝi kaj provis kontakti la firmaon de Mustafa, sed ankaŭ tie mi ne ricevis respondon. Eble li subite perdis intereson. Aŭ li estis malsana. Dume homoj en Aŭstrio denove maltrankviliĝis pri mi. Ili skribis al mi pri "Little Mogadishu", somalia enklavo supozeble situanta en Malmö, kie anarkiismaj kondiĉoj regas. Mi devas zorgi pri mi mem. "*No-go-Zone*", ili skribis. Ne-iru-zono.

Ĉar mi ne povis multon respondi al tio, mi nur raportis pri la vetero. Pluvetis ĉiam, kaj la maro konsistis el multaj etaj dentradoj.

La sekvan tagon, malgraŭ pluraj informpetoj, mi ankoraŭ ne povis trovi respondon de Mustafa en mia leterkesto, do mi sidis en eta parko ĉe la strato Amiralsgatan. Antaŭ ol mi forvojaĝis mi pakis la libron *The Best of H.C. Artmann*, sciante ke ties aŭtoro estis loĝinta en Malmö dum kelkaj jaroj. Mia olda ekzemplero estis familia posedaĵo kaj eluzita pro tiom da legado. Mi legis la eltiraĵojn de "*Das suchen nach dem gestrigen tag*",[64] la sveda taglibro de Artmann. En ĝi li bedaŭras la sorton de la infanoj de Malmö, kiuj eble komenciĝas tre promesplene, sed bedaŭrinde ĉiam finiĝas kiel svedoj. Entute li tre enuis en ĉi tiu urbo, kie la plej multaj problemoj alvenas "artefarite kaj vakupakite". Konstantas la fajfado de la ŝipoj el Öresund. La sola ĉefinteresaĵo de certaj tagoj estas la rigardado al Kopenhago per luteleskopo. Sed kio ŝajnis plej imponi al la granda poeto estas la fantaziplene meblita, magia butiko *Buttericks*. Mi rigardis, ĉu ĝi ankoraŭ ekzistas hodiaŭ, kaj jes, jen ĝi.

---

64 La serĉado de la hieraŭa tago N.d.l.T

Sed anstataŭ eniri la magian butikon, mi unue iris al preĝejo. Mi estas unu el tiuj homoj, kiuj, rigardante malnovajn preĝejojn, kutime sentas la bezonon gluti ilin. La belegaj ornamaĵoj de la malfrua gotika epoko ŝajnas faritaj por nenio krom konsumado: la altaj fenestroj, la pinta turo, la brilaj benkoj kvazaŭ sukerglazuritaj, kaj la anĝeloj kaj sanktuloj super la enireja pordego ankaŭ apetitas. Mielkuka dometo!, krias mia animo.

Estis ankaŭ unu el tiuj tagoj, kiam mi imagis, ke la folioj de la arboj ekstere ne estis movitaj de la vento, sed de mia propra makzela streĉo. Do mi vere bezonis iom da ripozo kaj kandellumo. Mi sidiĝis dankeme en unu el la malantaŭaj vicoj de la malplena preĝejo. Dorse, tra vitra pordo, oni povis rigardi eksteren sur la straton, kie nun denove ĉiuj lumaj estaĵoj, la homoj, estis survoje. La preĝejobenkoj aspektis vere bongustaj, kiel freŝa pankrusto. Kaj unu sola aŭtuna folio sekvis min en la preĝejon. Ĝi preskaŭ sukcesis alveni al la altaro kaj moviĝis iomete, sed ĝi ne trovis aliajn, ĝi estis la sola folio en la mondo.

Longe mi rigardis la Kriston pendantan super la altaro antaŭ mi, kaj verdire, post certa tempodaŭro laŭ ia mia interna horloĝo, mi sentis min sorĉe allogita al mia Blissymbolics-iPhone-programo kaj serĉis la simbolon por "agnostikulo". Mi ĉiuokaze neniam tute komprenis la terminon, kaj nun mi volis vidi kiel ĝi estas konstruita.

Jen rigardu. Agnostikulo. Bonvenon. La signoj, nur laŭ sia formo, jam diras multon. Rigardu la kreskaĵece-universala memkomprenebleco de ĉi tiu mondkoncepto, sed ankaŭ ĝia aŭdaca kaj iom pupteatreca absurdaĵo. Estas multaj aliaj filozofiaj terminoj en la listo de la aplika programo,[65] kaj kiu scias, kial ili estas ankoraŭ tiel abunde reprezentataj en ĉi tiu lingvo, kiu ne estis origine destinita por komunikado kun infanoj, sed nun komunikado kun

---

65 Por simpleco, ĉiuj ekrankopioj de simboloj ne estas el la iPhone Bliss-programo, sed de la fonto: https://globalsymbols.com N.d.l.A

infano estas la ĉefa celo. Terminoj kiel "ateismo", "kredanto", eĉ "aborto", en pluraj variantoj.

Kredanto
Kiel koro post pluraj kirurgaj operacioj.

Kaj Ateismo

Se oni rigardas la Bliss-vortojn por tiaj abstraktaĵoj kun supraĵa asociado, t.e. laŭ la maniero de Fenollosa, oni vidas ke ili esprimas pli profundan veron simple per sia komika formo: ateismo, agnostikismo, kredo, tiuj ĉiuj ŝajnas esti desegnita kaj formita laŭ infanaj perceptoj, kiuj nur poste ricevis la dignon de greka-latina robo.

La leganto certe jam divenis la simbolon por Dio.

La plej supera estaĵo. La triangulo super ĉiuj trianguloj. Tio memorigas min pri mia plej ŝatata libro en la lernejo, *Flatland* de Edwin A. Abbott, pri la aventuroj de triangulo en la tria dimensio. Atendu momenton, ĝi estis kvadrato, sed ne gravas. Longe ĝi vivis nur en du dimensioj, tiam subite ĝi antaŭeniĝas penetrante en la ĉambron – kaj poste alfrontas la neeblan taskon doni raporton al la aliaj loĝantoj de *Flatland* (Platlando) pri trianguloj kaj kvadratoj kaj kvinlateroj de ĉi tiu tria dimensio. Tio ankaŭ memorigas min pri la fama frazo de Spinoza el unu el liaj leteroj: "Mi kredas, ke se triangulo povus paroli, ĝi ankaŭ dirus, ke Dio estas nekontesteble triangula, ke cirklo dirus, ke Dio estas nekontesteble ronda."[66] Triangulo probable eĉ pravas kun sia supozo. Kian sencon havus Dio de trianguloj, kiu mem ne estas triangula?

---

66 Citaĵo laŭ la eseo "Spinoza" de Fritz Mauthner: *"Deum eminenter triangularum esse"*. Ekzistas diversaj tradukoj de tio; "rimarkinde triangula», "ekstreme triangula", "definitive triangula", fakte ĉiuj estas bonegaj. N.d.l.A

Estas eĉ du malsamaj esprimoj por anĝelo, unu malnova kaj unu nova. Mia Dio, Charles Bliss estus morte ofendita. La unua versio simple ilustras la koncepton "flugila persono".

Tre bele. Kontraŭe, la pli nova esprimo:

Terura malordo. Laŭvorte tradukita: "spirita estaĵo de paco". Hm. Mi ne scias.

En la listo trarigardebla per la iPhone-programo, estas kelkfoje malgrandaj misteraj hajkoj, simple ĉar ili estas rekte unu sub la alia pro alfabetaj kialoj:

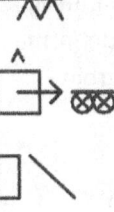

Ĉu vi povas diveni, leganto, kion la poeto provis diri al ni ĉi tie? Iu rektangula besto suriras rultabulon kaj malsupreniras laŭ dekliva vojo? Ne tute. La unua signo signifas "dinosaŭro", la dua signifas "eliri el veturilo" (angle *to disembark*) kaj la tria signifas "skribita dokumento".

Dinosaŭro
eliras
el skribita dokumento.

Kaj ĉar ni (ankoraŭ) estas en preĝejo, jen la vorto por "morti":

Kaj jen la vorto por "*Nonsense*" (sensencaĵo)

Ja konfuziga. Tiel similas! Lichtenberg skribis: "Oni ne povas nei, ke la vorto *Nonsense*,[67] kiam prononcata kun taŭgaj nazo kaj voĉo, havas ion, kio cedas malmulton aŭ nenion eĉ al la vortoj kaoso kaj eterneco. Oni sentas ekskuiĝon, kiu, se miaj sentoj ne trompas min, devenas de *fuga vacui*[68] de la homa menso." La efiko estas eĉ pli grandega se vi tute preterlasas la taŭgan nazon kaj voĉon.
Kaj ĝi fariĝas eĉ pli konfuza. Ĉar jen la vorto por "tero", nia planedo:

Ĉio estas tiel simila. Klinu iomete vian kapon kaj anstataŭ la planedon vi vidos nur morton, Golgoton – aŭ sensencaĵon.
Estas tiom multaj perpleksigaj Bliss-vortoj, ke oni povus pasigi tutajn posttagmezojn studante en krepuskeca preĝejo. Jen la vorto por "Sleipnir", la ĉevalo de la malnovaj islandaj legendoj, kvankam ĝi fakte havas ok krurojn (kiel la bizono en la pentraĵoj en la kaverno Chauvet):

Do tiel aspektas Sleipnir. Kaj, kvankam temas pri senvoĉa lingvo, ekzistas eĉ ekkriaj vortetoj kiel "Wow!":

Aŭ "Fi!" / "Pu!"

---

67 Kiam la aŭtoro literumas "Nonsense" kun fina "e" la tradukisto traktas ĝin kiel fremdan vorton. Sen fina "e" ĝi fariĝas germana vorto kun signifo sensensaĵo. N.d.l.T.
68 Latina: fuĝo de vakuo N.d.l.T.

Mia plej ŝatata Bliss-vorto tamen estas tiu por ukulelo, ĉar ĝi tute ne aspektas kiel malgranda ukulelo. La germana tiparo[69] "Ukulele" aspektas eĉ pli kiel ukulelo:

Ĉi tio aspektas pli kiel io, kio flugas el la porcelanŝranko post tertremo. Ne aliloke ol en sonĝo ukulelo povus esti tiel kuba, fragmenta, kaj mistera. La momenteto inter formo kaj gitaro.

Pure meaning, pure poetry.[70] La ideo ŝajnas obsedi kaj instigi homojn ree kaj ree tra la jarcentoj. La Vieno-naskita filozofo kaj psikanalizisto John Weilgart (1913-1981) inventis la planlingvon aUI, kiun li ankaŭ nomis *The Language of Space*.[71] Ĝi estas kiel ia filozofia lingvo laŭ la stilo de episkopo Wilkins. Laŭ mia scio, nur Weilgart mem parolis sian kreaĵon. Iuj lingvistoj laŭdis lian ideon, sed ŝajnas ke la afero ne progresis. Ankaŭ en aUI la unuopaj vortoj konsistas el siaj eroj, el la elementoj de monda sperto, de kiuj ili povas esti derivitaj. Ili ankaŭ celas esti *pura signifo*.

La ekzemplaj frazoj en la lernolibro de Weilgart[72] plejparte sekvas strangajn spurojn:

-a-u wav IOv fnum ybaI. yUg, a-u yc wav iUv fnum UI. a-u Uv, Uf fnum nUi cEv nEm ydrem.

La kosmulo ne povas aŭdi nian radion. La kosmulo ne povas kompreni niajn vortojn. La kosmulo opinias, ke nia lingvo estas tre malfacila.

Kaj la ilustraĵoj, mia Dio, kiel belaj ili estas! C.G. Jung estus ravita de ili, ĉar ŝajnas al mi, ke ili similas al la zorge analizitaj ilustraĵoj

---

69   Germana tiparo (Das deutsche Schriftbild) estas kolektiva termino por diversaj tiparoj. N.d.l.T.
70   Angle: pura signifo, pura poezio N.d.l.T.
71   Angle: La lingvo de la kosmo N.d.l.T.
72   aUI. The Language of Space. For the First Time Represented and Adapted to the Needs of this Planet. (!) N.d.l.A. [Angle en la originalo = aUI. La lingvo de la kosmo. Je la unua fojo reprezentita kaj adaptita al la bezonoj de ĉi tiu planedo. (!)] N.d.l.T.

en la verko de Jung ĉerpitaj el malnovaj alkemiaj traktaĵoj, reprezentante nekredeble profunde iujn ĝeneralajn homajn anim-okazintaĵojn:

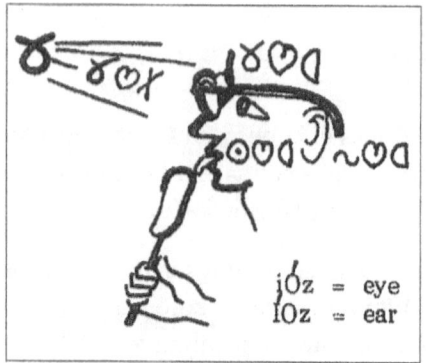

Malĝoji pri floro pli alta ol vi. Jes. *I feel ya, bro.*[73] Kaj subite jen kanto kantota en la originala aUI laŭ la ritmo de *Old MacDonald Had a Farm*:

---

[73] I feel ya, (slangaĵo) = Mi komprenas kaj povas rilati al viaj cirkonstancoj; bromallongigo por "brother" (frato) signifas viramiko, ofte uzata kiel alparolo. (Urban Dictionary) N.d.l.T

Bone, dankon, nun la orelvermo de *Old McDonald*.

La aUI-vorto por banano, "ankot", konsistas el la jenaj signiferoj (reprezentitaj per la kvin literoj): *one dimension above life vector*.[74] La sinsekvo de literoj "ot" estas "vivo + direkto", do "frukto". Alternativa termino por banano estas "aneikot": *1 dimension 2 light above life instance*. Oni devas agnoski ke ĝi havas certan *groove*.[75] Oni preskaŭ povas kanti ĝin en la hurla blusa tono. Mi neniam plu rigardos bananojn per la samaj okuloj, ekde mi eksciis ĉi tion pri ili: ke, iom ekstravagance tradukitaj, ili estas unu-dimensio-super-vivovektoroj. Mirinde.

Parolante pri bananoj; ili estas tiel strangaj. Ĉu vi konas tiun lokon en "Libro de maltrankvilo" de Fernando Pessoa,[76] tiu pri bananoj? La helpa librotenisto Bernardo Soares iras en la oficejon iun matenon kaj survoje li rimarkas bananojn vendotajn antaŭ la bazaraj budoj. Ili aperas "brile flavaj" al li, kaj tiuj amuzaj flavecaj eksterteracaj flamoj kun certa kurbakrura-komika eleganteco memorigas al li, ke li ne ĉiam estos ĉi tie, sur la tero, en la universo, en la Rua da Prata. Ĉar, jen, ili jam enhavas sian propran diseriĝon, sian propran eliron el la vivo:[77] bananoj, kiuj "aspektas pli flavaj, ĉar ili havas nigrajn makulojn". Jes, iun tagon li mem malĉeestos, postvivita de la bananoj, kiuj estas aranĝitaj laŭlonge de la strato. Li ja komprenas, ke estos aliaj bananoj ol ĝuste ĉi tiuj, sed "ili pludaŭras, ĉar ili ne vivas, eĉ ne kiel aliaj; mi pereas ĉar mi vivas, kvankam kiel la ĉiamsama ". *Every Coca-Cola bottle is the buddha*.[78]

Kiel eblas, ke la skribregulo por certa vorto en planlingvo kompare kun proksimume du-paĝa sekcio en ĉefverko de monda literaturo povas havi ĝuste la saman efikon, nome, ke la komedio kaj la mistero de fruktospeco manifestiĝas? La aUI-ekzemplo montras, ke lingvoj povas esti konstruitaj tiel, ke iliaj unuopaj partoj ne

---

74 Angle en la originalo. La aŭtoro klarigos poste. N.d.l.T
75 Groove (angle) priskribas ritman muzikan kvaliton emocie komunikeman kaj animplenan; uzata por muziko moviĝanta laŭ konstanta ritmo. (Urban Dictionary) N.d.l.T
76 Originala titolo en la portugala: Livro do desassossego N.d.l.T
77 D.H. Lawrence: "The apples falling like great drops of dew/ to bruise themselves an exit from themselves." (el: The Ship of Death). N.d.l.A
78 Angle: Ĉiu botelo de Koka-Kolao estas la budho. Eldiro de John Cage. N.d.l.T

nur transdonas ordon, sed ankaŭ sorĉan spiriton. Ju pli precizaj estas la kategorioj, des pli strangaj estas la bananoj.

Impertinenta infano nomiĝas "yrtu" en aUI. La eroj estas: y = negativa, r = bona, t = al / tien kaj u = homa. En nia lingvo do Ne-pozitiv-direkta-homo. La neaŭtorizita, sed almenaŭ tre klara *aUI-English Dictionary* de 2014, el la plumo de la iom maldiafana "Cedargrove Mastermind Group",[79] transskribas ĉi tiun signifo-kombinon kiel "*fragmented vector human*", dum kio la insulto, kiu eniras mian kapon, fariĝis neforpensebla: "Vi fragmentita vektorulo!"

En *The Language of space* de Weilgart de 1975 la vorto por virino estas "Lus". Ni serĉu la signifojn. L = ronda. Eĉ ĉi tie oni suspektas malbonaĵon. Poste: u = homa. Kaj fine: s = aĵo, objekto. Ronda homa aĵo. Alternativa termino por virino estas "yrus": "*non-active person thing*", ne-aktiva homaĵo. En la pli nova vortaro, aliflanke, la virino nomiĝas "yvus", kiu estas redaktata kiel "*yin-polarity human instance*" (Jin-orientita homa manifestiĝo).[80] Politike iom pli ĝusta, sed tamen, mia Dio. La vorto por "ricevi" nomiĝas "yrov", kiu legeblas kiel "jino – vivo – ago", sed ĉi-kaze la termino "pasiva" (kiu sonas insulte en la vorto por virino) estus pli taŭga kaj komprenebla. Io, kio nur ricevas, certe estas pli "pasiva" ol "jin-orientita".

La vorto por "kisi" estas ege kompleksa. Oni scias, ke la procezo mem estas sufiĉe konfuza. En verko de James Joyce, Stephen Dedalus miras pri tio: "*What did that mean, to kiss? You put your face up like that to say goodnight and then his mother put her face down. That was to kiss. His mother put her lips on his cheek; her lips were soft and they wetted his cheek; and they made a tiny little noise: kiss. Why*

---

79 En ĉi tiu piednoto de la aŭtoro, la tradukisto esperantigis ĉiujn anglaĵojn por eviti piednoton ene de piednoto: Malgraŭ iuj esploroj, mi ĝis nun ne povis malkovri kion ĝuste ĉi tiu grupo supozeble reprezentas. De ilia plumo venas tiel diversaj konsilverkoj kiel ekzemple memmortiga preventa libro nomata "Do vi konsideras memmortigon. Kiel vi povus prokrasti ĝin nur du semajnojn? Ni parolu"; alia verko estas oportuna supervivada Gvidlibro por senhejmuloj; libro nomata "Quantum Power Questions" (Potenckreigaj demandoj); pluraj detalaj fotolibroj pri kanuoj, ktp. Mi pensas, ke tio eble reprezentas la literaturan entreprenon de roboto aŭ algoritmo. N.d.I.A

80 Komparu al tio la germanan vorton DINGIN el la vortaro de Grimm, laŭradike "aĵ-ino" definita kiel ina persono. N.d.I.A.

did people do that with their two faces?"[81] Ne tiel facilas respondi. Mi neniam memstare pensus pri kisoj. Mi ankoraŭ memoras kiam antaŭ kelkaj jaroj, mi sidis en Graz kun la aŭtoro Benjamin Lebert en la vestiblo de la hotelo Gollner, kaj li demandis min: "Diru al mi, ĉu vi efektive ŝatas kison?" Ne ĉu mi volas kisi lin, sed ĉu la praktiko de kisado plezurigas min. Kaj verdire, mi neniam vere pensis pri tio ĝis tiu momento. Mi pensas, ke mi respondis iom malhoneste kiel: "Nu, supozeble ĉiuj ŝatas tion." Sed interne mi diris al mi: tio ja estas tre stranga. Do buŝoj kune, poste fermu, vakuo, forigu, faru ŝmacon. Aŭ la alia versio, sin reciproke lange palpi. Mi vere ne scias.

Ĉiuokaze la vorto por kisi en aUI estas "Ubogtav", konstruita de ne malpli ol sep literoj, Dio mia, do sep individuaj konceptoj, kiuj konsistigas la vorton. Ĉi-tiuj estas:

Koncepto - kune - loĝi - interne - unu al la alia - spaco - fari.

Ekzakte.

Tamen Weilgart mem foje ankaŭ literumas la vorton "ubogtav", kun minuskla "u", kio ne signifas "koncepto", sed "homa". Do:

Homa – kune – loĝi – interne – unu al la alia – spaco – fari.

Nialingve: Homoj space kunigas sian internan vivon.

Cetere oni skribas "kiso" en Bliss-simboloj kiel la tradicia simbolo por senfineco, la kuŝanta ok:

---

81 Laŭ spertuloj, kiujn la tradukisto konsultis, la frazo en la originala estas konfuziga kaj ambigua. Tio okazas ĉar Joyce ŝanĝas perspektivon en la mezo de la frazo, kiu temas pri nur du personoj, la heroo kaj lia patrino. "Kion tio signifis, kisi? Vi levis vian vizaĝon tiel por diri bonan nokton kaj tiam lia patrino metas sian vizaĝon malsupren. Tio estis kisi. Lia patrino metis siajn lipojn sur lian vangon; ŝiaj lipoj estis molaj kaj ili malsekigis lian vangon; kaj ili iomete bruetis: kis. Kial homoj faris tion per siaj du vizaĝoj?" N.d.l.T

Mi devas agnoski, ke, malgraŭ la tuta perplekseco, kiun mi sentis pri la rito de kiso, mi vere neniam rigardis ĝin tiel. Sed jes, ĝi havas sencon. Cetere mi estas unu el tiuj homoj, kiuj ĉiam tenas la okulojn malfermitaj dum kisado. Plie mi observas la mondon super la ŝultroj de tiu kies lipoj tuŝas la miajn: ĉambromuro, halteja reklam-afiŝo, homoj sur la paraŝuta trejnad-areo, kaj kio ajn alia estas tie. Ĉi tiu vida distraĵo povas malstreĉigi, ĉar kiam oni kisas, oni ofte sentas sin malagrable kontaktigita kun la homaro. Precipe kiam oni konsideras, ke ni ĉiuj estas faritaj el la sama materialo: el planedo. Kaj nun ĉi tiu materialo tuŝas sin per du humidaj, membran-similaj, penetreblaj lokoj. Planeda biomaso faldiĝis en la spaco kaj nun provas kunfandiĝi, resaniĝi. – Ho, ĉi tie mi pensas pri la priskribo de Dennis Cooper pri la *rimming*[82] tekniko, kiun li donis en intervjuo kun The Paris Review, iomete loze asociita, sed tamen tre proksima al nia temo: *"When you rim someone, you're getting to know him intimately in a way he can't know himself. You can be entirely alone with him, unwatched, his judgment unknown and abstract.*[83] La magio de anuso tiklita per la pinto de la propra lango, do al la punkto, kie la alloga ekstero de la korpo rekte eniras la nemencieblan internon, kiel botelo de Klein, okazas tre ofte en la romanverko de Cooper kaj ĉiam estas forte ligita al la demando pri kio konstituas homon. Kio loĝas en li? Ĉu li enhavas demonojn, animojn, prapatrojn? Kion oni trovas, kiam oni distranĉas lin? Estas verŝajne malfacile kredi tion, sed la priskriboj de puglekado ĉe Cooper troveblas inter la plej delikata kaj senkulpa poezio en la nuntempa monda literaturo. Mi scias, ke tio rilatas al sekso. Ankaŭ mi ne ŝatas tion. Almenaŭ en la germana literatura kritiko ĉi tiu sfero estas ĉiam nervoze ligita kun okulgrimacoj, ridklukado, kaj nervozeco rilate al publikado de Bad-Sex-Award-Antologioj.[84] Sed eĉ en tiu sfero ekzistas mistero,

---

82 Rimming (angle) – puglangumado N.d.l.T.
83 "Kiam vi puglekas iun, vi intime konas lin tiel, ke li mem ne povas koni sin mem. Vi povas esti tute sola kun li, nerimarkita, lia juĝo nekonata kaj abstrakta." N.d.l.T.
84 Bad-Sex-Award – La premio estis kreita en 1993 de Auberon Waugh, kun la intenco "milde malemigi aŭtorojn kaj eldonistojn inkludi nekonvinkajn, supraĵajn, embarasajn aŭ redundajn tekstpartojn de seksa naturo en alie solidaj literaturaj romanoj". (Noto de la tradukisto laŭ artikolo en The Guardian 8-a decembro 2020)

akurateco kaj animo. Sed certe, estante en pardonema humoro rilate al tiuj konsideroj, oni preferus ne imagi, kia povus esti la vorto por *rimming* en aUI. Eĉ la germana nur disponas pri la mallerta *"Arschlecken"* (pugo-lekado), kiu rilatas al la angla faktermino proksimume kiel "danc-ago" rilatas al "baleto".

Okupiĝi pri aUI iom post iom ŝanĝas ne nur la vidpunkton rilate bananojn kaj kisantajn buŝojn, sed ankaŭ rilate literojn ĝenerale. Oni fariĝas tute paranoja. En ĉiu sinsekvo de literoj, lastatempe troviĝas signifeksplodoj, absurdaj bildrakontoj de abstraktaj terminoj, kiuj samtempe detruas la vorton per ekspliko sen klarigo kaj sorĉe fremdigas vorton, ĝis oni ŝatus forigi el la mondo ne nur la vorton mem, sed ankaŭ tion, kion ĝi priskribas. Ĉi tio fariĝas aparte klara en mallonga literatura teksto, kiun Weilgart citas ĉe unu loko en sia libro. La teksto enhavas la vorton "KOKa-KOLa", do la markon de trinkaĵo *Coca-Cola*, kiel fremdan vorton aŭ propran nomon. Kompreneble, denaska parolanto de aUI, kiu ne konas ĉi tiun nomon, ankaŭ devus legi ĝin kiel aUI-esprimon, kiu disiĝas en siajn individuajn analizajn partojn, nome K + O + K + a + K + O + L + a, do:

supre - sento - supre - spaco - supre - sento - ronda - spaco.

"KO" eĉ troveblas en la vortaro, kaj malmulte surprizas ke ĝi signifas ion kiel entuziasmo, nobeleco. Kaj "supre – spaco" povus esti interpretita kiel ĉielo. Nobla ĉielo, nobla rondeco. Aŭ eble: nobla ĉielo, nobla areno.

Kaj nun rigardu ladskatolon da Koka-Kolao. Kiel ĝi staras, Budha-simila kaj interŝanĝebla. Nobla ĉielo, nobla areno. Nun klinu vin antaŭ ĝi.

Weilgart, kiel Bliss, volis reeduki la tutan homaron. Kion li pridubis ne estis la uzado de metaforoj, sed la tro orelfrapa kantebleco, ĉiuj asonancoj, la rekantaĵoj, kion oni povas kantkriaĉi. Sed neniu iam lernis la lingvon aUI, nur Weilgart skribis en ĝi siajn poemojn kaj parabolojn.

Ankoraŭ neniu signo de Mustafa. Mi forlasis la preĝejon kaj, kiel jam en la antaŭaj tagoj, vagadetis tra la stratoj dum horoj, malrapide forgesante en kiu urbo mi estas. Mi eniris kvartalon kun dubindaj sed bonintencaj donacbutikoj. Mi komencis senti min malplena kaj vektoreca, kiel helpverbo. Mi observis kelkajn korvojn, kiuj ripozinte paŝadis ĝendarmece tien kaj reen sur gazono. Ĉe kruciĝejo ne malpli ol tri busoj, unu post la alia, kun siaj grandegaj fruntoj lante kaj plumpe turniĝis, kvazaŭ ili finfine lacis vidi min en ilia urbo. Helikoptero, ruĝa kiel bicikla sonorilo, pendis de la nebula ĉielo. Kaj arĝente blanka mevo skuis sin, la anĝelo de la perpleksuloj.

Vigla emo terni leviĝis en mi, sed kiam mi kliniĝis por ligi miajn malstriktajn ŝulaĉojn, la stimulo faldiĝis strange enen kaj eksplodis, kiel nura ideo, en mia kapo. Mi rektiĝis.

La helikoptero nun aspektis nur kiel guto de sango. Drizelo[85] falis kaj malheligis ĉiujn surfacojn je kelkaj Photoshop-gradoj.

Ĉe stratangulo, tuj apud apoteko, staris viro, kies vizaĝo aspektis iel konata al mi. Verdire, ĉiutaga efiko en fremda lando. Tamen mi haltis kaj rigardis lin dum kelka tempo. Io ŝajnis tre ĝeni la viron. Li mallerte palpis sian vizaĝon, iom klinis sin flanken, gratis sin kaj moviĝis tien kaj reen. Dume la pluvo plipeziĝis. La balonvendisto antaŭ la apoteko komencis sekviŝi siajn balonojn per tuko. Mi retrorigardis al la viro. Li finfine trovis tion, kio ĝenis lin. Li forigis tiun aĵon de lia vizaĝo.

Ĝi estis lia nazo.

2

Feliĉe, la viro havis duan. Jes, lia vizaĝo estis sendifekta, ankoraŭ kompleta – sed ankaŭ iom pli konata. Nun mi rekonis lin, same kiel oni en sonĝo rekonas tondilon aŭ engantan hufumon. Mi rapide dankis la bonvolan sorton, kiu venigis min ĉi tien kaj kies ĉeesto estis nun klare perceptebla en la montrofenestroj de la komerca strato, en la horloĝoj kaj alergi-ungventoj kaj manekenoj. Ĉar kiom ofte okazas al ni, ke ni renkontas vizaĝon hodiaŭ,

---

[85] drizelo = nebulpluvodensa precipito de etaj gutoj — Meteologia terminaro de Maurice Lewin 1961 – UEA N.d.I.T.

kiu ŝajnas mirinde perfekta reproduktaĵo de homoj konataj en la fora pasinteco? Ne tiel ofte, mi kredas. Pli ofte frapas nin fulmo aŭ maloportuna surteriĝo, kie oni estas strangolita de implikita paraŝuto. Ĉu la poemoj de la blinda irlanda poeto Antoine Ó Raifteirí en mia poŝo allogis lin? *Más file tusa tá ag iarraidh sásaimh/ Tá mise anseo romhat ar garda.*[86] La viro nun fingrumis sian duan nazon – kaj tiam mi rimarkis ke tio estis nur okulvitroj. Ĵus purigita, ĝi malaperis en lian brustpoŝon. De tie ĝi reaperis kiel ordinara harkombilo. *In nova fert animus mutatas dicere formas corpora.*[87] La hundo fekas sur la fajrigilon. Mi volis fari paŝon al li, kun la intenco alparoli lin, almenaŭ por mallonga saluto.

Sed la viro, kiu aspektis nekredeble simila al la poeto H.C.Artmann en siaj pli junaj jaroj, ankoraŭ sen lipharoj, kun la akra rigardo sub liaj kaligrafiecaj brovoj, la devote saĝaj okuloj kaj la impertinenta mentono de drakomortiganto, turniĝis kaj preterpasis min. Poste li denove transformiĝis al nekonatulo kun ĉiutaga esprimo, kvazaŭ ajna Malmö-civitano, survoje tra siaj respektivaj vivmomentoj.

Mi intencis flugi hejmen la sekvan tagon. Mi kontrolis mian iPhone. Ankoraŭ neniu novaĵo de Mustafa. *"Spirit presence is always a good idea"*,[88] diris W.G. Sebald al siaj studentoj en la University of East Anglia. Sed nun la mallonga fantoma iluzio ŝajnis al mi nur kiel altruda postulo, kiel speco de malfavoraj recenzoj pri mia senprofita vojaĝado en ĉi tiu komika norda urbo. Reen al la hotelo, mi konstruis el litotolaĵo improvizitan neston, kiel lepora kavo, kaj ennestiĝis min.

Sur la tablo estis fruktokorbo kun nekredeble brilaj bananoj. Estas aferoj, kiujn oni simple devas elteni.

Post iom da tempo mi malfermis la libron de Artmann. La teatraĵoj, jes, mi ĉiam tiel ŝatis ilin. Unu, kiu nomiĝas *Die Fahrt zur Insel Nantucket (La vojaĝo al la insulo Nantucket)* estas aparte stranga. Ĝi havas devizon el eldonaĵo nomata *Liber Pictorum*:

---

86 "Se vi venos, poeto, por ricevi satisfakcion, / mi estas ĉi tie antaŭ vi, preta." (Ĉi tiujn liniojn parolas arbo al Antoine Ó Raifteirí.) N.d.l.A.
87 La aŭtoro donas nenian indikilon pri la signifo de ĉi tiu latinaĵo. Ĝi venas el La Metamorfozoj de Ovidio. La tradukisto ne estas latinisto sed la frazo ŝajnas signifi "Mia animo instigas min paroli pri formoj ŝanĝitaj en novajn korpojn." N.d.l.T
88 "Spiritĉeesto ĉiam estas bona ideo." N.d.l.T.

"iòris acus iochanaan na muir
cellgum gan ard gan bron iar
's cirrlòn san inis sa galarn;
a thusa regillam..."
(lib. pictorum: cap. Iij)

Liber Pictorum – "Bildlibro"? Mi serĉis ĉi tiun verkon interrete kaj trovis, ke ĝi ne ekzistas. La teksto aspektis kiel la irlanda. Mi estis lerninta ĝin iam, sed mi ne komprenis multon ĉi tie. Io pri mallumo. Krom tio, mi subite notis, supraĵe trafoliumante la libron de Artmann, ke ŝajne enestis pli kaj pli da nekompreneblaj tekstoj. Mi memoris neŭrologian kazon en la libro *The Mind's Eye* de Oliver Sacks, en kiu verkisto nomita Howard Engel vekiĝas unu matenon por trovi, ke la ĉiutaga ĵurnalo liverita al lia dompordo estis verkita en nekomprenebla "serbokroata" lingvo. Ĉu iu permesis al si ŝercon? Sed la libroj en lia biblioteko ankaŭ ŝanĝiĝis. Ili enhavas simile malfacile interpreteblajn kombinaĵojn de literoj, eĉ la skribo mem ne estas klare rekonebla. Engel dumdorme suferis apopleksion. Li perdis la kapablon legi. Estas misteraĵo, ke li ankoraŭ povas skribi senprobleme. Sed legi, kion li ĵus skribis, li ne plu kapablas. En sia interna imago li verkas frazojn en la angla, sed poste, kiam li rigardas la folion, ĝi denove estas la "serbokroata".

Kaj mi? Mi veturis al urbo, kie mi konas neniun, kaj tie atendis poeton, kiu eble ne ekzistas, kaj kiu skribis en lingvo, kiun preskaŭ neniu plu uzas. Tiam la stranga viro sur la strato. Kaj nun libro en miaj manoj disfalis, paĝon post paĝo kaj malrapide, en ion nekompreneblan. Mi rapide faris la teston de Howard Engel kaj skribis kelkajn vortojn en la hotela notbloko. Ili estis facile legeblaj. Mi estis trankviligita.

Sed unu poemo en la libro de Artmann ankoraŭ aspektis tiel:

hol hen amassar am ttarffon crimm, ni:hoel littam;
han amassar tti conccro; h-ulffan ccacarchi;
cceal cconclurar aramadar ccarchi;

han ttic ettaur arbanaol ccill ttic ffriccarn raill
candur, tirnoll fachen, fachen. inccian – ac...

ccumrach hen ttic aralgan;
ti llantarae tin ccian urlar tarlan-ddo;
ccoitarlan-ddro i-oz ar chomcellir;
ffun cca rhos citta ffachae tar fanol ccoitarlan-ddo,
in cci ffonlar ccarnacc...

han tarlan ccurla, hol ffanassaur-ffiniog,
gorniol cconla ccaffassur;
han ccrui tirnoll ruillccear ccrillfean;
ffreddu rhengilchan han mir ddon a hedin caffaista olc...

nnoss ananrhe dichoe llittam nua ffilimiur;
han nnoss ananrhe ddic ffilimiur ccarrnfeor
hoellittam-druir, ac-fflinnionn galccon
itar-llan far hoellittam-for-ac...

han ccoitarlan ni:arranac ccli iriffon llittam anccuir;
fuil inccianol-tarlan ffaurccaffe-stionossach littam-han –
nua com dromor, ssindarllian-ac...
arbanaol lafarccam riar-ffirclar-ac...

taddffian hir arbanaolccettiolinn inccian inccifonllar
ccarnac ddon fflaur;
ddroidiccon etdi connassan; oẓ́ ddroi ddorrn arbanaol cco
l-effin: ni:arundel inccianffar hari ffahaesson!

ffaendorrn he sissei aeloddu, fachen ddoc inllianddor,
curan anidec cian dirachaffuis, ccoi llandor ffanacc lando;
amassar toiffeireit llittam ar anhaurhen cclichffailor.

La titolo estas: *Versuch einer kleinen Chrestomathie mit Zisternen* (Provo de malgranda krestomatio kun cisternoj.) Kion signifas tio? Bonŝance ĝi ne estis kaŭzita de iu maligna cerba evento, kiu okazis al mi en la parko aŭ en la preĝejo aŭ sur la strato antaŭ la turniĝantaj busoj, sed kio alia ĝi povus esti? – La teksto havas la iometan aspekton de kelta lingvo. Sed sen ajna akompananta klarigo. Eĉ tajpi ĝin ne estis aparte amuza.

"Krestomatio" estas malnova vorto por la kolekto aŭ elekto de skribaĵoj por instruaj celoj. Mi ne povas imagi, ke iam ajn estis leganto sur ĉi tiu planedo, kiu povus tuj diri pri kio temas. Kion celas tia teksto? Moke amuziĝi pri irlandaj aŭ kimraj vortoj, kiel konate, povas sufiĉe longiĝi kaj ofte havas ĉi tiujn duoblajn konsonantojn komence de la vorto. Sed se la poemo konsistus nur el ĉi tio, ĝi en plej bona okazo estus malprofunda ekzotismo, simile al kiam sensciaj eŭropanoj provas elpensi "ĉinajn" skribsignojn por iu dubinda ornama aŭ reklama celo.

Sed en la proza volumo *Unter der Bedeckung eines Hutes*, (Sub la kovro de ĉapelo) mi malkovris post mallonga serĉado en la interreto, la saman poemon, sed ne skribita kiel poemo, sed kiel raporto, kaj eĉ kun traduko! Jen, efektive temas pri cisternoj.

Provo de eta krestomatio kun cisternoj

Hol hen amassar am ttarffon crimm, ni:hoel littam; han amassar tti conccro; h-ulffan ccacarchi; cceal cconclurar aramadar ccarchi; han ttic ettaur arbanaol ccill ttic ffriccarn raill candur, tirnoll fachen, fachen. inccian – ac...

En la malnovaj tempoj homoj ĉerpis akvon el riveroj kaj fontoj; ankoraŭ ne ekzistis cisternoj. En la varma sezono tio estis grava afero. Apenaŭ estis riveroj en la sekeco, eĉ la fontoj de la montoj donis neniun akvon. En Ttic Etaur la tribestro Arbanaol donis tricent zinkajn platojn por la geedziĝo de sia filo; ĉi tiu filo kaj lia edzino generis filon kaj filinon.

Ccumrach hen ttic aralgan; ti llantarae tin ccian urlar tarlan-ddo; ccoitarlan-ddro i-oz ar chomcellir; ffun cca rhos citta ffachae tar fanol ccoitarlan-ddo, in cci ffonlar ccarnacc...

Ili grandiĝis en *Ttic Aralgan*, poste la knabino iris al *Tarlan*; en la arbaro de Tarlan ŝi edziniĝis kun la ŝamano Oz; en la formo de grizhara lupo, la tribestro Arbanaol venis en la arbaron de Tarlan por postuli la prezon por la novedzino ...

Han tarlan ccurla, hol ffanassaur-ffiniog, gorniol cconla ccaffassur; han ccrui tirnoll ruillccear ccrillfean; ffreddu rhengilchan han mir ddon a hedin caffaista olc...

La unua cisterno estis en Tarlan, homoj trinkis akvon el ĝi, sed ĝi estis fermita al fremduloj. Kolero kreskis en la koro de la tribestro kaj li ordonis al sia popolo eniri en la mezon de la arbaro, proksime de la urbo, kaj fosi cisternon...

Nnoss ananrhe dichoe llittam nua ffilimiur; han nnoss ananrhe ddic ffilimiur ccarrnfeor hoellittam-druir, ac-fflinnionn galccon itar-llan far hoellittam-for-ac...

En unu sola nokto oni fosis ĉi tiun cisternon; en unu sola nokto ili konstruis altan ŝtonan muron ĉirkaŭ la cisterno; la folioj de la arbaro de Tarlan falis sur la cisternon kaj la muron ...

Han ccoitarlan ni:arranac ccli iriffon llittam anccuir; fuil inccianol-tarlan ffaurccaffe-stionossach littam-han – nua com dromor, ssindarllian-ac... arbanaol lafarccam riar-ffirclar-ac...

Ĉiuj homoj en Tarlan venis kaj vidis la belan cisternon; ĉiuj knabinoj ne plu iris al la malnova cisterno, ili preferis iri al la nova kaj baniĝi en ĝi; la homoj de Arbanaol ridis kaj ŝercis kun ili ...

Taddffian hir arbanaolccettiolinn inccian inccifonllar ccarnac ddon fflaur; ddroidiccon etdi connassan; oz'ddroi ddorrn arbanaol cco l-effin: ni:arundel inccianffar hari ffahaesson!

Arbanaol pasigis semajnon provante akiri la novedzinan prezon por sia filino; sed la ŝamano rifuzis pagi la prezon; la tribestro Arbanaol diris al tiu ŝamano Oz: ni ne redonos al vi la knabinojn el la cisterno!

Ffaendorrn he sissei aeloddu, fachen ddoc inllianddor, curan anidec cian dirachaffuis, ccoi llandor ffanacc lando; amassar toiffeireit llittam ar anhaurhen cclichffailor.

Li mem prenis unu el ili kiel edzinon, lia filo ricevis duan, kaj la ceterojn li disdonis inter tiuj, kiuj estis kun li en la arbaro; post ĉi tiu tempo oni komencis fosi cisternojn ĉie.

Nu, unue estas konstateble, ke la titolo estas evidenta mensogo. Ĉar tio vere ne estas kolekto de diversaj tekstoj rilate cisternojn, sed simple kohera rakonto. Estas cisternoj en ĝi, bone. Kaj oni povas spuri la unuopajn vortojn kaj iliajn signifojn, se oni emas fari tion. La vorto "cisterno" evidente respondas al "llittam".

Sed jen la stranga efiko: la linioj en tiu fantazia lingvo tuj fariĝas nevideblaj kiam ili estas sekvataj de traduko en nacilingva prozo po malmultaj linioj. Oni ne plu povas rigardi ilin per la samaj okuloj. Tio kontrastas kun la bananoj, kiuj aspektis tiel fabele flavaj ĉe Bernardo Soares, ĉar ili havis nigrajn makulojn. Ju pli oni eble sentis sin ekskludita de tiu netradukebla versio de tiu strangeca poemo des pli feliĉiga kaj mensklariga efikas la scivolema, ekstertereca, mojosa alfrontiĝo kun ĝi. Ĉar normale ĉio en literaturo ĉiam tuj memorigas onin al la neevitebla morto, al la pasado de la tempo, al la nenio, kio atendas ĉiujn. Krom ĉe tiuj tekstoj, kiujn ni ne povas tuj legi. Antaŭ ili ni estas tuj infanoj, aventuristoj, eksterteranoj. "Ĉar kiel mistera la morto povas esti, ankoraŭ pli mistera estas vivo, kiu ne estas nia vivo, kiu ne partoprenas en niaj aferoj kaj, kvazaŭ sen vidi nin, festas siajn festojn, kiujn ni observas kun certa embaraso, kiel hazarde venintaj alilingvanaj gastoj."[89]

Ŝajnas al mi, ke la teksto estas plena de frandaĵoj por inicitoj. Ekzemple la linio "*Ccumrach hen ttic aralgan*" – mi konis la vorton "cumarach", ĝi signifas "sulkita" en la irlanda. En la traduko ĝi tamen signifas "kreski".

Nu. Ne la plej grandioza frandaĵo.

La linio "*tirnoll fachen, fachen. inccian – ac...*" tradukiĝas tre strange kiel "ĉi tiu filo kun sia edzino generis filon kaj filinon".

Tamen la tradukisto ja prisilentas ion al ni. "Inccian – ac." Google Translate, agordita al la Skotgaela, donas nur tradukan ideon por unu linio, sed lasas ĉiujn aliajn liniojn absolute senŝanĝaj. El

---

89 El Rainer Maria Rilke: Worpswede. N.d.l.A.

han tarlan ccurla, hol ffanassaur-ffiniog,
gorniol cconla ccaffassur;
han ccrui tirnoll ruillccear ccrillfean;
ffreddu rhengilchan han mir ddon a hedin caffaista olc...

fariĝas

han tarlan ccurla, hol fananur-gebunden,
gorniol cconla ccaffassur;
han ccrui tirnoll ruillccear ccrillfean;
Flirtu la estrojn de malmola demono kaj malbono
Fraŭda flugo ...[90]

Do mi iris al la magia butiko de Butterick. Kion alian mi povus fari? Ĉi tiu jam delonge establita Malmö-institucio estas hodiaŭ granda kaj ideoplena, sed tre malriĉa je poezio. Sed en la tempo de Artmann ĝi devis esti eksterordinare, kiel Artmann-poemo transformita en butikospacon. La poeto rakontas al ni pri siaj akiritaĵoj en la taglibro *Das suchen nach dem gestrigen tag* (La serĉado de la hieraŭa tago): kata vosto kun argilo troveblas tie, kaŭĉuka masko de Ruprehto, la servanto de Sankta Nikolao, cigarujo enhavanta timigan araneon, plenbloveblajn furzkusenojn, diablan sapon,[91] falsan hundan ekskrementon. Ĉi-lastaj ankoraŭ ekzistas hodiaŭ. Mi longe tenis ĝin en la mano.

Apud mi, maljuna sinjoro ekzamenis tre similan pecon kun pacienca, sperta esprimo. Li metis ĝin, mi ĵuras, sur sian ŝultron kiel teston, probable por vidi ĉu ĝi facile forglitos. Poste li remetis la pecon de fekaĵo en ĝian lokon, ŝajne ne konvinkita pri ĝia kvalito.

Finfine mi aĉetis la ludilon Slime, kaj aldone etan akvopistolon por infanaj detektivoj, ĉar nuntempe rabatitaj, kelkajn novajn resaltopilkojn, ĉar mia provizo hejme en Vieno iom post iom malpliiĝis. Antaŭ nelonge malfermiĝis mezlernejo vidalvide al nia

---

90 Kiam la tradukisto de ĉi tiu libro provis ripeti la eksperimenton, Google Translate diris ke ĝi tradukas el la kimra lingvo ne la skotgaela, sed la rezulto estis same malkontentiga. N.d.l.T.
91 Diabla sapo – ŝercartikolo kiu ruĝe koloras la haŭton. N.d.l.T

komunuma konstruaĵo, kaj ĉiumatene la gestudentoj prete staras tie sub la nuksarboj. Mi tuj aĉetis kvar paketojn da resaltopilkoj.

Alproksimiĝis la forveturado. Mi alvokis plurajn homojn, mi skribis retpoŝtojn denove, sed sensukcese. Mustafa restis neatingebla. Li estis malaperinta. Starante ĉe la akceptejo, mi rimarkis grandan senkovrilan, vitran mielvazon. La sankta substanco interne havis bonnaturan kaj intiman brilon, taŭge malhelan por la adiaŭo, memorigante onin de oktobra lumo. Kial ĝi estis ĉi tie? Kiel insektokaptilo? Kia malŝparo, mi pensis. Ĉe la elskribiĝo mi subskribis la kreditkartan kvitancon per globkrajono, kiu dum sekundoj estis posedata de la fantomo de fontoplumo, kaj tial mi preskaŭ trempetis ĝin en la mielujon apud la akcepteja sonorilo.

3

Vieno bonvenigis min kun aŭtuneca malvarmo kaj hejmeco. Mi ĵus translokiĝis ĉi tien, kaj trovi la ĝustan vojon estis ĝene malsimpla; mi ofte vojeraris. Longe mi ne trovis la enirejon al la Viena Biblioteko flanke de la urbodomo, kvankam ekzistis nur ĉi tiu unusola enirejo. La biblioteko akceptis la postlasitan libraron de H.C. Artmann en 2004 kaj mi traserĉis ĝin por eblaj indikoj pri lia kreita lingvo. Mi rimarkis broŝur-similan libron nomatan *The Pictish Language* (La Pikta Lingvo). Evidentiĝis ke tio estis ununura ĉapitro el la verko de F.T. Wainwright nomita *The Problem of the Picts* (La problemo de la piktoj). La broŝuro estis hejmfarita de Artmann mem kaj kun multnombraj substrekoj. Estis stranga sento teni ĉi tiun tre intiman objekton en la mano, kaj eĉ pli mirige ricevi ĝin de dungitino de la biblioteko post transdono de mia pruntkarto, ĉar ĝi iam apartenis al homo kaj al ties loĝejo; li dormis apud ĉi tiu libro, ĝuis ĝin kaj cerbumis pri ĝi. Kompreneble ĝi ne donis specifajn informojn pri la mistera strofo en *Die Fahrt zur Insel Nantucket* (La vojaĝo al insulo Nantucket). Prave, mi pensis, kiam mi redonis la libron post nur malmultaj minutoj da malkoncentrita studado. Kiel diris Pablo Neruda: *Libro, cuando te cierro / abro la vida*. (Libro, kiam mi fermas vin, mi malfermas la vivon.) Mi ne volas esti vekita iun tagon el la postvivo, por tiel diri, per bibliotekaj rimedoj, kaj traserĉita de scivolemaj loĝantoj de la posteularo. Rilate postlasaĵojn. Kiel strangaj ili estas. Ili ĉiam ŝajnigas sin tiel privataj. Eble ja estas bone, ke ili baldaŭ ne plu ekzistos. Antaŭ kelkaj jaroj en Humlebæk, ĉe la *Louisiana-Literaturfestival*,[92] fakulo pri germanaj studoj diris al mi, ke speco de cifereca literatura biblioteko nun povas esti starigita ĉe la Marbach-Literatura Arkivo. Ĉiuj retmesaĝoj de la verkisto estas tiam aŭtomate alidirektitaj kaj konservitaj sur la serviloj en Marbach por la posteularo. Mia intuicio de rakontemulo akriĝis kiam mi aŭdis tion, sed ankaŭ mia rebatemo. Aŭtoroj, kiuj iam opiniis sin famaj, pagas monon (aŭ eĉ ricevas monon; mi ne scias, kiel oni interpretas tiun servon.) tiel ke iliaj retpoŝtoj estos alidirektitaj.[93]

Post forlasado de la Viena Biblioteko, kiu troviĝas en la unua etaĝo de la urbodomo, mi ankoraŭ prenis la paternosterlifton.[94] Kutime ĉi tia telfero timigas min, oni sentas sin gilotinita nur rigardante, sed nun, post la skandala traserĉado tra la postlasaĵo de H.C. Artmann, estis necese veturi almenaŭ unu rondiron en la Paternoster en la nenomitan, senetaĝan. Teruraj, kaj kiel la transiro al paralela historiografio, estas tiuj malhelaj momentoj, kiam la ĉambreto, malferma ĉe la fronto kiel la unua pilotejo antaŭ cent jaroj, alvenas al la mekanismo, kiu transportas ĝin horizontale. Signo tiam aperas, malklare lumigita sur la lasta ŝpalo: PLUVETURADO SENDANĜERA, RESTU TRANKVILA. Ho Dio. Tiam mallumo. Lumlokoj en la mallumo, ŝmiritaj per grafitiaj literoj, komprenegle nelegeblaj, ĉi tiu eterna, tutmonde uniforma fantazia tiparo. Tiam grandegaj bruoj de kliktintado kaj martelado de interne de la ŝaltmekanismo. Mi elbuŝigas timigitan pepadon. Sed jen, la reveno al la normalo; jen denove la muroj, la planko,

---

92 Tiu festivalo ne okazas en Usono, sed en Humlebaek, Danio, ĉiam dum la 3-a semajnfino en aŭgusto. N.d.l.T.
93 Ĉio ĉi montriĝis kiel miskompreno aŭ fikcio. *Buíochas le Dia!* (N.d.l.A.) [*Buíochas le Dia!*- Irlanda = Dankon al Dio N.d.l.T.]
94 La paternosterlifto estas liftsistemo de kajutoj sen pordoj, kiuj seninterrompe per ĉeno en du ŝaktoj supren kaj malsupren estas hisata. Vidu Vikipedio "paternosterlifto". N.d.l.T

kaj homoj eniras, kunveturas, ili portas tekojn, kaj unu el ili, tre sagaca junulo, eĉ tenas tenisan pilkon en la mano. Kaj mi, pro unu rondiro jam transformita kaj sentima, plu veturas kaj pro diligenteco kaj entuziasmo mi faras kroman rondiron tra la submondo.

En la komentita sonĝokolekto de Artmann *Grünverschlossene Botschaft* (Verde Ŝlosita Mesaĝo) de 1967, la jena instrukcio troveblas sub numero 58, kiu eble povus fariĝi la labordevizo por mia libro:

> Kion vi diros? – Deklamu vian tutan vortprovizon de *kvindek ok* Araŭakaj terminoj. Se vi neniujn scipovas, inventu iujn: *Ya, yapu, yapuruima, yapuruimaka* ktp.ktp. Tio estus vera fonto de juneco, birdaj sonoj de freŝaj rosgutoj, se oni rajtas tiel diri.

Se vi neniujn scipovas, inventu iujn
En la antologio redaktita de Marcel Atze kaj Hermann Böhm *Wann ordnest Du Deine Bücher?* (Kiam vi ordigas viajn librojn?) estas ĉarma memora eseo de Barbara Wehr, kiu estis la kunulo de Artmann dum certa tempo. Tie ni lernas:

> Iom antaŭ sia morto, aŭ pli bone dirite: sia vojaĝo al Avalon,[95] li entuziasme diris telefone, ke, kun la helpo de sia filino Emily kaj ŝia kuzino Kathi, li malkovris en la interreto, ke la Ŝelta, la sekreta lingvo de la irlandaj *tinker* (kaldronoriparisto), estas la lasta restaĵo de la pikta lingvo.

Barbara Wehr ankaŭ citas el letero de Artmann al ŝi el 1973. En ĝi, la poeto raportas, ke li ĵus komencis krei piktecan gramatikon, kaj ankaŭ "poezian-lirikan krestomation" en la imagita lingvo.

Tiel kreiĝis la Pikta de Artmann. – Kiuj fakte estis ĉi tiuj piktoj? Enmetu ĉi tien: multajn sciojn pri piktoj, blabla, Vikipedio, blabla. Sed ne, tio ne necesas, ĉar bonŝance ni ne scias multon pri ili. Nur tion:

---

95 Avalon – mitologia insulo, kie la reĝo Arturo trovis sian eternan ripozon. N.d.l.T

Timis ilin la Romanoj, kiuj okupis la Britajn Insulojn ĝis la fora nordo en la 1-a jarcento; tio certas. La nomo havas rilaton al la latina vorto *pictus*, ĉar la piktoj estis almenaŭ laŭ iuj raportoj tatuitaj tra la tuta korpo. Unu el iliaj sep konataj reĝlandoj aŭ provincoj estis nomata "Cat".[96] La Romianoj ĝenerale nomis diversajn malamikajn popolojn piktoj, do ili malmulte sciis pri tio, kiel diferencas la kulturoj de la piktaj popoloj de tiuj de la nepiktaj popoloj. Ilia kulturo malaperis en la 9-a jarcento. Hodiaŭ la ŝtonoj de la piktoj estas aparte famaj. Mi vidis iujn el ili antaŭ kelkaj jaroj en la Nacia Muzeo de Skotlando en Edinburgo. Mi ankoraŭ memoras, kiel ofte en mia vivo, mi provis rekoni sur la vera ŝtono la beston priskribitan sur la klariga bildoteksto. Sed ne estis elefanto. Eĉ ne per la plej granda imagopovo.

Multaj piktoŝtonoj ankoraŭ hodiaŭ troviĝas en la pejzaĝo, ĉe la randoj de herbejoj kaj vojoj. La mesaĝoj kaj bildoj skulptitaj en ili ankoraŭ rekoneblas, sed oni ne scias, kion ili volas rakonti al ni. Sur la ŝtonoj de la tempo antaŭ ol kristanismo penetris ilian kulturon, la ĉizitaj desegnoj ĉefe montras bestojn, ĉiajn bestaĉojn, flugilhavajn, kvarpiedulajn, kolhararitajn. Heraldik-simila Z-forma simbolo ripetiĝas kun rimarkinda ofteco. Ekzistas ankaŭ geometriaj formoj similaj al agroglifoj. La plej populara kaj verŝajne plej grava besto, kiun oni trovas sur piktoŝtonoj, rememorigas laŭforme pri krucaĵo de marĉevalo kaj delfeno.

Fakuloj diskutas delonge pri la demando, ĉu la pikta povus esti lingvo kelta, ĉu ne-kelta, sed hindeŭropa aŭ eĉ, kiel la eŭska, tute ne-hindoeŭropa lingvo, kiu estis enradikiĝinta en la hodiaŭan Eŭropon antaŭ nepenseblaj tempoj. Indicoj pri ĉiuj tiuj interpretoj disponeblas. Dume fakuloj ŝajnas emi al la opinio, ke la pikta estis kelta lingvo kun iuj pli malnovaj antaŭhindeŭropaj vortoj konservitaj ĉefe en loknomoj. Nu, ne gravas.

Almenaŭ ŝajnas certe, ke la piktoj uzis varianton de la arkaika irlanda kiel ceremonian aŭ superregionan helplingvon. Unu ebla pruvo pri tio estas la Buckquoy-ŝpinilo, kiu estis malkovrita dum

---

96 Cait aŭ Cat estis legenda pikteca regno originante ĉ. 800 p.K. dum la frua mezepoko. Ĝi estis centrita en kio nun estas Caithness en norda Skotlando. Ĝi estis fondita de Cait, unu el sep filoj de la praulo Cruithne. [en.Wikipedia "Kingdom of Cat"] N.d.l.T.

elfosadoj sur la Orkadoj en 1970. Ĉi tio estas proksimume benjetforma ŝtono, sur kiu troviĝas la jena diraĵo:

〉┬┈┈▥▥╷▥▥▥╷▥▥┈┈/╻┤

Ĉi tiu cirkvitodiagram-simila tiparo nomiĝas *Ogham*. Ĝi aspektas palindroma, ĉu ne? Do ne perfekta, sed tamen oni povus pensi pri ĉi tiu mesaĝo sen grava perdo de simetrio aŭ de informoj kvazaŭ spegulita ĉirkaŭ centra akso. Sur la malnova manŝpinilo tamen la mesaĝo estas skribita cirkle ĉirkaŭ la centra ringbulka truo, tiel ke eĉ se ne restas homoj por deĉifri ĝin, ĝi almenaŭ dinamike ripetiĝas kaj, por tiel diri, estas legata per si mem por ĉiam, ree kaj ree. Kion ĝi diras? La historiisto Katherine Forsyth transskribis la frazon jene (B)ENDDACTANIM(L): "Benata estu la animo de L".

Do ĉi tiu beno sonas, preskaŭ neaŭdeble, tra la jarcentoj, plejparte senŝanĝa eĉ al sia geometria reflekto, ĉiam en rondo ĉirkaŭ malplena centro, laŭdante la senmortan animon de L sen influo de eonoj kaj revolucioj kaj supernovaoj. Eble ni rajtas imagi L kiel savitan homon.

La pikta de H.C. Artmann memorigas min pri epizodo de mia infanaĝo. Kelkajn semajnfinojn ni ekskursis al certa migrada areo ĉirkaŭ la Steinberg, okcidente de Graz. Estis herbejo tie antaŭ altaj rokaj muroj, kie, kiam oni vokis, oni povis aŭdi helan kaj klaran eĥon. Min tute ravis ĉi tiu fenomeno kaj mi deziris tian eĥon ankaŭ por mia hejmo. Sed estis nenio tia. Mi povis krii kontraŭ la muroj de la dormoĉambro, sed nenio revenis. Mi kriis de la balkono, same malmulte da eĥo. Eĉ en la kelo, malgraŭ la tiom pli alta denseco de fantomoj, mia propra voĉo ne eĥis kontraŭ mi. Do mi elektis certan objekton, mi pensas ke ĝi estis parto de lanterno, kaj nomis ĝin "la eĥo". Mi kunportis ĝin ĉie. Ĝi ankaŭ ne povis generi verajn akustikajn eĥojn, sed dum mi ne aktive elprovis ĝin, mi ne sciis tion kun plena certeco, do la *ebleco* restis en la ĉambro kiel kvazaŭa certeco, por tiel diri. Mi simple ne volis esti sen eĥo.[97]

---

[97] H.C. Artmann: "maristo devas kunporti sian pianon en sia promenbastono." N.d.l.A.

Estis la unua fojo en mia vivo, ke mi sentis doloran bezonon de io neposedebla kaj kun ĝi la volemon per magia pensado altiri ion, kiu, same kiel ĉe Artmann, ne havas la karakteron de scienca aŭ teĥnika kopio de la dezirata fenomeno, sed ĝuste ĝia malo, nome *sensencaĵo*. Ambaŭ mia malbonkvalita papera lanterno kaj la silabaj sinsekvoj en la pikta lingvo de Artmann estas pli la misaj rezultoj de senpripensa improvizo, kaj kiu scias, eble ĝuste ĉi tiu proksimeco al la hazardo, al la sen tro kontrolita kromefika cerba agado, kio kreas en ni valorojn de alkemia fido. Ni preterlasu nian propran konscian pensadon, tiel ni eble penetros la tempajn kaj spacajn limojn, kiuj tiel obstine apartigas nin de ĉio, kion ni amas.

La pikta de Artmann estas do interligiteco de moderna poezio kaj sensenca rekonstruo de la nerehavebla. Mi imagas, kiel la filozofo Jacques Derrida, kun sia senbrida supersticô pri nomoj kaj silaboj, sendube povus verki tutan libron pri la sonrilato inter la termino *pictus*, la franca teĥnika esprimo *la picture* kaj *les pictes*, la piktoj. Li estus meditinta pri la malaperinta popolo, eble atribuante al ili enigman poezian komparan terminon ("silentigita piramido", "poŝtkarto sen repaciĝo") kaj poste irante al la artformo bildo mem, "la bildo kiel bildo" kiel tio kio malaperis, t.e. indiki tion, kio tenas la sidlokon varma por io, kio delonge malaperis. Kaj inverse, li estus difininta la historiajn homojn de la piktoj kiel la bildan ĉeeston de la forestantoj, kiel la efektivan esencon de la bildo mem, tio estas "la mito de la mito" ktp. Kaj oni provus sekvi la argumenton, distrita, iritita kaj eble ankaŭ ravita de la mirinde Artmannecaj frazoj de Derrida, kiel ĉi tiu, ekzemple, el eseo pri (mi pensas) fotado, unu el tiuj frazoj, kiujn oni ne komprenas kaj ŝatus fiksrigardante fortimigi, sed anstataŭe simple kopias kaj algluas por savi ĝin el la subprema, sufoka (ne)kohereco de la teksto: "Foti Sokraton kiel muzikinstrumenton."

Jesja.

Derrida: Fotado de Sokrato kiel muzika instrumento
Artmann: li kutimis porti nodotruon sur sia roverso dimanĉe

Malgranda krestomatio kun resaltopilkoj: Lasu resaltopilkon ruliĝi de montopinto. Tio denove revivigis la memoron de la tiamaj sentoj pri la antikva resaltopilko. Kiel malgranda infano, rigardante aŭtunajn foliojn sur parkvojoj, li foje pensis pri kiel la saltado de la pilkoj certe estas ĝene malhelpita de la foliaro. La resaltopilko, kiun poeto tenis forte en sia pugno dum sia vojaĝo en la ekzilejon, dum la tuta morna flugvojaĝo, nun estas konservita en malgranda kesto en la literatura arkivo en Marbach.

Do ni povas tute konvene paroli tra tempoj kaj spacoj. Bone do. Ni reiru al la enigma fragmento el *La Vojaĝo al Insulo Nantucket*.

"iòris acus iochanaan na muir
cellgum gan ard gan bron iar
's cirrlòn san inis sa galarn;
a thusa regillam ..."
(lib. pictorum: cap. iij)

Liber Pictorum – tio povus tre bone esti la *Libro de la Piktoj*, kaj nur en la dua signifo ankaŭ la *Libro de Bildoj*. Sed la lingvo uzata ĉi tie ne estas la Pikta de Artmann. Ni jam konas Artmann-a Pikta. Ĉi tio eble estas imaga citaĵo de verkisto rakontanta al ni pri la piktoj. Eble erudiciulo, kiu parolas la malnovan irlandan. Bonege. Nun ni nur devas eksci, ĉu malantaŭ la linioj kaŝiĝas kantebla kaj ĝuebla enhavo. "*Iochanaan*" estas komprenebla okulfrapa, ĉar hebrea antaŭnomo kun "J", germane estas Johannes. Jochanaan aperas en la dramo *Salome*, blablado,[98] de Oscar Wilde, oni povas serĉi ĉion en Vikipedio. Ĉiukaze la nomo signifas "Dio estas kompleza". Eble ne malgrava. Ni memoru tion.

Mi rekonas kelkajn aliajn vortojn de mia tempo studanta la irlandan: "acus", tio signifas certe "kaj", "bron" signifas "malĝojo". "Sa" signifas "en la". Google Translate povas funkcii per tiuj vortoj kaj rekonas la tekston kiel la skotgaelan, transformante ĝin en:

---

98 La tradukisto petas toleremon pro enkonduko de ĉi tiu neologismo. La aŭtoro uzis "blabla" kio en la germana signifas senenhava babilado aŭ sensencaj sed grave sonaj eldiroj. N.d.l.T.

Ira acus iochanaan na muir
von fast post postkolonisiert
Und es ist ein Atemzug in dieser Krankheit;
regallam du ...

Ho, kio? Kiel tiu unu komprenebla frazo en la tria linio okulfrapas.[99] Mi ne atendis ion tian. – Kelkajn semajnojn poste mi provis denove (ĉar Google Translate konstante lernas kaj ankaŭ submetiĝas al ŝanĝiĝantaj humoroj), ĉi-foje kun la fonta lingvo irlanda:

Obstgärten des Meeres
cellgum ohne hoch ohne fast post
und ein Pferd erzählte in der Krankheit;
und du regillam...

(*Fruktoĝardenoj de la maro*
? !@#$%^^&?
kaj ĉevalo rakontas en la malsano;
?!@#$%?)

Fruktoĝardenoj de la maro, tio sonas kiel Pablo Neruda. Kaj sen la linia divido:

Iorus und die Seezellgummiräume sind fast geräuschlos hoch und läuten die Krankheit ein; Sie regillam... [100]

(*Iorus kaj la marĉel-kaŭĉukaj-ĉambroj estas preskaŭ senbrue altaj kaj sonorile anoncas la malsanon; Sie regillam...*)

Marĉel-kaŭĉukaj-ĉambroj! *Fucking genius.*[101]

---

99 Ĉi tiu frazo estas almenaŭ gramatike ĝusta. = Kaj estas spiro en ĉi tiu malsano; N.d.l.T

100 Iom antaŭ ol la manuskripto estis sendita, alia provo per Google Translate, ĉi-foje kun ĉi tiu rezulto: "das Meer des Seezellulums ohne Hoch ohne fast einen Pfosten und ein Abschlachten in der Krankheit; und du regillam".("La maro de mara celulo sen alta preskaŭ sen fosto kaj buĉado en malsano; kaj vi regilam.") N.d.l.A.

101 Angle en la originalo. N.d.l.T

Neniu:
Derrida:[102] *"Pri propra nomo kiel arto de la pluvombrelo."* [103]
Artmann: *"multaj graciaj virinoj, forĵetitaj de la pala vespera luno, forigas siajn paraŝutojn."*

Tiurilate, venas al mi en la kapon ĉi tiu stranga frua poemo de Artmann, kiu nomiĝas *Ginevra perfidas sin dormante kaj reĝo Arturo respondas al ŝi per poemo*. Ĝi tekstas jene;

> yr mwyzaf gwr bmynyz
> yn rhozoz
> oed brangl y mae hi
> yn sychred
> ond cwyrlwch o gwrion:
> ynysoez attedion
> och cwcw!
> un cwpa llechlen can pen
> wele ond ni derbyn
> yn vyrz cyffeithiol
> mab bychan norphen camäel
> wr rhezeg ev i'r âl
> ynghariad dibetrws zim
> goch gilzmai lleêgorh punt
> cwymp gavaêl nodau tywb
> zim mwllwn ...

Franz Josef Czernin, poeto, kies juĝon mi ne blinde fidas, sed kiu plejparte scias, pri kio li parolas, asertas en eseo pri Artmann (*H.C. Artmann und die heruntergekommene Poesie* /H.C. Artmann kaj la kaduka poezio), ke temas pri pure fonetika aŭ sonpoemo...Hm. Sono? Sed kiuj sonoj devus esti kreitaj ĉi tie? Kaj la tuta poemo iel aspektas kiel "pli". Komprenebla ankaŭ pura fonetika poemo

---

102 Jacques Derrida, 1930-2004, franca literaturkritikisto kaj filosofo, fondinto de malkonstruismo. Vikipedio N.d.I.T.
103 El "Die Postkarte" (La poŝtkarto) N.d.I.A. [Originala titolo: La carte postale: De Socrate à Freud et au-delà] N.d.I.T.

havas sian valoron. Ĉio en la kampo de poezio ne ĉiam devas esti planita tiel, ke senchavas, sed Artmann sciis la kimran kaj la irlandan, tradukis kelkaĵojn el ĉi tiuj lingvoj aŭ uzis ilin kiel motivo por siaj propraj poemoj, do estas malfacile imageble, ke ĉi tio reprezentus puran pseŭdokeltan lingvon. Do mi donis la poemon al unu el miaj konatuloj por legi. Ŝi estas la mirinda kimra poeto Catrin Dawydd, kiun mi renkontis antaŭ jaroj en la sorĉita vilaĝo Hay-on-Wye, kiu konsistas nur el librovendejoj, kaj ŝi diris, ke la poemo enhavas sufiĉe multajn komunajn vortojn kiuj tuj elvidiĝas, sed iuj aferoj estas nur sensencaĵoj. Google Translate donas la jenan:

(la kimra en la germanan)

Der mwyzaf Mann bmynyzla
in rhozoz
Sie hat im Alter von brangl
in sychred
aber cwyrlwch von gwrion:
ynysoez attedion
och Kuckuck!
Einhundert Kopf cwpa llechlen
lo, aber nicht akzeptiert
Süßwaren in vyrz
Baby-Sohn norphen Camael
Der Mann rhezeg ev al
die Liebe dibetrws zim
rot gilzmai lleêgorh Pfund
Zusammenbruch gavaêl Ziele tywb
Zim mwllwn ...

(la kimra en Esperanton)[104]

(morezaf edzo bmynyz
en rozo
ŝi estas branĉa aĝo

---
104 La tradukisto konstatas, ke en la kimra-germana traduko estas nur 30 rekoneblaj vortoj, kaj en la kimra-esperanto traduko estas 38 rekoneblaj vortoj. N.d.l.T.

estas seka
sed fraŭdo de edzoj:
isolazz attedion
ho via kukolo!
unu tason de cent tablojdoj
jen, sed ne ricevu
estas konservativa vyrz
eta filo de norphen camäel
retoriko ev ev al la lel
zet dibetrous interrompo
ruĝa gilzmai lokalizita funto
falo de la celfostoj
zim mulewn...)

Nu, ĝi almenaŭ estas io. La viro...*nekomprenebla*... la amo...*nekomprenebla*... ruĝa... *nekomprenebla*...funto kolapsas...*nekomprenebla*... celojn. Esence sufiĉas por fantaziaĵo kvazaŭ kapfilmo. Oni aŭdas gravsignife parolantan reĝon sur sia lito dum la nokto. Reĝino Ginevra estis, almenaŭ laŭlegende en la versio de ĝia plej fama aŭtoro, Chrétien de Troyes, forrabita per ruzo kaj seksperfortita. Arturo poste sendis sian kavaliron Gawain, dum la kavaliro Lanceloto memstare ekiris. Ĉi tiu savis Ginevran, komencis rilaton kun ŝi, sed tamen revenigis ŝin al ŝia edzo. Iel tiel.

Kion Ginevra dumdorme malkaŝas? Ke ŝi estis la amanto de Lanceloto? *Eta filo de norphen Camäel*

Se Reĝo Arturo respondas al ŝi per poemo, kaj ne per glava bato aŭ vangofrapo, tio povas signifi nur, ke kion ŝi rivelas, ne damaĝas ŝin. Ni scias, kiel malstabilaj reĝoj povas esti. Eĉ la epopea poezio, ekde sia naskiĝo, temis preskaŭ ekskluzive pri reĝoj kaj tial emas taksi ilin kun troo da mildeco kaj komprenemo, tamen kelkaj senzorge esprimitaj kontraŭdiroj ofte sufiĉas por ekigi grandegan hombuĉadon. Sed jen: nur poemo.

Sed kio estas la celo de la pseŭdo-kimra tekstaspekto? Ni staras antaŭ ĝi kiel la kritikisto antaŭ la supozata ĉefverko de Y. Neniu povas legi ĝin. Sed eblas ke iu poeto metis sian tutan animon, sian efemeran, unikan naturon en tiujn liniojn. Kaj fikcia reĝo montras sin en ili kiel homon, kiel konkordeman, plenkreskan estaĵon.

Verdire, mi ne malmulte miris, kiam mi finfine ja trovis tradukon de ĉi tiu poemo en la eseokolekto *Pose, Possen und Poesie. Zum Werk Hans Carl Artmanns*.(Pozo, Kapricoj kaj Poezio. Pri la verko de Hans Carl Artmann) redaktita de Josef Donnenberg. La mezepokisto Ulrich Müller, eble sentante la saman detektiveman jukadon kiel mi, sendis la enigman poemon al du keltistoj, Wolfgang Meid kaj Ulrike Roider. "Ambaŭ alvenis al la konkludo, ke temas pri miksaĵo de la 'reala' kimra; de lingvaj torditaĵoj; kaj de evidentaj eraraj teksteroj, kiuj tamen havis ian similan al komprenebla enhavo." Ulrike Roider kuraĝis proponi tradukon, priskribante ŝian metodon kiel "duone korekti, duone diveni". Tiel, nia poemo, eble la plej ekzote rubkovrita el ĉiuj germanaj poemoj, post sperta prilaborado, aspektas tiel:

Ich werde feucht, Mann, ich war eine Insel,
hingesetzt,
rabenweiß war sie beim Trockenlaufen;
doch Wachs-See, o Mann-Herr,
die Insel war ein fester Halt,
ach Kuckuck!
einen Becher vom Verhüllungsleintuch ohne Kopf!
Schau! doch nicht zu bekommen
das Besteigen des Schiffes zum Übersetzen;
kleiner Sohn des Norphen Krumm-Braue
Mann von Rhedeg er bei der Geburt
mein Geliebter ohne Zweifel
von rotem Gold war das tiefblaue Pfund
schön das Festhalten, töricht die Ziele
ich bin nicht heiß geworden ...

(*Mi humidiĝas, homo, mi estis insulo
sidiginta,
Ŝi estis blanka kiel korvo, dum sekokurado;
sed vaks-lago, ho viro-sinjoro,
la insulo estis firma apogo,*

ho kukolo!
taso de la envolva tuko sen kapo!
Rigardu! sed ne akiri ĝin
surirante la ŝipon por transiri;
eta filo de Norphen Kurva-Brovo
Edzo de Rhedeg naskanta
mia amanto sendube
la profunda blua funto estis el ruĝa oro
bela teni, malsaĝaj la celoj
mi ne varmiĝis ...)

Mi origine taksis la ideon de H.C. Artmann integri nelegeblajn poemojn en siajn kolektojn kiel punkan provokan varianton de *mallojala* literaturo; simile subfosa kiel la nelegeblajn literojn en la stilo de grafitiaj markoj, kiujn mi vidis en la paternosterlifto de la Viena Muzeo dum mi haste murmuris preĝetojn. Sed tio ĉi estas multe pli ol tio. Ni tralegu ĉi tiun mirindan poemon de Ulrike Roider plian fojon.

Ankaŭ strangas, ke Reĝo Arturo diras frazon kiel "Mi humidas, homo, mi estis insulo"!

Aliflanke, kial ne. Eble Artus respondas al Ginevra per konfeso simila al tiu, kiun ŝi dorme elbuŝigis. "Ŝi estis korve blanka dum la sekokurado". Kia bela verso. Oni imagas antaŭ si, en la pejzaĝo, figuron pigosimilan, facilmovan kaj simetrian, kaj ŝi kuras kaj kuras ĝis ŝi konkeris ĉian malsekecon.

Mia plej ŝatata tekstero tamen estas "ho kukolo! / Taso de la envolva tuko sen kapo!" Provokas eksciton kiel la bildomondoj kruciĝas ĉi tie. Pokalo kaj mortotuko, tio pensigas pri Kristo, pri *Ĉi tio estas mia sango* kaj mortotuko. Antaŭ multaj jaroj en Graz mi vidis iun, kiu alivestiĝis, dum karnavalo, kiel mortotuko de Torino. Li malsupreniris de Lendplatz en la direkto al Annenstrasse, probable survoje al la ĉiujara parado, kiu trairas la urbocentron. Mi neniam plu vidis ion tiel koŝmaran marŝantan laŭ mia strato.

La libro eldonita de Josef Donnenberg, en kiu troveblas la eseo de Ulrich Müller, aperis en 1981, do longe antaŭ la grandega lingva fonto de novigado, kiun reprezentas Google Translate. Mi suspektas, ke ĝi ne daŭros multe pli longe. Ĉar profunda lernado kaj artefarita traduk-inteligenteco ĉiam progresas pli kaj pli rapide. Ni ĝuu ĉi tiujn malmultajn somerojn da brilaj sensencaj tradukoj tiom longe kiom ni povas. En impona profeta maniero, s-ino Roider eĉ observas la tekstan aspekton de la aŭtomataj Google-tradukoj en sia kreiva rekonstruo de la fantazia kimra de Artmann: nekutimaj kunmetitaj vortoj; enigme notindaj vortoj ("Norphen") restas netradukitaj meze de la linio kaj spontanea disrompiĝo de ĉiu hipotaksa frazostrukturo favore al ĵazec-kanteblaj kunmetitaj frazoj de trankvila kaj perfekta ambigueco; la orakol-similaj; la nekredeble viglaj; la sovaĝe liberigitaj. Jen unu el miaj plej ŝatataj ekzemploj por komparo: la aŭtomataj tradukoj ĉe Tumblr, *La songo de la alta Fiŝaglo.*

> 空空道人听如此说，思忖半晌，将这《石头记》再检阅一遍。因见上面大旨不过谈情，亦只是实录其事，绝无伤时诲淫之病，方从头至尾抄写回来，闻世传奇。
>
> Kōngkōng dàoren tīng rúcǐ shuō, sīcǔn bànshǎng, jiāng zhè "shítou jì" zài jiǎnyuè yībiàn. Yīn jiàn shàngmiàn dà zhǐ bùguò tán qíng, yì zhǐshì shílù qí shì, jué wú shāng shí huì yín zhī bìng, fāng cóngtóu zhì wěi chāoxiě huílái, wén shì chuánqí.
>
> So spricht der Leer Taoist zuhören, fragen, für eine lange Zeit, diese "Steine" und überprüfen Sie es noch einmal. Siehe oben Zweck, sondern weil die Liebe ist groß, aber auch Notieren Sie die Veranstaltung, wenn die Krankheit keine Verletzung obszön, Seite von Anfang bis Ende zu kopieren zurück, riechen Sie den Welt-Legende.

Vidu supre celon,[105]
sed ĉar amo estas bonega,
sed ankaŭ notu la eventon,
se la malsano ne estas obscena lezo,
Kopiu reen paĝon de komenco ĝis fino,
flaru la mondan legendon.

Por ĉi tiu blogo partoj de la teksto estas prenitaj de ĉina romano de la Dinastio Han (tria jarcento) kun la titolo "La songo de la ruĝa ĉambro" (originale *Hónglóumèng* 红楼梦). Kaj Google konsilis kaj emendis, laŭeble plej multe:

---

[105] Jen la aŭtoro citas la germanan maŝintradukon el la ĉina. La tradukisto esperantigis ĝin per Google Translate en la spirito de ĉi tiu tuta ĉapitro. N.d.l.T.

> 见着这块鲜莹明洁的石头，且又缩成扇坠一般，甚属可爱。那僧托于掌上，笑道："形体倒也是个灵物了，只是没有实在的好处。须得再镌上几个字，使人人见了便知你是件奇物，然后携你到那昌明隆盛之邦、诗礼簪缨之族、花柳繁华地、温柔富贵乡那里去走一遭。
>
> Jiànzhe zhè kuài xiān yíng míng jié de shítou, qiě yòu suō chéng shànzhuì yībān, shén shū kě'ài. Nà sēng tuō yú zhǎngshàng, xiào dào:"Xíngtǐ dào yěshì gè líng wùle, zhǐshì méiyǒu shízài de hǎochù. Xū dé zài juān shàng jǐ gè zì, shǐ rén rén jiànle biàn zhī nǐ shì jiàn qí wù, ránhòu xié nǐ dào nà chāngmíng lóngshèng zhī bāng, shī lǐ zān yīng zhī zú, huāliǔ fánhuá de, wēnróu fùguì xiāng nàlǐ qù zǒu yī zāo.
>
> Ying Ming Jie berühmten frischen Stück Stein, und da fallen im Allgemeinen und sogar Gattungen niedlich geschrumpft Ventilator. Das Mönchspflege in der Handfläche, lächelte und sagte: "sie in einer Form geistiger Dinge ist, aber es gibt keinen wirklichen Nutzen unterliegen erneut gravieren die Wörter sein, Menschen, die Sie auf einen Blick erfüllt ist eine einzigartige Sache, dann bringen Sie zu. das blühende Longsheng des Staates, der Familie Celestial Zanying die Geschlechts der Innenstadt, die sanfte reiche Gemeinde Gehen geboren wurden.

(106 *Ying Ming Jie fama freŝa ŝtona peco, kaj tio falas ĝenerale kaj eĉ generas belan ŝrumpintan ventumilon. Tiu monaĥa flegado en la manplato, ridetis kaj diris: " Ĝi estas en formo de spiritaj aferoj, sed ne ekzistas reala utilo submetata por re-gravuri la vortojn por esti homoj, kiujn vi renkontis unuavide, estas unika afero, tiam venigu vin al, la prospera Longsheng de la ŝtato, la ĉiela familio Zanying la enurba familio, la milda riĉa komunumo Walk naskiĝis.*)

Per aldono de kelkaj helpvortoj, aperas la jenaj misteraj komprenoj:

Die Mönchspflege in der Handfläche lächelte und sagte: sie in einer Form geistiger Dinge	Tiu monaĥa flegado en la manplato, ridetis kaj diris: ĝi estas en formo de spiritaj aferoj

Und: Kaj:

niedlich geschrumpft der Ventilator Das Geschlecht der Innenstadt	bele ŝrumpita la ventumilo La familiaro de la urbocentro

---

106 Tiu vortokaĉo rezultis el la maŝintraduko de la ĉina al la germana, kaj la Google traduko al Esperanto. N.d.l.T.

> 又不知过了几世几劫，因有个空空道人访道求仙，从这大荒山无稽崖青埂峰下经过。忽见一块大石，上面字迹分明，编述历历。
>
> Yòu bùzhīguòle jǐ shì jǐ jié, yīn yǒu gè kōngkōng dàoren fǎng dào qiú xiān, cóng zhè dà huāngshān wújī yá qīng gěng fēng xià jīngguò. Hū jiàn yīkuài dàshí, shàngmiàn zìjì fēnmíng, biān shù lìlì.
>
> Aber ich weiß nicht, ein paar Welt mehrere Raubüberfall, denn es ist leer Taoist Besuch Straße Unsterblichkeit, von großen kahlen Klippen der blauen kante Gipfel des lächerlichen Außenrist. Plötzlich ein Felsblock, vor dem Schreiben klar, übersetzt deutlich gesagt.

Straße Unsterblichkeit	Strata senmorteco
von großen kahlen Klippen	de grandaj nudaj klifoj
der blauen Kante	de la blua rando
Gipfel des lächerlichen Außenrist	Pintkunveno de la ridinda ekstera piedo
Plötzlich ein Felsblock	Subite roko
vor dem Schreiben	antaŭ ol skribi
klar	klare
übersetzt	tradukita
deutlich gesagt	klare dirita

Mi ĵuras, ke ĉi tiu kaj la aliaj aspektas kvazaŭ el la verko de Paul Celan.

Unu fina ekzemplo:

> 庙旁住着一家乡宦，姓甄名费字士隐，嫡妻封氏，性情贤淑，深明礼义。家中虽不甚富贵，然本地也推他为望族了。因这甄士隐禀性恬淡，不以功名为念，每日只以观花种竹、酌酒吟诗为乐，倒是神仙一流人物。只是一件不足：年过半百，膝下无儿，只有一女乳名英莲，年方三岁。
>
> Miào páng zhùzhe yī jiāxiāng huàn, xìng zhēn míng fèi zì shì yǐn, dí qī fēng shì, xìngqíng xiánshū, shēn míng lǐ yì. Jiāzhōng suī bù shèn fùguì, rán běndì yě tuī tā wèi wàngzúle. Yīn zhè zhēnshìyǐn bǐngxìng tiándàn, bù yǐ gōngmíng wèi niàn, měi rì zhǐ yǐ guān huā zhòng zhú, zhuó jiǔ yín shī wéi lè, dàoshi shénxiān yīliú rénwù. Zhǐshì yī jiàn bùzú: Nián guòbàn bǎi, xīxià wú er, zhǐyǒu yī nǚ rǔmíng yīng lián, nián fāng sān suì.
>
> Neben dem Tempel lebte ein Xianghuan, mit dem Beinamen Chen Shi Yin Wortnamen Gebühr, Entropie Frau Travelog, naturliebende, tiefe Ming Anstand. Wenn auch nicht sehr reichen Familie, und dann schob er auch lokale Bürgermeister. Chen Shi Yin ruhigen Disposition aus diesem Grund, nicht zu Ruhm im Kopf, nur einen Tag, um Blumen Bambusarten, Zhuojiu Gedichte vertont, unsterbliche Zeichenklasse berührt. Nur ein Mangel an: 50 Jahre alt, kinderlose Kinder, nur eine Frau Spitznamen Ying Lian, die jährliche Partei drei Jahre alt.

Entropie Frau Travelog
naturliebende, tiefe
Ming-Anstand

Entropio Sinjorino Travelog
naturama, profundeco
Ming-deco

"Vojaĝblogo de entropia sinjorino" povus bone esti la titolo de romano. The Entropy Woman's Travelogue by David Mitchell, Summer 2024, Random House. "La vojaĝ-raporto de la entropia virino". Aŭ: "La vojaĝĵurnalo de sinjorino Velvet, entropia virino". Esence tiu rakonto skribiĝas senpene. Iam mi verkos ĉi tiun romanon.

Aliaj perloj de la poeziprojekto:

-"*Pasintjare timema stulta, timinda nepopulara doloro, maljunuloj, estis la malpermeso ataki monon el la malsankasa asekuro, fakte iom post iom malkaŝis la scenon en la sekva mondo*"
-"*la apartamento dum monato gravediĝas*".
-"*Tiutempe estis la najbareco kaj ĉiuj flutkanoj*"
-"*Mi timas fraŭdon krimadon mekanismon*"
-"*Ĉar li naskiĝis en la lastaj tagoj, gepatroj patroj faris fundamenton, populacia malpliiĝo funebro*"
-"*La monako diris: '!! Nemoveblaĵoj nemoveblaĵoj sur mi sur mi'.*"
-"*se pli atenta rigardo, mi vidis la bruligan sunon, bananon malrapide, la sonĝon*
de aferoj, kiujn ili forgesintaj duone."
-"*Sekrete sed fizikfreŝec-nubo*"
"Estas amuze neniam koninte frukton."
"Ne maltrankviliĝu, nun ekzistantas por kelkaj romantika detektivo dum la fino de la
seka aerfluomalamiko"
-"*Tenoro kaj apartamento estis dekretitaj por memorigi la legadon.*"

Sen troigo, mi pensas, ke ĉi tiuj belegaj, multstrukturaj, frazmonstraĵoj, kiujn neniu, sub ajna gvidado aŭ inspiro, povus iam elpensi, devas esti konsiderataj kiel rilataj al la verkaro de la nobla poemulo H.C. Artmann; jes, pli ol rilata: Ili estas ĝuste lia speco de magio, ĝuste ĉar ili ne estis intencitaj kiel tiaj. Iusence ili estas "de li". Sen li, ni ne scius, en kiu neintencita tradicio ili troviĝas.

Post kiam certa spirito iam estis en la mondo, ĝia spuro troveblas ree kaj ree. Ĝia ombreca ekzisto, kiu transiras tempon, alblovas el neatenditaj direktoj kaj daŭrigas la verkadon porĉiame interrompitan pro la morto de la poeto. Neniu povas diri, ĉu ĉi tiuj eĥoaj fenomenoj, interne de unu lingvo, okazas nur hazarde kaj koincide aŭ per eble iom pli vasta, pli enigme obskura leĝo; la sola afero, kiu ŝajnas eksterduba, estas, ke neniu el ni povas diri kun certeco, kiom longe kaj sub kiaj kondiĉoj io restas morta kaj nerehavebla.

Niemand:
Celan:[107] *"Malfrue. Spongeca fetiĉo mordas la konusojn de la kristnaska arbo."*[108]
Derrida: "La Di-rekto, la Di-erektiĝo de ĉi tiu paro, ĉi tiuj oldaj frenezuloj, ĉi tiu kanajlo sur ĉevaldorso, tio estas ni, ĉiel, apriore, (ili venas al ni) ni kuŝas sur le dos[109] *en la ventro de la ĉevalino kiel en grandega biblioteko, kaj ĝi kuregas, ĝi kuregas."*[110]
Artmann: "Knabo, donu al via onklo ĉi tiun melonon kun la faveloj."

Aldono
Taglibro, 13a Januaro 2019:
Sur la tombon de H.C. Artmann, mi hodiaŭ lokis rozfrukton, kiu estis metita en ruĝan plastan piroteknikaĵan raketopinton, kie ĝi gracie cirkulis kun ĉiu movado. La tombo en la centra tombejo situas en izolita neĝplena loko sur la tombokampo de la kremaciejo. Imprese disvastiĝas ĉirkaŭ ĉi tiu komplekso impona nenieslando, tereno malprecize inter Gstättn kaj Tarkowskij. Subite, frapante bela ĉevalo videblas en ĉirkaŭbarita herbejo, agrabla kaj velura besto, kiel en la pentraĵoj de Bidermajra[111] pentristo, kiu nomis la

---

107 Paul CELAN [paŭl ĉelan], origine: Paul ANTSCHEL (1920-1970) estis germanlingva poeto kaj tradukisto.
108 El *"Fadensonnen"* N.d.l.A.
109 France: sur la dorso N.d.l.T.
110 El *"La carte postale"* N.d.l.T.
111 Bidermajro – germane *Biedermeier* estas la epoko ekde 1815 (Viena kongreso) ĝis 1848 (Revolucio de 1848 en Germanio) en la landoj de la Germana Federacio kaj de la Aŭstra Imperio. N.d.l.T. Vikipedio

ĉevalbildojn laŭ sia preferataj subjektoj, "Kapsberger-Ĉevaloj" aŭ "Lohmüller-Ĉevaloj". - Aŭ, kiel dirus Artmann: "Policano stumblis per perpendikularo." Jesja. Eĉ vintre susuras ĉi tie la longtiga periferia herbo en la neprizorgitaj herbejoj. Krome eta arbareto, ĝi estas tiel kojnforma kaj maldensa, ke oni povas travidi ĝin de ĉiuj flankoj, kvazaŭ oni estus Dio. La tombokampo de la urna entombigo estas ĉirkaŭita de strangaj arkaj muroj, kun turoj ĉiujn kelkajn metrojn. Eĉ mi, kiu kutime estas indiferenta, ne ŝatus esti entombigita ĉi tie. Jen frostigitaj nigraj beroj en malsekaj arbustoj. Korvoj, kvazaŭ aŭtoritatuloj de la oficejo de bonordo, serĉas sekretojn inter la ĉirkaŭkuŝantaj folioj, aŭ staras kiel trafikpolicistoj ĉe la krucvojoj. Estas pluveta vento, sed nur preter la muro. Jen vitrofragmentoj. Estas restaĵoj de petardoj en glacioflakoj. Mi deziras al vi, honorata majstro, ke rozfrukta raketo agrable sonorilas dumnokte.

KVARA ĈAPITRO

Mia somero en Volapuko

> La gemo turmalino estas malhela
> kaj kion oni rakontas estas tre malhela.
> *Adalbert Stifter*

1
Taglibro

2015-5-4
Ĉi-matene jen tre stranga malkovro ĉe la centra tombejo de Graz. Mi havis kun mi Volapukan vortaron de Johann Martin Schleyer por studi, sed mi ne povis eklegi ĝin, ĉar sur la muro de garbejo apud kampo kun pli novaj tomboj pendas alpinglitaj leteroj, kelkfoje jam pluvoplenaj kaj ĉifonaj de vetero, ĉiuj adresitaj al homoj kun la familia nomo "Roth". Mi faris fotojn de tio. Ĉi tiuj estas nenio krom reklamleteroj de bonfaraj organizaĵoj. Unu estas adresita al s-ro Alfred Roth, kiu, kiel la leterkapo malkaŝas, loĝas en Hermann-Löns-Gasse 4/6 la 18an de marto 2015. La letero estas de *Lumo por la Mondo*.[112] Ankaŭ letero de *Ruĝaj Nazoj*[113] al sinjoro Siegfried Roth, loĝanta ĉe Mauergasse 27/1, pendas tie (datita la 23an de februaro 2015). Ĉi tiuj leteroj estas alfiksitaj al la ligna muro kun prempingloj kaj rigardas, por tiel diri, al la tomboj. Vizitantoj neeviteble devas preterpasi ilin. Kun la tempo, vento kaj pluvo igos ilin nerekoneblaj.

Mi faris mallongan videaĵon pri la stranga fenomeno. Alfred kaj Siegfried Roth loĝas ne malproksime de la centra tombejo, en

---

112 Germane *Licht für die Welt*, angle *Light for the World* – internacia organizaĵo kun sidejo en Vieno por prevento de blindeco. N.d.l.T.
113 Ruĝaj Nazoj – germane *Rote Nasen* estas organizo de klaŭnoj kiuj vizitas maljunulojn, malsanulojn ktp. N.d.l. T.

najbaraj stratoj. Alfred Roth estas listigita en la telefonlibro. Ĉu estas mortintoj, kiuj ie kuŝas ĉi tie kaj al ili – kial do? – iu volis liveri la reklamleterojn, kiujn ili nun ne ricevas? Mi serĉis iom da tempo inter la tomboj en la proksima ĉirkaŭaĵo, sed ne trovis iujn kun la nomo Roth. La plej proksima estis la nomo Cohn, de pli malnova tombo. La birdoj bruis en la arboj, kaj mi troviĝis en kaŭriĝa, arĉkrura humoro. Krome, de tempo al tempo, mi apenaŭ vidis ion.

Homoj aperas ĉe entombigo, kolektiĝas ĉirkaŭ la tombo. Unu el ili, paŝante tiel malgaje kiel la aliaj, tiras malgrandan sledon per ŝnuro.

Kiam la sonoriloj sonoras tagmeze, infano en la domo trans la strato ofte eliras sur la balkonon kaj staras tie, manoj sur la balustrado, kvazaŭ sur la pruo de sia ŝipo.

Menade bal püki bal. La Volapuka moto, "Al unu homaro unu lingvo".

7-a de Majo
Malnova foto de Johann Martin Schleyer sur la harpo. Lia barbo estas tiel granda, ke – precipe nun memore – ĝi neeviteble aspektas kvazaŭ li ekprenas la plej malsimplajn harpajn akordojn per sia propra barbo. Lernprogreso en Volapuko estas sufiĉe mizera, fakte kvazaŭ kurado surloke. La bazaj vortoj ĉiuj aspektas same, unuoj de tri literoj, ĉiam konsonanto-vokalo-konsonanto, *mel böd cil kun bom bel kop mun*,[114] same kiel la figuroj en la malfrua verko de Beckett (ekz. *Kiel ĝi estas*).[115] Makuloj en la vidkampo la tutan tagon kaj ĝeneralan malkomforton, vertiĝon kaj spirmankon, ĉio aĉa. Sendormaj noktoj.

La unuan sukcesan mondlingvon en la historio inventis Schleyer, cetere pro nokta evento en 1879. Tiam la dia inspiro kaptis lin (la "genio" kiel li skribas), kaj ĉio estis eksplodo. *Kid jön*

---

[114] "maro, birdo, infano, viando, osto, monto, korpo, luno" N.d.l.A.
[115] Samuel Beckett verkis kaj angle kaj france. La romano, *Comment c'est*, aperis unue en la franca. Beckett kunlaboris en la germana traduko, *Wie es ist*, kaj poste tradukis la libron en la anglan, *How it is*. N.d.l.T.

kap bim blod buk.[116] Sed tiel malfacila kiel lernado estas por mi, mi amas ĉi tiujn fuŝitajn vortojn. "Lol" estas la vorto por "rozo".

14-a de Majo
La tagoj de la semajno estas mojosaj:

mudel[117]
tudel
vedel
dödel
fridel
zädel
sudel

Hodiaŭ estas *dödel*.[118]
Konversacio kun amiko pri malbontraktataj bestoj. Li diris, "Vi povas scii, kiam hundoj nur rigardas, kie ili devas boji." Krome lia mencio de birdo, kiu estis gardita en kaĝo "ĝis ĝia voĉo malaltiĝis je unu oktavo".

Ĉe la festo estis kelkaj malgrandaj Matchbox[119] aŭtoj en la lavujo en la kuirejo.

Ĉiufoje, kiam iu venis kaj malfermis la kranon, ili malsekiĝis kaj iomete ŝanĝis sian pozicion unu rilate al la aliaj. *Flen*, mi pensis strange vidante ilin. *Flen, flens.* Volapuko por amiko, amikoj.

21-a de Majo
Mi donis kvin eŭrojn al viro, kiu sidis kun hundo en la parkejo Hofer sur la ponto Kepler kaj almozpetis, kaj li rakontis al mi sian teruran historion. Li parolis tre rapide, li pardonpetis kelkfoje, tiris sian strian puloveron kaj montris sian artefaritan anuson. Blanka sako. Estis skribite sur ĝi LOL. Mi supozas, ke mi surpri-

---

116 "kiso, beleco, kapo, arbo, frato, libro" N.d.l.A.
117 Laŭ internacia normo ISO 8601 la unua tago de la semajno estas lundo. Vikipedio N.d.l.T.
118 Dödel signifas stultulon en la germana.
119 Matchbox – varmarko de ludiloj je la grandeco de alumeta skatolo. Vikipedio N.d.l.T.

zite elspiris aŭ pusspiris, ĉar li rapide formetis ĝin kaj diris: "Jes, ĉiuj ĉiam ridas." Mi hontis. "Tiom da problemoj, kvankam la kancero devus esti for nun!" Li diris ekscitite. Kvankam ili efektive promesis al li, jes, "rekte en la vizaĝon", ke la kancero foriros pro kemioterapio kaj radiado. Li eĉ havis kun si la leterojn de sia kuracisto, unu el kiuj montris koloskopion sur poŝtmarkgrandecaj bildoj. Tie la kuracistoj fortranĉis ĉi tiun bulon de kancero. Kaj nun li devas iri al la hospitalo denove, kia fekaĵo, kaj eĉ ne havas monon por la lupago. Antaŭe, kiam li ankoraŭ havis monon li kutimis donaci al kancera helporganizo. "Sed je la fino vi mem ne havos bonan rezulton, tion havas nur aliuloj." Li diris al mi, ke komence li sidis sola, sed tiam ĉiuj "senkompate preterpasis." Li ne ĉiam povis prezenti sian stomakon kun la malfermitaj vundoj kaj artefarita anuso, precipe ne vintre, do li alkutimiĝis kunporti la leterojn de la kuracisto en travidebla plasta folio. Sed homoj ankaŭ tiuokaze ne haltis. Tial nun la hundino. Kaj ŝi estas perdanta la felon. Jen, vi povas vidi ĝin. Li elskuis sian manon kaj nur tiam oni vidis la sunlumon en la flosanta hundhararo. Mi havis nodon en la gorĝo. "Oni kunkudris mian postaĵon, ne plu estas truo tie, kaj mi ne povas sidi sur ĝi, ĝi eligas dikan ŝlimon, nenion alian. Ĝi estas tre malseka. Mi baldaŭ devas reiri al la hospitalo por malkudri ĝin." Ni parolis iom pri kiel maljusta ĉio iras. Li dumvive donacis al la Kancera Helpo, kaj nun ĉi tio. Dum li parolis, li movis siajn krurojn kaj mi vidis, kiel nekredeble maldikaj ili estas. Kio laŭ mi unue ŝajnis kiel tre grandaj oreloj estis simple efiko de ekstrema pezoperdo. Finfine li montris al mi nigran makulon sur sia kruro kiu, laŭ li, ne bonodoris. Kompreneblas ke ankaŭ tion la kuracisto devas ekzameni, sed li nur havas kelkajn minutojn por li, do oni neniam parolas pri ĉio, kio ĝenas onin. Certe, estas multaj pacientoj, sed tamen... "Jes, ĉiuokaze," mi diris. "Jen, vidu," li diris, kaj montris al mi la raportojn kaj rezultojn de la kuracista ekzamenado. "Kio okazos al mi nun?" Mi sciis la respondon, kaj verŝajne ankaŭ li, sed ĝi ne estis laŭte dirita al li ĝis nun. Eble tio estis parto de la kialo, kial li sidis ĉi tie. Estis fremduloj, kiuj povus diri al li la veron. Sed mi ne povis. Mi diris ion pri ... Ne, mi eĉ ne memoras, kion mi diris. Mi nur memoras: mi adiaŭis lin per stulta man-sur-kora gesto, kiun li ridante imitis. "Mi estas tiel laca," li diris. "Do, tiel, tiel laca."- Kiam mi aĉetis mian tagmanĝon ĉe la bazarbudo kelkajn minutojn poste, mi eksploris kaj la vendisto rimarkis tion kaj donis al mi etan torteton. Sed li ne demandis, kio okazas; tre bona viro. Kaj mi sukcesis ĉesi plori tuj, ĉar mi konstatis, ke tio estas nur protekta funkcio de mia nerva sistemo, "poste vi fartos pli bone". Sed kial senti sin pli bone.

Mi poste vidis kiel ĝisfroste mi povis malvarmiĝi post malmultaj horoj. Ĉar, ripetante la rekantaĵon "tiel, tiel, tiel laca" en mia kapo, mi serĉis la germanan vorton "müde" (laca) en la volapuka vortaro. Mi pensis, ke ĝi verŝajne devas esti "müdik". Multaj el la volapukaj vortoj evidente havas germanajn modelojn. Kaj ĉiuj adjektivoj havas la finaĵon "-ik". Ekzemple, la germana "gut" (bona) simple nomiĝas "gudik". Sed "müde" (laca) nomiĝas "fenik". De "fen", laceco. Nur nun mi havis severajn singultojn kaj subite mi tre ĉagreniĝis pri la laca, laca viro kun la detruita korpo sur la rando de la parkejo Hofer. Kaj kelkajn minutojn poste mi pensis denove tre abstrakte pri mia prefero por adjektivoj kun la finaĵo -ig, kiujn mi konstante reinventas:[120] *luchsig*- linkeca, *aurig*-ureca, *knarzig*-knareca, *blondlöwig*-blondleoneca, *maserig*-grajneca, ktp.

22-a de Majo
"la adjektivoj finiĝante je -ig enkondukas, kiel virusoj, subliminalajn analogiojn en la frazojn, precipe kiam ili estas aparte kreitaj por servi la fluon de la rakonto, kaj tiuj analogioj estas sukaj, sed ĝermoj de trompo, originalaj, do pedantaj, unike strangaj aliformiĝoj kiel tro maturaj fruktoj."

(Oswald Wiener, *die verbesserung von mitteleuropa, roman / la plibonigo de mezeŭropo, romano*)[121]

---

120 La ekzemploj estas germanaj vortoj kun Volapuka finaĵo. N.d.I.T.
121 Oswald Wiener – aŭstra verkisto naskiĝis 1935. Lia ĉefverko estas *"die verbesserung von mitteleuropa, roman"*. Notu ke neniu vorto en tiu germana titolo havas majusklon, kaj la vorto "roman" estas parto de la titolo. Vikipedio N.d.I.T.

24-a de Majo
Jen vidu, "müdik" eĉ ekzistas kiel volapükvorto, kaj ĝi signifas "tenera". Lerni mortintajn planlingvojn lumigas al mi internajn kavernojn, kiujn mi apenaŭ konas.
Vespere kompleta kolapso.

Spiritstato:

25-a de Majo
La librolisto de Osama bin Laden estis publikigita. Ŝajne, mallonge antaŭ ol la usonanoj elspuris kaj pafis lin, li legis librojn pri konspiraj teorioj pri la 11-a de Septembro kaj la Iluminatoj. Ankaŭ manlibroj pri prevento de memmortigo. Libroj pri Francio. Instrukcioj pri Adobe Photoshop.

La Volapuka himno verkita de la klerulo Franz Zorell komenciĝas tiel: "Paco, frateco kaj harmonio - estu nia celosimbolo!" Lol. Nun daŭra orelvermo pri ĝi. Mi tenis pomon en la mano kaj pensis: Estu celosimbolo por mi.

Nur naŭ jarojn post kiam Volapuko estis inventita, ĝi estis internacia fenomeno, kun 283 Volapukaj asocioj kaj 25 revuoj. En 1888 estis pli ol 1 000 fluparolantaj kvalifikitaj instruistoj. Tamen ĝia inventinto parolis la lingvon ne flue.

Dum mi supreniris Keplerstrasse, mi vidis artan studion, kiu ŝajne estis forlasita de ĝiaj posedantoj antaŭ longa tempo, kaj kiun mi neniam antaŭe rimarkis. La pentraĵoj kaj bildoj ankoraŭ pendis en ĝi, kaj ili apenaŭ povis esti distingitaj en la mallumo. Ne multe videblis pro la malpuraĵo de la neglektitaj montrofenestroj. Mi vidis malnovan fotokopiilon kaj kelkajn skatolojn, tute polvokovritajn. - Kelkajn metrojn plue kaptis min stranga sento havi lernejliberan tagon. Aŭ kvazaŭ mi elirus el la oficejo vendrede vespere, kun la semajnfino antaŭ mi. La tuta urbo kuŝas antaŭ mi kiel preta ludkonzolo. Ĉiu butiko estas enirebla, ĉiu strato estas malfermita al mi. Ĉiu parko lumas invite. – La fakto, ke ĝuste ĉi tiu ekzistosento estis kaptita en ĝi, estas la granda poezia atingo de la ludo GTA 5. Ludo, kiun oni povas senfine travagi sola sen ludi ĝin, do sen sekvi la intrigon laŭ la historia reĝimo. Mi delonge ne sekvas la rakontan reĝimon.– Ĉe ĉi tiu penso alŝvebis profundaj kaj afablaj rememoroj pri la "Libro de Maltrankvilo" de Pessoa. Estas vere, GTA 5 spiras la spiriton de ĉi tiu libro kiel eble neniu alia artaĵo. Ho urbo je la vespero, estu celsimbolo por mi.

Verkis nekonata aŭtoro:

Volapük
und
seine Verbreitung in der Welt.

Zur Erinnerung
an den
zehnjährigen Bestand des Volapük.

Herausgegeben vom
Volapükistenvereine in Wien.

WIEN 1889.
Im Selbstverlage des Vereines.

Druck von Rollinger & Moessmer in Wien.

(Volapuko kaj ĝia disvastiĝo en la mondo.
Memore al la dekjara ekzisto de Volapuko.
Eldonita de la Volapukista asocio en Vieno.
Vieno 1889.
En la memeldonejo de la asocio.
Presaĵo de Rollinger & Moessmer en Vieno.)

Dek jarojn nun pasis de kiam la erudito, Pastro J. M. Schleyer, sendis en la mondon la gramatikon de lingvo, kiun li inventis. Lia inventaĵo celis fariĝi la ĝenerala komunikilo por ĉiuj nacioj. Tio estis bonega mondfeliĉiga ideo! Kian helpon komuna lingvo disponigus al la internacia komunikiĝo! Sed kiel ĉiu nova invento, ĉi tiu havis kaj ankoraŭ havas multajn kaj fortajn kontraŭulojn. Unue regis ĉiuflanke nur moko kaj malestimo. Schleyer nomis sian mondlingvon Volapük de *vol* = mondo kaj *pük* = lingvo, kaj kiam ĝi enradikiĝis malgraŭ la kritiko, la lukto komenciĝis serioziĝi. Unue oni kredis, ke la Volapuko de Schleyer volis delokigi la naciajn lingvojn. Sed tio tute kontraŭis la ideon de la inventinto. Volapuko nur celas fariĝi internacia komunikilo, komence por skriba komunikado kaj, krome, por la plej necesa parola komunikado. Volapuko posedas la propraĵojn por ĉi tio perfekte. Ĝia ĉefa avantaĝo estas ĝia facila lernebleco, kio signifas, ke ĝi estas multe pli facile lernebla ol iuj el la vivantaj lingvoj. Ĉi tiu karakterizaĵo estas la kialo, ke, malgraŭ ĉia malamikeca kontraŭagado, Volapuko jam estas disvastigita tra la tuta mondo kaj havas anojn en ĉiuj landoj.

Kvankam Volapuko fakte ankoraŭ montras difektojn, la pruvo de ĝia utileco jam sukcesis.

Tian pruvon entreprenis D-ro Böger en Hamburgo. La berlina revuo "Echo", semajna gazeto por politiko, literaturo, arto kaj scienco, enhavis en unu el siaj numeroj defion al la volapukistoj kaj proponis la jenajn du taskojn:

La proponitaj tekstoj estas tradukotaj en Volapukon de volapukisto kaj ĉi tiuj tradukoj estas sendotaj al po unu alilingva volapukisto por traduko al sia gepatra lingvo. Ĉi tiuj tradukoj al la diversaj naciaj lingvoj estas sekve komparotaj de lingvistoj, kaj el la rezultoj de ĉi tiu esploro oni tiam konstatos, ĉu Volapuko fakte taŭgas aŭ ne por internacia komunikado. D-ro Böger nun tradukis la defiajn tekstojn kaj ankaŭ kelkajn diraĵojn de Schopenhauer kaj sendis ilin al volapukistoj en jenaj landoj: Bosnio, Bulgario, Danio, Anglio, Finnlando, Francio, Italio, Kaŭkazo, Nederlando, Norvegio, Rumanio, Rusio, Svedio, Hispanio kaj Hungario.

Ili tradukis la tekstojn de Volapuko al sia nacia lingvo kaj resendis ĉi tiujn tradukojn al D-ro Boeger. La diversaj tradukoj estis nun kontrolitaj kaj rezultis, ke Volapuko ĝuste transdonis la signifon de la germana originalo. D-ro Böger tiam publikigis ĉiujn ĉi tiujn tradukojn kune kun la originala teksto en libreto kaj ĉiuj rajtas mem konvinki sin pri la vero de la asertoj. La libreto estis publikigita sub la titolo: "*Eine Probe auf die Leistungsfähigkeit des Volapük*"[122] (Hamburgo 1889. Eldonejo: Herold'sche Buchhandlung, Rathhausstrasse 5. 43 paĝoj. Prezo 30 pfenigoj).

Mi iam provis la samon, nome tradukon de germanaj poemoj per traduka programaro unue en la rusan, poste reen en la germanan, ktp. Foje ankaŭ en la portugalan, de tie en la serban, kaj kelkajn pliajn lingvojn, kaj same reen. Fine oni rigardas tion, kio konserviĝis.[123]

(Originalo de Goethe)	(Versio de la tradukanto)
Ueber allen Gipfeln	Super ĉiuj pintoj
Ist Ruh',	pacas.
In allen Wipfeln	En arbara altaĵo
Spürest Du	Vi sentas
Kaum einen Hauch;	apenaŭ venteton;
Die Vögelein schweigen im Walde.	La birdetoj silentas en la forsto
Warte nur! Balde	Atendu pacience! Baldaŭ
Ruhest du auch.	Ankaŭ vi ripozos.

---

122 "Provo pri la efikeco de Volapuko" N.d.l.T.
123 La aŭtoro ne rivelis kiun poemon li uzis, sed la tradukisto malkovris, ke temas pri poemo de Goethe *Über allen Gipfeln* 1780.

(Maŝintraduko en la germanan)	(Laŭvorta traduko)
Über alle Spitzen	Super ĉiuj pintoj
Wenn Stille,	se silento,
In allen Spitzen	En ĉiuj pintoj
Wenn Sie sich fühlten	Se vi sentis vin
Gewalttätigkeit eine Atmung?	perforto iu spirado?
Vöglein sind im Holz still.	Birdetoj silentas en la ligno.
Meteorologische Station nur, balde	Nur meteologia stacio, baldaŭ
Wenn Sie auch still.	Se vi ankaŭ silentas.

Oni povas rideti pri la *meteologia stacio*. La vorto "*balde*",[124] kiu probable ne ekzistas en iu reta vortaro, restis vere sendifekta kiel "balde", nome senartifike kaj simple netradukita.

Ni rigardu alian ekzemplon:[125]

Originalo:

Mit gelben Birnen hänget
Und voll mit wilden Rosen
Das Land in den See,
Ihr holden Schwäne,
Und trunken von Küssen
Tunkt ihr das Haupt
Ins heilignüchterne Wasser.
Weh mir, wo nehm ich, wenn
Es Winter ist, die Blumen, und wo
Den Sonnenschein,
Und Schatten der Erde?
Die Mauern stehn
Sprachlos und kalt, im Winde
Klirren die Fahnen.

---
124 Ĝi ne troviĝas en reta vortaro verŝajne ĉar ĝi estas arkaika ortografio por "bald" = baldaŭ. N.d.l.T.
125 Ankaŭ en ĉi tiu ekzemplo la aŭtoro ne rivelas la fonton, sed ĝi nomiĝas *Hälfte des Lebens* (Duono de la vivo) kaj estas de Friedrich Hölderlin – 1770-1843 N.d.l.T.

Maŝintraduko:

Mit dem gelben Birne-Stock
Und völlig mit wildem Rosen
Das Land ist im See,
Seine gnädigen Schwäne,
Und alkoholisch vom Küssen
Wenn Sie den Kopf tauchen
Im Weihwasser auf einen leeren Magen.
Mir wird schlecht, wo nehm ich, ja
Es ist der Winter, die Blumen, und wo
Sonnenlicht,
Und ist der Schatten der Erde?
Wände, um zu sein
Verboten und kalt, im Wind
Wenn Fahne-Geräusch.

(Maŝintraduko de maŝintraduko)

Kun la flava pira bastoneto
Kaj tute kun sovaĝaj rozoj
La tero estas en la maro
Liaj bonkoraj cignoj,
Kaj alkoholulo pro kisado
Kiam vi trempas vian kapon
En la sankta akvo sur malplena stomako.
Mi malsanas, kien mi prenu ĝin, jes
Estas la vintro, la floroj, kaj kie
Sunlumo,
Kaj ĉu la ombro de la tero?
Muroj esti
Malpermesita kaj malvarma, en la vento
Se flaga bruo.

Kiel ĉe la meteologia stacio, la uzo de la vorto "nüchtern" rezultas en surprizaj formulaj parafrazoj pro ĝia multsignifo. (*nüchtern* – malebria, kun malplena stomako, klarpensa, senpasia, senornama) Kaj kiel tiu "*heilig-nüchterne* Wasser" (sankte simpla akvo) fariĝis "Weihwasser" (sankta akvo). Ĉu la vorto "sankta" iel antaŭeniris, saltis sian najbaran vorton kaj fandiĝis flanke en la "akvon", alianciĝis kun ĝi? Oni ne povas scii.

2-a de Junio
Do. Mi kreis Tinder-profilon kun "akva urso" kiel profilbildo. La akva urso nomiĝas *tardigradus* en la latina, tardigrado[126] en Esperanto, kaj probable *vataber* en Volapuko. Ili estas etaj bestoj, kiuj eltenas tre ekstremajn kondiĉojn. Ili aspektas kiel sakoj de polvosuĉilo, almenaŭ la tardigrado en la bildo tiel aspektas. Fakte, mi supozas, ke ili probable estas travideblaj aŭ io simila. Ili povas ekzisti en vakuo, kaj se mankas akvo, ili simple sekiĝas kaj atendas revenon de akvo por revigligi ilin. Kelkaj trafinduloj ekestis, unu virino nomiĝas Karin, alia estas Vivien. Mi dankis ilin, ke ili alklakis mian akvo-ursan bildon bonintence. Ili ĉiuj ne plu respondas. Mi verkas poeziaj versoj por ili.

Hodiaŭ strange elementa konstanta bezono kaŭri, deĉenigita de larĝaj grenkampoj, en kiuj mi moviĝas.

Ankaŭ perfekta estas la Volapuka vorto por "germano": *deutel*. Mi ĉiam uzos tion mense kiam mi iras al Germanujo: "Kio okazas al vi, *Deutel*? Ne *deutelumi*[127] tiel ĉirkaŭ mi."
Mi ankaŭ trovas, ke la volapuka vorto por "peniso" pli bonas ol "peniso": *koitöm*. "Ĉu vi donos al mi la *koitöm*? Mi ne povas atingi ĝin nun." Kaj la vorto por "alta" estas taŭge *geilik*,[128] do "alt-germana" probable estas GEILIKDEUTÄNAPÜK.

---

126 Tardigradoj havas la kromnomon "akva urso" en pluraj lingvoj: *ourson d'eau* (fr.), *oso de agua* (es.) *water bear* (en.) Unue priskribita de la germana zoologisto Johann August Ephraim Goeze en 1773 kiu nomis ilin "*kleiner Wasserbär*» (akvourseto). La itala biologisto Lazzaro Spallanzani nomis ilin "*tardigrada*» (malrapid-pasanto). N.d.l.T.
127 En la germana "deuteln" signifas "subtilado, sofisme interpreti".
128 En la germana "*geil*» = seksavida.

Estas aparta prefikso por io kio estas kastrita. Jeval = ĉevalo, omjeval = kastrita ĉevalo. Alia prefikso ŝanĝas la verban aspekton al "... ĝis la morto".

Tiel ni ĉiuj programas nian psikologion en niajn planlingvojn. Rimarkinde el la vidpunkto de Jung: germana katolika pastro inventis Volapukon, kaj la vorto por "kristano" estas *kritik*.

Amiko, kiu antaŭe estis ambulanca ŝoforo, rakontis al mi hodiaŭ pri akcidento: Virino transkapiĝis sur biciklo kaj la supro de la kapo estis disŝirita. Kiam la sukuristoj venis, ŝi apogis sin al muro en sangoflako. Ili klinis sin al ŝi; la virino ektimiĝis kaj diris: "Ho mia Dio, kio okazis al vi? Ĉu vi vundiĝis? Ĉu multe doloras? Vi devas iri al la hospitalo kiel eble plej baldaŭ!" Ŝi vidis la vizaĝojn de la savantoj distorditaj kaj malbeligitaj de ŝia cerba vundo. Inversigitaj roloj, diris mia amiko kaj ridis. La virino mortis iom poste.

3-a de Junio

Alia virino respondis al Tinder, S-ino E., unue mi pensis, ke ŝi estas roboto, ĉar la unua afero, kiun ŝi diris, estis: "I am in love." Sed montriĝis, ke ŝi estas reala kaj venas de Estonio. Ni skribis tien kaj reen dum kelka tempo, kaj ŝi eĉ komponis hajkon por mi, kies tria linio estis *grib grub grab*.

Poste mi parolis al ŝi per FB-babilejo. Ŝi povas mortigi animojn, ŝi diris. Ŝi insistis, ke ni renkontiĝu morgaŭ, tuj! "Vi devus komenci adori min! Mi faras la regulojn!"[129] Mi blokis tion dum kelka tempo, sed tiam okazis mortminacoj. Kaj ĉar oni povas facile gugli ĝin,[130] ŝi menciis mian adreson. Ŝi embuskos min. "Se iu forkuras de mi, mi damaĝas lin!" Ŝi minacis sangigi min. Mi devas morti pro la vundoj, kiujn la mondo kaŭzis al ŝi. Ŝi longe vivis en Brazilo, ŝi diris, kaj atendis morton tie ĉiutage. Tio estis mirinda. Nur ŝi kaj du "nomadaj rusoj", la plej bona vivmaniero. Kaj tiam ili renkontis viron en Aŭstrio, kiu proponis mortigi ŝin, "li estis psikopato, mi amis lin, li estis dolĉulo". Kaj tiel plu. Ŝi sen-

---

[129] La tuta retbabilado kun tiu virino estas angle en la originalo. N.d.l.T.
[130] Ankoraŭ eblis tiam. N.d.l.A

dis al mi bildojn de si mem, kie oni povas vidi la cikatrojn sur ŝiaj antaŭbrakoj. Ŝi fotas sin senĉese. Ŝi ankaŭ verkas poeziojn, angle, tre gotike kaj tre konfuzite. Denove minacoj, murdo kaj mortigo kaj feoj. La lasta mesaĝo estis: "*I am on my way. You gona bled.*"[131]

Por ke J. kaj mia patrino, kiuj ambaŭ estis en la loĝejo, rimarku nenion, mi kaŭris en la banĉambro kaj gapis al la minaco. Mi rigardis la vorton "*bled*" kiel idioto kaj pensis: Volapuko por "folio".

Parta anopsio ekde hieraŭ, kiu vagas tra mia tuta vidkampo. Mi estas morte laca.

Post kiam E. estis blokita, nenio plu venis. Iom poste, ŝi forigis sian FB-profilon.

Kiam mi revenis hejmen de biciklado tiun vesperon, mi vidis virinon sur mia sojlo, kiu aspektis ekzakte kiel E. Ŝi staris tie iom da tempo, kaj poste foriris en la direkto al la urbo. Kaj mi? Mi sekvis ŝin. Ekstere jam aŭdeblis la vesperaj sonoriloj.

Mi atingis ŝin ĉe la ponto. Mi alparolis ŝin, preta telefoni al la polico. En mia kapo aperis scenoj, en kiuj policistoj perdis paciencon kun negermanlingva virino el orienta Eŭropo, kaj la situacio estus inversa – la ĉasisto fariĝas la ĉasita, mojose, bonege. Sed la virino parolis la germanan kaj mi pardonpetis cent fojojn pro la molestado. Ŝi rigardis min kun la ĝusta aspekto: tute malsana homo. Iu mensmalekvilibrita. Mi pensis pri frazo de Scott Carrier: "*I should have been shot like a rabid dog.*" (Oni devus mortpafi min kiel rabian hundon.)

Kion diable mi faras.

"Dog" estas Volapuko por "hundo".

Tiam en la nokto, mi obeeme kaj pentante, enprofundiĝis en la studadon de la malnova monda lingvo. Dixit Ernst Beermann, plena gimnazia instruisto en 1890: "Kiel la drak-dentaj viroj de Kadmo kreskis el la grasa tero de Beotio, tiel nun elkreskas la mondaj lingvoj kun surpriza rapideco el la tero per vaporo kaj elektro preparita por la monda trafiko. Ekde tiam Johann Martin Schleyer, antaŭe katolika pastoro en Litzelstetten ĉe la Konstanca

---

131 Angle – Mi estas laŭvoje. Vi sangos. (gona bled – devus esti gonna bleed) N.d.I.T.

lago, nun ekskluzive *cifal*,[132] ĉefo, de la Konstanca mondlingvo, kiu surprizis la mirigitan mondon per la invento de Volapuko en 1879, produktas kelkajn novajn verketojn en tiu lingvo ĉiujare."
Cifal, ekzakte. Volapuko estis lingvo kun Papo. La oficejo estis pludonita kun la morto de la maljuna *Cifal*.

La aspekto de la juna virino, kiun mi postkuris ĉi-vespere, mia Dio.

La hodiaŭa *Cifal* de Volapuko nomiĝas Hermann Philipps. Mi aliĝis al la studgrupo, kiun li kontrolas ĉe FB.

Sendorma nokto, aŭtoimuna frenezo. Tuta korpo inflamita.

5-a de Junio
Estas la sekva tago – kaj mi? Mi esploris pri E. Kaj trovis multajn videojn, kaj mesaĝojn sur Twitter kaj Vine ktp. Kial la obsedo fluu nur en unu direkto? Kaŝsekvantoj kaj mortminacoj. Ĉio en mi diras, ke mi trankviliĝu kaj haltu. Sed ne: mi eksciis, kiel ŝi nomiĝas, kie ŝi loĝas, kiu ŝi estas. Mi jam malkovris ŝian veran nomon. Mi sentas min ne malmulte humiligita. Kaj malsanuloj havas tempon.

Hodiaŭ, paradokse, mi sentas min kirasita kaj fortigita pro la minacoj, pro la danĝero. Mi povas majstri la situacion rilate tiajn homojn, mi pensis la tutan tempon. Mi estis interne armita kaj batalpreta. Vi havas neniun ideon pri la infero, kiu loĝas en mi, mi diris silente al iu ajn. Mi staris sur la balkono en la somera fulmotondro, en malpeza ŝvitĉemizo, kaj plaĉe malsekiĝis. Mia korposinteno estis tiu de fumanta soldato.

Mi revidis la filmon *Beau Travail* kun Denis Lavant en la ĉef-

---

132 "Cifal" (ĉefo) estis la titolo, kiun Schleyer donis al si kiel estro de la volapuka movado. La titolo "Cifal" estis daŭrigita seninterrompe de Schleyer ĝis la nuntempo. Vikipedio de. N.d.l.T.

rolo. Treege impona. Precipe la lasta sceno, kie Lavant dancas hezite kaj ekstaze. Tuta filmo pri soldatoj en la Fremdula Legio (apogante sin sur Billy Budd de Melville), kaj poste ĉe la fino: la malespera danco al *The Rhythm of the Night* (La ritmo de la nokto) de Corona. Bonega ĉefverko. Ĉiuj stadioj de vira vivo sur la tero estas resumitaj en unu sola ĥoreografio.

Ĉe la fino estas implodo, korpo ruliĝanta ĉirkaŭe, neredemptita kiel animoj kondamnitaj resti ĉe la Puriga Monto.[133]

Kaj mi? Ĉio de ĉi tio estontecas al mi. Sakoj de polvosuĉiloj sur Tinder. Jesuo.

2

Ek, water. Ek, writer[134]

Kio rimarkeblas poste pri ĉi tiu tempo en mia vivo estas la stranga miksaĵo de profunda krizo, rankoro, agresemo – kaj lingva invento. De ebrio en la studo de Volapuko, tiu malnova monda lingvo, kiu hodiaŭ ne plu havas mondon, ĝis la senpensa interŝokiĝo kun pseŭdo-kontraŭuloj kaj fantomoj. De kie tio venis?

Ĝis julio mi regule persekutis interrete la virinon, kiu minacis min per morto kaj la scio de mia adreso. Kaj la 20-an de junio okazis amok-kurado en Graz, en kiu pluraj homoj estis mortigitaj de aŭto, kiu rapidegis tra la piedira zono. En la taglibro mi trovas tiajn enskribojn:

21-a de Junio
Teolumoj kaj grandaj kandeloj ĉie en la urbo. Grupoj da homoj formas heĝojn ĉirkaŭ la monumentoj. Verda ŝprucaĵo lasita de la polico sur la asfalto. Nigra flago pendas sur la lernejo apud kiu mi loĝas. La plej multaj kandeloj estas antaŭ la urbodomo; iuj estis metitaj rekte antaŭ granda reklambildo montranta aŭton de

---

133 Referenco al Purgatorio en *La Dia Komedio* de Dante.
134 Aperis tiel en la originalo.

Formulo 1, - bizare. Infanoj kun glaciaĵoj ĉie, familioj promenantaj. Estas dimanĉo. La sekvan matenon oni raportas ke la amokkuranto estis deklarita nepridemandebla de spertulo. Li provis devigi sian edzinon porti kaptukon pro religiaj kialoj kaj freneziĝis kiam ŝi rifuzis.
lö - la neŭtrala sento sub la fingroungoj
ga - spirado
gha - spiregado
lhö - brula, mola sento sub la ungoj

Mi jam forgesis ĝin, sed tiam mi efektive komencis plani mian propran lingvon. Ne plu tro klaras al mi. Mi modeligis ĝin laŭ Volapuko kaj alia lingvo nomata Ithkuil, kies komplekseco rilatas al la plej multaj aliaj konstruitaj lingvoj, kiel la kosmoŝipo Enterprise al pluvombrelo.

Ithkuil estis detale kaj pene disvolvita ekde la fino de la sepdekaj jaroj de viro, kies nomo estas ĝuste la kunfandiĝo de la du versioj de tiu senmorta figuro, kiu servis kiel modelo por lia projekto: la figuro, kiu burĝe nomiĝis Alonso Quijano kaj famiĝis sub sia kavaliro identeco Donkiĥoto - kunfandite John Quijada.[135] S-ro Kiĥada dotis sian nepriskribeblan lingvon per speciala karakterizo: mallongeco.

La jena frazo de Ithkuil

Tram-mļöi hhâsmařpṭuktôx

povas estis tradukita kiel: "Tute male, mi pensas, ke povus estiĝi, ke ĉi tiu kruda montaro finiĝos en certa punkto."

Pro troigite grandega precizeco en la aranĝo de pens- kaj objektkategorioj, homo, kiu bone spertas pri Ithkuil, povas esprimi tre kompleksajn aferojn per tre mallongaj sinsekvoj de silaboj. Quijada mem prezentas la jenan ekzemplon: "Laŭ mia scio, neniu lin-

---
135 Laŭ Vikipedio esperantigite Ĝon Kiĥada. N.d.l.T.

gvo havas unikan vorton por la momento, kiam vi cerbumante, gratas vian mentonon kaj grimacas, dum oni priskribas novan koncepton al vi, kiun vi neniam antaŭe aŭdis, sed per kio vi nun povas rekoni eblecojn kiujn vi antaŭe neniam suspektis. En Ithkuil ili simple diras: *aşţal.*"

Mi ankaŭ ŝatis la eksterordinaran kompaktecon de iuj frazoj en Volapuko. Ekzemple, la frazo: "Scio pri si mem ĉiam estis la plej bona el ĉiuj virtoj" simple estas: "*Itis evam eibinom gudikün tugas valik.*"

Jen ekzemplo kun nur la duona longeco.[136] "Pulobob" signifas "mi estos laŭdita". Kaj tiel plu.

"Ĉu povus ekzisti lingvo, en kiu konceptoj tradicie sufiĉe maloportunaj kaj malfacile priskribeblaj, sed bone konataj el la ĉiutaga vivo, povas esti prezentataj per kurta esprimo? Oni devas kompreni, ke ne temas simple pri elpensado de vorto por, ekzemple, la emo de iuj homoj flari sian propran fingron, kiu antaŭe estis en ilia umbiliko, kun la interesa mieno de ricevanto de ĉiutagaj meteologiaj radiomesaĝoj. Tio ja estus facila. Pli ĝuste temas pri la tasko prefere orkestri la lingvon mem dekomence tiamaniere, ke tia koncepto povas formiĝi rapide kaj facile. Oni devas kompreni, ke ne temas simple pri elpensado de vorto por, ekzemple, la emo de iuj homoj flari sian propran fingron, kiu antaŭe estis en ilia umbiliko, kun la interesa mieno de ricevanto de ĉiutagaj meteologiaj radiomesaĝoj, ĉar tio estas facila, ne, la tasko estas prefere orkestri la lingvon mem dekomence tiel, ke tia koncepto povas formiĝi rapide kaj facile. Por tio, ekzemple, aparta verba aspekto devas ekzisti por ĝoja kaj sperta plenumo de iuj agoj, aparta sufiksa sistemo por la flarsenso rilate al specifaj korpopartoj, ktp."

En la supra citaĵo, kiun mi prenis el intervjuo kun John Quijada en la *New Yorker,* unu linio estis preterlasita. Antaŭ ol li mencias sian esprimon por la speciala cerbummomento, Quijada estas priskribita kiel: "Li pensas momenton, kvazaŭ li serĉus tra interna vortaro."

---

136 Kompare kun la germana "Ich werde gelobt worden sein"..

Whoa, dude.[137]

Nu, bone, oni ankaŭ povas studi tion teorie. S-ro Quijada ne flue regas sian propran lingvon. Ĝis nun neniu sukcesis. La gramatikaj kategorioj estas simple tro multaj. Roboto povas, sed kun kiu li parolus tiam? Estas unu teorie pli facile lernebla varianto, sed ĝis nun, kiom mi vidas, ankaŭ ne ekzistas parolantoj en la vera senco. En *ithkuil.net* estas ekzerco, en kiu oni lernas priskribi la enhavon de la fama pentraĵo de Marcel Duchamp, *Nu descendant un escalier no. 2*, en Ithkuil-frazo. La retro-inĝenierado necesa por tio estas tro ampleksa por esti plene reproduktebla ĉi tie. Ĉiukaze la rezulto estas:

Aukkras êqutta ogvëuļa tnou'elkwa pal-lši augwaikštülnàmbu.

Ĉi tio estas ne nur la laŭvorta traduko de la titolo de la pentraĵo, "Nudo malsupreniranta ŝtuparon n-ro2", sed de la tuta enhavo bildigita sur la kanvaso, ĝia estetika efiko kaj ankaŭ ĝia objektiva pentra stilo. Laŭvorta traduko de la Ithkuil-frazo jenas: "Imaga reprezento de nuda virino, kiu estas malsupreniranta ŝtuparon en po-ŝtupa serio de proksime interplektitaj marŝantaj korpomovoj, kiuj sumiĝas por desegni tridimensian trakon en la spacon malantaŭ ŝi, rezultigante sentempan emerĝan tuton, kio povas esti perceptita sur intelekta, emocia kaj estetika nivelo."

La fakto, ke ĉi tiu priskribo nomas inan figuron, ja kontraŭas la neŭtralan formon *Nu* (priskribantan la nudon) elektitan de Duchamp, kiu estas gramatike vira, sed Quijada atentigas, ke ekde sia junaĝo, kiam ajn li rigardis la pentraĵon, li bildigis al si virinan figuron.

La vastaj signifoj, kiujn oni povas transdoni per aldono de kelkaj literoj al Ithkuil-vorto, videblas en la sekva progresado:

augwái-ñs-üln-amb: "per strikte integrita aro de korpaj marŝmovoj, kiuj kuniĝas en tridimensian spuron / sulkon malantaŭ ŝi" *augwai-kšt-üln-àmb-u*: "per strikte integrita aro de kor-

---

137 Angle, uzata laŭ *Urban Dictionary* por esprimi ŝokon, ekscitecon, ĝojon, malĝojon, plimalpli ĉian emocion. N.d.l.T

paj marŝmovoj, kiuj kuniĝas en tridimensian spuron / sulkon malantaŭ ŝi formante sentempan emerĝan tuton esti konsiderota intelekte, emocie kaj estetike "

Bona Dio.
Kial persono eĉ volus lerni ĉi tiun komplikan Ithkuil? La respondo estas simpla: por akiri sorĉkapablon, kompreneble.

Ni memoru Antoni Grabowski, koncize menciitan en la unua ĉapitro, la personan amikon de la kreinto de Esperanto, Ludoviko Zamenhof, kiu perfekte lernis ĝin kaj povis verki himnajn poemojn en ĝi en la jaro kiam la lingvo naskiĝis. Ŝajnas, ke neniu lingvo estis aparte malfacila por li. Apenaŭ eksciinte pri Volapuko, li tuj senpene lernis ĝin kaj decidis fari viziton al Johann Martin Schleyer. Tiu akceptis lin, sed ne povis respondi al la komplikaj volapukaj frazoj de Grabowski. Do la du parolis germane. Grabowski tiam opiniis, ke Volapuko estas tro malfacila por ĉiutaga uzo. Sed kion sentus Schleyer, vidante antaŭ si la prezentadon de sia propra kreaĵo, en nesuperebla ekzempledona majstreco? Ĉu li ne devas esti ricevinta ĝuste la malan impreson, nome, ke Volapuko sufiĉe taŭgas por ĉiutaga uzo, ĉar antaŭ li aperis, karne kaj oste, persono prezentante la pruvon.
Mi ĵus diris: por fari magion. Iusence tio ne estas ŝerco. Indiĝena popolo, la Kuuk Thaayorre, loĝas en Pormpuraaw en norda Aŭstralio, kaj ilia lingvo havas unikan karakterizaĵon: En spacaj priskriboj, oni ne uzas maldekstren, dekstren, antaŭan, malantaŭan, ktp, sed ekskluzive ĉiela direkto. "Estas formiko sur via kruro turnita al sudokcidento" estas tre ofta frazo por ili. La normala saluto estas: "Kien vi iras?" Al kiu oni respondas, ekzemple: "Sud-sudoriente." Lera Boroditsky, kognosciencisto, rimarkis en studo, ke tiu popolo kapablas vidi la tutan areon en kiu ili vivas de birdoperspektivo dum ili moviĝas en ĝi. Ŝi ankaŭ konsciis pri ĉi tiu nova korpa senso post intensa studado en la komunumo. Laŭ Boroditsky, estas kvazaŭ ia avataro flosas super ŝi, ia kameraokulo, kiu transdonas informojn pri tio, kio ĉirkaŭas ŝin, rekte en

la cerbon. Ĉi tio tute malebligas ke iu ano de la Kuuk Thaayorre vojeraras. Certe, eĉ la penso pri tio estas tiel absurda kiel la ideo ne povi trovi sian propran kapon per siaj propraj manoj.

En lingvistiko ekzistas la tiel nomata hipotezo Sapir-Whorf, kiu supozas rektan kaŭzecon inter parola lingvo kaj iuj penskonceptoj. En sia forta formo, certa lingvo determinas aŭ kreas iujn pensajn konceptojn en la kapo de la parolanto. Tio nun estas plejparte malkonfirmita, sed ĝia malforta formo ŝajnas reprezenti ĉiutagan veron: iuj lingvoj antaŭenigas aŭ simpligas certajn konceptojn. Ekzemple, pensi en direktoj. Aŭ kiel en la sekva ekzemplo, pensi pri koloroj.

La plimulto aŭdis pri la fakto, ke diversaj lingvoj havas malsamajn kolorvortojn. Oni povas rigardi tiajn listojn en la interreto, ili estas tre plaĉaj. Diversaj kulturoj, eble motivitaj de la nature donita kolorpaletro de siaj hejmaj pejzaĝoj, emfazas malsamajn kolorojn. Tamen ja ekzistas virinoj, kiuj povas percepti pli da koloroj ol normalaj homoj. Nur virinoj, atentu, ĉar la genetika mutacio bedaŭrinde ne eblas ĉe viroj kun ilia tragika Y-kromosomo. Ĉi tiuj tiel nomataj tetraĥromatiuloj ofte vidas aliajn neimageblajn kolornuancojn inter la "normalajn". Kaj jen la nekredebla: Plej ofte ili ne scias pri tio. Por ili ekzistas nur la lingvoj de la triĥromatuloj, do la kutime vidanta homaro. Ili neniam lernas nomi la diferencojn, ĉar tiuj ne ludas rolon en la ĉiutaga vivo. Se oni montras al tiaj virinoj la specialan kolorteston pri tetraĥromatio, ili sukcese trapasas ĝin senpene kaj tiel pruvas sian superpotencon. Sed kiam oni petas ilin priskribi ĉiutagan scenon, ili emas fari ĝin same kiel ĉiuj aliaj. Ilia speciala kapablo percepti povas esti konservata nur per speciala trejnado. Kiel en la kazo de la pentristino Concetta Antico. La sciencistino Kimberley Jameson de la Universitato de Kalifornio ĉe Irvine,[138] trovis ke ŝiaj kapabloj superas tiujn de multaj virinoj kun tetraĥromata vido. "Antico estas bonŝanco por tetraĥromatio, ĉar per ŝia ĉiutaga laboro kun koloroj ŝi havas

---

[138] La Universitato de Kalifornio (angle University of California aŭ UC) havas dek terenojn en la ŝtato. La ĉefa kaj originala tereno troviĝas en la norda urbo Berkeley. Aliaj terenoj estas ĉe San-Francisko, Davis, Los-Anĝeleso, Merced, Irvine, Riverside, Sankta-Kruzo, Sankta-Barbaro, kaj San-Diego. Vikipedio N.d.l.T

eksterordinare altan trejnitan percepton."[139] En raportoj pri la kolorvido de tetraĥromatiuloj, ofte oni priskribas "rozkoloran" nuancon inter bluaj areoj. Seninterrompa blua ĉielo aperas interplektita kun "rozkoloraj" internaj strukturoj, same kiel blua akva surfaco. Mi certas, ke ĉi tio ne vere estas "nia" rozkoloro. Ne. Ĝi estas la plej proksima termino, kiun ordinaraj lingvoj permesas.

La hipotezo Sapir-Whorf spertis iom da populareco en klasikaj sciencfikciaj romanoj, ekzemple en la formo de la magia *Old Speech* (Antikva Parolo) en la Termaraj romanoj de Ursula K. Le Guin.[140] Ĉiuj vivantaj estaĵoj havas "veran nomon" en la Antikva Parolo, kaj kiu scias tion, tiu havas potencon super ili. Aŭ en Babel-17 (1966), unu el la fruaj geniaĵoj de la usona multfakulo kaj ĝentlemano Samuel R. Delany. La titolo referencas samnoman lingvon disvolvita de militanta nacio kaj prezentita al la malamika flanko por igi ilin perfiduloj. La lingvo estas subtile kaŝe enŝovita en komunikadon gravan por militado, kiun la malamiko subaŭskultas kaj, eble analizas kaj interniĝas kiel specon de kodo. La ĉefrolulino baldaŭ rimarkas, kiel la viruso de la lingvostrukturoj de Babel-17 minacas ŝanĝi ŝiajn plej internajn konceptojn kaj kredojn.

Laadano estas la nomo de lingvo, kiu elkreskis el sciencfikcia projekto, kies deklarita celo estas pli bone strukturi kaj esprimi la sentojn de virinoj. Kio surprizas onin estas, ke ĉi tiu planlingvo ne estis elpensita de maljuna viro, sed fakte de virino, la aŭtorino Suzette Haden Elgin. Ŝia nekutima projekto estis inspirita de la jam menciita opinio, ke la malforta versio de la hipotezo de Sapir-Whorf estas universale vera (lingvo strukturigas kaj influas *almenaŭ iugrade* homan percepton). Sed nun okazis, ke ĉiuj ekzistantaj lingvoj de la okcidenta mondo ŝajnis al Elgin esti klare *viraj*. Kiel ĝuste oni devas imagi la formadon de tia absoluta juĝo, malfacilas diri, sed la juĝantino devis senti sin plimalpli ekskludita de la tuta homa historio post tiu juĝo. En ŝia romano *Native Tongue* (Denaska lingvo) laŭsupoze temis pri lingvo kiu klarigas la spe-

---

139 https://www.bbc.com/future/article/20140905-the-women-with-super-human-vision N.d.l.A.

140 Ursula Kroiber Le Guin 1929–2018 usona verkisto de sciencfikcio kaj fantasto kies plej famaj rakontoj temas pri la insulara mondo "Earthsea" (Termaro). Vikipedio-eo N.d.l.T.

cife inan percepton de la mondo kaj la vivo. Tia lingvo (supozeble) ne ekzistis ie, eĉ ne malproksime en la pasinteco. Do Elgin devis mem krei ĝin.

Jen poema ekzemplo:[141]

Bíi áya nanáal wa.	The sunset is beautiful.
Bíi lith háawith wa.	The child thinks.
Bíi elash rul wa.	The cat plays.
Bíi bodibodá le wa.	I am a programmer.
Bíi bedihá ne wa.	You are a student.

(La sunsubiro belas.
La infano pensas.
La kato ludas.
Mi estas programisto.
Vi estas studento.)

Mi opinias, ke la poemo vere plaĉas, sed mi konsideras, ke la mallongaj ekzemplaj frazoj ankoraŭ ne spegulas la inecon, kiu karakterizas la lingvon Laadano. Mi klopodos prezenti ĝiajn funkciajn principojn jene: Elgin atentigas, ke la mondlingvo angla kaj ĝiaj lingvaj parencoj postulas certan korpan lingvon por povi transdoni ĉiujn signalojn necesajn por homa komunikado. Resume: mankas al ili lingvaj rimedoj por esprimi emocian informon. Ĝuste en ĉi tiu principo tamen kaŝiĝas ebleco, kiu faciligas al viroj humiligi kaj senrajtigi virinojn. Ekzemple en la angla oni ofte devas signali per gestoj aŭ voĉaj melodioj kiel la frazo devas esti komprenata. Elgin: "Tiu trajto (pro kio la angla tiel bonas por komerco) faciligas la ofendon de virinoj per malamikaj rimarkoj, kiuj estas akompanataj per la kutima pardona kliŝo 'Sed mi nur volis diri...'; kaj al la virinoj restas nur la plejparte senutila defendo 'Ne temas pri tio, kion vi diras, sed kiel vi diris ĝin! " [142]

---

141 La angla traduko troviĝas en la originalo.
142 Ruth Menzies: *Creating a "Truer" Language Within a Work of Fiction: The Example* of Suzette Haden Elgin's "Native Tongue". N.d.l.A.

Elgin kredas, ke virinoj nature estas pli sentemaj al emocioj – vidpunkto, kiun ne ĉiuj feministoj hodiaŭ kunhavas. Virinoj = sento / viroj = menso. Fakte mi konas neniun en mia amikaro, kiu konsentas kun ĉi tiu vidpunkto. Mi aŭdis ion tian nur en la universitato tiutempe, kaj eĉ pri tio mi ne certas. Iafoje oni diris, ke virineco estas "semantike fluanta", tio, kio ne povas esti komprenata per la principoj de gramatika ordo. Kaj tiam, laŭ mi, je la aĝo de dek naŭ, tio estis sensencaĵo senigi sin propravole de sia memstareco. Kiel profesoro povus stari antaŭ tiom da junaj virinoj kaj klarigi al ili, ke ili ne taŭgas laŭnature por intelekta interŝanĝo, por scienco, por raciaj pensoj? Sed, kiel mi diris, mi iom dubas, ke tio estis vere la celita mesaĝo tiutempe.

Ĉu Laadano do estas kiel Blisa skribo? Sistemo, kiu supozeble helpos paroli pli klare je certa nivelo, ne fidi ion, kio povas esti interpretata diversmaniere. Ni pli proksime rigardu la lingvon.

Láadan	Description
-iyon	ecstasy
-ib	deliberately shut off to all feeling
-ihed	in a sort of shock, numb
-itha	linked empathically with others
-o	in meditation
-óo	in hypnotic trance
-imi	in bewilderment/astonishment, positive
-imilh	in bewilderment/astonishment, negative

Laŭ Suzette Elgin, ĉi tiuj estas la ĉefaj – aŭ almenaŭ ĝis nun nediskutataj – inaj specoj de konscio.

La virinaj estadomanieroj enprogramitaj en Laadano certe estas realaj, sed kial al ili mankas statoj kiel "fokusita kompreno", "agordo kun la medio"? Ĉiam nur ŝoko, konfuzo, interna silento, tranco, revado, malorientiĝo. Ĉu ĉi tio vere estas la realeco de virinoj? Mi ne kredas tion. Se la penshorizonto de virinoj estus neregeble deciditaj de emocioj aŭ de interplektitaj perceptoj, kiuj evitas lingvan komunikadon, tiam oni povus konstati tion per specifaj kondutoj. Kaj kiuj estus la konsekvencoj de neregeble fortaj emocioj kaj preterlasado de lingvaj konvencioj? Freneziĝo, amoko. Tiaj aferoj. Kaj el statistika vidpunkto, kiu sekso pli probable emas al ĉi tiuj aferoj? Hm.

Aŭskulti skeptike – ĉu tio ankaŭ ne estus utila feminisma kategorio, kiun oni povus ankri en siaj propraj verbaj finaĵoj?

La sfero en kiu Laadano estas nesupereble brila estas tiu de neologismoj. Por mi ĉi tiuj reprezentas unu el la plej adoptindaj trajtoj de ĉi tiu lingvo. Esence, se ili estus publikigitaj kiel listo, ili estus bonega, klara, konvinka romano pri la vivo, precipe pri virinoj el ĉiuj epokoj. Jen kelkaj el la multaj ekzemploj:

lowitheláad: doloro / malĝojo / surprizo / ĝojo / kolero de alia kvazaŭ ĝi okazas senpere

radíidin: "mav-feritago", tempo, kiu supozeble estas feritago, sed kiu fakte estas tia ŝarĝo pro la tuta laboro kaj preparado, ke oni timas ĝin; precipe kiam estas tro multaj gastoj kaj neniu el ili helpas

rathóo: "mav-gasto", iu kiu vizitas, tute konscia ke li estas trudema kaj kaŭzas malfacilaĵojn

wonewith: disleksia koncerne sociajn rilatojn; nekapabla kompreni la sociajn signalojn de aliaj homoj

widazhad: esti profunde graveda kaj iom post iom vere laca de ĝi; sopirante la finon de gravedeco

rathom: "mav-kuseno", iu, kiu provas akiri vian fidon, sed ne intencas ĝin meriti; la homo kiu diras "Apogu vin sur mi por ke mi povu flankeniri kaj lasi vin fali"

lometha: kanto, kiu apartenas al virino de post ŝia naskiĝo

ramimelh: ne pridemandi, kun malbona intenco; precipe kiam estas klare, ke la alia sopiras kompatan informpeton.

halehadihahal: laboro kontinue kaj ĉiuflanke interrompita

bala: sencoplena, ĉio alia krom sencela kolero al certa persono, kun bona kialo

bina: sencoplena, senkaŭza sed ne sencela kolero kontraŭ neniu aparta

ab: amo al iu ŝatata sed ne respektata

háawithéthe: "infanpura", la nivelo de pureco, kiun infano difinis kiel "pura" por sia propra ĉambro

doóledosh: doloro aŭ perdo kiu efikas mildige, kiam ĝi okazas, ĉar ĝi finas la turmentan atendotempon

Multaj Láadan-vortoj havas perfektajn, ripozigajn formojn.

odithámála: karesi ion aŭ iun per la lango
óol: luno

Kaj derivita de ĝi:

óolewil: menstrua sango [luno + rivero]

Aŭ kiel Elgin skribas en la originalo: *Moon River*.

La tineo nomiĝas *óoloó* en Láadan. La formado de ĉi tiu termino estas eta origami-artaĵo. Por dankon oni diras *áala*. Papilio nomiĝas áalaá. Notindas, ke apostrofitaj vokaloj simple indikas pli altan tonon. La papilio estas modeligita en la tiparo laŭ sia duflugila simetria formo: *áalaá* (la prononco estas la melodio alta-malalta-malalta-alta: -_ _-), kaj ĉi tiu vorto nun kunfandiĝas kun la vorto por luno. Luno-papilio: *óoloó*.

yo: Kosmoŝipo

we: Evidentec-morfemo por "lernita / spertita en sonĝo"

Derivita de ĉi tio, lige kun la vorto *osháana*, "menstrui", donas wesháana, kiu signifas ion kiel "malfrua menstruo". La ligo kun "sonĝo" ne estas senambigue klara al mi, sed ĝi montras interesajn pensokampojn.

azháadin:"sperti menopaŭzon senincidente"

La difino de la Laadana vorto *doroledim* estas tuta rakonteto:

Imagu averaĝan virinon. Ŝi havas neniun kontrolon pri sia vivo. Ŝi havas malmultajn aŭ neniajn rimedojn por fari ion bonan por si mem, eĉ se tio estas necesa. Ŝi havas familion kaj bestojn kaj amikojn kaj kolegojn, kiuj dependas de ŝi multmaniere. Ŝi malofte dormas aŭ ripozas sufiĉe; ŝi ne havas tempon por si mem, neniun lokon propran, malmultan aŭ nenian monon por aĉeti aĵojn, ŝi eĉ ne ekpensas pri siaj propraj emociaj bezonoj. Ŝi devas respondi al la alvokoj de aliuloj, ĉar ŝi havas devojn kaj respondecojn, kiujn ŝi ne povas aŭ ne volas rezigni. Por ĉi tiu virino la sola afero pri kio ŝi probable povas agi iomete laŭplaĉe estas: MANĜAĴO. Kaj se ĉi tiu virino tromanĝas, la verbo por tiu estas *"doroledim"*. (Kaj jes, ŝi sentas sin kulpa ĉar ekzistas virinoj kies infanoj malsatas kaj kiuj eĉ ne havas ĈI-TIUN lastan opcion.) [143]

Ankaŭ ĉi tie, ĉi tiuj difinoj ne estis kreitaj per simpla elpensado de iu vorto, sed per zorge antaŭformado de pli ĝeneralaj kategorioj en la gramatiko de Láadan mem, kio rezulte faciligis la komprenon de la koncepto "*doroledim*".

Ho, cetere, jen alia grava Laadana termino:

> *lol*: sento de komunumo, kuneco, fratineco, kamaradeco, aparteno, kuneco; grupo de homoj, kiuj kunvenas kun la intenco krei tiun internan kunecon; distingiĝi de urbo aŭ ĝenerala homkunveno, ĉar "lol" implicas la espriman intencon de la kunveno krei la koherecon de la grupo

Do *lollometha* estus kanto pri interna kohero, pri *sisterhood*,[144] kiu apartenas al virino jam ekde naskiĝo.

Kian mirindan Minecraft-ludon[145] pri nocioj eblas en Laadano!

Foje, kompreneble, la bazaj konstruaj elementoj de kutimaj, naciaj lingvoj sufiĉas por formi ion similan al Laadanaj terminoj. Tion oni vidas en la furoriĝinta koncepto *mansplaining*.[146] Kaj, laŭvole oni povas ludi la saman ludon kun universalaj okazaĵoj, kiuj rilatas ne nur al la sorto de virinoj, kaj kiuj ankoraŭ ne havas specifan vorton. Ekzemple, mi ofte diras "Kio?", kvankam mi komprenis ĝuste, kion iu diris al mi. Ĉu aparta vorto povas esti kreita por ĝi? Ne tiel facile en la germana.

En mia ekzemplo ankaŭ ne estas klare, kiu povus esti la motivo por la senutila "kio?" Ĉu por gajni tempon? Aŭ ĉar mi nur volas

---

143 Kompleta vortaro troviĝas ĉe: http://laadanlanguage.wordpress.com
144 Sisterhood, angle en la originalo, estas dusignifa: 1. fratineco; 2. asocio, societo aŭ komunumo de virinoj ligitaj per komuna intereso, religio aŭ komerco. N.d.l.T
145 Minecraft "mina metiaĵo" (esperantigite Majnkrafto) estas videoludo pri konstruado kreita de la sveda programisto *Markus Persson* kaj poste evoluigita de lia firmao, *Mojang AB*. Vikipedio N.d.l.T.
146 *Mansplaining*: angla vortokunfando de "man", (viro) kaj "explain" (klarigi) – kiam viro klarigas ion al virino, traktante ŝin de supre, aŭ en maniero aroganta. Vidu Vikipedio-eo vortokunfando, kofrovorto, valizvorto. N.d.l.T

krei malgrandan iteracion en la realo? Aŭ pro pura kaprico? Se ekzemple ekzistus aparta verba finaĵo por "gajni tempon", estus facile.

Kiam mi promenas tra mia propra loĝejo en la mallumo, ofte min sekvas io nevidebla. Ĉiuj spertis tion. Sed ĉu ni povas trovi specifan vorton por ĝi? Kiuj kategorioj devus ekzisti por ĉi tio? Ni jam havas tiun koncepton *persekutado*. Kaj esti sekvata de io nevidebla ... Iafoje oni povas provi kovri ĉi tiujn sentitajn truojn, kiujn lingvo posedas per logike abstraktaj konceptoj. Ĉi tie oni povus provi ĝin kun alloga kunmetita vorto, kiel *fantompersekutado* aŭ *fantompersekutĉasado*.

Jen kelkaj pliaj ekzemploj de aferoj, kiujn ĉiuj faras, sed por kiuj la vortelementoj apenaŭ taŭgas por krei apartan vorton. La leganto estas invitita eksperimenti pri siaj propraj vortkreitaĵoj.

- Dum mi telefonas mi faras stultan dancojn kaj ripetitajn movadojn, kiuj neniel rilatas al la temo de nia interparolo.
- ....
- Se iu prononcas vorton malĝuste, mi ripetas ĝin en mia kapo, prononcante ĝin ĝuste, por ke la reto de la realo ne ricevu truon.
- ....

Nun mi povas distancigi min relative bone de la terura krizo, en kiu mi estis implikita en 2015. La persono, kiu mi tiam estis, ne embarasas min pli ol la homo, kiu mi estas hodiaŭ, sed en la tiama somero mi estis tre proksima al la farado de ia neriparebla malprudentaĵo.

Mia tezo estus, ke homoj en tiaj krizoj, en mem-kaŭzitaj inferoj, aparte sopiras ke la hipotezo de Sapir-Whorf estu 100% vera kaj per restartigo de la lingvo, la realo povus ankaŭ rekomenci en la glora epoko de antaŭ la falo de la homo. Eble mi nur manipulas malĝustajn vortojn en mia kapo. Se mi disponus la ĝustajn, mi transformiĝus al bona homo.

Mi ofte renkontis la virinon kun kiu mi parolis sur la ponto kaj mi plurfoje pardonpetis, ĝis mi rimarkis, ke mi komencis iom timigi ŝin per miaj ripetitaj pardonpetoj. Ne estis ŝia kulpo, do mi kaŝis min de ŝi kaj evitis ŝin, irante mallerte en la ĝardenon, kiam ajn ŝi malsupreniris la ŝtuparon.

3-a de julio
La Gmail-konto de la murdo-minacantino estas kodrompita. Nun mi kontrolas ŝin, prefere dum du semajnoj. Multaj malgravaĵoj.
Mi havis artan ideon: agroglifoj ASMR.[147] Agroglifoj subtitolitaj.
Mi sonĝis ke la pluralo de la angla "man" ne estas "men", sed "blyce".

Poste estas kelkaj notoj en la taglibro, kie mi planas fantaziplenan venĝon ĝis meze de aŭtuno de la sama jaro. Kia pugtruulo. Venĝo por kio? Ĉu por tio ke mi estis forte deprimita, aŭtoimuna, soleca kaj sen sociaj kontaktoj? Jes.

Kiel ĉiuj aliaj, mi serĉis la kialojn en mia medio. Kaj samtempe, en ĉi tiuj mallumaj tempoj, mi bonkondute kaj diligente disvolvis mian propran lingvon. Kaj daŭre lernis Volapukon. Denove trarigardi la malnovan taglibron hodiaŭ estas asociita kun sento malfacile priskribebla. Mi tre ŝatus teni ĝin sub la akvokrano. Anstataŭe mi citas malavare el ĝi ĉi tie. Oni ne devas kompreni.

Jen plia serio de taglibraj enskriboj:

5-a de Julio
Hodiaŭ mi skribis retmesaĝon al E. "de ŝi mem" (ha, ha!) uzante ŝian propran Gmail-konton, kaj la enhavo de la mesaĝo estis nur sensencaj vortoj, kiel bdo bdd af dff art ad. Tiam komprenble mi mem ricevis tiun retpoŝton – kaj tiam mi rememoris, ke ŝi ne plu havas aliron al sia konto de kiam mi ŝanĝis la pasvorton. Perfekta bildo por la aŭtisma izoliga frenezo, en kiu mi troviĝas.

---

147 ASMR Autonomous sensory meridian response (ASMR) Vidu pli ĉe Wikipedia sub "ASMR" N.d.l.T.

Mi bojis kontraŭ J., poste furioze forlasis la loĝejon kiel idioto, poste restis en la superbazara parkejo ĝis vespero, kiel idioto. Poste kiel idioto mi vagadis. Mi levis paper-pecetojn kaj tenis ilin kontraŭ la lumo, kiel idioto.

Mi kredis, ke la ombro de ŝia kapaŭdila ŝnuro sur ŝia dekoltaĵo estas bluetaj vejnoj kaj enspiris profunde kaj mondume. (Kasistino en la superbazaro)

En songo mi insultis iujn susurantajn arbojn kiel "aplaŭdistojn"!

Forigo "kun peza koro" de spam-retpoŝtojn je la specifa horo vespere.

Nenie mi faras tiajn grimacojn kiel en la aviadila necesejo, en alteco de 11 km.

Kio se nur la neŝanĝebleco de mia cervobleka spirado post ridado jam rivelas ĉion pri mi?

Mi biciklis en la sudo de Graz kaj aŭskultis la sonon de video pri pugnobugrado[148] en miaj iPhone-aŭdiloj. Akompanis la aspekto de bastonmarŝanto kaj trotantoj. Sunsubiro. Poste paradoksa paco disvastiĝis en mi.

gdu: la aŭskultanta esprimo de leporo

ghubra: la odoro de via propra umbiliko

Virino urĝe volas gravediĝi de viro, por montri al li, kiom li turmentas ŝin – "Tion mi volas bildece demonstri al li".

---

148 Angle en la originalo (fisting). Priskribo en Vikipedio-eo sub "pugnokoito".

zubra: la odoro de nekonata besto

La ŝtuparejo de mia internisto kun ĉi tiuj malkuraĝige, tenere faritaj duonetaĝoj.

venĝaj fantazioj ... freneza kaj mensmalsana, mi devas (?)

2-a de Aŭgusto
La virino, kiun mi postkuris al la ponto kaj ĉikanis tiam dum la nokto de mia psika disfandiĝo, ĉar mi pensis, ke ŝi estas E., loĝas ĉi tie en la domo! Mi vidis ŝin eliri el la lifto hodiaŭ kaj ŝi malŝlosis unu el la leterkestoj. Kaj mi, hororigite, salutis ŝin en terure troigita maniero.

[Kelkaj nelegeblaj linioj] sidis korvo, tre granda kaj bela, sed tiam ĝi forflugis, do mi ricevis miajn proprajn korvajn pensojn dum kelka tempo. Poste mi pluiris laŭ la strato kaj jen domo kun tegmento plena de parabolaj antenoj. Al la plej granda parabolanteno mankis eta angulo, kvazaŭ ĝi batalis kun aliaj katoj en la distrikto.

Pordotelefono zumis apud mi, kvankam neniu alia estis antaŭ ĝi. Ŝajne la domo volis, ke mi eniru, sed ne, ne kun mi, bubo, mi legis sufiĉe da fabeloj de Grimm en mia vivo.

Poste, ekster la urbo, mi iris laŭ la rojo Andritzbach ĝis kie staras la ĉevaloj. Tie mi ripozis sur benko, tornistro sub la kapo. La plasta manĝilaro kraketas interne. Post iom da tempo, tre amuze, la ĉevaloj fariĝis bovinoj. Do mi ripozis apud la bovinoj sur la kampo, sur mia benko. Mi sentis min sendependa kaj viva, kiel verbo. Steloj formiĝis super mi, surprize frue. Mia biciklo kaj la formikejo apude.

ulb ulb ulb: malantaŭ la zumantaj heĝoj la sono de malproksimaj sonoriloj

Hodiaŭ, kelkajn jarojn poste, tute transformita plurfoje kaj ankoraŭ la sama homo kun la sama nomo, mi miras pri la plej multaj

aferoj, kiuj tiam plenigis mian ĉiutagan vivon, kaj samtempe rekonas ilin tre intime, kio dum sekundoj kaŭzas al mi realajn timojn pri regresa metamorfozo. Rilate la temon de ĉi tiu libro, ni aparte rimarkas la ligon inter spontanea vort- kaj lingvo-kreitaĵo kaj profunda ekzistencialisma krizo.
Ni iru iomete pli en ĉi tiun misteron.

Samuel R. Delany (vi povas fidi min) estas la plej granda vivanta verkisto en Usono. Mi ĵus menciis lian romanon Babel-17 lige kun la hipotezo Sapir-Whorf. Komence de la sesdekaj jaroj Delany, nur deknaŭjara kaj ĵus edziĝinta al la poeto Marilyn Hacker, komencis publikigi sciencfikciajn romanojn. Tamen la freŝbakitaj geedzoj staris sub stranga stelo, ĉar ambaŭ partneroj estis malkaŝe samseksemaj kaj havis alternajn amrilatojn, sed samtempe provis vivi kiel tradiciaj geedzoj – eksperimento kiu funkciis sufiĉe bone dum kelkaj jaroj, sed poste estis ĉesigita de ambaŭ en amikeco. Jam dum lia geedzeco, komence de la sesdekaj jaroj, Delany komencis elekti el la vasta gamo da publika sekso disponebla en Novjorko por samseksemaj viroj: publikaj necesejoj, pornokinejoj en Times Square,[149] kamionoj, banlokoj, kaj parkoj je la kvara horo en la matenon. Tipa labortago, kiel rakontas la aŭtoro Fred B.Taylor en sia tre amuza dokumenta filmo *The Polymath, or The Life and Opinions of Samuel R. Delany, Gentleman*, publikigita en 2007,[150] aspektis tiel: Ellitiĝo ĉirkaŭ la kvara kaj komenco de verkado, poste ĉe tagmezo promeno al la necesejo de la metroa stacidomo ĉe la 2a Avenuo, tie seksumado kun iuj viroj, reiro hejmen, pli da verkado, en la frua posttagmezo promeno al la publika necesejo en Tompkins Square, Sekso kun kvin aŭ ses aliaj viroj, butikumado en la superbazaro, preparado de vespermanĝo por lia edzino, kiu revenis hejmen de laboro, poste legado, paroloj kaj lastan piediron al Williamsburg-ponto, tie denove seksumado kun duona dekduo da viroj. "Pro sekso la laboro estis eltenebla

---

[149] Pri tiu li verkis faman libron de memoraĵoj, *Times Square Red, Times Square Blue* (1999). N.d.l.A.
[150] Mi vidis ĉi tiun dokumentan filmon tiel ofte, ke mi povas parkere deklami grandajn partojn ĥore kun la anoncisto, kiel mi kutimis fari en mia infanaĝo. N.d.l.A.

kaj la tagoj plaĉaj anstataŭ malfacilaj kaj monotonaj. Ĝi postulis certan socian kontakton, oni ĉiam renkontis novajn homojn, do mi komencis opinii, ke mia vivo estas sufiĉe interesa", diris Delany. Liaj fruaj sciencfikciaj romanoj malmulte traktas ĉi tiun interesan vivon, sed tio ŝanĝiĝis meze de la sepdekaj jaroj, kiam Delany komencis eldoni mirigan serion de libroj, kiuj prezentas vertiĝigan kombinaĵon de poezio, intelekta akreco, spito de tabuoj kaj, en iuj kazoj, magia intrigo barokece troigita. Kun Delany ni havas la plej nekutiman kazon, ke unu sola aŭtoro kunigas plurajn ĝis nun neatingitajn kulminojn de diversaj ĝenroj: el lia plumo devenas la plej kompleksa, plej riĉa sciencfikcia verko el ĉiuj, por tiel diri la *Uliso* de Sciencfikcio, la enigma romano *Dhalgren* el 1975, aranĝita en pluraj rubandoj de Möbius (kiu ankoraŭ atendas, *o tempora!*,[151] kompetentan novan tradukon en la germanan) – kaj, laŭ mia scio, la plej ekstrema, provoka romano nun ekzistanta pri la absoluta infero de homa misuzo: *Hogg*.[152] Li estis la unua usona romanverkisto, kiu publikigis romanon pri la aidosa epidemio, *The Tale of Plagues and Carnival* (Rakonto de plagoj kaj Karnavalo) (1984).

La unua volumo de liaj taglibroj, *In Search of Silence* (Serĉante Silenton), estis publikigita komence de 2017. En ĝi mi malkovris multpaĝajn listojn da vortoj.

nam
nas
nan
nat – nal
nast
nant
ek = verkisto

---

151 Latina: Ho, kiaj tempoj! N.d.l.T.
152 Delany kompletigis ĉi tiun romanon en 1973, sed ĝi ne povis aperi ĝis 1995, estinte malakceptita de multaj eldonistoj. Eĉ la fama *Olympia Press* en Parizo, kiu publikigis la unuan eldonon de *Lolita* de Nabokov (kaj ankaŭ de *Naked Lunch* de William Burroughs kaj *L'histoire de l'œil* de Georges Bataille) rifuzis presi *Hogg*, deklarante, ke ĉi tiu estis la unua verko, kiu ne pro la literatura kvalito, kiu sendube estas eksterordinare alta, sed fakte nur malakceptita pro sia ekstrema enhavo. N.d.l.A.

Poste ni surprize lernas ke:

ek = akvo

Ni troviĝas en la jaro 1964 kaj Samuel Delany kreas sian propran lingvon. Kiel ĉe Johann Martin Schleyer, tiu lingvo ankaŭ ŝajnas uzi bazan vortprovizon kun la minimuma kvanto da literoj "Om" signifas homon, "oh" domon, "eks" seĝon, ktp.

ob = libro
ur = instruisto

Amuze:

oho = oho

Substantivoj ĉiam komenciĝas per vokaloj, verboj ĉiam finiĝas per vokaloj. "At" signifas tablon kaj "omp" signifas gepatron.

na = piediri
ke = skribi
po = fari
do = dormi
ru = kuri

Tuj sekvas mencion pri la memmortigo de knabino nomata Deirdre la 6-an de julio 1964. De la enkonduko en ĉi tiun ĉapitron, la leganto scias, ke Delany precize tiutempe estis paciento en la psikiatria sekcio de la *Mount Sinai Hospital*. En la antaŭaj semajnoj lin trafis obsedo: ĵeti sin antaŭ metroa trajno veturanta en la stacion. Kiam li eniris la metrostacion, kaptis lin preskaŭ nerezistebla vento de malantaŭen, kiu puŝis lin en la direkton de la reloj.

Ĉiutage, kiel li raportas kun miriga detalo en la dokumenta filmo *The Polymath* (La multfakulo), li kutimis sidi sur la balustrado de la bushaltejo kaj firmtenis la stangojn per la fingroj kaj ungoj por aktive malhelpi la cedon al liaj malhelaj instigoj. Delany ne povis respondi, kiam policisto suspekteme demandis lin, kial li haltas ĉi tie ĉiutage, se li ja timas la metroon; konsekvence la policisto forpelis lin. La sekvan tagon, eble iomete pli klarmensa pro la renkonto, li iris rekte al kuracisto, kiu sendis lin al la hospitalo.

Do Delany komencis siajn ekzercojn pri lingvokreado dum sia tempo en la psikiatria hospitalo. Li aŭdis voĉojn, li parolis la unuan fojon en grupa terapio pri sia samseks-emo (kiu tiutempe, meze de la sesdekaj jaroj, estis ankoraŭ konsiderata terapiebla mensa malordo). Li poste priskribis ĉi tiun epizodon en sia vivo kiel "nervan kolapson kaŭzitan de tro multe da laboro".

Kion signifas ĉio ĉi? Mi ne scias. Estis tio, kio venis en la momento de lia kolapso. En la sekva notkajero komencita meze de aŭgusto 1964, la evoluo de la lingvo estas daŭrigita.

Nun li jam formas la unuajn frazojn kiel "ten ø ə c fy wodt ent" - laŭvorte: li suĉas kacojn kontraŭ lignaj groŝoj.[153]

Aŭ: "D'erg û gelbt eft ont oyûm ejt." - Kaj sur miaj genuoj, amaso da flavaj folioj.

"Punalt Jakobû anup s'du ə st oy erd." - Ni supreniras la ŝtuparon de Jakobo, sed vi estas sur la tero.

Ĉi tiuj ekzercoj pri nova naskota lingvo estas ĉirkaŭitaj de masturbaj fantazioj (viroj kun formorditaj ungoj) kaj ambiciaj projektaj priskriboj. Kelkajn paĝojn poste, en skiza letero, Delany priskribas la komencon de sia lingvo kiel bagatela ludo, elpensita kun sia edzino, "sur la hejmvojo de kampadejo".

Hm.

Kiel verkisto, mi respektas la malkontinuecon kaj paralelecon de la vivo. Do ambaŭ povas esti veraj, psikiatria hospitalo kaj tendumado. Kaj mi ne devas transformi en solidan teorion mian kon-

---

[153] "For wooden nickels" - ofta esprimo, kiu signifas ion kiel «sen justa konsidero / pago". "Ne akceptu lignajn kvincent-monerojn" - ne lasu ilin trompi vin. N.d.l.A.

staton, ke la spontanea invento de lingvoj okazas okulfrape ofte en momentoj de ekstrema mizero. Elpensi lingvon certe ne estas helpokrio. Distraĵo, eble, nova komenco. Aŭ, kiel pruvas la jenaj du rakontoj, ia malaperiga truko, lertaĵo por malkaŝe forsorĉi sin, videbla al ĉiuj.

3

La loĝantoj de la lando Prashad

James Keilty mortis la 27-an de januaro 1978. Li estis inĝeniero kaj hobia lingvisto. Post lia kancera diagnozo, li vivis ekzakte dek tagojn. Dum ĉi tiuj dek tagoj li ordigis gigantan pakaĵon da paperoj, kiuj traktas lingvon, kiun li inventis, nomatan Prashad. La radiostacio KPFA ricevis kelkajn manuskriptojn, la resto (laŭ Samuel Delany, kiu konis Keilty) fine troviĝis en arkivo ĉe la State University of New York at Buffalo.[154][155]

La artkritikisto Knute Stiles[156] memoras, ke Keilty flue parolis plurajn lingvojn, inkluzive senerare diversajn dialektojn de la itala. Keilty estis genia, ekscentra, samseksema. Stiles ofte estis gvidata tra San Francisco de Keilty kaj enkondukita al la malferma, tamen, al la plej multaj tute nevideblaj misteroj de urba planado. Keilty loĝis en eta apartamento sur Telegraph Hill.

Iutage li komencis elpensi alfabeton komence celitan kiel helpan fonetikan skrib-manieron por tradukado. Poste, iom post iom, propra lingvo disvolviĝis el tiu skribo. Tiam kulturo. Poste iuj rakontoj pri tiu kulturo. Kaj pli kaj pli.

Ŝparinte sufiĉe da mono, Keilty decidis dediĉi sin tute al sia propra laboro kaj li sidis ĉe siaj manuskriptoj ĉiun matenon. Li transformiĝis al speco de riceva anteno por la Prashada kulturo, kiu estis komunikita al li de giganta interna rezervujo. Li devis

---

154 Ankaŭ nomata University at Buffalo (UB) aŭ SUNY Buffalo, N.d.l.T.
155 Detaloj el *About Writing* de Samuel R. Delany N.d.l.A.
156 Detaloj el la radioprogramo 6 KPFA FOLIO, novembro 1979, Remembered: James Keilty (transskribo de la radielsendo ĉe archive.org). N.d.l.A.

nur dokumente kopii. Kun ĝojo kaj kontenteco li parolis Prashade ĉiutage, sola, en sia kapo. Samkiel li lernis la urbon San-Francisko straton post strato kaj blokon post bloko, tiel li nun lernis la detalojn de la planedo Prashad. Li tradukis la verkojn de Rilke en Prashad, poste ankaŭ la unua parto de *Reserĉe al la perdita tempo* de Proust, tiam Hamleton kaj Sofoklon. Li demandis Knute Stiles, kiu estas la plej grava libro de la homaro. Stiles ne pensis dufoje. *Daŭdeĝingo*,[157] diris Stiles. Keilty ĝojis. Ĉar li ankoraŭ ne regis la ĉinan lingvon. Li tuj eklaboris por lerni ĝin.

La erara simpleco de liaj tradukoj estas okulfrapa. Por li, ĉiam temis pri proksimumaj, mirigaj komprenoj, kiuj tamen maltrafis la celon de la originalo. Samkiel Ezra Pound. Linio de la originalo en la klasika germana traduko de Richard Wilhelm tekstas *"Wenn der SINN herrscht auf Erden, so tut man die Rennpferde ab zum Dungführen"*.("Kiam la SENCO[158] regas sur la tero, la kurĉevaloj estas forprenitaj por porti sterkon.") La sama frazo ĉe Keilty: "Kiam la *dao* regas sur la tero, la ĉevaloj nur kutimas feki."

Do Keilty pasigis la matenojn konstruante mondojn. La Prashad-kulturo fariĝis pli kaj pli klara, li desegnis mapojn kaj skribis en la Prashada lingvo. Vespere li trinkejumis kaj serĉis intelektan aŭ erotikan kontakton, kio ofte malsukcesis pro lia granda severeco kaj senpacienco pri la propraĵoj de siaj kunhomoj. Iafoje oni povis observi lin precize imiti la lingvajn aŭ gestajn nesufiĉaĵojn antaŭ sia perpleksa proksimulo.

Sed la plimulto de liaj konatuloj amis lin. Li iam komencis verki teatraĵojn, komprenebble en la Prashada lingvo. Li trovis aktorojn kiuj pretis akcepti rolon por prezentaĵo en la originala lingvo. Li instruis al ili grandparton de la lingvo kaj eĉ postulis certan, konversacian fluecon, antaŭ ol ili rajtis mem studi la tekston. Kutime ne okazis pli ol du aŭ tri prezentaĵoj. Samuel Delany kaj Knute Stiles estis plurfoje inter la ĉeestantoj, kaj ambaŭ raportas sen-

---

[157] Daŭdeĝingo: ĉine 道德經 "La sankta skribo pri la Vojo kaj la Virto" estas la plej konata fontotoksto de taoismo. (Vikipedio-eo) N.d.l.T.

[158] Pro tio ke la germana SINN estas multsignifa: senso, senco, signifo, intenco, konscio, la tradukisto proponas: Kiam dao (la ĝusta vojo) regas sur tero... N.d.l.T.

depende de la eksterordinara entuziasmo de la spektantaro, kiu certe ne komprenis eĉ unu parolitan vorton.[159]

Prashad-publikaĵo, kiun Keilty realigis dum sia vivo, troveblas en elĉerpita sciencfikcia antologio nomita Quark / 2, redaktita de Marilyn Hacker kaj Samuel Delany. Verdire, se ne estus la longa raporto de Knute Stiles, mi konsiderus Keilty kiel elpensaĵon de Delany.

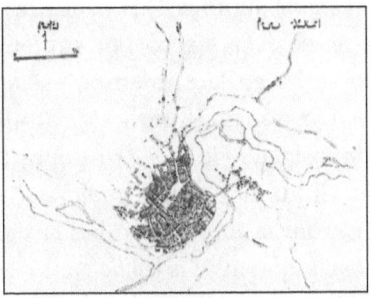

La teksto, kiu sekvas post ĉi tiu mapo de Prashad, estas longa senornama rakonto pri la vivo tie. Poste, siavice, mallonga enkonduko en la lingvon. Ni aŭdas tipan dialogon de la strange ekstravagancaj Prashadanoj:

> Nyod dai bli? - Kion vi volas?
> Dai fi antulitel forfaiid? - Ĉu vi havas ion por trinki?
> Kai menida an faisil sishilisio. - Jen estas glaso da akvo.
> Sha bal irda nyod ablijhamum. - Mi ne celis tion.

Keilty donas al ni blokon de la plej densa gramatika instrukcio, reproduktita sube kiel monolito:[160]

---

159 Fonto en la angla el la verko de Samuel R. Delany *About Writing* "In the early seventies, I got a chance to attend a performance of three of Keilty's one-act plays in Prashad, where the actors were rehearsed and schooled in the meaning of the somewhat Slavic-sounding lines. Prashad had been constructed with euphony uppermost in Keilty's mind. It was quite an experience – and quite beautiful!" N.d.l.A.
160 En la originalo la citaĵo kiu sekvas estas tute en la angla

La lasta frazo tekstas laŭvorte: Mi ne celis tion. La radiko *ir* signifas, unuavice, esti en stato, kontraste kun *menid*, esti en loko. La verbo *irid*, esti, kiel ofte okazas kun ĉi tiu verbo en aliaj lingvoj, estas iomete malregula, sed *ir* ankaŭ signifas "dio" aŭ "malĝusta" (pro kialoj plej bone konataj al la Prashadanoj); tio ankaŭ montras, ke ajna radiko povas esti verbigita. *Sha irtumia* signigas "tio estas malfacila" aŭ laŭvorte "tio malfacilas." La pronomo *a*, kiu signifas "mi," neniam estas apartigita de la verbo, do *ablijhamum* signifas "Mi volis diri, Al aŭ "min" estas uzata tie, kie ne ekzistas verbo por subteni la *a*. La normala konjugacio de verbo en la nuntempo estas jene: *akhebilo* - mi donas; *daikhebili* vi donas; *si, se,su khebila* - li, ŝi, ĝi donas; *ami khebilon* - ni donas; *dai'l khebilin* - vi donas (pluralo); *sei khebilan* - ili donas. Ĉi tiu modelo de finaĵoj *o, i, a, on, in, an* trairas ĉiujn tempojn krom la imperativo kaj la pasintaj tempoj, tiel: *akhebilvo*, mi estas donanta; *akhebilo'*, mi donos; *akhebilo'n*, mi donus; *akhebilido*, mi eble donos (angle I may, might give); sed *khebilami*, ni donu. *Akhebilum* estas "mi donis" kaj la um-finaĵo estas la sama por ĉiuj personoj. La samo validas por *akhebilu'm*, mi estis donanta, kutimis doni; *akhebilum'*, mi estos doninta; *akhebilu'n*, Mi estus doninta; *akhebilum'n*, Mi estis doninta; *akhebilidum*, mi eble donis. La radikvorto (*drukhpadi*), distingita de la helpvorto (*kthirpadi*), havas tre multflankan karakteron. Per si mem ĝi ĉiam estas substantiva aŭ vorta ideo; *goimi* vido, sceno; *goimidam* estas la substantiva gerundio, vidado (angle seeing); *goim'l*, vidindaĵoj, scenoj; *goimid*, vidi (la radiko servas kiel tigo por ĉiuj verbaj finaĵoj); *semgoimid*, esti vidota; *goimin*, persono kiu vidas; *goimida,*loko kie oni vidas; *goimsim*, ekstera kvalito, vidinta; *goimsum*, interna kvalito, "la vidanta okulo"; *goimibi*, kapablo aŭ ebla kvalito videbla; la adverboj *goimsimi* kaj *goimsumi* ne havas precizajn ekvivalentojn en la angla, sed *goimbai* signifas "videble"; *goimo*, pli vidante (*mo* estas la komparativa finaĵo); *goimul*, plej vidante (*mul* estas la superlativa finaĵo). Skribante la Prashadan alfabeton (vidu ilustraĵon 1 kaj 3),[161] la vokaloj estas metitaj inter la konsonantojn proksime al

---

161 Ne en ĉi tiu libro, sed nur en la originala angla verko. N.d.l.T.

siaj pintoj kaj ligitaj kun ili kie eble aŭ, en presita formo, supre kaj apartaj de la konsonantoj.

Foje oni devas aŭdaci, simple tiel, HA, fek' sur absolute ĉion, meze de rakonto. Jen, gramatiko.

La teatraĵoj de Keily estas ĉiuj perditaj. Ŝajnas kvazaŭ li krome ne havis apartan intereson pri ilia daŭra ekzistado. Prashad estis lia propra posedaĵo, nur li konis la kulturon per profunda introspekto kaj meditado. Li estis la anteno kaj aliaj homoj ne povis fariĝi civitanoj de Prashad, kvankam ili povis enkorpigi prashadanojn kadre de teatraĵo, kaj tio sufiĉis por li kiel memorigilo pri la fora hejmlanda kulturo, kiu spirite nutris lin en lia ekzilo, por tiel diri, ekde lia naskiĝo. En la postlasaĵo de James Keilty estas kelkaj verkoj en la Prashada lingvo. La indekso mencias kiel originaltekstojn nur *"a couple of songs"* (kelkajn kantojn) kaj vortarojn, gramatikon kaj ĝeneralajn kulturajn verkojn en la prashada lingvo.

Mi trovis unu tekston en la Prashada skribsistemo, sed bedaŭrinde mi mem ne kapablas traduki ĝin eĉ post nemalmulte da studado.

Jen plia bloko.

El la kulturo de Prashad, kiu iam estis tiel riĉa sur la tero, nome en la kapo kaj apartamento de James Keilty, restas nur la sekva mallonga poeziaĵo.

Esram,
tam so tali so tudam
dai telpilshami?
Atelpilshamo dil,
diliam.

Junulo
kion vi elektas,
la arton, aŭ la vivon aŭ ambaŭ?
Mi elektas vin,
sinjoreto.

Estas malfacile diri, ĉu ĉi tiu poeziaĵo, kiu, malgraŭ sia koncizeco, eligas brilan gejerotikan ĉarmon, kaptas dialogon inter du viroj aŭ nur la neligitan ambiguan deklaron de unuopulo. Depende de la interpreto, la signifo estas tute malsama, sed en ambaŭ kazoj ĝi estas tenera kaj bonkora. Keilty estis la absoluta malo de lingvaj inventistoj kiel Schleyer aŭ Bliss. Li estas unu el tiuj, kiuj ne fariĝis la misiisto de sia lingvo, sed ilia figuro.

Kaj ĉu ĉi tiu aspekto mem ne povus esti indiko de la mistero, kiun mi malrekte sugestis, inter lingva invento kaj vivokrizo? Oni ne inventas novan mastrumsistemon, oni inventas novan kadron, la ĝustan kadron. Kaj tiam, lernante kaj enkorpigante la enhavon de ĉi tiu kadro, ĝi fariĝas mem subordigita, t.e. gvidata, lingve teleregita strukturo, do literatura figuro en la propra senco. Ne ĉiuj klingonaj parolantoj fariĝas klingonoj, sed ili tre ofte enkorpigas tiujn. Ili alivestas sin kaj aperas tiel ĉe kongresoj de Star Trek. Kio se iu nerekonata moviĝas inter ni kiel la alivestita reĝo en la fabelo, nerekonata de siaj regatoj, kaj tiu persono reprezentas figuron de sia propra lingva kulturo, subtenata nur de la plej eta alivestiĝo, eble simpla ŝanĝo de la menton-kola angulo aŭ la nova variaĵo de brovo? Ĉu fine povus esti multaj, kaj ĉiu kun sia propra Prashad kaŝita sub la ĉapelo, en kiu li tenas la plej internajn eventojn de sia animo, kiel la viro nomata Y faris en tiu fatala persa lingvo de la kapitano. Rigardu la homojn sur la strato aŭ en ia publika konstruaĵo. Rigardu kiel ili marŝas.

Ĉu ne?

4

Childhood Bedroom Dream:[162]
Parabolo

En 1979 knabo de dek kvar jaroj sidis en sia dormoĉambro en Milvokio. Li havis malmultajn amikojn. Ĉiu tago ŝajnis malplena. Antaŭ nelonge lia patrino mortis. Estis kvazaŭ li estus forlasita kiel la lasta restaĵo de pli frua civilizacio, kun memoroj pri foraj festoj, pri fizika kontakto kaj interŝanĝo, pri aktiva vivo kaj misio. Li decidis doni formon al tiu sento partopreni en la vivo. Li deklaris sian dormoĉambron mikronacio sendependa de Usono. La knabo nomiĝis Robert Ben Madison. Lia reĝlando nomiĝis TALOSSA, kiu signifas "interne de la domo" en la finna.

Li rakontis tion al sia familio. La ideo plaĉis al ili, kaj ili aliĝis al la dormĉambra regno. En la sekvaj jaroj, la mikronacio Talossa kreskis per nur buŝbuŝa varbado al vigla malgranda komunumo, kiu ĉiujare kunvenis por festivalo en parko en Milvokio. Oni evoluigis la komunan ŝtatfantazion de konstitucia monarkio, fondis partiojn por diversaj politikaj temperamentoj, verkis gazetojn en la Talossa lingvo kaj konstruis kaj kompletigis la oficialan historion de la lando.

Gazetoj en la Talossa? Jes, ĉar la nacio havis sian propran lingvon. Madison formis ĝin laŭ iuj latinidaj lingvoj. Ĝi estas unu el la plej vastaj inventitaj lingvoj en la mondo. Kontraste al la plej multaj el la lingvoj traktitaj en mia libro, ĝi havas esceptojn kaj neregulajn verbojn. Jen poemo en la Talossa el interreto, verkita en 1997 de nekonata Talossa poeto, konata nur per lia pseŭdonimo "el Metrefieir Mac'hind", "la impertinenta poeto":

---

[162] Angle in la originalo. La angla ne precizigas ĉu temas pri "sonĝo en infana dormoĉambro" aŭ "infana sonĝo en dormoĉambro", aŭ ĉu temas pri sonĝo aŭ revo. La tradukisto uzas diversajn vortumojn laŭ sia propra bontrovo.

Queglhas

Noi demandent voastra
capitulaziun imediada es uncondiziunal
àl num dels þervuschlas din dels tavac'hosts
es dals beschciolas da toct i pläts!
Oc'h, es veleveu zemandarh-te
come grülts sint voschtri citaxhiens?
Undereveu quançeux da lor
povadréu descharh ainciün va basint da vagnha.
Blah blah blah, c'hor c'hor c'hor.
..
..
..
¡SPLAT!

Insektoj

Ni postulas vian
tujan kaj senkondiĉan kapitulacon
nome de ĉiuj potplantoj
kaj bestetoj ĉie!
Ho, kaj mi ankaŭ volis scii:
Kiom altaj estas viaj civitanoj?
Mi nur pensis kiom da ili
havus spacon en mia bankuvo.
Bla bla bla, ve, ve, ve.
..
..
..
PLAŬDEGO!

Ĉi tio aspektas kiel duonamuza, iom satira porinfana poemo. Sed ĉiu, kiu konas la strangan historion de la Talossa nacio, scias, ke ĝi samtempe estas tragedia poemo. Amara parabolo pri tio, kio poste okazis: la detronigo kaj elpelo de la imperiestro Robert Ben Madison I, la enlandaj militoj de sendependeco de 2004 kaj 2005, la ekzilaj jaroj, la supreniĝo de la uzurpantoj, la reskribo de Talossa historio. Resume: ĝi estas la historio de la 20a kaj 21a jarcentoj, kondensita al mikrograndeco kaj glata kiel polurita ŝtoneto.

Mi pasigis plurajn tagojn ĉe wiki.talossa.com, tute ebria de la teruraj eventoj tie dokumentitaj.

La jaroj de feliĉa interrilato en la komunumo daŭris ĝis ĉirkaŭ 1996. Tiam, kiel ofte okazas, interreto venis. Kiel skribas la usona aŭtoro Tao Lin,[163] ĝi estas "metafizika spaco sendiskute aldonita al milionoj da hejmoj" Subite ĝi aperis – kaj same subite fariĝis normala, ĉiutaga. GeoCities kreskis el la metafizika tero. Madison ankaŭ starigis retejon. Ĝi donis informojn pri la Talossa lingvo kaj proponis al interesataj vizitantoj la eblon de membreco en la mikronacio.

Centoj da homoj respondis. Ili ĉiuj volis fariĝi civitanoj de la infandormoĉambra revo de 14-jaraĝulo. Kaj ili aliĝis. Novaj kluboj formiĝis. Ŝtataj strukturoj. Leĝaj instancoj. Oni entuziasme kaj dediĉite partoprenis en tiu monarkia ludo.

Kun ĉiu nova jaro interretaj civitanoj fariĝis pli multaj, pli organizitaj, pli fidelaj al Talossa – sed ankaŭ pli suspektemaj. Ĉar ili demandis sin: kiel aspektis tiu prakomunumo, kiu supozeble troviĝis en Milvokio komence de la glora historio de nia lando? Ĉu ĝi vere ekzistis? Aŭ ĉu ĝi estis nur ia gvidmito, ia reganta arketipo aŭ rakonto, elpensita de Robert Madison por permesi al li agi kuratore kun la celo malvastigi kaj limigi la konduton de interretaj civitanoj? Ili komencis ribeli; ili akuzis la reĝon Roberto la 1-a, ke li tro strikte regas sian ŝtaton – kaj ĉefe, ke li efektivigis sekt-gvidan influon sur la civitanojn, kiuj estis fizike aŭ geografie proksimaj al li. Malmultaj el la koncernaj interretaj civitanoj ("cibercivito") havis kontakton kun la fizika komunumo en Milvokio. Ja temis nur pri grupo de amikoj kun komuna ŝatokupo. Sed en la menso de interretaj civitanoj, tiu grupo kreskis al tirana reĝimo.

---

163 Tao Lin: *When I moved online*. N.d.l.A.

Unu el la interretaj civitanoj, iu John Woolley, hazarde malkovris la retejon de la regno de Talossa kaj fariĝis membro en 2005. Li estis studento pri historio specialiĝanta pri la monarkio de Britio kaj li esprimis sian malkontenton frue.

Woolley, kies Talossa nomo estas Ian Lupul, engaĝiĝis sin en la konservativa partio de la lando. Reĝo Roberto la 1-a, laŭ Woolley, multe tro evidente inklinis al certa politika direkto. Ĉi tio ne decas al reĝo.

Ni ne forgesu: ĉio ĉi okazis inter viroj antaŭ komputilaj ekranoj. Iliaj emocioj estis realaj, sed ilia ŝtato ne.

La agitado disvastiĝis pli kaj pli. Oni povas legi iujn ekzemplojn el la historia ŝtata korespondado ĉe wiki.talossa.com. Bonega kuniklotruo,[164] taŭga por horoj de nokta meditado, akompanata de fruaj albumoj de Can aŭ Tangerine Dream programita al senfina iteracio.

En aŭgusto 2005 finfine alvenis la tempo. Reĝo Roberto la 1-a, kiu iam fondis la mikronacion Talossa en sia propra dormoĉambro, abdikis sub premo de koleraj interretaj civitanoj. En lasta malespera ago, li transdonis la reĝan oficejon al sia tiam okjaraĝa nepo, Princo Louis Adam. Artikolo pri Talossa diras:[165] "Princo Louis restis la fakta reganto ĝis lia patrino petis, ke la Talossanoj elektu novan reĝon, ĉar ŝi maltrankvilis pro tio, ke aro da plenkreskaj viroj parolas pri sia infano en la interreto.[166]

Populara uzanto nomata Barono Hooligan estis unu el la unuaj kandidatoj konsideritaj por la nun orfigita reĝa oficejo. Ni ankoraŭ disponas lian humilan retpoŝton, en kiu li rezignas pri ĉi tiu posteno. En la fino, la elekto falis sur John Woolley mem, la programisto kaj historiisto, kiu vidis sin tre kapabla efektivigi la dumnoktan taskon reguligi la ŝtatajn aferojn de Talossa per la

---

164 Angle en la originalo: "rabbit hole" referencas Alico en Mirlando. Laŭ *Oxford Languages* tiu esprimo rilatas al bizara, konfuza aŭ sensenca situacio aŭ ĉirkaŭaĵo, el kiu estas malfacile eltiri sin. N.d.l.T.
165 La citaĵo estas en la angla en la originalo. N.d.l.T
166 Daniel Oberhaus: *The Strange History of Talossa, a Bedroom That Was Also a Country* (https://www.vice.com/ en_us/ article/ ezx7a4/ la-historia-de-tolossa-un-pais-dentro-de-una-habitacion). N.d.l.A. [Kiam la tradukisto provis tiun ligilon, li ricevis erarmesaĝon, sed funkciis jena ligilo:] N.d.l.T.https://www.vice.com/en/article/ezx7a4/la-historia-de-tolossa-un-pais-dentro-de-una-habitacion N.d.l.T.

interreto. Lia plena nomo poste estis: *John by the Grace of God, King of Talossa and of all its Realms and Regions, King of Cézembre, Sovereign Lord and Protector of Péngöpäts and the New Falklands, Defender of the Faith, Leader of the Armed Forces, Viceroy of Hoxha and Vicar of Atatürk.* Li havas kvin infanojn, kaj unu el liaj du hundoj estas la oficiala nacia hundo de Talossa.

Madison asertas esti regule ricevinta minacojn. Liaj komputiloj estis hakitaj kaj lia familio timigita.

Nun, kiam ni havas pli vastan scion pri la historio, ni rigardu denove la poeziaĵon de Metrefieir Mac'hind:

Insektoj

Ni postulas vian
tujan kaj senkondiĉan kapitulacon
nome de ĉiuj potplantoj
kaj bestetoj ĉie!
Ho, kaj mi ankaŭ volis scii:
Kiom altaj estas viaj civitanoj?
Mi nur pensis kiom da ili
havus spacon en mia bankuvo.
Bla bla bla, ve, ve, ve.
..
..
..
PLAŬDEGO

"Insektoj". Malestima termino. Metaforo el insektoscienco ĉiam rolas en la malplivalorigo de iuj homoj. La historio de rasa diskriminacio estas historio de psikozaj perturboj rilate poluon kaj de la ideologioj de pureco.

"Ni postulas vian tujan kaj senkondiĉan kapitulacon". Tio okazus ankaŭ al reĝo Roberto la 1-a post la fatala jaro 1997, en kiu ĉi tiu poeziaĵo estis verkita. Ĝia historio funkcias ĉi tie, kiel tre konata en nia epoko, en la ĝusta inversigo de la fama supozo esprimita de Karl Marx en sia eseo *Der achtzehnte Brumaire des Louis Bonaparte*, (La dekoka Brumero[167] de Louis Bonaparte) ke ĉiuj "mondaj historiaj faktoj kaj personoj okazas dufoje, por tiel diri, "unufoje kiel tragedio, alifoje kiel farso." Jen unue venas la farso, eĉ ĝia komparativa formo, la malgrava sensencaĵo: amuza insektopoeziaĵo sur strangula reta forumo, kiu tiam estas imitita kiel vera batalo inter amasiĝantaj homgrupoj, kies pasia malamikeco ĉiam kreskas kaj la batalo estas fidela al la originalo ĝis la lastaj linioj de la poeziaĵo, "bla bla bla, ve, ve, ve." Konsiderante tiajn reĝimojn kaj agadmanierojn, oni nature demandas sin, ĉu la plej multaj eventoj, kiuj ŝajne unue aperis en la mondhistorio kiel tragedioj, ne estis antaŭviditaj en ridindaj kaj efemeraj verkoj de sensencaĵoj kaj infanaj artifikoj, kaj ĉu ne la farso, kiun Marx rigardis kiel pure sekundara sekva etapo povus reprezenti nur rekonsideradon de la agantaj fortoj en la mondhistorio pri ilia efektiva elemento, ilia reala konstru-materialo.

En la VICE-artikolo de Daniel Oberhaus el la jaro 2016 pri la Talossaj militoj de sinsekvo, Madison estas citata kun sia sincera deziro esti denove parto de la hodiaŭa korpo de la Talossa nacio. Li ankoraŭ loĝas en Milvokio, sia hejmurbo, kaj laboras kiel florvendisto. Laŭ Madison, malgraŭ ĉiuj bizaraj transformoj, li ankoraŭ revas pri sia infana dormoĉambro, de la malnova Talossa, de la preskaŭ proksima-malproksima hejmplanedo. La eksigo de ofico komence de la nova jarmilo estis la plej psike traŭmata sperto de lia vivo, eĉ pli malbona ol la morto de familiano. Li neniam resaniĝis post tio. Li serioze pripensas aliĝi denove. Kompreneble oni demandas sin, ĉu li ankoraŭ povas atingi ĉi tiun celon en ĉi tiu vivo, post ĉiuj politikaj tumultoj kaj luktoj ene de la paralela mondo, pri kiuj li mem revis, sed mondo en kiu nun loĝas amaso da novaj homoj. Ĉiukaze oni deziras tion al li.

La malmultaj bildoj de li troveblaj en la interreto montras lin kiel junulon, en Talossa ŝtata kostumo, salutante antaŭ fantazia flago. Sur lia brusto estas tuta kolekto da medaloj. Lia vizaĝo

---
167 Brumero (france Brumaire) estas la nomo de la dua monato de la franca respublika kalendaro, la dua ankaŭ de la aŭtuna sezono. (Vikipedio-eo) N.d.l.T.

radias de respondeco kaj fiereco. YouTube ankaŭ havas filmetojn de antaŭ dek jarojn, montrantajn Madison kiel pli maljunan viron. Li laŭtlegas, per decidema voĉo, paroladojn al la Talossa popolo. Li flue parolas la Talossan. Li aspektas tre malĝoja. Lia nepo estas prezentita kiel la reganta reĝo. Tiutempe la frontoj malmoliĝis, la ekzilo de la malnova reĝo estis absoluta.

Sed nun, en junio 2019, Madison finfine prezentis sian peton fariĝi membro de sia dormoĉambra revo post ĉirkaŭ dek kvar jaroj. Jen kelkaj eltiraĵoj de lia longa retmesaĝo:

> Kiel inventinto kaj fondinto de Talossa, mi denove volas esti parto de Talossa, simple por la ĝojo aparteni. Mi havas iujn ideojn por revigligi provincan politikon, sed verdire, mi ne estos aparte aktiva civitano.
>
> Mi bezonis longan tempon kompreni, ke post la decido de Talossa en 1996 permesi interretan civitanecon, la rezulto – via pliiĝo, mia falo – estis neevitebla. Neniu Talossa registaro povus iam ajn direkti la posedantojn de privataj retejoj, serviloj kaj domajnaj nomoj. (...) Estis mi, kiu detruis la sistemon.(...) Kiam mi rigardas viajn retejojn hodiaŭ, mi sentas profundan senton de fiereco kaj feliĉo pri tio, kiel bone vi administris ĉi tiun lokon kaj kiom malmulte ĝi ŝanĝiĝas, kvazaŭ parto de la Talossa, en kiu mi kreskis, estis konservita en sukceno.

Poste en la mesaĝo, Robert Ben Madison proponas siajn arkivitajn dokumentojn de la unuaj dudek ses jaroj de la historio de Talossa kaj aldone skatolplenon de aŭtoglumarkoj el antikvaj tempoj, kun la blazono de la Respubliko de Tallossa, kiel kompensa servo kontraŭ reakcepto. Krome, li

skribas, ke laŭ kion li legis, la reĝo John neniam estis kronita sur Talossa grundo. Li estas en kontakto kun la posedantoj de *Vuode-Palaco*, tie, espereble en proksima estonteco, tia kronado sur malnova nacia teritorio povas okazi. Ĉi- okaze li ankaŭ alportos la aŭtentikan kronon deTalossa, kiun li portis en 1979.
Vuode-Palaco?
Ĉe wiki.talossa.com estas rimarko pri tio.

La klariga teksto pri *Vuode* diras, ke *Vuode* estas la originala kaj plej malnova provinco de la reĝlando. Komence de sia historio, la tuta Talossa konsistis el la dormo-ĉambro de ĉi tiu domo (aŭ palaco). Ha jes. Do jen ĝi. De ĉi tiu malgranda konstruaĵo, kiu tra la jaroj maskis sin kiel la domo de la Tera urbo Milvokio kaj kiu ŝajne estis loĝata de aliaj homoj ekde la morto de la patro de Robert en 2006, ankoraŭ radias historian influon sur manplenon da viroj loĝantaj dise tra Usono. La oficiala Talossa festivalo okazis tie la lastan fojon en 1998. Kaj en 1980 la garaĝo de la palaco estis milita teatro (vidu la rimarkon pri la Cone Wars de 1980). Kompreneble multe en wiki.talossa.com estas klare ironie malsincera, la riĉa rikolto de fantazia rolludo, kiu funkcias dum jardekoj. Sed la doloro de Robert Ben Madison en la malnovaj YouTube-filmetoj estas reala kaj profunda.

Kortuŝas min ĉi tiu neĝkovrita florpoto en la video sube dekstre. Kompreneble ĝi memorigas pri la florpoto en la neintence parabola poeziaĵo de 1997. La konstruado de planlingvoj estas agrabla ŝatokupo, t.e. ke ĝi kutime komenciĝas kiel tia. Sed ĝi rilatas ankaŭ al ekstrema mizero, kun teruraj traŭmatoj, al implikiĝo en aŭtisma doloro, kun fantazioj de venĝo kontraŭ la mondo, kun solipsismo, kun la sava eksplodo de internaj palacoj, kiam la eksteraj spacoj, kaj ĉefe iliaj regebleco – ni memoru la grandan Láadan-vorton *doroledim* – ŝrumpas ĝis la grandeco de dormoĉambro aŭ unu sola homa kapo. Kaj ili ankaŭ rapide pasas. Kiu scias, kiom longe Talossa ankoraŭ ekzistos. La lingvo de Samuel Delany floris nur dum unu somero.

Ankaŭ por Volapuko, kiu generis pli ol milionon da parolantoj en siaj unuaj jardekoj kaj estigis grandan nombron da konferencoj, ĉe kiuj, laŭ raportoj, eĉ la hotel- kelneroj flue parolis Volapukon, restas hodiaŭ nur la plej foraj eĥoj de la iama grandega movado, ia kontraŭpapilia efiko.[168] En la pli freŝaj monografioj pri ĉi tiu temo, mi miras legi frazojn kiel: "En Supra Ŝvabio, sude de Biberach, sur la norda alirvojo al Fischbach, estas migra ŝtonego[169] formita kiel senkapa fiŝkorpo. La iama militista asocio instalis ĝin kiel memorŝtonon por la 100a naskiĝtago de imperiestro Vilhelmo la 1-a. La jaro 1897 estas enĉizita Volapuke: *balmil jöltum zülvel.*"[170] La frazo vere havas ĉion. Ĝi estus ideala komenco por romano. Sed kompreneble ĝi estas ĉe la fora romanfino.

La Talossaj militoj de la 1990-aj jaroj estas okulfrape similaj al la disputoj en la Volapuka mondo en la komenco de la jarcento. La

---

168 Papilia efiko – estas esprimo, kiu entenas gravecon de la komencaj kondiĉoj en teorio de kaoso. Baza principo estas, ke etaj modifoj de la komencaj kondiĉoj en dinamika sistemo povas ŝanĝi grave la longtempan funkciadon de la sistemo, povas konduki al neatendita ĉena reakcio. Vikipedio N.d.l.T.
169 Migra ŝtonego, migra bloko aŭ eratika ŝtonego estas bloko de roko, kiu estis en glaciepoko transportita longdistance per glaĉero, kie ĝi estis post degelo de la glaĉero demetita en geologie tute malsama medio. N.d.l.T. laŭ Vikipedio
170 El *Esperanto und Volapük in Konstanz* de Hans-Dieter Kuhns N.d.l.A.

membroj pasigis la plej grandan parton de sia tempo proponante reformojn unu al la alia. Iliaj projektoj ne penetris la papan naturon de Johann Schleyer kaj ili fine inventis siajn proprajn versiojn de la mondlingvo, al kiuj ili donis novajn nomojn: Idiom Neutral, Nal Bino, Balta, Bopal, Spelin, Dil, Orba. La Volapük-Akademio turnis sin kontraŭ la kreinto. Li tuj fondis kontraŭakademion. Volapuko estis ne nur lingvo kun papo (kiel la Blisa skribo), sed eĉ unu kun kontraŭpapoj, kun skismoj kaj herezprocesoj. Iom post iom tamen la internaj lingvaj rivalecoj komencis tedi la abonantojn. Oni sin turnis al aliaj aferoj. Johann Martin Schleyer mortis sola en Konstanco en 1912 pro rena malsano.

Volapuko havas sian propran vorton por "nedezirata kresko": *luglof*. Kaj la vorto por "apopleksio" ankaŭ bonegas: *breiniflap*.

Sed oni ĉiam konfuziĝas:

nos – nenio
nun – mesaĝo
nud – nazo
nul – novaĵo

Mi bezonis iom da tempo por konstati, ke mi estis lernanta la malnovan Volapukon. Jam ekzistis iuj modernigaj variantoj, la plej konata estas de Arie de Jong. Schleyer origine forigis la literon R, de Jong reenkondukis ĝin kaj anstataŭe malpermesis la L iomete. Nu, bone, kial ne ankaŭ lerni la malnovan Volapukon? Fakte ĝi estas eĉ pli morta ol la nova Volapuko. La granda Isaac Bashevis Singer diris en sia Nobel-premia bankeda parolado en 1978, klarigante kial li verkis siajn romanojn en mortonta lingvo (la jida): "Unue mi ŝatas verki fantomajn rakontojn kaj nenio pli taŭgas por fantomo ol mortanta lingvo. Ju pli morta la lingvo, des pli viva la fantomo."[171]

---

[171] En la originalo la citaĵo estas en la angla: "Firstly, I like to write ghost stories and nothing fits a ghost better than a dying language. The deader the language the more alive is the ghost." N.d.l.T.

Kaj fantomoj, kiel oni scias, estas ĉiam bona ideo.

Parenteze, estas eble, ke mi kaŝe ŝatis la sinistran papan aspekton de Schleyer. Ŝajnas al mi, ke mi tiam estis survoje al tiu sama pensmaniero. Mi timis blindiĝi; mi estis tirana aŭ kondutis kiel postsekvulo. Mi kuŝis en malhelaj ĉambroj dum tagoj, mi bojis ordonojn, torturis ĉiujn ĉirkaŭ mi.

Jen tipa rezulto de Google-serĉo pri volapukistoj komence de la 20-a jarcento: *Thaddäus Devidé, aŭstra volapukisto. Framasono kaj aŭtoro de la libro "Die Nase als Ausgangspunkt von Gesundheitsstörungen."* (La nazo kiel deirpunkto por sanaj malordoj.) *Mortis en Vieno la 18an de majo 1907, la nekrologo priskribas lin kiel poeton.*

De li venas poemo titolita *Minut bal,* "Unu minuto". Pliajn informojn pri li mi ne trovis.

Minut bal
kömom, fugom nen sem veged;
vo, men vedom in bal minut,
gonom, kudom e vo lifom
minut te bal!

Eine Minute
kommt und vergeht ganz ohne Spur;
in einer Minute entsteht der Mensch,
er läuft, er sorgt sich und lebt fürwahr
nur eine Minute!

(Unu minuto
venas kaj iras senspure;
en unu minuto ekestas la homo,
li kuras, li zorgas kaj vere vivas
nur dum unu minuto!)

Minut bal
ofeno motom vipi sembal
kel i deilom in bal minut;
ab ofeno dukom al läb
minut te bal

Eine Minute
gebiert oftmalig einen Wunsch,
der auch in einer Minute stirbt;
aber oftmals führt zum Glück
nur eine Minute.

(Unu minuto
ofte naskas deziron,
kiu ankaŭ mortas post minuto;
sed ofte kondukas al feliĉo
nur dum unu minuto.)

Minut bal
sätom tifön ole ladi
täno minut binom vonik
ye dol lonedikum sukom
minut ate.

Eine Minute
reicht aus, um dir das Herz zu stehlen,
dann ist eine Minute heiter,
jedoch der Schmerz folgt länger
dieser Minute.

(Unu minuto
sufiĉas por ŝteli vian koron,
tiam unu minuto estas gaja,
tamen la sekva doloro pli longas ol
ĉi tiu minuto.)

Kaj tiel daŭras la poemo dum kelkaj strofoj, kun senfina variaĵo de la sama penso ĝis finfine:

Minut bal
kömom tädöl finön obis,
ab dledolöd leno ati,
e tikolöd: deil dulom
minut te bal!

Eine Minute
kommt drohend uns zu beenden,
aber du sollst diese ablehnen
und denken: der Tod dauert
ja nur eine Minute!

(Unu Minuto
minacante venas fini nin,
sed vi devas rifuzi ĝin
kaj pensi: la morto ja daŭras
nur unu minuto!)

Dledolöd efektive signifas "vi devas timi". Almenaŭ tion mi supozas.

Kiam mi demandis pri aliaj bonaj volapukaj poetoj, Hermann Philipps, la hodiaŭa *Cifal* de la volapuka lingvo, rekomendis al mi la poeton Johann Schmidt en la oficiala Facebook-lernogrupo. Mi trovis lian verkon ĉe Wikisource. Konsentite, mia scio pri Volapuko ankoraŭ limiĝas al kelkaj gramatikaj reguloj kaj vortprovizo de eble cent vortoj. Sed eĉ kun ĉi tiu malalta nivelo de kompetenteco, mi tuj aŭdis la eksterordinaran belsonecon, kiujn havas la poemoj de Schmidt. Jen unu el ili. Por legi ĝin fonetike ĝuste, se vi estas germanlingvano vi devas nur scii, ke la vortoj en Volapuko ĉiam estas emfazitaj sur la lasta silabo kaj ke duoblaj vokaloj kiel la "ei" en "rein" (pluvo) prononciĝas aparte, kiel du silaboj, "e-i", kvankam tio ŝajnas varii ankaŭ de persono al persono. Kaj la "j" estas elparolata kiel voĉa aŭ senvoĉa "ŝ".

Por mia traduko (en la germanan) mi bezonis multan tempon. Mi tute ne scias ĉu ĝi estas ĝusta.

Viol floron in jad e dag,
ti no logon deli,
toä glofon dis bled e stag,
gevon benosmeli.

Koveniko us in kein
lifon in mük e stil,
ga i pro on vam e rein
padosedons de sil.

Ein Veilchen blüht im Schatten und Dunkel,
fast sieht es nicht den Tag,
obwohl es unter Blättern und Stängel wächst,
gibt es Wohlgeruch von sich.

(En ombro malhele floras violo,
ĝi preskaŭ ne vidas taglumon,
kvankam kreskanta inter lupolo,
ĝi eligas dolĉan parfumon.)

Bequem in seinem Zauber
lebt es in Stille und Demut,
selbst Wärme und Regen kommen für es
als Gaben des Himmels.

(Komforta en sia ĉarmo
ĝi vivas silente – humile;
kaj eĉ pluvo kaj varmo
ĝi ricevas deĉiele.)

Padosedons? pado = paĝo, *sedön* = sendi? Neniu ideo. Mi devas informiĝi.

Bone, mi informiĝis.

Hermann Philipps klarigis en la grupo Volapük FB: pa = pasivo, estanteco; do = suben. "Eĉ varmeco kaj pluvo estas senditaj malsupren de la ĉielo."

Bone, do

Johann Schmidt vivis de 1895 ĝis 1977. Li naskiĝis en Weißkirchen ĉe la montaro Taunus. Unu el liaj verkoj nomiĝas *Vom Zenith zum Nadir oder Wie Volapük spurlos verschwand. Eine Betrachtung.* (De la zenito ĝis la nadiro aŭ kiel Volapuko senspure malaperis. Funda esploro.)

La Volapuka literaturo estas en vere stranga situacio. Estas ankoraŭ iuj strangulaj studemuloj, kiuj kapablas legi ĝin. Ekzemple Hermann Philipps, la Cifal. Li loĝas en Bad Godesberg. De tempo al tempo, kiel la aliaj cifaloj antaŭ li, li eldonas ediktojn. Oni povas legi ilin interrete. Li estas escepte amika, pacienca kaj helpema.

La ĉarmaj poemoj de Johann Schmidt verŝajne ne plu estas legataj de iu ajn. Schmidt mem jam verkis libron pri kial Volapuko malaperis senspure. Ĝi estis mallonga revo, ĉi tiu stranga sed alloga, idiosinkrazia lingvo. Ĉiuj ĉi poemoj eble baldaŭ estos tute nekompreneblaj, eĉ malpli rigardataj ol la Kaverno Chauvet. Ŝajnas, kvazaŭ Volapuko havus la plej efemeran ŝikecon en la literatura kaj lingva historio.

Hermann Philipps skribis al mi ĉe Facebook: "La lingvo ne estas facile lernebla. Kiam Volapuko kaŭzis sensacion fine de la 19a jarcento, ĝi ne estis pli ol truko por la elegantaj salonoj. (...) Ni neniel konsideras Volapukon kiel utilan eblon de universala lingvo. Ankaŭ por Esperanto mi ne vidas pli, sed almenaŭ eŭropanoj povas lerni ĝin multe pli facile ol Volapukon.

Prave, malfacila ĝi fakte estas.

Mia flirtado kun Volapuko komenciĝis en la plej malluma tempo, kiam pro mistera aŭtoimuna malsano mi apenaŭ povis legi per miaj propraj okuloj, kaj indas aldoni, ke mi iom post iom freneziĝis. Esence mankas tri tutaj jaroj en mia vivo, 2013 ĝis 2016.

Fine ĉio rezultis bone. Sed tio estas rakonto por alia libro. *Eat Meat and Save the Planet*. (Manĝu viandon kaj savu la planedon)

Ĉiuokaze ni trovis, ke Volapuko estas ege malfacila. Eĉ nia nuna *Cifal* agnoskas tion. Do mi estis des pli feliĉa, kiam mi malkovris, ke mi povas tuj kompreni kelkajn frazojn en la sekva bilda poeziaĵo de Johann Schmidt. Ili estas markitaj rekte sur la paĝo.

Trod

Nif
in zif
e länäd
äsä tapäd
su glun seaton,
su bel, fälid e fon.
Glidob oli, o nifüp!
tegol tali fenik dü tüp
nesofik semik me nif e glad;
ye dis kold, nif e glad – o
menalad!
ekö! glof nulik dönu eprimon,
si! ebo dub stil glof pafödon.

Demü atos glidob oli,	Worauf dieses, ich grüße dich,
o nifüp! ibä soli	o Winter, denn sie wird die Sonnen
no obevikodol;	nicht besiegen (so irgendwie)
ed oreigon	
sus bel e fon.	*(Pro tio mi vin salutas,*
sus fälid	*ho vintro, ĉar la sunojn*
ko nid.	*ŝi ne venkos [aŭ iel tiel])*
Yö!	

Sed ni eku je la komenco:

Schnee	*Neĝo*
in Stadt	*en urbo*
und Land	*kaj kamparo*
wie ein	*kiel*

Nu, kion signifas *tapäd*? Tre stranga vorto Mi ne povas trovi ĝin en mia antikva vortaro. Mi scias, ke "ta-" signifas "kontraŭ" kiel prefikso. Kaj "päd" estas, laŭ mia antikva vortaro, "paroĥo, pastreco, alta meso". Kio?
Kontraŭparoĥo.
Bone, tio certe estas malĝusta, sed mi tradukos ĝin ekzakte tiel, ĉar simple mojosa, bonvolu aŭskulti la versojn:

Der Schnee	*La neĝo*
liegt auf Stadt	*kuŝas sur la urbo*
und Land	*kaj kamparo*
wie eine Gegenpfarre	*kiel kontraŭparoĥo*

Mi petas pardonon al Hermann Philipps, aŭ al iu ajn en la ekstera mondo, kiu ankoraŭ regas Volapukon. Mi estas la kontraŭpapo de Volapuko dum kvin sekundoj.
Sed momenton. Ĉu la vorto simple povus esti "tapeto"? Laŭsone, la Volapukaj vortoj ofte rememorigas la germanan.[172]
Ne, ĝi nomiĝas tapiŝo. Laŭ la nova vortaro

Der Schnee	*La neĝo*
liegt auf Stadt	*kuŝas sur la urbo*
und Land	*kaj kamparo*
wie ein Teppich	*kiel tapiŝo*

Jes, jen.
Plie la rimoj. Ni tute forgesis pri ili.

---

172 En la germana *Tapete, Teppich* = tapeto, tapiŝo

Platt
liegt in der Stadt
und auf dem Land der Schnee herum
ganz wie ein Gegenpriestertum

Neĝo
kuŝas sur la heĝo
en urbo kaj kamparo
tute kiel kontraŭpastraro

Lol[173]

La silaboj ankoraŭ ne ĝustas, sed mojosas. Mi provizore ignoros la tapiŝon.

Kiel tradukistoj de poezio efektive restas raciaj?

Tiutempe, kiam apenaŭ io alia eblis, mi ankoraŭ amis plenumi ĉi tiun detalan, senrestriktan tradukadon de la plej ekzota poezio trovebla. Mi suferis depresion, panikon kaj timon je vivofino kaj, ho, por ne forgesi mencii, sensentan dekstran brakon, kiu lante sed konstante fariĝis nemovebla. Kaj parolerarojn. Mia vidkampo estis plena de blindmakuloj, sed feliĉe oni ne devas rigardi libropaĝon dum horoj por traduki. "Nazo supren kiam vi tradukas," diris la granda Dostojevskij-tradukisto Svetlana Geier.

Hodiaŭ mi povas legi denove, dum horoj, eĉ kun koncentriĝo, kiel kiam mi estis dek sep jaraĝa. Estas tute mirinde. Kaj promenante tra mia loĝloko kaj rigardante ĉiujn balkonojn mi konstatas ke ĉio komplete revenis, sen blindaj punktoj. Mi neniam forgesos tion. Mi scias, ke ĉi tie temas pri Volapuko, sed mia Dio.

La neĝo kiel tapiŝo; tiel taŭga por salono tiu eleganta frazo kun kravato. Mi vere ne volas daŭre miskompreni ĉion laŭ la maniero de Ezra Pound ĝis ĉe la fino rezultas poezio, sed: provizore mi restas ĉe mia *kontraŭpastreco*. Kion fari. Mi venas al via mondlingva konferenco kaj reinterpretas viajn silabojn, knabo. Elprenu vian harpon el via barbo, kiam mi parolas al vi. Ankaŭ rigardu, (*realtalk*),[174] bonvole, la tutan neĝon, kiu kuŝas ĉie. Kiel ĝi sacerdotas nin en sia eterna kontraŭa direkto. *Word*.[175]

---

173 Lol =laŭtridego
174 Realtalk aŭ real talk = Vera parolado estas angla slango, kiu rilatas al personoj interparolantaj sincere sen filtri vortojn, kiuj povas vundi ies sentojn. ... Vera parolado plej ofte okazas inter homoj, kiuj intime konas unu la alian kaj bezonas malaltigi la streĉitecon en ilia rilato. N.d.l.T.
175 Angle = vorto. Sen plia kunteksto la signifo de tiu vorto restas mistero al la tradukisto. N.d.l.T.

Parenteze, tio preskaŭ fariĝis la titolo de ĉi tiu libro: *LA NEĜO KIEL KONTRAŬ-PASTRECO*. Sed iel ĝi havis tro multe da mistero kaj tro malmulte da ĵazo. Alia alternativa titolo estis *ENTROPIO SINJORINO TRAVELOG*, sed provu reprezenti libron kun tia nomo. Sed tio ankaŭ estus agrabla LOL – kun bildo de rozo ĉirkaŭita de ŝiaj koheraj fratinoj.

La versoj "*ed oreigon / sus bel e fon*" ankoraŭ sonoras en miaj oreloj, jarojn post kiam mi aŭdis ilin la unuan fojon. Intertempe ofta ripeto eluzis ilin al "*Ed Oregon, sus Belefon*". Kaj mi pensas pri viro el Oregono, kiu posedas bojantan[176] telefonon aŭ ion similan. Mi provis ĉion por forigi la poezian orelvermon, sed kiam ajn mi pensas, ke ĝi finiĝis, ĝi denove sonoregas en mia menso sen averto. Kompreneble mi ankaŭ provis traduki ĝin. *Oreigon* signifas "ĝi regos". Do: "Kaj ĝi regos / super monta kaj fonta akvo". Ed Oregon el Bellefon, Nebraska. Yö![177]

pulöfob: mi estos amita

Centjaraĝaj gazetoj certigas nin: La Graz-Volapukistoj estis ĉiuj virinoj.

Kaj en Volapuko, *jiedön* estas la vorto por "feki", ĝi intence havas la virinan prefikson, *ji-edön*, por diri "ekskrementi laŭ ina maniero". Kaj pro sia formo, kiu memorigas pri apartigitaj kruroj, la vorto por tondilo estas *jim*. Johann Schmidt instruas nin en sia propra volapuka kurso:

La prefikso *ji* indikas virinajn terminojn; *jifit* = ina fiŝo, *fit* = fiŝo – *jigok* = kokino, *gok* = koko – *jireg* = reĝino, *reg* = reĝo. La prefikso *ho* signifas kastritajn virajn vivulojn; *hogok* = kapono, *gok* = koko – *hojip* = kastrita virŝafo, *jip* = ŝafo. La prefikso *jo* signifas (kiel ho) kastritan inan vivulon; *jogok* = kastrita kokino, *gok* = kokido.[178]

---

176 En la germana "bellen" = boji N.d.l.T.
177 Yö (en Esperanto "nokto") estas finna rokenrola muzika grupo. N.d.l.T.
178 El germanlingva instrulibro: *LEHRBUCH DER WELTSPRACHE VOLAPÜK für Deutschland und die deutschsprachigen Länder* (1933), preparita por la interreto de Hermann Philipps: http://www.hephi.de/ volapuk. N.d.l.T.

Ĝenerale la malnova Volapuko, kun ĉiuj siaj belecoj, estis ekstreme strikta lingvo, precipe rilate seksan disiĝon. Fakte tiel strikta, ke eĉ la vorto "kato" ne troveblas en la originala Volapuka vortaro de Schleyer el 1880. Oni nur trovas "virkato", *kat*, kaj "katido", *katil*, do nur patro kaj filo, por tiel diri, la patrina besto ne estas menciita, same kiel en la katolika ideo de la Triunuo. Oni probable devas diri *jikat* por "ina kato".

La pli nova versio de la lingvo estas multe pli malstrikta pri ĉi tiu punkto. Sed nu, planlingvoj ĉiam estas aŭtobiografioj (kaj poezio skribita en ili estas, almenaŭ parte, ĉiam io kiel fanfikcio). Sed lingvo sen la vorto "kato," mia Dio. Kaj tiam miri, kiam via Volapuko ne fariĝis memeo.[179]

En la Laadano kato estas simple *rul*.

5

Taglibro
monatojn poste

7-a de Novembro, 2015
Kun Sarah ĉe la ekspozicio Ernst Herbeck en Gugging. Tre kortuŝita. Poŝtkarto de W.G. Sebald al Herbeck. Malnova filmeto de publika legado aŭskultebla sidante sub speco de papera lampŝirmilo. La velura mola, preskaŭ senkonsonanta voĉo de Herbeck, kiu, malgraŭ la parolproblemoj, moviĝis laŭ modera bicikla ritmo tra siaj poeziaj linioj.

Kelkajn metrojn for de la muzeo mi vidis kloakokovrilon, apud ĝi ŝildon, kiu tekstis: "Atentu! Konservu fuĝkovrilon libera". La vivo en la institucio estis ĉio krom agrabla aŭ romantike arta, kiel oni povas tre bone vidi en la televidprogramo *Zur Besserung der Person* (Por plibonigo de la persono). Oni pasigis grandan parton de la tago atendante. Oni staris en la koridoroj, okupis sin iel, oni

---

[179] La termino memeo nomas ĉian eron de kultura informo, kiun unu menso transdonas al alia menso. Vikipedio (de la greka mimēma tio kio estas imitata) N.d.l.T.

kuŝis en la lito ĝis oni ne plu povis elteni. Regulaj kaj profunde ĝuataj kulminoj de la tago: la fumitaj cigaredoj.

Dum ni reiris, ni malkovris arbon tute nudan krom la folioj, kiuj pendis tuj apud hele brilanta stratlanterno. Mia kapo plena ĝis rando kun strangaj frazoj kiel "La konstrugruo movas sian sonan nadlon tien kaj reen" kaj "Estas du golfpilkoj sur la luno kaj estas leonoj ĉi tie", mi tute ne scias, de kie venas tiaj frazoj. Volapukaj vortoj fuŝe trudas sin al mia menso. Mi murmuras ilin al mi mem. *Esepülobs libi*, – linio el poemo de Johann Schmidt.

Ĉu ankaŭ Herbeck[180] kaj Edmund Mach[181] verkis en inventitaj lingvoj? Parte eble. Ne intence. Poste al la nokta ĉiĉeronado en Palaco Schönbrunn kun Samantha kaj Sarah. Ni estis gvidataj tra la nigrega bestoĝardeno per noktovidiloj, kiuj ĝenis la nazon. Lemuroj alpremiĝis al siaj propraj vostoj kaj dormis; granda simio apogis sian mentonon sur siajn genuojn kaj rigardis nin, ĉi tiun strangan noktan vizion antaŭ lia ĉirkaŭbaraĵo. La leona muĝo profunde agacis miajn nervojn, kaj kaŭzis tujan alarmkondiĉon, tiun arkaikan kaj elementan reagon. Ha, tial mi antaŭe diris tiun frazon, mi pensis. Kaj ankaŭ la *Esepülobs libi* – ĉar ĝi signifas "ni enterigis la liberecon". Dum la gvidata vizito tra la besta mondo senigita je libereco, mi ankaŭ rimarkis kiom tute blinda mi estas en la centra vidkampo kiam krepuskas. Mi ĉiam devas preterrigardi ĉiujn aferojn, kiuj interesas min, kiel la jezuitoj, kiuj ekzerciĝas en *custodia oculorum*.[182] Estis timige, kiam mi rigardis Sarah, kaj ŝia vizaĝo estis nur ia grandega dikfingro kun haroj ĉirkaŭ ĝi – kaj nur kiam mi rigardis ŝian orelon, ŝiaj vizaĝaj trajtoj estis denove tie.

Esepülobs, esepülobs
us älilobs smili.

Strangegas, kiel tiuj stultaj arlekenecaj silaboj, ĉi bliblüblö bibups, ĉi tiu angla-germana volapuko inventita de bebo, blub

---

180 Ernst Herbeck (1920-1991) estis aŭstra poeto, kiu pasigis la plej grandan parton de sia vivo en frenezulejo kie li verkis milojn da poemoj. Wikipedia-de N.d.l.T.
181 Edmund Mach, (1929-1996) estis skizofrenia aŭstra poeto kaj tenisa instruisto. Kune kun Ernst Herbeck, li estis unu el du lingvaj artistoj en la "Domo de Artistoj" en la Malsupra Aŭstra Provinca Psikiatria Kliniko en Gugging.
182 Latina – gardado de la okuloj

blub bilööö, povas efiki kortuŝe kaj vere poezie, se vi lernis ĝin nur iomete pli kaj oni povas tuj rekoni almenaŭ 10% de la vortoj en linio de poezio. Kiel tio funkcias?

La sekvan tagon Sarah montris al mi kromsunojn sur la ĉielo dum ni serĉis la tombon de Thomas Bernhard ĉe la tombejo Grinzing. Ŝi eĉ trovis unu plian flosanta super apuda arko. Mi suspektis, ke ŝi povus esti unu el tiuj virinoj, kiuj vidas tetra-kromate. Aŭ mi simple ne vidas kolorojn tiel bone, mi ne scias. Ni ankaŭ vidis malnovan insekticidan fabrikon (Zacherl), kiu estas konstruita iom kiel moskeo. Grandioza tombo en la tombejo Grinzing portis la nomon de Freiherr Dumreicher von Österreicher.[183] Hihihi. *Löfobbb. Pulöfob*, mi petas.

6

Aldono

La poemo de Johann Schmidt citita en ĉi tiu taglibra enskribomia tre lasta, en kiu ankoraŭ aperas Volapuko – tekstas jene:

Esepülobs libi
dü dag e tep vemik;
no elogobs strali
lita zü sark blägik.

Esepülobs libi,
e komanef smalik
no älogon meni
votik ko dol legik.

---

183 Laŭvorta traduko de la nomo estas: Barono Stultriĉulo el Aŭstrio N.d.l.T.

Mens äcogons in doms,
us älilobs smili,
du ün neit ko toms
esepülobs libi.

Wir haben die Freiheit begraben,
der Sturmwind wehte stark;
vor lauter Dunkel sahn wir nicht
das überstrahlend helle Licht
rund um den schwarzen Sarg.

Wir haben die Freiheit begraben,
und die kleine Gruppe
sah nicht, dass andre Menschen
auch echte Schmerzen haben.

Die Menschen scherzten in Häusern,
wir hörten von dort Gelächter,
während einer Leidensnacht
haben wir die Freiheit ins Grab gebracht.

(Ni entombigis liberecon,
la ŝtorma vento forte blovis;
pro la mallumo ni ne povis vidi
la brilantan helan lumon
ĉirkaŭ la nigra ĉerko.

Ni entombigis liberecon,
kaj la malgranda grupo
ne vidis, ke ankaŭ aliaj homoj
havas veran doloron.

La homoj ŝercis en domoj,
de kie ni aŭdis ridadon,
dum nokto de sufero
ni entombigis la liberecon.)

Johann Schmidt estis muzikisto; li jam lernis ludi violonon kiel infano. Fine de aŭtuno 1915, kiel soldato en la unua mondmilito, li estis vundita ĉe ambaŭ brakoj kaj de tiam povis nur ludi pianon. En Strasburgo, dum iuj posttagmezoj en malgranda kinejo, li akompanis mutajn filmojn per piano. Li poste konstruis rentgenajn aparatojn en la Frankfurta fabriko Veifa. Iun tagon, dum li priserĉis partituron en librobrokantejo, li malkovris libron pri la mondlingvo Volapuko. En sia maljunaĝo Schmidt verkis la eseon *"Mein Lebenslauf"* (Mia vivresumo) en kiu li skribis: "Tiam mi serĉis en gazetoj malnovajn subtenantojn de la lingvo, kiu malaperis ĉirkaŭ 1895. Pasis 2–3 jaroj antaŭ ol mi trovis la unuajn kaj helpe de ili la tasko pli kaj pli rapidiĝis; ĝis fine ĉirkaŭ 20 troviĝis en Germanio, Svislando kaj Aŭstrio." Schmidt tradukis multajn verkojn kaj plivastigis la Volapukan vortprovizon je 10.000 vortoj. En 1933 li perdis sian postenon kun la enkonduko de sonfilmoj. Lia engaĝiĝo favore al mondlingvoj ĉiaokaze fariĝis suspektinda. Li ne povis trovi laboron ie ajn. Eĉ muzikstudantoj ne plu venis al li. Bone ligita ŝtatoficisto, kiu sekrete havis inklinon al Volapuko, tenis protektan manon super li. Schmidt deklaras: "Dum miaj vizitoj, mi rimarkis, ke li provizas panon al iuj el la persekutitoj, ktp." Dum ĉi tiu tempo lia unua filo Robert mortis. Schmidt estis translokigita al Weißkirchen en la montana regiono Taunus kiel militlaboristo. En la dezerta fabriko, en kiu li devis plenumi sian devon kaj kiu estis multfoje trafita de bomboj, li nokte verkis pliajn instruajn manuskriptojn por siaj amikoj, kiuj dume fariĝis plejparte neatingeblaj. Schmidt dediĉis la postajn jardekojn de sia vivo al laboro pri ampleksa kroniko de sia hejmurbo Weißkirchen. "Kio ajn okazos, mi kredas, ke mia vivo valoris," li skribis, "ne nur rilate al la familio, sed ankaŭ al la servo de la ĝenerala publiko. Mi havis la privilegion konservi nemalmulton de la pasinteco."

Tiucele, sed ne nur pro tio, mi ŝatus citi alian poemon de Johann Schmidt; ĝi eble estas lia plej bela. Post amikiĝo kun la stranga kaj iom petola sono de Volapuko, oni perdas, per traduko de la enhavo, grandan parton de ĝia melodia facileco, kiu preskaŭ alproksimiĝas al Keats aŭ Heine. Mi aparte ŝatis la vorton *fogastrips*. Ĝi vere saltas al vi, en sia duonserioza rigoro. *Fogastrips e breiniflaps*. Nebulondoj kaj apopleksio. Ankaŭ estus bona librotitolo, iel. Sed nur en Volapuko.

Fluküp

Fogastrips lunik vebons sus glun,
böds emoikons sa solaglut.
Teps rorons sovadiko ön zun,
letuigs dremons in tepavut.

Bleds lätik edofalons de bims,
valöpo tegons gluni gedik.
Nu binos fluküp. Adyö! o drims!
-ag! - adyö! o hitüp lejönik!

Ta fenäts reinatofs falons.
Seadob soaliko in cem
e tikods glumülik davedons,
lif oba beivegon in mem.

Flens obik takädons in sepüls.
Senälob osi de düp lü düp
das binob bäldik; e dü flapüls
lad obik spikon: "Binos fluküp."

Kaj jen mia poezia traduko ŝvebanta laŭeble plej proksime al la originalo:

Herbst

Schau wie lang der Nebelstreifen quillt.
Vögel waren hier, samt Sonnenglut.
Stürme tosen aufgepeitscht und wild,
und lassen Äste schwirrn in ihrer Wut.

Späte Blätter fielen um die Bäume
und säumen graue Erde weit und breit.
Nun ist es wieder Herbst. Adieu! O Träume!
Adieu du Sommer, schön're Jahreszeit!

Der Regen dringt ans Fenster wie ein Tier.
Ich bin zu Hause und mein Geist wird trüber.
Nur traurige Gedanken kommen mir
und in mir zieht ein Lebenslauf vorüber.

Und meine Freunde ruhen in der Erde.
Ich denke Tag für Tag auf meinen Wegen,
dass ich auch bald im Grabe liegen werde.
Und unser Herz spricht zwischen seinen Schlägen:
"Es ist jetzt Herbst. Kein Grund sich zu bewegen."

(Aŭtuno

Rigardu, kiel longe la nebulstrio ŝvelas.
Birdoj estis ĉi tie kun la sunbrilego.
Ŝtormoj muĝas vipe kaj sovaĝe,
kaj bruigas branĉojn en sia kolero.

Malfruaj folioj falis ĉirkaŭ la arboj
kaj vaste vidiĝas tero griza.
Denove estas aŭtuno. Adiaŭ! Ho revoj!
Adiaŭ somero, pli bela sezono!

La pluvo trafas la fenestron kiel besto.
Mi estas hejme kaj mia menso mornas.
Nur tristaj pensoj tuŝas min
Kaj enmense vivresumo preterpasas.

Kaj miaj amikoj ripozas en la tero.
Mi pensas post ĉiu tago, post ĉiu ago,
ke baldaŭ ankaŭ mi estos en la tombo.
Kaj mia koro diras inter siaj batoj:
"Estas aŭtuno nun. Ne necesas moviĝi.")

Verdire, la lasta linio estas aldonita. La originalo nur diras: "Estas aŭtuno." Sed mi ŝatis ĝin, kiel kontraŭpastreco ĉe la fino. Sen la poemo kaj la kubutpuŝo de la rimoj tio neniam estus veninta al mi en la kapon. Mi ankaŭ iomete pli libere tradukis la reston de la verko, pro amo al ĉi tiu viro, kiu ankoraŭ estas tiel nekonata al mi malgraŭ la scio pri kelkaj etapoj en sia vivo, kiu ankoraŭ portas sian mondhistorian nevideblecon kun tiom da digno, tagon post tago kaj jaron post jaro. Pro tio oni preskaŭ povus regajni fidon al la homaro por estontaj tempoj.

7
La Fino

En siaj verkoj, la lingvisto Alexander John Ellis mencias knabinon en Ĉikago, kiu kreskis kun Volapuko kiel denaska lingvo: Corinne Cohn. Ŝia patro estis la fama profesoro pri Volapuko Henry Cohn, kaj li edukis sian filinon ekde frua aĝo en la mondlingvo. Corinne naskiĝis en 1882. Ŝia talento por lingvoj estas menciita en iuj gazetaj artikoloj dediĉitaj al ŝi, sed la plej multaj el la artikoloj konsistas nur el kelkaj linioj de afablaj, distritaj ĝeneralaj laŭdoj el la sekcio "diversaj novaĵoj".

La gazeto New York Herald raportis pri vizito de sia korespondanto ĉe la familio Cohn en la strato Cass la 29an de januaro 1888. La tempo de lia vizito estis la oka vespere, "the proper hour" (la ĝusta horo), kiel notas la korespondanto. Corinne estis lerta knabino de ses jaroj, iom malgranda por sia aĝo, sed tre parolema. Ŝi tuj prezentis al li sian pupon: "Ĉi tiu estas mia plej juna pupo. Kvankam ŝi estas la plej granda. "Laŭ la korespondanto, tio ŝajnis al la knabino tute absurda, sed ŝi lernis vivi kun la kontraŭdiro. Ŝi povis deklami poemojn de Hugo, Heine, Longfellow kaj multaj aliaj parkere kaj en la originala lingvo, kaj ŝiaj gepatroj hejme parolis "*nearly all the Continental languages*" (preskaŭ ĉiujn eŭropajn lingvojn").

En 1909 Corinne edziniĝis kun certa Leo L. Half. Filo naskiĝis la 18-an de oktobro 1916, kiun ŝi nomis laŭ sia patro Henry. Corinne laboris kiel instruisto ĉe Northwestern University. Ŝi havis du pliajn infanojn, Madeleine kaj Helen. Ŝi longe loĝis en Allegheny, Pensilvanio kun sia edzo kaj tri infanoj. La familio ŝajnis finance bonfarti, ĉar servantino estas menciita en registro: Viktoria Sidwin, pola enmigrinto. La 22an de januaro 1932, Corinne, dume prezidanto de la Pitsburga filio de la *Council of Jewish Women* (Konsilio de Judaj Virinoj), prelegis pri la pritakso de kohereco kaj teama spirito ene de organizo, suplementita de "*a very inspiring group of poems*" (tre inspira poemaro).

Corinne mortis la 11-an de julio 1965 en la aĝo de 83 jaroj en Oakland, Pitsburgo. Ŝi postvivis sian edzon je 19 jaroj. "*'Corinne Cohn Half (!), of the Webster Hall Hotel, died*" estis la vortumo de la mesaĝo. Mi ne certas, kion signifas "de la hotelo Webster Hall".[184] Verŝajne ŝi loĝis tie. Aŭ ĉu ŝi estis ĝia posedanto? Ne, tio certe ne. Jen bildo:

Verŝajne la sola denaska parolanto de Volapuko, kiu iam loĝis sur la tero, mortis en unu el ĉi tiuj multaj ĉambroj. En juna aĝo ŝi flue komunikis kun sia patro en tiu stranga lingvo kaj probable, de tempo al tempo, kun kelkaj aliaj plenkreskaj volapuk-entuziasmuloj, ni simple ne scias, ĉu ŝi ŝatis tion. Ni ankaŭ ne scias pri kio oni parolis kun ŝi. Oni probable faris al ŝi ĝentilajn demandojn, kiujn kutime plenkreskuloj kun cilindraj ĉapeloj, monokloj

---

[184] La tradukisto malkovris, ke ne plu temas pri hotelo sed simple pri ŝia adreso: La *Hotel Webster Hall* estis konstruita en 1924 kaj poste la hotelo estis alikonstruita en apartamentoj kaj nun estas uzata kiel apartamentaj dormejoj por studentoj de la universitato Carnegie Mellon kaj estas konata kiel *Webster Hall*. N.d.l.T.

kaj blankaj gantoj direktas al infanoj. Estis tre verŝajne, ke ŝi estis la sola infano en la mondo en ĉi tiu situacio tiutempe, kaj kiel tia ŝi reprezentis la komencon de brila estonteco de lingvo, kiu poste ne realiĝis, aŭ nur efemere aŭ jen kaj jen, en ŝi kaj nenie alie. Oni scias, ke certaj mallongaj momentoj daŭras por ĉiam.

Post kelkaj tagoj traserĉante censojn kaj malnovajn ciferecigitajn gazetojn, mi akiris misteran fidon al Corinne: mi certas, ke ŝi ne parolis Volapukon poste. Almenaŭ tion mi deziras al ŝi, retrospektive post preskaŭ jarcenton. Mi ne scias, ĉu vi povas kompreni tion. Supozeble la 83-jaraĝa sinjorino, kies infanoj ĉiuj jam feliĉe plenkreskis kiam la morto venis al ŝi, ankoraŭ iel havis dispozicion por la gramatiko kaj vortprovizo de Schleyer, sed mi esperas, ke la strangaj silabaj sinsekvoj jam frue transformiĝis en ion malproksiman kaj serenan, en melodion kantatan en infanaĝo, sed kiu poste ne kuniĝis kun io ajn grava. Estis en tiuj silaboj kaj en ĉi tiu melodio, ke ŝi, kiel malgranda infano, parolis kun sia patro eble en sia eta infana dormoĉambro en Ĉikago.

Portante la monoklon tra kiu li rigardas la mondon, ŝia patro havas iom da malfacileco sekvi la frazojn, kiujn ŝi eldiras fulmrapide. Ŝi jam parolas pri la plej diversaj aferoj, ne nur por pruvi la taŭgecon de la mondlingva vizio de Cifal Schleyer, sed ĉar ŝi havas tute aliajn, verajn, raportendajn problemon. Eble unu el la katoj de la najbaroj gravediĝis kaj eĉ ne ekzistas bona vorto por kato ... *Jikat*. Ŝi-kato. Ŝi preterlasas la inan silabon pli kaj pli ofte, kiam ŝi rakontas pri ŝi kaj estas korektita de la patro, ĉar li kapablas fari tion. Li rimarkas erarojn ĉie. Li kutime bezonas multan tempon por respondi ŝiajn zorgojn. Kaj finfine, oni vidas, ke li volas esti laŭdata de iu pro la senmanke eldirita mondlingva frazo. Sed la papo de Volapuko, de kiu povus veni la laŭdo, estas malproksima en Eŭropo. Tio troviĝas trans la maro. Corinne ne scias multon pri li. Ĉu la katidoj naskitaj sub la verando transvivos la malvarmajn tagojn? Nun estas aŭtuno. *Nu binos fluküp*. Kompatinda veranda naskitaro. Estas tiel multe por diri. Por ĉiu nova penso kaj ĉiu nova okazo, oni devas elpensi novan vorton, se ankoraŭ neniu ekzistas. Kaj la plenkreskuloj nur staras tie, tenas la randojn de siaj ĉapeloj kaj kapjesas. Ĉion oni devas mem fari.

KVINA ĈAPITRO

Umzaka.[185]
Poezio sensenca kaj ĝia similaĵo

> Li evidente pensas pri mondo,
> en kiu oni estas liberigita de senco
> (tiel kiel oni estas liberigita de militservo).
>
> Roland Barthes [186]

1

Ekskludante la publikon

Kelkaj kantoj kaj poemoj de la Meskwaki, historie loĝantaj en la regiono de Grandaj Lagoj en Nordameriko, sed nun nur kun kelkaj miloj da membroj, kies malmoderna nomo estas Fox (Vulpo), estis kolektitaj kaj publikigitaj en la 1970-aj jaroj en la libro *Shaking the Pumpkin: Traditional Poetry of the Indian North Americans* (Skuante la kukurbon: tradicia poezio de la indianaj nordamerikanoj.) La sekva poemo, rite akompanas viziton al ŝvitejo:

A gi ya ni a gi yan ni i
A gi ya ni a gi yan ni i
A gi ya ni a gi yan ni i
A gi ya ni agi ya ni
Himmel (Ĉielo)
A gi ya ni i a gi yan ni
A gi ya ni i a gi yan ni
A gi ya ni

---

185 Umzaka – klarigota poste en la ĉapitro. N.d.l.T.
186 Roland Barthes 1915-1980, franca literaturkritikisto, literatura kaj socia teoriisto, filozofo kaj semiotikiisto. Vikipedio-eo, N.d.l.T.

Ĉu vi rimarkas, kiel oni tuj tenas sin al la unu komprenebla vorto? Kiel ĝi estas surtronigita kaj regas en la mezo. ĈIELO. Kun siaj tri mildaj silaboj, ĝi preskaŭ muĝe sufokas ĉiujn aliajn silabojn en la poemo, kies "signifo" ne estas tuj klara. Sed ĉu ĉi tiuj aliaj silaboj, plej probable, ne estis la ĉefa afero? Sen ili la poemo ne funkcius, ĝi havus nek haŭton nek okulojn nek motoron. "Ĉielo" – kial niaj okuloj tiom alkroĉiĝas al ĉi tiu konata vorto? Pri la magnetismo de signife klaraj vortoj en teksto – kiom multe ĝi blindigas onin al vastaj kontinentoj de poezio, kies regula vizito estus bonfara al ni malgraŭ ĉio?

Ĉu oni povas diri, ke ĉi tiu poemo enhavas sensencajn versojn? Verŝajne ne. Sed kiom ĝi distancas de tio? Ĉu oni eĉ povas "kompreni" la silabojn, kiuj ŝajne ne facile tradukeblas, se oni ne parolas Meskwaki mem?

La usona poeto Ron Silliman,[187] kiu ankoraŭ estas krime nekonata en ĉi tiu lando, skribis en sia eseo Disappearance of the Word, Appearance of the World (Malapero de la vorto, apero de la mondo) pri la ŝviteja poemo: "Krom specife antropologiaj provoj de klarigo, preskaŭ ne ekzistas loko en nuntempa literaturteorio por tia speco de poezio, nek mekanismo por klasifiki la poemon apud la verkoj de Dante, Li Bai aŭ Tzara." Li bedaŭras la mankon de tia poezio en la instruplanoj de kompara literaturscienco, por kiuj eĉ ne rasismo povas oferti sufiĉan klarigon. "La foresto de eksteraj referencaj punktoj estas ĝenerale miskomprenata kiel foresto de signifo."

Multo estis skribita kaj pripensita pri la tiel nomata sensenca poezio kaj ĝia periferio. Spontane elpensitaj, hazarde improvizitaj lingvoj tute diferencas de konstruitaj, sed al la nesperta okulo ambaŭ ofte unuavide aspektas samaj. Simile kiel John Cage en sia taglibro rimarkis: "Oni diras ke tute determinata muziko kaj aleatora muziko sonas same."[188]

---

187 Por mi, lia frua poemo *Ketjak* estas unu el la ĉiam vizitindaj fortofontoj en monda literaturo. N.d.l.A.
188 Angle en la originalo: "They say totally determined music and indeterminate music sound the same." Vidu "Hazarda muziko" en Vikipedio-eo. N.d.I.T.

La celo de lingvo senigita de signifo povas esti la ekskludo de la aŭdantaro de rekta vojo de kompreno en fruktodona, ilumiga kaj rakonta maniero. Unu moderna kaj facile komprenebla ekzemplo pri tio estas la *grammelot*-pecoj[189] de la itala dramisto Dario Fo. Mi ankoraŭ memoras kiam mi unue veturis al Venecio en 2003 kun mia tiama koramikino J., kaj ni pasigis kelkajn agrablajn tagojn, escepte de unu mistera sveno, kiam je la unua fojo mi eniris la akvobuson, la vaporetto-n ĉe la stacidomo, sed mi rapide resaniĝis dum kelkaj agrablaj tagoj. Dum jaroj mi asertis al ĉiaj homoj, ke mi jam estis en Venecio, kaj nun, mirinde, mi vere estis tie, kaj ĉio estis ĝuste tia, kia mi imagis ĝin mensogante, kiu scias pro kiaj internaj imperativoj de nematureco. Mi parolis kun homoj en memfida itala bebparolado, kiu konsistis el multaj eraroj, kiuj tamen parte nuligis unu la alian kaj kondukis al mirindaj momentoj de klarega komunikado, kaj post iom da tempo havis la iluzian senton, ke mi baldaŭ kapablos senti min hejme en ĉi tiu lingvo. Iam mi eĉ aĉetis promenbastonon, simple ĉar mi hazarde konis la vorton por ĝi. Poste mi kuris tra la stratetoj kaj, kiel freneza barono, montris per bastono ĉiajn aferojn. Se oni moviĝas tra la mondo en tia mallimigita maniero, povas facile okazi, ke post mallonga tempo oni troviĝas antaŭ distorda spegulo aŭ eĉ en la brakojn de distorda sozio, kio tiam okazis. En librovendejo, kie hazarde la elektro paneis, mi trovis sur la teatrobreto VHS-kasedon (en la lastaj aktivaj jaroj de tiu registra formato) kun la peco *Mistero Buffo*, (Amuza mistero) de Dario Fos registrita de RAI (*Radiotelevisione Italiana*) el la sepdekaj jaroj. Sur la kovrilo Fo mem videblis kiel bildstria rolulo kun superhoma larĝa rideto. La peco estas revuo de mezepokaj misteraj ludoj, parte adaptitaj kaj konformigitaj en la detaloj al la nuntempo, ĉiu sceno ludita de Dario Fo sola kaj tute sen teatrorekvizitoj krom la grandega mikrofono gluita al la brusto. Mi komprenis iujn scenojn perfekte, aliajn apenaŭ. Montriĝis, ke ĉi tiuj lastaj estis simple la scenoj luditaj en la itala. Sed tiuj, kiujn mi komprenis kvazaŭ en sonĝo, estis grammelot.

---

189 *Grammelot* – speco de galimatio uzata en teatra mimo aŭ satiro. Vidu artikolon en Monato : "Ĉu vi parolas *grammelot*?" http://www.monato.be/2017/011993.php?p N.d.l.T.

Ĉi tiu stranga vorto priskribas parolteknikon, en kiu oni ŝajnigas paroli certan lingvon, kun tipa melodio kaj prononco, sed vere oni nur eligas sensencajn silabojn. Aŭ hm. Ne. "Sensenca" jam estas neĝusta. Ĉar mi ja komprenis la signifon de la scenoj kaj estis profunde kortuŝita, foje ankaŭ amuzita. La monologo "*Schtonk!*" de Charlie Chaplin en La Granda Diktatoro estas ekzemplo de germana grammelot. Sed ankaŭ en ĉi tiu parolado estos malfacile atesti, ke ĝi estas tute sensenca. – Interesa fenomeno estas cetere, ke same kiel la plej multaj homoj ne kapablas tikli sin,[190] tiel ili ĝenerale havas grandajn problemojn praktiki grammelot en sia propra lingvo. Ĉe Fo estas grammelot-scenoj pri reprezentantoj de diversaj italaj dialektoj kun arkaika intonacio, sed ankaŭ pri anglalingvaj kaj franclingvaj protagonistoj.

Unu el la grammelot-peceroj en Mistero Buffo estas "La Malsato de Zanni", la historio de nedireble malsata viro, kiu faras spektaklan festenon el plej diversaj ingrediencoj kaj eĉ voras sin mem tirante el sia gorĝo sian ankoraŭ digestantan inteston kaj daŭras manĝi ĝin. Fine li eĉ manĝas etan muŝon, kiu perdiĝis en la kuirejo, kaj ĝi ŝajnas esti la plej efika maniero kontentigi lian nekontentigeblan malsaton. Zanni estas stereotipa figuro de la Commedia dell'Arte, eble iom komparebla al la germana arelekeno, Hanswurst, aŭ similaj klaŭnaj roluloj. En la monologo de Zanni, Fo miksas la italan kun onomatopean, tamburan *grammelot*, kiu aspektas tiel en la presita teksto de Mistero Buffo (kun mia traduko de la reĝisoraj instrukcioj):

> FRUUOOOH ... SPROH ... FESCIOUAAAH ... TRIFIHIEE!
> *Li skuas sian imagan inteston kiel vergo, komencas maĉi kaj gluti ĝin kiel senfinan kolbason. Li maĉas kaj komentas feliĉe:*
> SGNAGUI QUE BROSSOLO SMAGNASENT
>   LÜGANEGOSA...
> GNE, GNA GNITRAGUÍ.
> *Unu lasta, tre kontenta rukto. Li frotas sian stomakon ĝis sia kolo. Tiam, seniluziigita kaj senespera:*
> Ohi, la fame che tégno! Me magnarèsse i monti, le valàde, le nívule.

---
190 Krom la langopinto sur la palato, kompreneble. Provu ĝin. N.d.l.A.

La lastaj frazoj denove facile kompreneblas: "Ho, kiel malsata mi estas! Mi povus formanĝi la montojn, la valojn, la nubojn."

Jen do la unua grava eco de la fenomeno, kiun ni volas studi: eksplode malsukcesa imito. Antaŭ la spektantaro ekestas simulakro,[191] eĉ kun la plej bona volo en la mondo, ĝi ne plu permesas la klasikan kompren-procezon, kiun la imitita afero mem tuj impulsus. Oni restas ekstere, estas ekskludita – kaj vidas klare, vidas aliajn aferojn. Sed kiujn? Ĉu oni vidas la konatan "per okuloj de fremdulo"? Sed kion signifas "fremda" en ĉi tiu kunteksto? Ne, nenio el tio sonas ĝuste. Por povi iomete pli bone kapti la misteron, ni rigardu alian ekzemplon de spontane elpensitaj lingvosimilaj signoj, kiuj tamen rezultigas la ĝustan malon de grammelot – ĝis hodiaŭ.

2
La sfinkso de Soweto[192]

La funebra ceremonio de Nelson Mandela okazis la 10-an de decembro 2013 en Soweto, distrikto en Johanesburgo, Sudafriko. Sur la platformo de la parolanto, tuj apud la internaciaj gastoj, estis viro, kiu ŝajnis esti signolingva interpretisto. Li restis sur sia loko dum la tuta kvarhora evento kaj faris siajn gestojn kun serioza koncentrita mieno. Mi ankoraŭ memoras, kiel mi estis en Twitter, la sola praktikebla kaj ampleksa Pliigita Realo,[193] kiun ni nuntempe havas, kaj spertis realtempe kiel surduloj ĉirkaŭ la mondo komencis rimarki dum la dissendo, ke liaj gestoj ne havas la plej etan sencon. Ĝi estis kompleta sensencaĵo, moko de surduloj, skandalo.

---

191 Simulakro estas kopio kiu ne havas originalon. Vikicitaro sub "simulakro". N.d.l.T.

192 Soweto estas akronimo por South Western Townships. Iam aparta urbo, ĝi nun estas parto de Johanesburgo kaj la nomo Soweto ne plu estas uzata oficiale. N.d.l.T.

193 Angle en la originalo "*augmented reality*". Pliigita realo (PR) estas termino por viva rekta (aŭ nerekta) vido de reala medio, kies eroj estas pliigitaj per virtuala bildaro generita de komputilo. Vikipedio-eo N.d.lT.

La ŝtona esprimo de la viro ilustris unu el la ĉefaj diferencoj: neniu signolingvo en la mondo estas parolata kun perfekta pokervizaĝo, ne, la vizaĝaj esprimoj kaj la buŝaj movoj estas nepre parto de la signo. Cetere la viro nur ripetis kvin aŭ ses malsamajn manmovojn.

Kiu estis ĉi tiu viro? Kaj kion li pensis, ke li faras tie? Laŭ la eksteraj normoj de lia aspekto li komprenebla estis kavaliro-fripono. Komprenebla, li povus ankaŭ esti frenezulo, kiu, malgraŭ sia ŝajna nekompetenteco, tute konvinkiĝis, ke li parolas veran SASL (Sudafrika Signolingvo). Aŭ ĉu li eble estis vera gestolingva interpretisto, kiu suferis apopleksion?

(Mi ankoraŭ memoras, ke mia bazlerneja instruistino, kiam ŝi sentis sin miskomprenita, foje provis komuniki kun Frederic,[194] kiu ekzistis senparole en nia integriĝa klaso, per simile sensencaj improvizitaj gestoj, kiujn ŝi mem konsideris klaraj kaj memkompreneblaj, kaj mi ankoraŭ povas vidi la malsatan aspekton de la knabo, kiu, almenaŭ dum kelkaj sekundoj, vere provis eltrovi, kion ŝi volas de li.)

En la tago de la interpretista skandalo, la mistera viro estis diskutita en Facebook dum horoj. Johannes Wankhammer, kiu hodiaŭ instruas la germanan lingvon en Princeton, indikis al mi teksteron ĉe Wittgenstein:

> Homo povas kuraĝigi sin, ordoni sin, obei, kulpigi, puni sin, starigi demandon kaj respondi ĝin. Do oni povus imagi homojn, kiuj nur parolas monologe; kiuj akompanas sian agadon kun monologoj. – Esploristo, kiu observas ilin kaj aŭdas iliajn paroladojn, eble sukcesos traduki ilian lingvon en la nian. (...) Ĉu ankaŭ imageblus lingvo, en kiu oni povus skribi aŭ prononci siajn internajn spertojn – siajn sentojn, humorojn, ktp – por sia propra uzo? – Ĉu ni ne povas fari tion en nia ordinara lingvo? – Sed mi ne celas tion. La vortoj de ĉi tiu lingvo devas rilati al tio, pri kio nur la parolanto povas scii; pri liaj senperaj, privataj, sentoj. Do neniu alia povas kompreni ĉi tiun lingvon.[195]

---

194 Vidu Ĉapitro Unu N.d.l.A.
195 *Philosophische Untersuchungen* § 243 N.d.l.A.

La vizaĝo de la viro efektive posedis la nesondeblan rezolutecon, kiu havas nur sencon en lia propra mondo. La cetero de la homaro devas senkonsile fiksrigardi lin, alie li "ne ĝuste" parolos sian privatan lingvon. Sed estis ankaŭ eble, ke ĉi tiu viro estis ia spektaklo-artisto. Eble li estis profesia fotobombisto,[196] de kapturnaj Andy Kaufman-dimensioj.[197] Iu, kiu ŝatas ŝteliri en la sferon de famaj homoj ĉirkaŭitaj de sekurecaj taĉmentoj por fari siajn petolojn tie. Ĉiaokaze, li staris sur la platformo de la parolanto dum pli ol kvar horoj kaj nur metron for de la tiama usona prezidanto Barack Obama. Ĉu li estis iu, kiu volis pruvi, ke la sekureco de la usona prezidanto ne estas tiel perfekta, kiel oni ĉiam kredas? Ĉiaokaze li pruvis, ke oni povas stari apud ŝtatestro sen ia ajn kvalifiko kaj fari dancon de sensencaj gestoj tie.

Kaj ni sidis analizante antaŭ niaj tekkomputiloj. *Situaciista internacio* [198]de Guy Debord estis citita kiel referenco, same kiel la *Momente Sendependa Kampo*[199] de Hakim Bey, du filozofiaj konceptoj, kiuj traktas la eblojn re-ensorĉi vivospacojn, kiuj estis fiaske regataj kaj senanimigitaj. Ĉu lia ago konstituas tion, kion Hakim Bey nomas "poezia terorismo"? Ĉar tio, kio estis aparte flamigema pri la figurado en Soweto, estis, ke efektive temas nur pri pseŭdo-gestoj, neniu klare agresema sabotado, neniu atako, neniu ĵetado de ŝuo, neniu eksplodiga memmortiga veŝto. Ĉar oni povas supozi, ke se oni povus kaŝe penetrigi ĉi tiun homon en ĉi tiun lokon, kompreneble ankaŭ eblus starigi iun, kiu dirus ion kritikan aŭ tute netaŭgan kaj obscenan en SASL. Eble legado de ĉiuj nomoj de malliberuloj el Guantanamo, kiuj estis malkondamnitaj kaj nun troviĝas en jura limbo. Mi preskaŭ miras, ke tio neniam okazas.

---

196 Fotobombisto est iu, kiu metas sin en ies foto aŭ ŝerce aŭ por intence difekti ĝin. N.d.l.T.
197 Andrew Geoffrey Kaufman (1949 – 1984) estis usona aktoro, amuzigisto kaj komikulo N.d.l.T.
198 Situaciista Internacio (*"Internationale situationniste"* en la franca) estis kultura kaj revolucia movado ekzistinta de 1957 ĝis 1972 en kelkaj okcidentaj landoj (interalie Francio, Italio, Germanio, Usono...). Vikipedio-eo N.d.l.T.
199 Libro de Hakim Bey, usona verkisto, aperinta en 1990 kun la titolo *Temporary Autonomous Zone – TAZ*. Vidu Vikipedio-eo Hakim Bey. N.d.l.T.

Imagu, kiel cent miloj da surduloj sidas antaŭ la televidilo kaj estas informitaj, kiel Barack Obama, almenaŭ laŭ la gestlingva traduko de la viro apud li, iam en varma somera tago en Pretorio, kune kun Nelson Mandela plenigis balonojn kun urino kaj ĵetis ilin sur iujn jurstudentojn. Miloj da surduloj sputus siajn trinkaĵojn al la televidilo tiumomente. Sed anstataŭe estis nenio alia ol sensencaĵo. Ĉi tio ankaŭ estis la kialo, kial mi esperis, ke la kazo neniam estos klarigita. Ĉar se la pseŭdinterpretisto simple malaperus post la evento, perfekta artaĵo restus postlasita. Ni rememoru la komprenaĵon de Lichtenberg: "Oni ne povas nei, ke la vorto Nonsense, kiam prononcata kun taŭgaj nazo kaj voĉo, havas ion, kio estas malmulte aŭ eĉ neniel malpli forta ol la vortoj kaoso kaj eterneco. Oni sentas ekskuiĝon, kiu, se miaj sentoj ne trompas min, devenas de fuga vacui de la homa menso."

La "fuga vacui", la fuĝo de malpleneco – sed kia malpleneco ĉi tie povas kapti kaj skui nin tiamaniere? "Ni nun havis semajnon da senĉesa beatigo de Nelson Mandela de ĝuste tiu speco de homoj, kiuj staris malantaŭ liaj provosoj sub rasapartismo",[200] skribis Seumas Milne en la Guardian la tagon post la funebra ceremonio. La hipokriteco de la Okcidentaj ŝtatoj, kiuj origine decidite kaj aktive subtenis rasapartismon longe, estas neeltenebla. Eksa ĉefministro de Britio, David Cameron, estis menciita, kiu

kiel juna politikisto de la porrasapartisma influgrupo akceptis pagitan vojaĝon al Sudafriko. Ĉu eblis, ke la pseŭdinterpretisto levis ian distordan spegulon al ĉi tiu hipokriteco, se oni rajtas nomi ĝin tiel.

Kaj tamen miaj interpretaj supozoj iom post iom revenis al la teorio, ke li eble kredas, ke li parolas veran signolingvon. Kiel en unu el la neŭrologiaj kazoj registritaj de

---

200 Angle en la originalo: "We have now had a week of unrelenting beatification of Nelson Mandela by exactly the kind of people who stood behind his jailers under apartheid."

Oliver Sacks pri la blinda Greg, kiu estis firme konvinkita, ke li ankoraŭ povas vidi. Greg vivis en templo kaj spertis laŭpaŝan vidperdon. Kiam li finfine blindiĝis, li fariĝis tute trankvila kaj serena samtempe. Li poste estis ekzamenita en hospitalo kaj oni malkovris, ke grandega, benigna sed spackonsumanta tumoro detruis partojn de lia cerbo. "Fakte li eĉ ne ŝajnis konscia, ke li havas problemojn: ke li estas blinda, ke li suferis moviĝproblemojn, ke grava malsano detruis lian vivon. Ne konsciante – kaj tute indiferente. Greg aspektis obtuza, sedativigita, malplena de emocio. Liaj samkredanoj konsideris ĉi tiun nenaturan serenecon kiel "beateco".[201]

Ĉefe la impresa pokervizaĝo de la pseŭdinterpretisto memorigis min pri ĉi tiu historio. Kvankam ĝi malpli similas al malrealeca, malstreĉa stato, ne, male, ĝi pli ŝajnas iom sensignifa, interne malplena. Ĝuste la esprimo sur la vizaĝo de Buster Keaton sur la lokomotivo. Homo kiel abismo, persono en la nenio, kiu iom remas per siaj brakoj por teni sin en ekvilibro.

Mi konfesas, ke mi povus rigardi lin dum horoj.

En alia libro de Oliver Sacks pri neŭrologiaj kazoj, estas mallonga noto pri rekte telesendita parolado de Ronald Reagan. Pacientoj, kiuj suferis partan aŭ totalan afazion, do la nekapablon kompreni lingvon, sidis antaŭ la televidilo en komuna ĉambro de la kliniko kaj ege ĝuis la paroladon de la prezidanto. La kialo de tio estis, ke, per sia malsano, ili disvolvis specialan sentemon kaj, en iuj kazoj, neeraripovan orelon por frazmelodioj, ritmoj kaj aliaj neparolaj lingveroj. Se oni parolis kun ĉi tiuj pacientoj "normale", laŭ Sacks, ili komprenis preskaŭ ĉion, kio estis miriga, ĉar ili ne povis kompreni la plej etan aferon, kiam la sama teksto estis parolata per sentona parol-sintezilo. Sed ĉi tiu prezidanto parolis ĉiel alie ol normale. "Do estis la vizaĝaj esprimoj, la aktoraj troigoj, la teatrecaj gestoj kaj ĉefe la falsa voĉtono, la malĝusta frazmelodio de la parolanto, kiuj ŝajnis hipokritaj al ĉi tiuj senvortaj sed ekstreme sentemaj pacientoj. Ĉi tiuj pacientoj reagis al tiaj (por

---

[201] El la libro *An Anthropologist on Mars: Seven Paradoxical Tales* de Oliver Sacks 1995. La aŭtoro citas la germanan tradukon: *Eine Anthropologin auf dem Mars. Sieben paradoxe Geschichten.* N.d.l.T.

ili) plej evidentaj, eĉ groteskaj absurdaĵoj kaj nekonsekvencaĵoj, kaj ne lasis sin trompi per vortoj, ĉar vortoj ne kapablis trompi ilin."[202] La viro en Soweto transformis nin ĉiujn, iusence, en afaziajn pacientojn, kiuj havis la "avantaĝon" rigardi trans la interligitajn neverbajn cirkonstancojn. Nelson Mandela estis "la lasta granda liberiganto de la 20a jarcento", diris Barack Obama en sia parolado, kaj la sfinkso apud li transformis ĉi tiun deklaron en tri aŭ kvar tute sensencajn moskitoforpelajn movadojn.

La viro nomiĝas Thamsanqa Jantjie. Iom da tempo post la skandala figurado li malaperis de la scenejo; supozeble li estis internigita en psikiatrian hospitalon, kie li estis plurfoje antaŭe en sia vivo. Li donis plurajn intervjuojn, en kiuj li asertis, ke li havis skizofrenian atakon. Li diris, ke li estas kompetenta signolingva interpretisto, sed en la plej neoportuna momento anĝeloj aperis al li ĉe la stadiono. Ili alŝvebis malsupren de la ĉielo. Li devis uzi ĉiujn siajn fortojn por ne perdi la nervojn. Finfine, lin ĉirkaŭis forte armitaj sekureculoj. Jantjie devis plurfoje respondi en kortumo, inkluzive pri ŝtelo kaj provo de murdo. Ju pli oni legas pri li, des pli oni vidas informojn kolektitajn de ĵurnalistoj pri perfortaj krimoj, pri kiuj li estis akuzita kaj kiuj supozeble eĉ etendiĝas al murdo kaj kidnapo. Jarojn poste, mi daŭre vidis homojn promeni tra la mondo kun lia portreto presita sur T-ĉemizo. Plej lastatempe en flughaveno en Germanio. Kian mesaĝon ĉi tiuj homoj volas esprimi per tio? Mi ne scias.

---

202 Oliver Sacks: *The Man Who Mistook His Wife for a Hat: and Other Clinical Tales*. La aŭtoro citas la germanan tradukon: *Der Mann, der seine Frau mit einem Hut verwechselte*. N.d.l.A. / N.d.l.T

3

Tri provoj

Ofte ne gravas, ĉu iu lingvo uzata en artaĵo ne povas esti komprenata de iu ajn en la publiko. Mi memoras la filmon *La Glaciulo*,[203] kiu konsekvence uzas hipotezan arketipon de la raetia[204] lingvo, sen subtekstoj. La filmo rakontas la historion de la viro, kiu havis la strangan sorton famiĝi kiel la glaĉera mumio Ötzi milojn da jaroj post sia morto. Hodiaŭ li kuŝas en speciala ujo en la Arkeologia Muzeo en Bolzano kaj malrapide dissolviĝas. Atestoj de raetoj tamen estas konataj al ni nur milojn da jaroj post la epoko de Ötzi.[205] Do estas malstrikta kaj hazarda divena ludo permesi al la roluloj en ĉi tiu filmo diri kelkajn raetiajn vortojn. Esence oni povus lasi ilin diri ĉion, ĉar oni komprenas la intrigon iel aŭ alie, sendepende de ia dialogo. La eta lingva akrobataĵo okazis ĉi tie, mi suspektas, kun la sola celo de pli kompleta tempovojaĝa sperto.

Problemo kun pli-malpli senpripense elpensitaj lingvoj estas la proksimeco de iuj vortoj al gravaj, okulfrapaj vortoj en aliaj lingvoj. La Glaciulo estas aparte kurioza ekzemplo pri tio. Kelab, la rolnomo de Ötzi, kiun tre senseble kaj frapante enkorpigis la aktoro Jürgen Vogel, havas la funkcion de ŝamano aŭ sanigisto. Estas neniuj sendubaj arkeologiaj spuroj por ĉi tiu reprezento, sed hej! Kial ne? Unua fonto de humuro estas la religia kultobjekto, kiun Kelab tenas en ligna skatolo kaj kiu neniam montriĝas rekte ĝis la fino, laŭ la maniero de Pulp Fiction, nur la respegulo de ĝia terura efiko sur la vizaĝo de tiuj, kiuj malfermas la skatolon. Mi tre esperis, ke ĝi restos tiel. Ĉar se la objekto estas tamen montrita ĉe la fino, kia do ĝi povas esti?

---

203 Kunproduktado germana-itala-aŭstra 2017. Germana titolo: *Der Mann aus dem Eis*; itala titolo: *Ötzi - L'ultimo cacciatore*. La filmo aperis en la angla sub la titolo: *The Iceman* N.d.l.T.
204 "La raetoj estis tribo aŭ etna grupo de homoj de la antikva epoko en la orienta parto de la Alpoj…" Vikipedio N.d.l.T.
205 Kiel mi komprenas per amika konsilo de Stefan Schumacher, lingvistika profesoro ĉe la Universitato de Vieno. N.d.l.A

Iutage la vilaĝo estas atakita de rabistoj kaj la familio de Ötzi, mi volas diri Kelab, estas mortigita. Vekriante, li alvokas sian dion en la alteco: Vitamos! Aŭ io simila. Eĉ en liaj ceremonioj faritaj dum pactempo ĉi tiu vorto okazas: Vitame, vitamos, speco de litanio. Kaj la komunumo, rimarkinde katolika por neolitikaj tempoj, diras sian responsorion ĥore. Sed Vítáme – tio signifas "bonvenon" en la ĉeĥa. Ŝajnas iom strange vidi Ötzi flustri varman boheman bonvenon en la pejzaĝon.[206] Kaj la nomo de lia edzino ankaŭ estas problemo. Ĉar ŝi nomiĝas Kisis, sed en lia buŝo tio sonas kiel la angla Jesuo. En la scenaro mem estas nenia speciala vortumo por liaj sorĉada kaj lamentada formuloj, nur: "Li murmuras preĝon." Cetere apenaŭ estas ekzemploj de rekta parolo en la scenaro, nur propraj nomoj kaj certa vorto, *Tineka*, kiun la atakantoj uzas kiam ili serĉas la kultobjekton en la skatolo. La *Tineka*, la valora aĵo en la skatolo, finfine rezultas esti ia spegulo.

Aliflanke, laŭ urbandictionary.com:

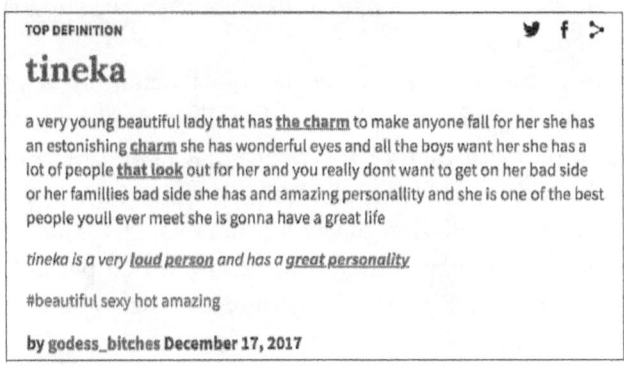

Nice.[207]

La fantazia raetia lingvo uzata en la filmo do malobservas ĉefan regulon de moderna arto de lingvoinventado, kiu povus esti formulita jene: se nur tre malmultaj vortoj de inventita lingvo aperas, elektu ilin tre saĝe, ne lasu vin hipnotigi per iu ajn ekzistanta vortlistoj de la raetia, sed atentu la efikon, kiun vi volas

---

206 Eraro miaflanke, ĉar la vorto en la filmo fakte estas *ritame* (aŭ *ritamos*). N.d.l.A.
207 Angle en la originalo. Laŭ Wells nice = bela, agrabla, plaĉa, simpatia; preciza, fajna

krei.²⁰⁸ Nu, oni ne povas tute eviti tian koincidan samsonecon, kaj oni ne devas. Finfine, tio ankaŭ povas esti fonto de ĝojo, ke ekzemple la volapuka vorto por poŝmono ĝuste estas pokamon.

La kreinto de la lingvoj *Dothraki* kaj *Valyrian* (Malaltvaliria kaj Altvaliria) parolataj en la televida serio *Game of Thrones* (Ludo de tronoj), David J. Peterson, raportas en sia amuza kaj eduka manlibro, *The Art of Language Invention* (La arto de lingvoinventado), ke la produktantoj de la serio, en la kazo de *Dothraki* ne provizis apartajn indikojn, ĝi devas esti nur malmilda / maldelikata / krudsona lingvo. Sed kio estas tio supozeble? La impreso "sonanta severa" estas mezurita denove en ĉiu lingvoparo. Se oni elektas la anglan kiel sian deirpunkton, kion faris Peterson, lingvoj kiel la rusa, araba aŭ germana probable sonas malmolaj kaj krudaj, precipe pro la siblaj sonoj. Sed el la vidpunkto de la rusa – ĉu tio sonas malglate kaj malmola? Oni neeviteble eniras en la sferon de stereotipoj, de politiko. La demando pri la strangaĵo subite formas la kadron de la invento.

Peterson transprenis iujn de la frazoj uzitaj en la romanoj de R.R. Martin kiel elirpunkto por krei lingvan sistemon, al kiu tiuj frazoj plimalpli nature konformas. La klare orelfrapa valar morghulis, ripetiĝanta rekantaĵo en la libroj de Martin, kio en alta valiria signifas "Ĉiuj viroj devas morti", okazigis la kreadon de "tut-pluralo" por substantivoj, kiuj estas formitaj per aldono de la silabo "-ar". Valar morghulis – estus sensencaĵo ne uzi ĉi tiun orelfrapan formulon, ĉar la citaĵeto konstitutas same perfektan kaj melodian frazparton kiel *cellar door* (kela pordo), kiu, laŭ J.R.R. Tolkien, ĉiuj anglalingvaj homoj same perceptas kiel aparte

---

208 En la nuna kazo, probable nur malmola kaj malmilda sono. La potenca Theodor Mommsen skribis en sia *Römische Geschichte* (Roma Historio): "Deĵetante la vokalajn kaj konsonantajn finaĵojn kaj malfortigante aŭ preterlasante la vokalojn, ĉi tiu milda kaj sonorplena idiomo iom post iom transformiĝis en netolereble malmolan kaj maldelikatan lingvon; tiel ekzemple oni faris ramθa el ramθas, Tarchnas el Tarquinius, Menrva el Minerva, Menle, Pultuke, Elchsentre el Menelao, Polydeukes, Alexandros. Kiel obtuza kaj kruda la prononco montriĝas plej klaras per la fakto ke o kaj u, b kaj p, c kaj g, d kaj t koincidis kun la etruska en tre frua epoko."
Kaj inter la etruska kaj la Raeta probable estas iuj kontaktopunktoj. N.d.l.A.

"belan", sinsekvon de silaboj, *selador*.[209] Fabrikisto de organikaj sapproduktoj nomiĝas *C'est l'adore*. Kaj eble Selador estas taŭga nomo por selektiva inhibanto de re-alpreno de serotonino.[210]

Ekzistas ankaŭ kontraŭrakonto al la Glaciulo-filmo kaj ĝia subtekstigita fantazia lingvo, nome tiu de la plej unua projekcio de serba filmo en Kroatio post la milito. Estis la filmo Rane (La Vundoj) de Srđan Dragojević. Ĝi traktas la vivrakontojn de du knaboj en la militaj jaroj 1991 ĝis 1995. La projekcio en la tradiciplena Zagreba kinoteatro "Kinoteka" okazis nur kelkajn tagojn antaŭ la NATO-bombado en la printempo de 1999 kontraŭ Jugoslavio, kiu tiam konsistis nur el Serbio kaj Montenegro. Pro la politika decido konsideri la serban kaj la kroatan kiel du apartajn lingvojn en la estonteco, la organizantoj havis neniun elekton krom provizi la "fremdlingvan" filmon per kroataj subtekstoj. La plej multaj frazoj restis identaj, "Kako si?" (Kiel vi fartas?) fariĝis "Kako si?", "Lud je" (li estas freneza) fariĝis "Lud je" ktp., sceno post sceno, nur de tempo al tempo oni vidis kroatan esprimon por serba vorto – kaj la publiko reagis. En la jaroj post ĝia unua prezento, Rane fariĝis ŝatata kiel sukcesa, subgrunda kultfilmo, precipe inter junuloj, sed dum tiu vespero ĉe Kinoteka la multnombra spektantaro havis iom da malfacileco sekvi la historion de la filmo, ĉar la konstanta ripetado de preskaŭ identaj frazoj distris ilin. Pro la duobligo de la filmaj dialogoj kun nenio pli ol subtilaj diferencoj, ĉi tiuj subtilaj diferencoj subite fariĝis la ĉefa afero. Neniu plu atentis la filmon, kaj gaja etoso de absurdeco disvastiĝis en la teatro. En sia libro Das Unbehagen in der Kultur (La malagrablo en la civilizacio), Freud parolas pri la "narcisismo de malgrandaj diferencoj", kaj estas rimarkinde, kiel tiu narcisismo en sia plej malĝoja alivestiĝo sukcesis antaŭ la spektantaro en la kinejo transformi la tute kom-

---

[209] Tolkien: "Plej multaj anglalingvanoj ... konfesos, ke *cellar door* estas 'bela', precipe se disigita de ĝia senco (kaj de sia literumo). Pli bela ol, ekzemple, *sky*, kaj multe pli bela ol *beautiful*. Nu, do en la kimra lingvo por mi kelaj pordoj estas eksterordinare oftaj, kaj transirante al la pli alta dimensio, abundas la vortoj, en kiuj plaĉas la kontemplado de la asocio de formo kaj senco." (El la prelego: *English and Welsh*) N.d.l.A

[210] Ankaŭ nomita: selektivaj serotoninaj reakceptaj inhibiciiloj (SSRI) en la medicina terapio de deprimo. Vikipedio N.d.l.T

preneblan en ian sensencaĵon aŭ fremdan lingvon. Oni povus ankaŭ supozi, iom troige, ke la prezentado de Rane (aŭ Ozljede, kiel oni nomis la filmon en la kroata) transformis la spektantojn en iajn portempajn afaziulojn, simile kiel faris la granda sfinkso de Soweto, tamen la publiko ĉi tie vidis ne certajn nesubstancajn politikajn frazojn, sed pli ĝuste la maldistingiĝon de la supozataj diferencoj inter du popoloj.[211]

Mia plej ŝatata epizodo de la vere bonega serio Star Trek: The Next Generation (Stela vojaĝo: la sekva generacio) estas la 102-a, nomata "Darmok". La Enterprise kontaktiĝas kun stranga popolo, la tamaranoj, kiuj komunikas inter si - kaj ankaŭ kun la ŝipanaro de la Enterprise - per laŭŝajne sencelaj komentoj. Oni demandas ilin pri io kaj ricevas la respondon: "Darmok kaj Jalad - sur Tanagra", aŭ: "Ŝaka, kiam falis la muroj." Tiam eble aldoniĝas: "Vintre." En aliaj situacioj iu Tamarano diras: "Temba, liaj brakoj larĝaj."[212] Pro ĉiuj tiuj lingvaj miskomprenoj, la situacio danĝere pli akriĝas, oni alproksimiĝas al la rando de milito; kapitano Picard devas venki monstron kune kun la kapitano de la Tamariana ŝipo. Farante tion, li komencas kompreni, ke la eldiroj de la tamarianoj ne estas sensencaĵoj, sed konsistas el mitologieroj. Se iu volas diri: "Jen, prenu ĉi tiun tranĉilon," li aludas heroon el la mondo de legendoj, kiu akceptis donacon. Ĝi do kompareblas al rimarko kiel: "Aĥilo antaŭ Patroklo, en Trojo", kiam oni volas esprimi la funebron de homo por kara kunulo. Per pacienca ripeto, Picard eksclas, ke la ofte ripetata formulo "Darmok kaj Jalad sur Tanagra" signifas la finon de legendo, ĉar la du herooj, kiuj origine vojaĝis sole tra la mondo, kunigis fortojn sur la insulo Tanagra, por venki monstron, same kiel Picard kaj la Tamaria kapitano nun. Siaflanke Picard rakontas al la vundita Tamariano la epopeon de reĝo Gilgameŝ. En la fino Picard sukcesas iom komuniki en la tamaria lingvo kaj kvietigi la tiklan situacion. Per rearanĝo de la mitologiaj unuoj,

---

211 Detaloj pri *Rane* el *Post-Yugoslav Literature and Film: Fires, Foundations, Flourishes* de Gordana P. Crnkovic. N.d.l.A.

212 Tio memorigas pri la klasika Wittgenstein-frazo pri la leono, kiun ni ne povus kompreni se li scipovus formuli frazojn. N.d.l.A.

li informas, ke la tamaria kapitano mortis. Ĉi tiu sceno tuŝis min profunde.[213] La loglibro lasita de la tamariana kapitano, sur kiu estis registrita ilia komuna aventuro, rezulte fariĝas la nova referenca mitologiero de la tamarianoj. En la estonteco, almenaŭ pri tio la spektantaro rajtas revi, ili povos referenci la kapitanojn "Picard kaj Dathon" – nur nun ni lernis la nomon de la tamariana kapitano – se ili volas esprimi ion, kio proksimas al la enhavo de la ĵus spertita epizodo.[214] Cetere, estas rimarkinde malfacile ne paroli per tamariaj esprimoj la tutan tagon post spektado de la epizodo.

4
Walla, Herbeck, Mach – la *Linguae Ignotae* de Gugging

La Gugging-Muzeo situas proksime de Klosterneuburg. Mi vizitis ĝin fine de 2019 por ekspozicio de la Kolekto Prinzhorn, kiu ĉefe zorgis pri "la pentrado de mensmalsanuloj", laŭ la tiutempa lingvouzo. La nervokliniko de la provinco Malsupra-Aŭstrio antaŭe situis sur la loko de la muzeo, kie artista kolonio kreiĝis, efektiv-

---

213 Ĝi kompareblas al tiu grandega momento en *The Book of Strange New Things* (La Libro de Strangaj Novaj Aĵoj) de Michel Faber, kiam la kristana misiisto Petro, kiu estas lokita sur stranga planedo, predikas en la lingvo de la eksterteranoj post kiam teruraj aferoj okazis, kaj kiel leganto oni nur vidas blokon de strangaj signoj antaŭ si, tamen pro antaŭaj okazintaĵoj oni precize scias en kia malespera, izoliteca, varmeco kaj aprezo li parolas al ili. – Ĝi estis la sola prediko en mia vivo, kiu kortuŝis min ĝis larmoj. N.d.l.A.

214 Parenteze, notindas, ke ĝuste ĉi tiu tamaria speco de komunikado de densigitaj mitologiaj referencoj, kiuj velkofinigas ĉian "normalan" fraz-gramatikon, donas la plej ĝustan reprezenton de la lega impreso de la Cantos fare de Ezra Pound. Precipe ĉar Pound verkis siajn malfruajn, foje mirige kompleksajn kantojn tiel, ke oni devas serĉi preskaŭ ĉiun linion en la leksikono. Sed post kiam oni lernis la nomojn kaj terminojn, kiujn li uzas ("Sagetrieb", "Aurunculeia", "Leucothea", "Tethnike", "Kuanon", ktp.) kaj povas reciti ilin dumsonĝe, tiam la legado fariĝas multdimensia lega sperto kiel neniu alia. Ezra Pound, kvankam en iuj okazoj obstina predikisto de malamo kaj danĝera obstinulo, estis la lasta granda tamariano de la monda literaturo. (Kaj ho: "Tanagra mia, Ambracia / for the delicacy / for the kindness " – Ezra Pound: Canto CXIV.) N.d.l.A.

igita de la psikiatro D-ro Leo Navratil. La plej konata el ĉiuj homoj loĝantaj tie, kiuj origine translokiĝis ĉi tien nur pro siaj mensaj malsanoj, estis la artisto de bildaj artoj August Walla (1936-2001). La plejmulto verŝajne iam antaŭe vidis liajn verkojn, kiuj estas troige plenaj de literoj kaj emblemoj. Ekde la fruaj 1980-aj jaroj li vivis kun sia maljuna patrino, kun kiu li havis strangan simbiozan rilaton ekde frua infanaĝo, en la tiel nomata Domo de Artistoj, institucio establita de Navratil.

Estis malfrua aŭtuno kiam mi alvenis al Gugging. La lumo jam malheliĝis, kaj aŭdeblis pafado en la apuda arbaro; la sezono de leporĉasado ekis en Malsupra Aŭstrio. Do mi ŝteliris kun mia vertikala kolumo, ĉiam sub la protekto de domaj muroj kaj veturiloj, al la eksa sanatorio. Ĉirkaŭe estis laneca pejzaĝo kun brilkoloraj arbopintoj, kaj ĉie la larĝaj lumstrioj pro la efiko Tyndall etendiĝis kiel fantomaj tolaĵŝnuroj super la montetaj herbejoj.

En la ekspozicio mi unue serĉis la verkojn de Walla. Ili estas insultaj, teneraj, provokaj, aŭtismaj, viziaj, amuzaj, absurdaj, la tuta gamo. Ili tuj troŝarĝas onin. Post kelkaj sekundoj oni jam vidis ĉion, oni jam satiĝis, sed tamen staras antaŭ ĝi ebria.

Post mia vizito de la ekspozicio, ĉiu antaŭĝardeno en Klosterneuburg komprenebre aperis al mi estis sendifekta *Art brut*:[215] mirinde, kiel ĉiuj ranskulptaĵoj estis krude farbitaj kaj ĉiuj heĝoj estis obsede tonditaj. Ornama fontano kiel totemo. Mizera, flanken renversita balancilo pendanta sur siaj ŝnuroj. Nanoj, vitrokugloj, figuroj ĉizitaj el ligno. Pipo malvarmiĝanta sur fenestra sojlo. Antikvaj sunhorloĝaj ŝablonoj sur malhelflavaj domaj muroj. La urbolimo de la universo. Estis ĝuste la horo, kiam ĉiuj amantoj disiĝas kaj daŭrigas vagadi tra la ekzisto kiel unuopuloj. Kelkajn minutojn for de ĉi tie, Franz Kafka mortis antaŭ preskaŭ cent jaroj en la sanatorio en Kierling.

August Walla etikedis ĉion, kion li povis tuŝi, murojn kaj benkojn, arbojn kaj librojn kaj ŝtonojn, inkluzive lin mem. Li

---

215 *Art brut* (kruda arto) estas arta termino, kiu estas plejofte uzata por diversaj artaĵoj de plejparte memlernintaj artistoj, kiuj ignoras aŭ malakceptas la regulojn de la tradicia arta mondo kaj pli aŭ malpli obsedate sekvas ilian propran dezajnon kaj temaron. Iuj *art brut*-artistoj suferis pro mensaj malordoj, restadis en psikiatraj malsanulejoj aŭ malliberejoj. Tial oni parolas ankaŭ pri *Outsider Art* (eksterula arto). N.d.l.T.

postlasis milojn da legeblaj kaj nelegeblaj tekstoj, kaj ĉiu, kiu okupiĝas pli longe pri lia literolando, perdas ĉian prudentan aŭskultadon kaj vidon.

Walla verkis centojn da tekstopecoj, kaj multaj el ili aspektas tiel:

Ctabinoh Goabwonmatl Goabwonmatbcmet[216]
Goabwonmatbcmeptl in Ajhanmecto.?
GROSSMUTTERS TODGESPRÄCH. GOABWON-
MATBPAEROBOP.?

Hitlerkpancpah.

Oni povas simple malakcepti ion tian kiel alfabetan supon. Sed poste, kompreneble, la frazo "la parolado de avino pri morto" des pli insiste altiras atenton. Ĉiuflanke, kvazaŭ gardistoj, troviĝas la strange intimaj Goabwonmat-variaĵoj kaj la maltrankviliga subskribo.

Walla kreskis kun sia patrino kaj avino; li vivis la unuajn jarojn de sia vivo kiel knabino, laŭ peto de sia patrino. Tiel ŝi volis ŝpari al sia filo la militservon. Dum la adoleskeco de Walla, obsedis lin la fosado de truoj. Li plenigis ilin per akvo kaj nomis ilin digokanaletojn. Tra la tuta loĝejo, eĉ en la murojn de la domo, li boris truojn. Post perforta evento de psika malsano li estis sendita al psikiatria sekcio de hospitalo, sed poste oni deklaris lin resanigita kaj li estis resendita al la prizorgo de sia patrino. Li ĉiam pli evoluigis kompleksajn halucinojn kaj obsedan sindevigan malordon. Do li komencis etikedi ĉion eblan, iom post iom disvolvante neklaran privatan mitologion, el kiu kelkaj ripetiĝantaj estaĵoj kaj konceptoj elstaras, kiel ekzemple la ofte alvokita dio SARARILLH.

/ Gebetlied gegen Klopfen am Gange./ !/
Armeseelegebetlied für Frau
Jelinek, und Weiker, des Türerüt
teln.!/ Verabschiedungsgebet. Latei=

---

[216] La aŭtoro mencios poste, ke estas nur du kompreneblaj vortoj en ĉi tiu citaĵo: GROSSMUTTERS TODESGESPRÄCH = parolado de avino pri morto. N.d.l.T.

nisch.! Corporos Corboror Jelinek
et Corboror Iscrix, Corporor Sararillhs
Sararillhcorporor. Sararillhsancto
Sanctotuo Jelinek et Tuo Weiker,
Sancto/ Corborsancto./ Corbororsancto,
Caelesexillentia Caeles Sararillh./ ?/
corporeus Stückler/ Corbor./ Corporor
Stückler, cöpis cöpis Sararillh. Coro=
natio Sararillhcoronatio saecu Co=
ronatio, Interprätätiö Cosmosnätü
rainterprätätö Polusinterprätä
tiö Caelesinterprätätiö.! [217]

(/ Preĝkanto kontraŭ frapado en la koridoro /! /
Preĝkanto por la kompatinda animo sinjorino
Jelinek, kaj Weiker, la skuado de la pordo.! /
Adiaŭa preĝo. Latina.!
...)

Kun la tuta kaoso kaj ripetado, unu ebla signifo de la enhavo de ĉi tiuj linioj estas surprize facile konstatebla. Ĝi estas preĝo por trankvileco. La kronado (coronatio) de la dio Sararillh estas referita plurfoje kun fervoro, dum la Interprätätiö enŝteliĝas kiel mokema grumblado, eble la mizera deziro kompreni, kion la artisto jam delonge ne fidis kaj kio ne plu estos nemiskomprenebla parto de lia verkado.

La poezio de la poeto Edmund Mach, kiu ankaŭ vivis dum certa tempo en la Domo de Artistoj en Gugging, estas simile mistera, sed multe pli alirebla en sia elekto de vortoj:

Im Herbst da welken die Blätter
im Umzaka allen Getriebes.

(En aŭtuno la folioj velkas
en la Umzaka de ĉiuj ilaroj.)[218]

---

217 Tekstaj ekzemploj kaj biografiaj informoj pri Walla, el Leo Navratil: *a+b leuchten im Klee. Psychopathologische Texte (Hanser 1971).* N.d.l.A.
218 "Der Herbst (1)" (Aŭtuno) el Edmund Mach: „*Meine abenteuerlichen Schriften.*" (Miaj aventuraj verkoj) N.d.l.A.

Perfekta, senmanka verso. Kio estas "umzaka"? Ne, nenio aŭstra. Ankaŭ mi ne povas klarigi la vorton. Sed oni tamen komprenas la liniojn. Umzaka, umzaka, probable tion faras la kudromaŝina animo de la tero, kiam venas aŭtuno. Ĝi eble estas ia Grammelot, sed neintence verkita, pli ĝuste simple kreita el poezia impeto. Tiaj tuj kompreneblaj gramelotecaj vortoj troveblas ĉie en la verko de Edmund Mach. Ekzemple en la poemo *The Harlems*:[219]

> tief in Dornbirn
> steigen die Mädchen herab.
> Die "Schwarzen" umgeiern
> und umgängeln sie
> zu mir sagten sie der Dürre
> und wir gaben uns die Hand.
> Durch Gänseblümchen gefeit
> und nicht geweiht, schnuderln
> sie die Ackerbälle
> zum fälischen Deodemal
> Gedicht aus seiner Zeit.

> (profunde en Dornbirn
> la knabinoj descendas.
> La "nigruloj" vulture
> encirkligas ilin,
> kaj min ili nomis la magrulo
> kaj ni premis reciproke al si la manojn
> De lekantoj protektitaj
> kaj ne konsekritaj, ili *ŝnuderas*[220]
> la *kampopilkojn*
> por la *falia Deodemalo*
> poemo de lia tempo.)

---

219 Edmund Mach: *"Triumph des Schockens"* (Eldonejo G. Grasl, eldonita de Manfred Chobot, Volumo 19).N.d.l.A.
220 La kursivaj vortoj estas sensencaĵo kompareblaj, laŭ la tradukisto, kun *Jabberwocky* en *Alico en Mirlando*. N.d.l.T.

Kio estas *"falia Deodemalo"*? Oni ne povas precizigi, sed almenaŭ per nacilingva intuicio, kiel zomobjektivo, oni povas alproksimiĝi al ĉi tiu sinsekvo de silaboj kaj vidi kia resono ekestas. *Deodemalo* sonas kiel io alta, nobla, eble fakvorto, kemia termino aŭ teologia. Ĝi ne estas tute germana Grammelot, ne tute glosolalio, sed survoje tien – aŭ revenanta de tie en nia direkto.

Kaj *"falia"*?

Ja ekzistas la vorto "vestfalia", do "falia" devas ankaŭ ekzisti sendepende. Ni ekrigardu kion Guglo malkovras.

Fisurprizo![221]

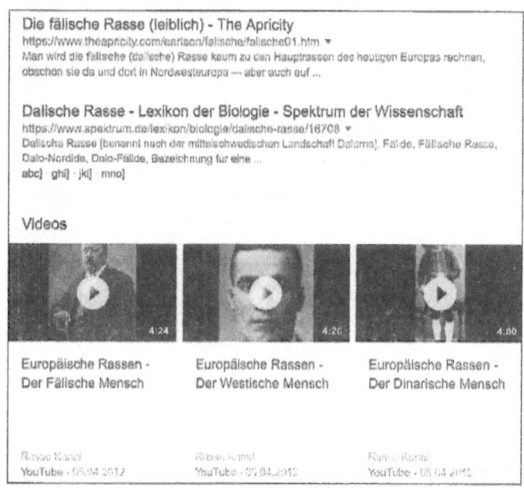

Mia Dio. Raso, raso, raso. Kraniaj dimensioj. "Ne, ni ne povas fari ĝin, Merkel."Eŭropa blanka fiereco. "Falia-grandeco." Malfacile komprenebla.

Vom!

Iru feki, interreto.

Jen alia ekzemplo, el la poemkomputilo de Mach, kun miriga konstato farita en la lastaj linioj:

(Der Computer) setzt zusammen und
ist allen anderen, ein

---

221 Angle en la originalo: "Fuck"". N.d.l.T.

Festigkeitswerk der in
Sassanitischen Zweigen
Ruhe und Friede ausstrahlt

(La komputilo) kunmetas kaj,
al ĉiuj aliaj, agas kiel
firmigilo de kohereco,
kiu radias trankvilon kaj pacon
al Sasanaj branĉoj.

Fakte ne ekzistas alia maniero esprimi tion. Ekzistis sasanidoj, ili estis persa popolo. Sed "Sasanaj"? Estas neniu ligo inter la asocia kampo komputilo kaj ĉi tiu vorto, kaj ĝuste tial, tio, kion ni pensas pri la vorto komputilo, subite aperas sub alia lumo. Ĝi estas metafizike plivalorigita, por tiel diri.

Certe oni opinios, ke Mach definitive intencis esprimi ion per ĉi tiuj vortoj, sed erarante malsukcesis. Ĉar ĉirkaŭ la enigma vorto estas multaj vortoj senchavaj laŭ ilia vortara difino, eĉ se ilia funkcio restas nekomprenebla. Ilia proksimeco havas influon ankaŭ sur *"Umzaka"* kaj *"Sasanaj"* kaj *"Deodemalo"*, same kiel la vorto ĈIELO dum la ŝviteja vizito influas la silabojn Ah gi ya ni ktp.

En poemo, en kiu li memoras sian junecon en la SS, Mach priskribas la pejzaĝon, en kiu li devis marŝi kun aliaj:

Das Ge-
lände war eben. Mach meint
das Gelände wäre rechteckig
im Squader zu sakropharben

La te-
reno estis ebena. Mach opinias,
ke la tereno estas rektangula
en la taĉmento tro sakrofarba

Sakrofarba. Pli precize rektangula kaj sakrofarba. Sen la antaŭe konstatita rektanguleco, ĉi tiu rigardo al onia propra pasinteco ne estus same fantomeca: sarkofago – sakramento – sakokolora.

Sed malgraŭ ĉio, ni scias preskaŭ nenion pri la ekzaktaj interagoj de tiaj konfuzitaj signifokampoj.

La poezio de Ernst Herbeck, la tria el la pli konataj Guggingpoetoj, enhavas ankaŭ tre proprajn esprimojn, por kiuj la germana simple reprezentas la grundon el kiu ili kreskis. Simile al kiel la angla en Finnegans Wake de James Joyce ankaŭ restas pli-malpli rekonebla, kaj nur formas la saltotabulan surfacon por ĉio, kio estas ege nova.

Herbeck estas unu el la plej grandaj germanlingvaj poetoj de la 20a jarcento.

Liaj poeziaĵoj riĉas je perceptoj kiel: "La tero, la vulkano kaj la zum/ado de la abeloj estas la eterna skribo / ankaŭ de la migrantaj birdoj. La vibrado de la formikoj." Aŭ ĉi tiu priskribo de depresio:

Die Depression ist ein Augenleid
kommt vom vielen Leid der
Tiere Schwein und Tiger.
Traurigkeit. Mehr essen.

Depresio estas okulmalsano
venas de la multaj suferoj de
bestoj porko kaj tigro.
Malĝojo. Manĝu pli.[222]

De tempo al tempo Herbeck ne tuj komprenis vorton, kiun li lernis, aŭ li simple memoris ĝin malĝuste. Do en la sekva ekzemplo, kiam li volis priskribi embrion, li ne uzis la ĝustan germanan vorton Embryo, sed anstataŭe la neekzistantan Empyrum kun neŭtra genro[223], per kio la vorto ŝajnas mizera kaj izolita:

---

222 La tradukisto lasis la interpunkcion kiel en la originalo. N.d.l.T.
223 Laŭ Duden, la vorto *Embryo* povas esti kaj maskla kaj neŭtra. Notindas, ke kelkaj vortoj havas malsaman genron en Germanio kaj en Aŭstrio. N.d.l.T.

Das Empyrum.

Heil unserer Mutter! Ein werdendes
Kind im Leibe der Mutter. Als ich
ein Empyrum war, hat sie mich
operiert. Ich kann meine Nase
nicht vergessen. Armes Empyrum. –
Die Zeit des Lebens. Die Zeit der
Vernunft. Die Zeit des Wiedersehens
auf Erden.

La embrio.

*Saluton al nia patrino! Estiĝanta
infano en la utero de la patrino. Kiam mi
estis embrio, ŝi faris al mi
operacion. Mi ne povas forgesi
mian nazon. Kompatinda embrio.–
La tempo de la vivo. La tempo de
prudento. La tempo de revido
sur la tero.*

La poeziaĵo elŝiras mian koron ĉiufoje. Ĉi tiu arĝentvejna funebro pri la propra nazo,[224] la tri "tempaj" deklaroj ĉe la fino. Kiel tio ŝvebas, kiel tio skanas onin, kiel tio montras al la embrio la direkton de la vojo al revido sur la tero. Multaj el la poeziaĵoj de Herbeck enigmas nur en sia animo, sed ne en siaj unuopaj vortoj. Tio, kio estas nomata ĝenerala komprenebleco, pro manko de pli bona esprimo, ankaŭ dependis de lia psikologia sufero.

En tempo, kiam lia stato klare malboniĝis, Herbeck emis plenigi siajn poŝojn per ĉiaj "neuzeblaj objektoj". Li estas iu alia, li tiam diris, ne Ernst Herbeck, sed "idiosinkrazia gimnaziano". Nokte, li amuzis sin per siaj voĉoj; tage li ofte frapis sian vizaĝon, estis deprimita kaj ne interesiĝis pri la sakgluado en la fabriko, al kiu oni asignis lin. Kaj kiam li estis demandita pri liaj deziroj, li respondis ekzemple: "Remi kaj legi fabelojn pri la akvolilio" aŭ

---

224 De naskiĝo, Herbeck suferis de severa fendita palato, kiu estis kirurgie korektita plurfoje. N.d.l.A.

"remi kaj gimnastiki".²²⁵ Dum ĉi tiu tempo li skribis al konatulo leteron, kiu konserviĝis. Antaŭe, lia lingvo en leteroj kaj aliaj skribaj mesaĝoj daŭre estis plejparte sendifektaj, sed nun klara ŝanĝo okazis:

Lieber Dart!
Es geht mir gut
möchte wieder laufen
aber im Barth. Bach,
komme bald heim.
(...)
Augenblick Liebe Es er
und weg geht durch denkaj
Bkock gerade aus zu der
Dir. Eh'es magy ich lesen
seim. da di chere not ... -

Gurke möreder mich nie
mict de Gewehr da sie
gelt sind. geladen lob
auch imém. loben St.
mache. in deine Miart.
eher 5 Minuten zu bar.
Bad rauche nicht. Da
keime Ort. Auch keime
Bohmen". Da Deutscher
Tagje Örfall im mopped.
Parppe. inder Art frech
ist. send ich nicht keine
Panne habe. Sie holt. - W.
mit Tags sehr darauf.
(...)
gelt gabe es keines Besatz
Spatzgelt.²²⁶ A. Aber gilt.
Bad. da webt der wind.

---
225 Ĉiuj biografiaj detaloj kaj ankaŭ la "Letera poeziaĵo" el: *Schizophrenie und Sprache* (Skizofrenio kaj lingvo) de Leo Navratil (1966).
226 Ĉi tiu vorto estas hapakso. Kiam oni guglas ĝin oni ricvevas 3 trafojn kaj ĉiuj referencas ĉi tiun poeziaĵon. La aŭtoro diskutos tiun vorton. N.d.l.T.

schilling. Österreich alles in
Ordnung ist. dort auf
hier nicht da. Echter neu
ich neid kann es sein.
(...)

Kara Dart!
Mi fartas bone
volas kuri denove
sed en la Barth. Rojo,
revenu hejmen baldaŭ.
(...)
Momento amas ĝin li
foriras tra la
Bkock rekte al la
Dir. Antaŭ ol magy mi legas
seim. da die chere not...-

Kukumo neniam murdi min
mict de pafilo tie ŝi
validas. ŝarĝita laŭdu
ankaŭ imém. laŭdu St.
fari. en via Miart.
pli kiel 5 minutoj por bar.
Banĉambro ne fumu. Tie
ĝermloko. Ankaŭ ĝermoj
Bohemio. Ĉar la germano
Tagje Örfall en mopedo.
Parppe. Estas impertinent-
ulo. mi sendas neniun
Kolapson havas. Ŝi alportas, –W
kun multe da etikedoj sur ĝi.
(...)
ĉu ne estis neniu pasamento.
Pasero-ĉu-ne. A. Sed valoras.
Bano. La vento veftas kaj varpas.
ŝilingo. Aŭstrio ĉio
estas en ordo. tie super

ĉi tie ne tie. Vere nova
mi ĵaluz' povas esti.
(...)

Leo Navratil, kiu reproduktas ĉi tiun rimarkindan verkon en sia libro *Schizophrenie und Sprache* (Skizofrenio kaj lingvo), ne detalas ĝian enhavon. Eblas, ke la interpreteblo de la rezultaj frazoj ŝajnis al li tro vasta, aŭ li konsideris ilin esti nur simptomo de la ĝenantaj neŭrologiaj ŝanĝoj en lia paciento.

Kaj legi ĉi tiun leteron unue kiel simptomon estas certe ĝusta kaj taŭga, ĉar ĝi ne estis verkita de la paciento Herbeck laŭ propra iniciato, sed laŭ peto – kvankam tio validas por preskaŭ ĉiuj verkoj de ĉi tiu viro, do ... jes, malfacile.

Same malfacila estas la demando: Kion ĝuste mi faras, kiam mi ĝoje legas la liniojn "Jen germano/Tagje Örfall en mopedo./ Parppe. Estas impertinent/ulo"? Kien iras la estetika juĝo en tia kazo? Ĉu konvenas? Ĉu eble estas frida kaj dekadenca? Ĉu ĝi estas malestima? Kaj kion kaŭzas al mi ĉi tiu entuziasmo, kiun mi sentas antaŭ iuj frazoj kaj bildoj kaj vortsekvencoj? Ĉu tio preterpasas la akcepteblon – aŭ ĉu la cirklo de la akcepteblo plivastiĝas?

Aŭ ĉu finfine ĉi tiu cerbumado estas sensencaĵo?

La versaĵeroj "la vento veftas kaj varpas. /ŝilingo. Aŭstrio / ĉio estas en ordo." estas ĉarmaj kiel malmultaj aferoj. Ili estas nereduktoblaj, ili ne povas esti rerakontitaj aŭ parafrazitaj. Kaj tiu "pasero-ĉu-ne"[227] (*Spatzgelt*), ĉu ĝi estas "*Spatzgeld*" "pasera mono"? Aŭ ia dialekta verbo, *spatzgeln*, kiu povus signifi "moviĝi kiel pasero"?

Parte la letero preskaŭ efikas kiel fuŝa OCR-tekstorekono, simile al kiam Google Books legas "modemo" ie, kie verko de la 17-a jarcento fakte diris "moderno".

Leo Navratil, en siaj fruaj eldonoj, ankoraŭ emis iom mitigi la vivon de sia poeziaĵ-verkanta paciento kaj li nomis lin nur Aleksandro, sed tio verŝajne okazis por protekti tion, kio restis de la privateco de Herbeck. Tamen Navratil ne povis malebligi,

---

[227] La tradukisto devas aldoni, ke laŭ Duden "gelt" estas interjekcio en Aŭstrio kun la signifo "ĉu ne".

ke Herbeck fariĝis fama kun la paso de la jaroj, kaj ne nur tio, li fariĝis amata. André Heller vidis lin kiel la plej grandan vivantan poeton. Vizitis lin Ernst Jandl, Friederike Mayröcker kaj Gerhard Roth. W.G. Sebald verkis plurajn eseojn pri lia laboro kaj ankaŭ vizitis la poeton en la Gugging Sanatorio en 1980 kaj promenis kun li, kiel oni povas legi en la rakonto *All'estero*, al Kritzendorf, kiu estas maltrankviliga, sensprita vilaĝo ĉe la Danubo, tra kiu mi mem ĵus migris kun du biciklaj sonoriloj en la mantelpoŝoj kaj estante preta soni la alarmon kaj luktante por ne perdi kontrolon. En eseo dediĉita al la frape centra figuro de la leporo en la verko de Herbeck,[228] Sebald mencias "la brilon, kiu eliris el la ŝajne hazarde kunmetitaj vortoj kaj enigmaj bildoj de ĉi tiu plej kompatinda poeto. Sinsekvo da vortoj kiel 'Firn, la neĝo frostigas la glacion' aŭ 'Blua. La ruĝa koloro. La flava koloro. La malhelverda. La ĉielo ELLENO.' ankoraŭ limas por mi hodiaŭ al ekscitiga alia mondo."

En la originala linifendo, la citita poemo aspektas jene:

Blau.   Blua

Die Rote Farbe.   La ruĝa koloro.
Die Gelbe Farbe.   La flava koloro.
Die Dunkelgrüne   La malhelverda
Der Himmel ELLENO   La ĉielo ELLENO
Der Patentender   La patentofertanto
Das Sockerl, Das Schiff.   La piedestalo, la ŝipo.
Der Regenbogen.   La ĉielarko.
Das Meer   La maro
Die Auenblätter   La folioj de apud-rivera herbejo
Das Wasser   La akvo
Die Blattnarbe   La folia cikatro
Der Schlüßesl (R) "r."   La ŝlosilo (R) "r."
Die Schloß + Das Schloß.   La ŝloso + la kastelo.

Verdire, ne estas multe da glosolalio aŭ sekreta lingvo en ĝi, nur unu vorto, "ELLENO". Kaj simile al la poemo de Edmund Mach,

---

228 Yes N.d.l.A.

en kiu estas nur unusola (kvankam magie metita) privata vorto ("Umzaka"), oni pensas, sur obstine subhaŭta nivelo, kompreni tuj, kion la vorto laŭsupoze signifas ĉi tie. Ĝi faras ion, ĝi rakontas pri la eksplodo de percepto. Koloroj estis listigitaj, kaj niaj okuloj finfine trovis la ĉielon, jen ĝi superŝutas nin: ELLENO – relajso en la kapo eklumas, sankta ebrio. Aŭ fajrero transsaltas. Mi ne scias kiel diri. "Gorĝo malfermiĝas." Iel tiel. Almenaŭ mallonga breĉo en la sonmuro, sed interne, kiel subita gluta reflekso. Sed sufiĉe da komparoj.

Kaj kiam ĉi tiu vorto, prezentita unufoje en poezia linio, estas konstante ankrita en la memoro de la leganto, evidentiĝas ke ĝi estas suprize utila. Ĉiuj eblaj ĉiutagaj aha-momentoj nun povas esti provizitaj per ĉi tiu signaturo.

Provu ĝin mem.

Ununura ganto en lifto ELLENO. Ruĝa balono kaj fazano apud vitrogloboj ELLENO. Fiŝo en la restoracio-akvario, kiu tenas vidan kontakton dum minutoj ELLENO. Frumatene la kasistino ankoraŭ havas spurojn de sia kapkuseno sur la vizaĝo ELLENO. Flustri en nemovantaj trajnoj ELLENO. La lasta ciklopece fiksrigardanta sunfloro en iu kampo en Kritzendorf ELLENO.

La plej grava nuntempa poeto, kiu uzas magian teknikon rilatan al ELLENO kaj Umzaka kaj Deodemalo, estas la sudtirola Oswald Egger. La ĵurio de la Premio Büchner ignoris lin tro longe. Nenia sukceso tiel.

Egger verkas vorte kaj linie ian germanan grammelot, kiu tamen restas firma kaj interne vigla kiel la plej premrezista germana de la poetoj. Estas plejparte botanikaj aŭ geologiaj helpaj terminoj, kiuj estas kreitaj tiel kaj alportas al ni mesaĝojn de la grandioza cerbo de ĉi tiu poeto. Kiel ĉe Mach aŭ Herbeck, neniu el ĉi tiuj vortoj estas vere fremdaj al ni, neniu el ili "faras" ion alian ol siaj oftaj germanaj gefratoj de la vortaro Duden. Tamen liaj misteraj novaj kreaĵoj, kiel la "Rogeis" (glaciaĵo de la Rog?[229]) Aŭ la "Wirrgnist-larvoj"[230]

---

229 Rog – sensignifa vorto, kiu povas esti akronimo ROG *Reporter Ohne Grenzen* (raportistoj sen limoj) organizo, kiu okupiĝas pri libereco de la gazetaro. N.d.l.T.
230 *Wirrgnist* kaj *Irlhut* ambaŭ estas inventitaj hapaksoj, kiuj havas nur tri trafojn en Google, kie oni citas ĉi tiun poeziaĵon de Oswald Egger. N.d.l.T.

aŭ la "Irlhut-Herbejoj" alproksimiĝas al malnovaj kondiĉoj, kiujn oni malofte trafas kiel ordinara homo, kiu ne interesiĝas pri la naturo. Mi memoras unu momenton, kiam mi admonis kolegon en Facebook-babilado kiu plendis senfine pri iu ridinda vivokrizo, kun la vortoj: "Vi estas tia pruopatoleulo", kiel en la pruo de ŝipo kaj patoleo kiel en moruhepata oleo. Malfacile deĉifri tion, sed ĝi estis la sola afero respondebla al lia malĝoja longdaŭra plendo. Mi ankaŭ interne nomis homojn "penliĉumuloj", kiu estas ama termino, kiel mi kredas, supozeble reprezentas ion similan al la pacienca laboro al pli afablaj kondiĉoj ("feliĉe peni"). Kaj en la Globusa Muzeo en Vieno mi lastatempe staris enpensiĝema antaŭ tute nigra globuso kaj subite aŭdis kriegon, kiu sonis kvazaŭ ĝi rekte eliris el la globuso. Sed ĝi estis bebo, kiun portis tra la ĉambroj dormo-senigita kaj malgrasaspekta patrino, kaj en mia kapo mi tuj nomis ŝian aspekton "magrokulan": Rigardu ĉi tiun magrokulan virinon, ŝi certe volos kaŝi sian infanon en unu el la globusoj kaj foriri ktp.

Kio ĝuste estas la inspira beleco kaj eksplodeca energio de nekompreneblaj vortoj meze de ordinara parolo? En konversacio kun Ettore Settanni, James Joyce diris, ke li transprenis la teknikon de deformitaj vortoj, de verso de Dante: "Pape Satàn, pape Satàn aleppe!" Laŭ Joyce, li eliris de ĉi tiu tekniko "por atingi harmonion, kiu konkeras nian inteligenton, simile al muziko". Sed kial ĉi tiu stranga sensencaĵo? Konsentite, oni ne forgesas la linion leginte ĝin unufoje. Kaj ĝi ankaŭ ne estas tute sensencaĵo, ĉar Pape Satan, tio povus signifi ion ajn. Iuj interpretistoj komprenis ĝin kiel "pas paix Satan". Ĉiukaze ĝi estas verkita per rimarkinde cerbamika tono. La linio estas deklamita de Plutono komence de la sepa kanto de la infero en la Dia Komedio. Supozeble Satano mem estas alparolita per ĝi. Aŭ ĝi povus simple esti malbeno: Aleppeo! Ni ne scias tion. Kaj tamen, kiel neforgeseble ankoraŭ brilas la aŭtunaj folioj por ni, simple ĉar ili falis en la Umzaka kun ĉiu ĝia vigla moviĝo.

5

The Ballad of Austin Creek

But this was in the twelfth century and it was a dream...[231]
Peter Handke ĉe sia nobelpremia bankedparolado la 10an de decembro 2019 en Stokholmo

La sorĉa transformado de ĉiutagaĵoj en strukturoj de tute ekstertera brilo estas unu el la unuaj kaj plej neanstataŭeblaj funkcioj de la poezio. Ankaŭ sensencaĵo kapablas havi tian funkcion, sed en multe pli alfrontema kaj kaose impeta maniero. Poezio kutime paŝas singarde sur araneaj piedoj, dum sensencaĵo, kiam ĝi stumblas, renversas ĉiujn meblojn. Foje eĉ simpla laceco plenumas similan rolon. Tiun efikon plej bele priskribas Ernst Jandl, en sia versaĵo *von Schlafkunst* (pri dormoarto), kiu temas pri liaj multaj provoj trankviliĝi vespere:

> hab dann an bettlektüre wiederhol-genuß;
> les mehrfach wort und satz, eh ich erfaß,
> daß ich sie nicht versteh, verwandle so
> jegliches buch in eins von gertrude stein.[232]

enlita legado donas al mi ripet-plezuron; plurfoje
mi relegas vortojn kaj frazojn antaŭ ol konscii,
ke mi ne komprenas ilin, do tiel transformas
ajnan libron en verkon de gertrude stein.

Kiam la laceco estas sufiĉe granda, la malfacilaj aŭ maloftaj vortoj kutime unue turniĝas en totalan sensencaĵon, en *grammelot*, kio iom post iom disvastiĝas al la pli komunaj ĉirkaŭaj vortoj. Aŭ tute

---
231 Angle en la originalo: Sed ĉi tio okazis en la dekdua jarcento kaj ĝi estis songo ... N.d.l.T
232 Ernst Jandl: Werke in sechs Bänden. Band 3 – Die Bearbeitung der Mütze. (Verkoj en ses volumoj. Volumo 3 – La pretigo de la ĉapelo.) N.d.l.A.

ne temas pri laceco, sed ekstazo. Kiel konate, ankaŭ ĉi tiu stato ne profitas de abstraktaj, kompleksaj aŭ eĉ filozofiaj terminoj. Unu frukto de tia ekstaza lingva kreado estas la Lingua Ignota de la monaĥino Hildegard von Bingen. Ĉiam, kiam mi trarigardas la vortolistojn, kiujn ŝi postlasis al ni, mi vidas la verkon ĝuste en la mezpunkto inter sorĉo kaj la renversigo de la mebloj. Ne temas pri plene evoluinta lingvo, sed nur ampleksa kolekto de anstataŭigaj vortoj por jam ekzistantaj terminoj el diversaj, teme grupigitaj areoj kiel preĝejo, korpopartoj, naturo ktp. *Aigonz* por Dio, *Inimois* por homo, *Ranzgia* por lango aŭ lingvo ktp. La severa Wilhelm Grimm, kiu publikigis unu el la unuaj eldonoj de la enigma terminaro, estis ege suspektema pri la afero. Li ne alte taksis la brilan vortpoezion de ĉi tiu virino kaj nomis ĝin "arbitra, senbaza invento".[233] Eĉ poste, fakuloj ree kaj ree provis kompreni, kiujn ekzistantajn vortarojn uzis la impertinenta monaĥino.[234] Al ni alvenis unu sola teksto en Lingua Ignota kaj ĝi tekstas jene: "*O orzchis Ecclesia, armis divinis praecincta, et hyacinto ornata, tu es caldemia stigmatum loifolum et urbs scienciarum. O, o tu es etiam crizanta in alto sono, et es chorzta gemma.*" Bedaŭrinde la glosaro mem enhavas nur la klarigon por *loifol*, kiu estas la vorto por "homoj". Krom kvar aliaj vortoj, la resto estas normala Latina, kaj la teksto mem estas rekonebla kiel laŭdo de la kristana eklezio. "Vi estas la *kaldemigaj* vundoj de la homaro kaj la loko de la scienco."

En decembro 2019 mi havis la ŝancon sperti, kiel la propra gepatra lingvo fariĝas nekomprenebla helpe de moderna ĉiutaga teknologio, kiu sorĉe transformas la lingvon en ia pranekompreneblaĵo dum samtempe ŝajni kiel io sonĝece konata. Dum promenado laŭ la strato mi rigardis sur la iPhone, la Nobelpremian prelegon de Peter Handke, kiu, kiel la diablo aranĝis, estas la plej granda vivanta poeto de la germana lingvo. Mi tute ne intencas per la sekvaĵo ridindigi la prelegon de Handke,

---

233 Vidu Sarah Higley: *Hildegard of Bingen's Unknown Language*. N.d.l.A.
234 Ekzemple Michael Embach en sia libro *Die Schriften Hildegards von Bingen*, supozas ke Hildegard von Bingen prenis la latinajn kaj germanajn esprimojn de la *Summarium Heinrici*, kio akordiĝas je 95% kun la kalkulo citita de Reiner Hildebrandt. N.d.l.A.

kio sendube venis el lia koro. Sed io okazis kun mia iPhone: ĝi daŭre tradukis ĉiujn parolitajn frazojn al la angla por mi, sed pure fonetike kaj sen la plej eta respekto.

En la prelego la frazeroj "el la milito. La persono estis" fariĝis *"Austin Creek dependas de kio".*[235] La fragmento "de la junulo, prisilentita antaŭ la familio" fariĝis *"junuloj por la konata freŝa vegano"*, kaj fine "kalikoj. Riverenci al la floro eblas" fariĝis bizara *"Brita kolekto, se ikono por la floranto estas moogly"*. Kaj tio fariĝis pli kaj pli malbona:

Ĉi tie mi fine perdis paciencon:

---

235 Jen la frazoj en la germana kaj angla por montri la sonsimilecon, kiu rezultis en fuŝtraduko: *"aus dem Krieg"* (el la milito) > *Austin Creek* (rivereto de Austin); *"die Person war"* (la persono estis) >*depends on what* (dependas de kio); *"jünglings, vor der Familie verschwiegen"* (de la junulo, kaŝita de la familio) > *younglings for the familiar fresh vegan* (junuloj por la familiara freŝa vegano).

Mi devis postkanti tion, sur la strato, kiel grandega blusverso kontraŭ la malhela vespera ĉielo. Kaj post iom da tempo mi vere ne plu komprenis la germanajn frazojn, sed trovis min en la nebulo de provizore floranta *Lingua Ignota*. Ĉiu vorto estis anstataŭigita per pli alta inteligenteco.
Bloomer is moogly, bloomer is moogly, rekantaĵis en mi. *Bloomer is moogly. Anger hootenanny hootenanny hootenanny secret home family blues. Oh lord.*
Kaj antaŭ mi sur la eta ekrano de la iPhone, aperis unu brilanta hajko post alia.

system of the zygon   (sistemo de la zigono
a dwarf star star goddess   nana stelo, steldiino
abend im spätherbst   vespero en malfrua aŭtuno)

"*Zygon*" kaj "*moogly*" estas nur preskaŭ sensencaĵo aŭ Herbeck-Mach-vortoj. "Zigono" estas io en la cerbo[236] kaj ankaŭ, laŭ la Interreto, eksterterana popolo en la fikcia Doctor-Who-universo, bone, kaj "*moogly*" nomas sin unu populara interreta forumo pri ŝablonoj por kroĉetado. Tre, tre mojosa.
Senĉese kaj ripetade, laŭ la ritmo de miaj paŝoj, mi ekkantis la versojn.

Austin Creek depends on what   (Austin-Rojo dependas de kio
Austin Creek depends on what   Austin-Rojo dependas de kio
Austin Creek depends on what   Austin-Rojo dependas de kio)

Kaj finfine mi respondis al mi mem:

The Moravian Knot!   (La moravia nodo!
The Moravian Knot!   La moravia nodo!)

---

236 De la helena Ζυγόν – jungaĵo ... en la cerbo, mallonga krucstanga fendeto kiu ligas la du parojn de branĉoj de pli granda H-forma fendeto. N.d.l.T.

Mi tute ne scias. Tre eblas, ke la Stokholma kunteksto de la rekta dissendo sugestis al mia eŭforia kaj libere asocianta senkonscio formi el Moravia Nokto unue la svedan *natt* kaj poste, duonhomofone, trempi ĝin reen en la anglan, kiu tamen estis ege magneta tiuvespere kaj tiel rezultis: *knot* (nodo).

System of the zygon star. Hootenanny[237] *secret home.* THE BALLAD OF AUSTIN CREEK.

Ĉiuokaze, finfine mi alvenis al mia celo tute ebria pro la frenezaj versoj kaj subpremante triumfokrion, mi montris al ĉiuj ĉeestantoj la multajn ekrankopiojn, kiujn mi faris. Estis preskaŭ sesdek.

you're honest and say
in the tundra
in Hilton
tote
ash pond
and indicted them
were David in Africa house
iron work again yeah
Sun wind
and hot nicked off
as an underground dwarf
those activities

---

237 Hootenanny – renkontiĝo de popolkantistoj kie la spektantaro ofte kunkantas. N.d.l.T.

6

Gifts from God[238]

Multaj certe faris tion, kio estas konata kiel glosolalio. Kvar ĝis kvin fojojn tage ŝajnas esti laŭmezure normala kaj sana; sed iuj homoj kun rigida memregado ŝajnas kontentiĝi per signife malpli. Mi ŝatas lalai al mi mem dum kuirado, ĉe trafiklumoj, en la arbaro.

Germana poezio entute ne estas nepre riĉa je glosolalio (aŭ *grammelot*), sed almenaŭ ĝi konas la fenomenon kaj konservas ĝin en kelkaj altvaloraj lokoj. Venas nature al la menso la sonversaĵoj de Hugo Ball aŭ la fama *Großes Lalula* de Christian Morgenstern, krom kelkaj de Oskar Pastior kaj Ernst Jandl kaj Gerhard Rühm, aŭ eĉ kelkaj versoj de mia plej ŝatata baroka poeto, Johann Klaj.

Sensencaĵo kaj glosolalio foje estas traktataj kiel speco de tefolia prognozo, el kiu oni povas legi ion, kio alie neniam evidentiĝas: la propran animon, la estontecon, mesaĝojn el la "senspira mondo", ktp. Oni ne povas kompreni la tekston, do oni vidas ĝin kiel proponita salonludo, por kiu oni mem elpensas la regulojn.

Jen sonpoeziaĵo de Paul Scheerbart, kiu aperis en 1897 en lia "vagonara romano" *Ich liebe dich* (Mi amas vin):

Kikakokú! Ekoraláps!
Wîso kollipánda opolôsa.
Ipasátta îh fûo.
Kikakokú proklínthe petêh.
Nikifilí mopaléxio intipáschi benakáffro – própsa
pî! própsa pî!
Jasóllu nosaressa flípsei.
Aukarótto passakrússar Kikakokú.
Núpsa púsch?
Kikakokú bulurú?
Futupúkke – própsa pî!
Jasóllu ...

---

238 Angle en la originalo: Donacoj de Dio

Agnoskite, tio estas sufiĉe obtuza afero, kiu havas nek ĉarmon nek ĵazon. Propradire estas impertinentaĵo. Estas tiel perfekte deca glosolalio, mia Dio; kiel senpasie iuj poetoj reagas al sia memelektita libereco! Oni unufoje lasas la kobajon el la tornistro, kaj tiam ĝi nur povas kuri tiajn enuigajn minimumajn rondirojn. Kaj aldone ankaŭ la trudemaj akcentoj sur la vokaloj! Li devus honti. La poeziaĵo similas al la agaca konduto de certaj domkatoj, kiuj longe urĝas nin malfermi pordon, per gratado kaj miaŭado, kaj poste, kiam la pordo estas malfermita, staras antaŭ la malfermita pordo kun pokervizaĝo sen eliri kaj fine simple sinkas malsupren, flanken, sur la postaĵon.

Sed eĉ el mezbona materialo, geniuloj ofte povas eltiri mirindaĵon, ĉi-kaze temas pri Oskar Pastior. Li naskiĝis en Sibiu en Transsilvanio en 1927 kaj bedaŭrinde mortis en 2006. Mi tre ŝatus vivvoĉe aŭdi lin aŭ eĉ interkonatiĝi kun li. Sed bedaŭrinde tio neniam okazis, kaj mi povas koversacii kun li nur per la kutimaj metafizikaj manieroj, per libroj kaj bildoj kaj sondosieroj.

Pastior serioze prenis la malelegantan glosolalion de Scheerbart, kiel komunikadon en konata lingvo, same kiel mia iPhone faris en tiu memorinda tago en decembro.

Rezultis supraĵa traduko:

Bison, Kolibri, Pandas – in die Opposition!
Passat-Winde, ich flüchte.
Pinakothek: Korinthen deklinieren Pepita.
Nekrophilie-Mob im Lexikon, Ostern marsch in die
   Luxus-Cafés – Grenzwert π, Grenzwert π!
Ja soll ich da nicht besser ausflippen, Beinhaus?
Au, Karotten, au Möhring-Panzerkreuzer Kikakokú!
Hochzeit im Busch?
Kinkerlitzchen Bülbül?
Fick dich, Puck – Grenzwert π!
Jawollust, ich soll.

Bizono, kolibro, pandoj – en la opozicion!
Alizeaj ventoj, mi fuĝas.
Pinakoteko: Korintaj sekvinberoj deklinacias dutonan
  kvadratitan ŝtofon.
Nekrofilia mafio en la leksikono, paska marŝo en la
  Luksajn kafejojn – limvaloro π, limvaloro π!
Ĉu mi ne timiĝu, ostejo?
Aj, karotoj, aj Möhring–kirasa krozŝipo Kikakokú!
Geedziĝo en la arbusto?
Trivialaĵoj piknonotedoj?
Fiku vin, Pukk[239] – limvaloro π!
Jesjaseksavida, mi devus.

"Luksaj kafejoj – limvaloro π, limvaloro π!" Bonege. Mi tagmanĝis en ĉi tiu tre luksa kafejo dum jaroj. Ni memoru tion. Estas la teknologio, kiu akompanos nin en tio, kio sekvos.

Jürgen H. Petersen, resumas la principon en sia studo, *Absolute Lyrik: Die Entwicklung poetischer Sprachautonomie im deutschen Gedicht vom 18. Jahrhundert bis zur Gegenwart* (Absoluta liriko: La evoluo de poetika lingva aŭtonomio en la germana poezio de la 18-a jarcento ĝis la nuntempo.) Li diras: "Eĉ lingve aŭtonoma teksto ne povas ĉiam malhelpi la aperon de konstruita vorto, kiu okazas ankaŭ en iu nacia lingvo." *Absolute. Tineka. Tanagra mia.* La procezo de interpretado povas esti vidata kiel neado de aŭtonomio. Vi ne estas sola, diras la procezo. Vi pensas, ke vi sonas nur kiel vi. Sed mi aŭdas vin, knabo.

Sed ni preteratentu la teorion. Necesas iom da mojoseco, iom da kritikaĉado. Unu el miaj plej ŝatataj poeziaĵo en la germana, ne, sensencaĵo – unu el miaj plej ŝatataj poeziaĵoj en la sekva lingvo estas la balado de Oskar Pastior pri defektitaj kabloj. Ĝi estas parto de la volumo *Der krimgotische Fächer*. (La krime-gota ventumilo), publikigita en 1978. La krime-gotan, tiel Pastior nomis la hibridan lingvostrukturon, fakte rilatas nek al la reala krime-gota nek al la gota.

---

239 Pukk aŭ Robino la bonulo estas rolo en *Somermeznokta sonĝo* de Shakespeare. N.d.l.T.

Adafactas
Cowlbl[240]
Ed rumplnz **kataraktasch-lych**

Uotrfawls
aachabrawnkts Brambl
aachr dohts ...

Schlochtehz ihm
schlochtehz ihm
ehs klaren Zohn

Ihn Uotrfawls

Humrem hä?
Do humrem
Nodo humrem
kaineschfawls

Ehs istolt ain däfäktäs
rumpltsch
traktaz
ä **nedderschtilchz**
Rompl-Grompt
Cowlbl o Cowlbl wottä
Cowlbl-gotz!

Gehbät uns ain
adakuats Ch-bell
ntmr hiechffn
so-trumpltsch Bvchuelltr
aasm
Naawbl

---

240 La aŭtoro komentos la vortojn en grasa skribo. N.d.l.T.

Poeziaĵo mirinda kiel fonto de juneco. De multaj jaroj mi relegas ĝin ĉiam denove kaj neniam tute komprenas ĝin. Mi legis ie la aserton, ke oni legu ĝin en miksita dialekto "transilvana-saksa", tiam ĉio estus klara. Malfeliĉaj homoj, kiuj fakte konas ĉi tiujn du tre malsamajn dialektojn kiel hibridan idiomon! Mi ne volas aparteni al vi! Ne forprenu de mi mian mirindan "Cowlbl". Mi komprenas, ke la difektita kablo, germane *Kabel* fariĝos *Kälblein* t.e. bovido. Ankaŭ la (al mia orelo) tre hejmeca alvoko cele al la buĉado de tiu bovido: "*Schlochtehz ihm*" elvokas la germanan "*schlachten*" t.e. buĉi. Kaj la "*kataraktasch-lych*" kataraktecaj akvofaloj ("*Uotrfawls*") hantas la mondon en timiga kaj nekomprenebla maniero. Kiam ajn oni plonĝas nelonge en kristalklaran komprenon, la plej enigmaj sonoj fulge malklarigas ĉion en la sekva verso. Ĉu ni atestas oferon, kiu estas nur distordita per la radio? Ĉu temas pri religio? *Nedderschtilchz?* Ĉu oni celas *niederstechen?*– mortpiki? Ĉu *Rumpl-Stilzchen* (Rumpelstilskin)? Kio pri **adakuats Ch-bell** – Donu al ni adekvatan ["chch" bruon de la radio] +-bel? Kaj pri **so-trumpltsch Bvchuelltr aasm Naawbl,** ĉu tiel eliĝas vortoj(?) aŭ ujoj(?) el la umbiliko (?).

Kio?

Estas vere mirinde, ke io tia funkcias! Rigardu nur, kiel eterna estas ĉi tiu poeziaĵo. Oni povas legi ĝin atente per la stetoskopo aŭ deklami ĝin morte ebria antaŭ la malfermita banĉambrofenestro, ĝi estas novaĵo, kiu restas novaĵo[241] (Ezra Pound). Cetere, kelkaj el la interpretoj de tiu ĉi balado, kiuj troviĝas en libroj, estas tre lertaj, evidentaj kaj kredeblaj.[242] Impertinenteco.

Estas amuze, ke la produktado de ŝajne sensencaj silaboj estas kampo, pri kio okupiĝas homoj kun ekstrema grado de spirita klereco, aŭ la plej alta aŭ la plej malalta, sed neniam el la interaj areoj, la tepida meza kampo. Ĝi estas atribuita al infanetoj kaj homoj kun severa denaska kogna kripliĝo, same kiel al sanktuloj, kiuj falis en dian ekstazon kaj al ŝamanoj, kiuj aŭskultas la sekretojn de la spiritmondo sub la influo de drogoj. Oni povus diri,

---
241 Angle en la originalo: "news that stays news". N.d.l.T.
242 Vidu ekzemple Renate Kühn en *Der poetische Imperativ.* N.d.l.A.

ke glosolalio estis de nememorebla tempo la disciplino de tiuj du ekstremaj areoj de homa lerteco. Nur la kampomezo ĉiam ŝajnigis ne koni ĝin aŭ malakceptis ĝin kiel ion senutilan kaj fremdan.

Sed eble ankaŭ tio ne tute ĝustas, ĉar el la mizero de la monotoneco, la premoj de la nuntempa urba enuo, tiaj rimarkoj aperas, kvankam malofte, en certaj cirkonstancoj, eĉ ĉe tre averaĝaj homoj, kiuj ne estas parto de la supre menciitaj du ekstremoj; ekzemple kiel ĉi tie, en la imitinda kaj sendube tre realisma ekzemplo de la "Ü-lingvo" el la romano de Martin Kessel, *Herrn Brechers Fiasko* (La fiasko de s-ro Brecher), eldonita en 1932:

> Jes, oni komprenis, ke en la enuo de neokupita seĝo estas nenio pli taŭga ol cezuro, feliĉa hiato, kaj tiel disvolviĝis tiu ĉi lingvo. "Ü?" ili kutimiĝis diri. Ĝi estis sono farita de kokidoj kaj ĝi estis bone imitita. Ĉar oni ne sciis, kiel aspektos la nova kandidatino, la ü lingvo proponis nekredeble multajn formojn de konversacio. Tamen la atendo, nutrita de ĉiuj flankoj, atingis sian kulminon lunde, kiam kolego decidis paroli neracie pri la venontaj aferoj. Oni ne plu diris: "Ĉu vi havas krajonon?" – sed oni diris: "ava krajo, ü?" La absoluta nekomprenebleco de tiu ĉi lingvo ne necesis aprobon, tial ĝi estis kaŝita de la estro, kaj ne pli ol unu "ü" estis elbuŝigita, tuj kiam li eliris el la ĉambro.

Amantoj tre bone konas tiajn Ü-lingvojn. Kiam ajn ili aperas, ili ofte estas erare komparataj kun beba parolado aŭ senpripensa lalaado. Sed ili vere estas la plej nobla esprimo de sukcesa intimeco, kiu povas esti reestablita en nia komplikiĝinta specio nur per malobservo de ĉiuj eblaj reguloj. En kiu alia maniero estiĝus la plej tenere prikantitaj kaj ofenditaj vivo de *Cowlbl* kaj ĝiaj *Uotrfawls*?

Kiel infano, mi inklinis al troa glosolalio. Mi havis fortajn sinestezajn inklinojn: se, ekzemple, mi rigardis pentraĵon, kiu originis el Svedio kaj montris grandan grupon da ĉasistoj revenantaj hejmen, en la domo de mia avino, la taŭgaj silabsekvencoj por ĉiu individua vizaĝo formiĝis en mi. Mi mem baptis la fusilojn kaj la akvocisternojn kaj la hundojn kun fantaziaj nomoj. Kaj poste, en la sekva somero, ankoraŭ rapide kreskante kaj alprenante novajn korpoformojn, mi revenis al la malnova domo en Ferlach. Kvankam mi ja nun estis kvazaŭ alia persono, mi tuj rememoris la silabsekvencojn, ekzakte la samajn kiel en la antaŭa jaro, resalutinte la malnovajn, konatajn objektojn, kun kiuj mi ja devos pace kunekzisti dum kelkaj semajnoj. Ĉiu el la pitoreskaj jägarna[243] ricevis sian veran nomon, sian identecon administrita en mi, kaj en tiuj someroj, kiam mia surtera tempo pasis plej malrapide, disvolviĝis en mi je la unua fojo io kiel troe pligrandigita fido pri mia propra glosolalio.

Eble, kiel diligenta infano, kiu donis nomojn al ĉasistoj, tre imponus min ekscii, ke la inventado de fantaziaj vortoj estas foje konsiderata kiel proksima al la dieca, ke ĝi estas festata kiel donaco de Dio en kristanaj reviviĝaj preĝejoj aŭ en sektoj kiel la ŝejkeroj,[244] ke en pluraj religioj ĝi estas rigardata kiel speco de prepara stadio al iluminiĝo.

Mi longe miris pri tio. Kial ĝuste sensenca silabparolado devus esti tiel proksima al Dio? Tio ne estas "lernatingo", mi ĉiam pensis, tio estas tiel facila. – Feliĉe, Tomaso la Akvinano dediĉis sin detale ĝuste al tiu demando en sia *Summa Theologica*. Mi mem havas neniun religion, sed malgraŭ tio Tomaso la Akvinano estas unu el la plej nemalhaveblaj verkistoj de historio por mi, ĉar, dank' al Dio, lia verko legiĝas kiel tiu de grandega artefarita inteligenteco. Ĝi estas unu el la plej grandaj ekzemploj de antaŭtempa robotprogramo por amaskunlabora pensado. Tomaso la Akvinano pensas surbaze de la Biblio kaj la Ekleziaj Patroj kaj multe malpli surbaze de propraj ideoj. Tio signifas, ke lia menso devas nur kombini, ne inventi; temas esence pri mnemonike perfektigita plenteksta serĉo, kiu serĉas indicojn interne kaj spurinte ilin, kunfandas ilin uzante manplenon da algoritmoj.

---

243 *Jägarna* –sveda por ĉasistoj. [Germana legantof acile komprenas tion, pro la simileco al la germana *"Jäger"* N.d.l.T

244 La ŝejkeroj (angle: Shakers aŭ Shaking Quakers) estis religia organizo el Usono fondita en 1747. Ilia sindeteno de seksumado rezultis je hasta febliĝo je nombro ĝis formorto. Vikipedio N.d.l.T.

Paroli per lingvoj[245]: ekzistas du kanonikaj ekzemploj de ĉi tio el la Sankta Biblio. Unue, la Pentekosta miraklo kaj mallonga priskribo de la fenomeno en 1. Korintanoj kiel "donaco de Dio".

Hans Urs von Balthasar, la komentisto pri mia Tomas-eldono, resumas ĝin jene:

> Profetaĵo kaj glosolalio aperas en nedisigebla, originala unueco de enhavo kaj esprimo, de nova, supernatura vero kaj nova, supernatura lingvo aŭ almenaŭ formo de parolo. Malsame estas en Korinto: ĉi tie la glosolalianto parolas "ne al homoj, sed al Dio" (1 Kor 14, 2), do li nur preĝas en la *pneuma*,[246] ne en la *nous*,[247] por ke lia propra kompreno restu "sen timo"; li en sia natura konscio ne komprenas, kion li preĝas kaj diras (1 Kor 14:14),[248] kaj antaŭ ĉio la aŭdantoj komprenas nenion; por edifi la eklezion, oni bezonas apartan "interpretiston", kiu komprenas kaj povas traduki la nekompreneblan lingvon.

La derivaĵo de parolado per lingvoj do klarigeblas per tio, ke la konscio de homoj devis esti malŝaltita, por tiel diri, per pretervojo konsistanta el sensencaj silaboj; nur tiamaniere la signifaj niveloj povis interagi nefiltrite: animo kaj Dio. Sankta Tomaso mem interpretis tion kiel provizoran donadon de superpotencoj, kiel specon de superlingvo, simila al la komunikilo en Star Trek, kiu transdonas universalajn signifojn en la respektivan cerban lingvon de la portanto. Justinus Kerner registras similajn konsiderojn en sia libro *Seherin von Prevorst* (La klarvidulino de Prevorst):

> Ni konstatas, ne nur ĉe homoj, kiuj trapasas dormvekan staton kaj estis kondukitaj en ilian plej internan estaĵon, sed ankaŭ

---

[245] En la Biblio, I Korintanoj 14:2 "Ĉar tiu, kiu per lingvo parolas, ne al homoj parolas, sed al Dio; ĉar neniu komprenas, sed en la spirito li parolas misterojn."

[246] Pneuma (πνεῦμα) estas helena vorto por "spiro" kaj en religia kunteksto por "spirito" aŭ "animo". Wikipedia-en N.d.l.T.

[247] Nous (νούς aŭ νόος) tradukebla el la helena per penso aŭ intelekto. Vikipedio-eo N.d.l.T.

[248] I Kor 14:14 Ĉar se mi preĝas per lingvo, mia spirito preĝas, sed mia intelekto estas senfrukta. N.d.l.T.

ĉe aliaj piaj entuziasmuloj (ekz. ĉe Jakob Böhme[249] kaj aliaj viziuloj), ke ili trovis neniujn vortojn por tio, kion ili sentis kaj volis esprimi en sia plej interna estaĵo. Ili penegis mem inventi vortojn, kiuj tamen verŝajne ankoraŭ ne esprimis tion, kion ili sentis, kio estis malkaŝita al ili, kaj kiuj ofte restis nur duonkompreneblaj por ni. Jakob Böhme elpensis tutan serion de siaj propraj vortoj. Ankaŭ ĉe infanoj ofte aperas por iliaj sentoj propraj vortoj, kiujn ili ofte nur malfrue kaj kontraŭvole anstataŭigas per lernitaj esprimoj.

Ĉi tiu malkomforto en la ekzistanta lingvo ankaŭ daŭras en la maldorma stato, pro kio eĉ ŝajnas maleble al la viziulo nomi iujn aferojn per iliaj ĝustaj nomoj ("Mi tre ŝatus nomi ĝin alimaniere"), kaj stimulite de tiu ĉi senornama, elradikigita rigardo sur la situacion, tiu ĉi perdo de mondkonfido, oni eble eĉ povus opinii, ke nia menso, aŭ nia cerbo, laŭnecese, povus ankaŭ ekzisti kaj prosperi preter lingvoj.[250]

Laŭ la interpreto de kelkaj fakuloj, paroli per lingvoj estas neniel homa, nur la interfera efiko, kiu estiĝas, kiam oni lasas la lingvon de la Sankta Spirito funkcii sur la malalta operaciumo de la homa cerbo. Kiel tia, ĝi estas speco de "parolago laŭ unudirekta fotilo", ĝi enhavas neniujn regulojn, kiuj estas rekoneble ripetitaj kaj kiuj povas esti lernitaj; ĝi estas tute nova kaj neklasifikebla en ĉiu komencita sono.

---

249 Jakob BÖHME 1575 – 1624, germana luterana mistikulo kaj naturfilozofo, ŝuisto, aŭtodidakta pensanto, kreinto de la sintezo de la mezepoka mistika tradicio kaj la luterana spirita vivrigardo. Vikipedio-eo N.d.l.T.
250 La artkritikisto Tom Lubbock, kiu kontraktis nekuraceblan glioblastomon, kiu atakis lian parolcentron, miris pri la senlima amplekso de liaj pensoj, kiuj daŭris kvankam lia vortprovizo daŭre ŝrumpis: "Mi ankoraŭ povas voĉigi vortojn. Sed mi nun denove troviĝas en antaŭkomputila tempo – neniu tezaŭro, neniu retpoŝto, neniu gazeto, neniu radio, nun ne eĉ plumo. Sed mi trovas, ke mia cerbo estas ankoraŭ okupata, moviĝanta, pensanta. Mi estas surprizita. Mia lingvo por priskribi aferojn en la mondo estas tre malgranda, limigita. Miaj pensoj, kiam mi rigardas la mondon, estas vastaj, senlimaj kaj normalaj, same kiel ili estis iam ajn. Mia sperto de la mondo ne malpliiĝas pro manko de lingvo sed estas esence senŝanĝa. Ĉi tio estas stranga." N.d.l.A.

Rilata teorio estas, ke paroli per lingvoj devenas de tio, ke Dio donas al la Pentekoste elektita persono ĉiujn homajn lingvojn samtempe, kio rezultas en io kiel prisma blanko.

Sed anstataŭ pensi plu por ni mem, ni haltu ĉe dua granda aŭtoritato: Friedrich Schlegel. Unu el la plej brilaj perloj de germana esea arto de la fino de la 18-a jarcento devenas de li, la eseo *Über die Unverständlichkeit* (Pri Nekomprenebleco). Akuzoj, ke la *Athenaeum* (Ateneo), publikigita de li, enhavis multon, kiu estis nekomprenebla, instigis lin verki ĉi tiun defendon.

Sed ĉu la nekomprenebleco estas io tiom plene riproĉinda kaj malbona? - Ŝajnas al mi, ke la savo de familioj kaj nacioj baziĝas sur ĝi; se ne ĉio trompas min, ankaŭ la savo de ŝtatoj kaj sistemoj, de la plej artefaritaj verkoj de homoj, ofte tiel artefaritaj, ke oni ne povas sufiĉe admiri la saĝon de la Kreinto en ili. Nekredeble malgranda ero sufiĉas, se ĝi nur estas konservita netuŝeble fidela kaj pura, kaj neniu malbona menso povas kuraĝi alproksimiĝi al la sankta limo. Jes, la plej bonega afero, kiun homo havas, la interna kontenteco mem finfine dependas iel, kiel ĉiuj povas facile scii, de tia punkto, kiu devas esti lasita en la mallumo, por subteni kaj enteni la tuton, kaj ĉi tiu potenco perdiĝus en la sama momento, kiam oni prilume komprenebligas ĝin. Vere, vi timus, se la tuta mondo, kiel vi postulas, iam estus serioze komprenebla.

Oni bezonas ion nedifineblan en si mem, alikaze oni estas tute nenio. Kaj eble ĝi estas nutrata de regula glosolalio. Oni bezonas ion, kion oni povas silente ripeti interne aŭ mallaŭte meze de sia medio, sen ke tiu iam povu kapti aŭ korupti ĝin.

7

Sadasa Ulna

Do eble glosolalio esprimas ion kiel la volon de la interna vivo resti sendifekta kaj eble ankaŭ ian hejmsopiron por pentekostece transdonpreta ŝtato. Sciencfikcia verkisto Philip K. Dick verkis en la lastaj jaroj de sia vivo ampleksan religi-filozofian verkon, nomata *Exegesis* (Ekzegezo), en kiu li klopodis organizi kaj pli bone kompreni serion da neklarigeblaj eventoj, kiuj okazis al li en februaro kaj marto de 1974. Nur malgranda parto de ĉi tiu verkego de verŝajne ok mil paĝoj en la originalo estis publikigita. Ĉio komenciĝis per tio, ke dum momento "la universo kiel ĝi vere estas" riveliĝis al Dick. Li subite perceptis aferojn el la estonteco, kiuj poste montriĝis ĝustaj – interalie, tre dramece, la danĝera hernio de lia filo, kiu estis malkovrita, nur kiam Dick veturigis lin al la hospitalo pro "fasko de rozkolora lumo",[251] kio efektive savis la vivon de la knabo.

Nokte kaj kelkfoje dum la tago, Dick aŭdis en sia kapo, kvazaŭ rekta dissendo, nekompreneblajn terminojn. Komence li pli-malpli konsideris nur sciencajn klarigojn. Unu el liaj plej fruaj provoj klarigi tion estis la koncepto de takionoj,[252] klaso de hipotezaj elementaj partikloj, kiuj, almenaŭ en teorio, moviĝas pli rapide ol la lumrapideco kaj tiel eventuale portas informojn de la estonteco en la pasintecon. Mi ne komprenas la koncepton, kaj mi kredas, ke ankaŭ Philip K. Dick luktis kun ĝi. Sed la takionoj estis almenaŭ certa referenco por li. Dick perceptis sin kiel la ricevanto de nova speco de datumfluo. Iu el la estonteco ŝajne sendadis senĉese al li sensencajn nomojn kaj datojn jam de kelka tempo, precipe dum liaj senprecedence lucidaj sonĝoj. Se li simple iam ne atentis, aŭ en distrita momento tenis sian konscion laŭ certa angulo, la nekomprenebla datumaro frapis lin. En letero al Peter Fitting la

---

[251] Angle en la originalo: "beam of pink light". N.d.l.T.
[252] Germane: Tachyon; angle; tachyon El la helena ταχύς *tachýs – rapida* N.d.l.T.

28an de junio 1974, li listigas kelkajn el tiuj nekompreneblaj komunikadoj:

832
835
5 412 960
Eleanor
Mr. Arensky
Mrs. Aramchek
Sadasa Ulna
17
Command-Odd
G-12
5 242 681
P-13

Kio, diable, tio ĉi estu? Kiun aŭ kion signifis ĉi tiuj koordinatoj kaj vortoj? Kiu aŭ kio estis "Sadasa Ulna"? Dick estis perpleksa. Eble estis "la diversaj 'Nomoj de Dio'"[253], kiuj estis diversigitaj ĉi tie? Sensignifaj vortoj komencis okupi lin. Li skribis al Fitting:

> Memoru tiun strangan vorton trovita en 1591 sur la dezerta insulo Roanoke; ĝi estis CTOSYOAN kaj estis ĉizita en la ŝelon de arbo, post kiam la tuta kolonio malaperis sen spuro sub misteraj cirkonstancoj. – Kaj rigardu, tio ĵus okazis al mi; mi estis movinta miajn fingrojn unu klavon dekstren sur la tajpilklavaro: la vorto estas fakte CROATOAN; mi legis ĝin el mia libro kaj ne rigardis la manojn dum tajpado. Kaj do mia argumento estas perfekte pruvita. Dum jarcentoj, fakuloj klopodas eltrovi kion signifas "Croatoan". Ĝi verŝajne signifas nenion; la timigitaj kolonianoj alfrontitaj al unu aŭ pluraj danĝeroj (malsato, indianoj, pesto, ktp.) ricevis ekbrilon de inspiro kaj forlasis la insulon cele al alia, pli sekura loko, kredante, ke tiuj leteroj lasis ion signifoplenan. La "*Cosmic Teletype Operator*"(Kosma Teletajpisto) eble ne atentis dum momenteto, kiel mi faris antaŭe, kaj tiel okazis la eraro.

---
253 Angle en la originalo: "the various 'Names of God'" N.d.l.T.

La fuŝita vorto CTOSYOAN rememorigis min pri la tiel nomata YOGTZE-kazo, neklarigita morto en Germanio. En 1984 viro nomita Günther Stoll mortis sub misteraj cirkonstancoj post suferado de paranojo. En la nokto de sia morto li subite skribis la vorton YOGTZE sur papereto kaj antaŭdiris "teruran eventon". Li poste estis trovita nuda kaj grave vundita en sia aŭto apud la aŭtovojo. Senvestigite, li estis surveturita per nekonata veturilo en alia loko kaj poste enigita en sian aŭton. Vikipedio skribas kun aŭdaca sobreco: "La polico eĉ ne scias certe ĉu 'YOGTZE' fakte signifas 'YOGTZE' (...). La polico nur eksciis, ke tia vorto ne ekzistas en ajna lingvo en la mondo."

Philip K. Dick ankaŭ provis trovi la signifon de la esprimo "Sadasa Ulna", kiu estis flustrita al li nokte. En letero al sia konato Claudia Bush, li raportas, ke li serĉis la vorton "ulna"; ĝi estas la latina vorto por "kubuto". La plej frua referenco estas trovita en la tria libro de la Eneado. Lia konscio evidente ĉiam indikas al li epokon de antaŭ du mil jaroj. Eble estas tiu greko Asklepio,[254] kiu provas kontakti lin. Aŭ, kiel Dick poste skribis al Ursula K. Le Guin, eble la profeto Elija.

En pli posta ĉapitro de Ekzegezo, Dick finfine ekhavis la ideon ke tio devis esti nek estonta nek pasinta, sed entute sentempe ekzistanta sciaĵaro kvazaŭ fonradiado; aŭ iu pasinta epoko eble estis "en ortaj anguloj" al la epoko, en kiu li vivis. Sed eble la mortintoj denove provis sin miksi en la konscion de la vivantoj. Dick havis ĝemelan fratinon, kiu mortis baldaŭ post la naskiĝo. Tra la jaroj Dick, akompanata de emocia suspekto, sin direktis pli kaj pli al tiu estaĵo, kiu mankis al li dum lia tuta vivo: Jane. Sur la plej lastaj paĝoj de Ekzegezo, kiuj estis skribitaj baldaŭ antaŭ lia morto, li parolas rekte al ŝi, trankvile, sinregante kaj plene de konfido. Eble leganto ne ĉiam rajtas esti parto de ĉio kaj ĉiuj. Mi legis ĉi tiujn paĝojn unufoje, sed ne volas malfermi ilin denove kaj ankaŭ ne volas citi ilin.

La psikedela filozofo Terence McKenna suspektas, ke glosolalio estis la plej frua formo de distro por la homaro. La sensignifaj silaboj, la datumfluo mem, aperis unue. Ĉe konsumo de halucinigaj drogoj kiel DMT aŭ psilocibino, laŭ McKenna, glosolalio estas afero komprenebla kaj neevitebla, kaj ĝi klare havas iajn

---
254 Asklepio: Helena dio de medicino. PIV N.d.l.T.

internajn regulojn, sed nenian signifon; ĝi havas sintakson, sed ne morfologion. Do, oni evoluigis lingvon milojn da jaroj antaŭ la elpensado de signifo kaj senco kaj tiu evoluo prenis la formon de "kantado sen melodio". Homoj sidis ĉirkaŭ bivakfajro kaj gajigis unu la alian per amuzaj bruoj, kiujn ili faris per la buŝo.[255]

Kiel infano, McKenna faris tion la tutan tempon. Hodiaŭ oni kutime replikas al li: "Sed vi nur inventas ĝin." Sed pli ĝuste lia sperto estas, ke li mem mense "flankenpaŝas" kaj tiel lasas ĉi tiun varian datenfluon eliri el sia buŝo. Ĉi tio devas diri ion profundan pri li, ian signalon pri lia interna situacio, je alia nivelo ol aserto kiel "Mi estas laca hodiaŭ, mi havis etan migrenon hieraŭ" ktp., kaj eble en mondo, kie ĉi tiu datenfluo estus pli bone kaj pli afable efektivigita en la ĉiutaga vivo, estus pli facile akiri superrigardon pri la internaj rilatoj de niaj kunhomoj kaj estus pli facile komuniki. Mi imagas, ke ĉi tiu mondo estas io kiel la frumatena pepado de birdoj en la arbo: oni pepas, por ke la aliaj sciu, kie oni troviĝas kaj kiel oni sonas interne, kun kiu sonindiko de temperamento oni ellitiĝis. Socie akceptita glosolalio, liberigita de la hontosignoj de infaneco aŭ ebrieco, eble estus la nobla vojo al tia mondo. Nur en kelkaj aŭdacaj momentoj de certaj literaturaj verkoj ni vidas, kiel tio povus aspekti:

> Post nur dudek minutoj da laboro, pro malpacienco, ke ŝi nenion vidis de la novulino, fraŭlino Perdelwitz diris en la ĉambro: "Etsch em o beske, ü?" - al kio respondis fraŭlino Frieske, la sekretario de Sack: "All männe usja, ü ?" - Kaj neniu estus povinta ekscii, kion oni celas per tio.[256]

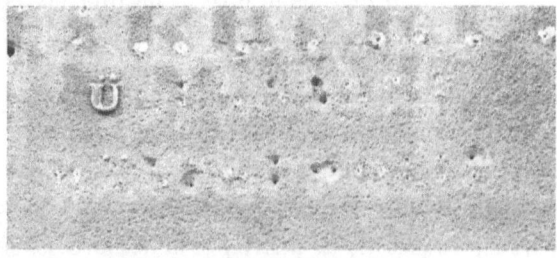

---

255 Oni pensu pri la terure malrapida pantomimo priskribita en la unua ĉapitro kun la senvorte komunikantaj amikoj de Ildefonso. N.d.l.A.
256 Martin Kessel: *Herrn Brechers Fiasko*. N.d.l.A. [Martin Kessel (1901-1990) germana verkisto, loĝis plejparte en Berlino. "La fiasko de s-ro Brecher" unue eldonita en 1932 estas konsiderata majstroverko, sed la aŭtoro estas plimalpli malkonata.] N.d.l.T.

8

Arli's Poems[257]

do war

d do vvar
ulll
at ded ddd
eer nd dnli
ar arrli
a amn ad art
at g
l   fp
guogg o go
nr not
ali ali
at ee
aae ar ar
ar dee er car
rnog no
bad bed

Tiu ĉi poeziaĵo estis verkita la 25an de marto 1965 fare de halthundo[258] nomita Arli. Ĝi apartenis al la plej juna filino de Thomas Mann, Elisabeth Mann Borgese. Antaŭ ol koncentriĝi tute pri Arli, ŝi unue volis instrui la skribadon al ĉiuj siaj kvar hundoj. Instrui ne vere la skribadon, nur la tajpadon. Ŝi prononcis (plejparte mallongan) anglan vorton, kaj la hundo devis enmense noti la fonetike ĝustan sinsekvon de sonoj kaj poste registri tion per la klavoj de la skribmaŝino adaptita al sia muzelo.

---

257 Angle – Poeziaĵoj de Arli N.d.l.T.
258 **Halthundo** – Ĉashundo, dresita por halti, tuj kiam ĝi elflaras ĉasotaĵon. PIV N.d.l.T.

Ekzemple, ŝi diris, "Arli", kaj Arli tajpis: AL I. Aŭ ŝi diris, "Bad", kaj Arli tajpis: BE D. Aŭ B D. Aŭ BAD D. Ortografio ne aparte gravis al la hundo, kvankam ankaŭ pri tio li daŭre pliboniĝis kun la tempo. Kiam ŝi havis sufiĉe da konfido al lia komprenkapablo, Mann Borgese eĉ igis lin skribi ŝiajn kristnaskajn poŝtkartojn: "good g feast and nice time", tajpis Arli laŭ ŝia diktado.

Kiel la fama patro de Mann Borgese, Arli suferis de ekstrema sentemeco rilate la digestosistemon. Ne maloftis, ke la hundo, malgraŭ la perspektivo de rekompencoj, sentis sin tute nekapabla daŭrigi kun la ĉiutaga skribotasko. Mann Borgese:

> Lia dispepsio neniam ĉesis, kaj ĝi malhelpis lian atenton ĉe la laboro. Iun tagon mi vokis lin al la skribmaŝino, sed li streĉiĝis kaj oscedis, poste kuŝiĝis sur la planko kaj ignoris mian diktadon. "Leviĝu, Arli, venu ĉi tien," mi diris. Li venis al mi. "G-o-o-d d-o-g g-e-t b-o-n-e," (bona hundo ricevas oston) mi diktis. Li restis tute indiferenta kontraŭ tio. Fine li metis sian muzelon sur la A. Mi tute ne diktis la literon A, mi tamen decidis lasi lin fari tion tamen. Kaj li skribis, sen ajna instigo kaj kun ĉiuj spacoj en la ĝusta loko: a bad a bad doog. (malbona malbona huundo.)[259]

Mann Borgese estis mirigita. Ĉu la hundo intencis tion, kion li skribis? Kaj se jes, kion efektive signifas "intenco" ĉi-kaze? Arli jam lernis asocii certajn procezojn aŭ eventojn kun certaj litersekvencoj. En video trovita ĉe YouTube, Mann Borgese diras, ke simpla diktado estas facila. Esence ĉiu hundo povas lerni ĝin. Ĝi estas ekzerco sen ia pli profunda signifo aŭ animstata revelacio. Tamen, en certaj momentoj, la hundo esprimas ion propran per ĉi tiu nove lernita kanalo, kiel, ekzemple, sian respondon al la demando, kien ĝi volas eliri. Laŭ Mann Borgese, lia senerara muzeltajpita respondo estas ofte "*car*", ĉar li plej ŝatas vojaĝojn en la aŭtomobilo. La hundo ankaŭ sufiĉe konis la koncepton de "*b-a-d*" kontraŭ "*g-o-o-d*". Do, ĉu en tiu tago li esprimis internan kondiĉon, ke li fizike malbonfartas?

---

259 Elisabeth Mann Borgese: The White Snake.N.d.l.A.

La okazintaĵo donis al Mann Borgese ideon. Kio okazus, se ŝi lasus Arli labori per la skribmaŝino sen antaŭe dikti al li?

La rezulto estis serio de "poeziaĵoj". Mann Borgese reagis al la rezultintaj tekstoj (se oni permesas al mi ĉi tiun iom mokofendan interpreton) preskaŭ en teleregata kaj ortodoksa maniero laŭ sia familia tradicio rilate skribitaĵojn. Verkintaĵo tuj valoris ion; ĝi devis esti montrita kaj publikigita. Konforme, la poeziaĵoj de Arli aperis en la prestiĝa kanada literatura revuo BRICK.[260]

Tekstoj atribuitaj al bestoj formas tre apartan niĉon de la fantazio. Foje kaj refoje venis en la kapon de geverkintoj lasi katon aŭ hundon aŭ simion anstataŭ homo verki skribaĵojn ene de la memkreita universo. Preskaŭ ĉiufoje la rezulto estas io ekscita kaj ĝenerale komprenebla. Eĉ en la rakonto *The Author of the Acacia Seeds And Other Extracts from the Journal of the Association of Therolinguistics*[261] de Ursula K. Le Guin, en kiu skribitaj mesaĝoj de formikoj estas deĉifritaj, la traduko glate funkcias kaj donas brilan komprenon de la jena speco:[262]

Long are the tunnels. Longer is the untunneled. No tunnel reaches the end of the untunneled. The untunneled goes on farther than we can go in ten days [i. e., forever]. Praise!

(Longaj estas la tuneloj. Pli longa estas la netuneligitaĵo. Neniu tunelo atingas la finon de la netuneligitaĵo. La netuneligitaĵo etendiĝas pli malproksimen ol ni povas iri en dek tagoj [t.e., eterne]. Laŭdu!)

Oni ne kredas tion dum eĉ unu sekundo.

Formikoj, kiuj cerbumas ĝuste pri siaj tuneloj, ĉu?

Sed ni rigardu alian ekzemplon de la poemoj de Arli:

---

260 En numero n-ro 76, vintro 2005, krom artikoloj de interalie Donna Tartt, Geoff Dyer, Oliver Sacks, Colm Toíbín kaj David Sedaris. N.d.l.A.

261 Tio estas rakonto pri rakonto. Unue estis rakonto "La aŭtoro de la akaciaj semoj" poste estis aldonitaj "aliaj eltiraĵoj el la revuo de la Asocio de Bestolingvistiko". La citita rakonto inkluzivas la du aferojn. La termino Therolinguistics (Bestolingvistiko) estis kreita de Ursula K. Le Guin el la helena θηρο =besto. N.d.l.T

262 Pro la unikeco de la formikskribitaj versoj, la tradukisto ne volas privi la legantojn de la angla originalo citita de la aŭtoro. N.d.l.T

bad a baf
bdd af dff
art ad
abd ad arrli
bed a ccat

Bed a cat - enlitigu katon.²⁶³ Aŭ malbona kato (*bad cat*). Aŭ eble mistajpita aŭto (car). Kaj refoje kaj denove la propra nomo, ĉi tiu signifoplena sinsekvo de literoj A-R-L-I, ekbrilas el la nediktata tajpoludo. Mann Borgese aldonas al la poeziaĵoj prijuĝajn rimarkojn de sennoma "bonkonata kritikisto de moderna poezio",²⁶⁴ al kiu ŝi montris la poeziaĵojn. La kritikisto respondis, ke ili estas ravaj kaj ke ili estas okulfrape similaj al Konkreta Poezio²⁶⁵ el Brazilo, Skotlando kaj Germanio. Krome, oni tuj pensas pri la nomo de certa usona poeto, kiu literumas ekzakte kiel la hundo.

Mi konfesas, ke la uzado de la poeziaj tajpludoj de ŝia hundo laŭ la Mann-familia tradicio estas preskaŭ tro por mi. Ŝajnas, ke ŝi malmulte kapablis vidi la versojn kiel tion, kio ili vere estis: la interna monologo de tre edukita besto. Por ke iu scio, sinsekvo de agoj aŭ "vorto" persistu en la cerbo, oni devas tie ripeti ĝin. Kaj ĝuste tio okazas en la poeziaĵoj de Arli: li montras la senlacan ripeton de la lernitaj vortoj, kiuj trairas lian cerbon. Li estis hundo, kiu sen propra instigo hazarde troviĝis en la stranga situacio, ke li devis parkerigi ĉiajn letersekvencojn. Ili alportis al li rekompencon kaj atenton kaj eĉ, foje, veturo en la amata aŭto. En la ripetoj kaj eraroj kaj variadoj de la samaj kvar aŭ kvin terminoj, ni vidas lian spiriton ĉe la ĉiutaga enmemorigo kaj reteno de ĝuste tiuj gravaj strukturoj. Se li tajpus ion tute hazardan kaj ne plurfoje *dog doog dg dgg bad bed badd bdd good god dog good goodd doog*, ni povus konsideri lin libera hundo. Sed tiamaniere, kun la rendimento de siaj horoj pasigitaj sen gvidado, rendimento, kiu estas tute klara

---

263 En la angla, "to bed someone" = seksumi kun iu N.d.l.T.
264 Angle en la originalo: "well-known critic of modern poetry". N.d.l.T.
265 Lanĉita en 1956 en San-Paŭlo okaze de Nacia Ekspozicio de Konkreta Arto, la konkreta poezio ĝenerale ne uzas frazon, sed vortojn, silabojn kaj literojn. Tiujn grafikaĵojn la poetoj metis sur la paĝon por esti rigardata kiel pentraĵon, ne legata laŭ la tradicio. Inspiris tiun poezian movadon kaj la industrio kaj la tradicia ĉina ideografiaĵoj. N.d.l.T laŭ Vikipedio

laŭ formo kaj stilo, li alfrontas nin, kiel ĉiuj tre edukitaj verkistoj, kiel ligitan estaĵon.

Mia plej ŝatata artisto de la vidaj artoj de la 20a jarcento, Joseph Cornell, estis tiel kortuŝita, kiam li aŭdis la epizodon de malbona hundo, ke de tiam li dividis la homaron en du grupojn: tiuj, kiuj konis "la hundon de Borgese", kaj la malindaj. Por li, la ideo de hundo, kiu tajpas *bad dog* estis unu el la centraj eventoj de la epoko. Bedaŭrinde, tamen, post iom da tempo li konfuzis la nomon "Borgese" kun "Pergolesi", kaj post tio estis nur malindaj homoj en la tuta mondo, ĉar neniu, eĉ la plej klera el liaj kolegoj, iam aŭdis pri "la hundo de Pergolesi."[266]

Oni refoje rimarkis, ke estas evidenta ironio, ke ĝuste la filino de Thomas Mann instruis sian hundon tajpi. Surface ĉi tiu observo estas komprenebla, sed ĝi estas nekompleta kaj fakte malĝusta. Ĉar la skribmaŝino estis la ilo de Katia, ne de Thomas. La granda magiisto skribis ĉiujn siajn verkojn permane, forŝlosita de la familio en sia ĉambro, klinita super kajero. En la domo Mann, la skribmaŝino estis tiu mekanika spirito, kiu helpis funkciigi ĉion; ĝi ne servis al verkado poezia, aŭ kreema, aŭ arte torturita, nek al la tragike sprita. Ne, ĝi estis la instrumento de la memkomprenebla kaj apenaŭ danke agnoskita sindediĉo de edzino, kiu jungita antaŭ ĉi tiu klakanta plugilo pasigis sensalajre ĉiujn noktojn tajpante kaj tajpante kaj tajpante, kaj tiel videbligis al aliaj tion, kion ŝia edzo koncipis. Kaj eble ĝuste tial la skribmaŝino, kion Elisabeth Mann Borgese ekideis por ŝia vigla hundo, estis la evidenta kaj eble ununura afero por eligi la malnovajn demonojn el ĉi tiu artifiko, kaj lasi la hundon tajpi sur ĝi siajn didaktikajn poemojn.

---

266 Guy Davenport, "Pergolesi's Dog" en: *The Geography of the Imagination*.

SESA ĈAPITRO

La granda liberigo: Esperanto

> The Tamarian was willing to risk all of us, just for the hope of communication.
> *Jean-Luc Picard, Star Trek. The Next Generation,*
> *Epizodo 102 "Darmok"*

> La Tamariano volis riski nin ĉiujn, nur pro la espero komuniki.
> *Jean-Luc Picard, Star Trek. La Sekva Generacio,*
> *Epizodo 102 "Darmok"*

1

La vojaĝo

Tra-ta-ta-ta.

Tra-ta-ta-ta. Tra-ta-ta-ta.

Kio estis tio? Ĝi sonis grandege, kontraŭhome, sed samtempe invitite; subite ĝi fajfis, malrapidiĝis, fariĝis pli glata, samtempe ĝi tremigis la platforman plankon, superbruis la viglajn voĉojn kaj valizbruojn de la homoj ĉirkaŭe kunvenintaj; tiam estis nur longa knarado, sekvita de mallonga anhelo kaj fine kvieto. Tio devis esti la trajno.

La junulo, kiu estis sola ĉe la Moskva fervoja stacidomo por la unua fojo en sia vivo, ĉiam denove klinetis sin antaŭen por legi el la ŝanĝiĝema varmo, kiom malproksime estas la ĵus alveninta trajno de li. La freŝe revigligita aero blovis kontraŭ lia frunto. Momente li ne kuraĝis etendi sian bastonon por palpi, ĉar kiu povus diri, kiel vorema estas tia trajno. Ĝi ja amase glutas homojn, eble ĝi forkaptas ankaŭ bastonojn. Kelkfoje hela klakado aŭ langoklako helpis, tiam oni povis konstati laŭ la eĥo, kie estas la sekva grava obstaklo.

Ĉirkaŭ li puŝis sin svarmo da homoj.

Post momento iu aperis kaj alparolis lin de la flanko. Fremdulo. Ĉu la junulo volas eniri la trajnon? Antaŭ ol Vasilij povis diri jes, la fremdulo kaptis lian brakon, kiel preskaŭ ĉiam okazis, kaj vigle tiris ĝin. Oni volonte helpas lin tiel.

"Dankon", diris Vasilij.

Lia voĉo estis — lastfoje en sia vivo, kiel li decidis en la sama momento — pepante timema, preskaŭ neaŭdebla.

Do nun levu vian kruron iomete. Jes, tiel.

Ho, estis ŝtuparpaŝoj! Interese. Unu, du, tri, farita. Vasilij palpis ĉirkaŭ si. Li staris firme kaj sekure, li estis en la trajno. En la interpuŝado li sentis homojn, randojn kaj angulojn en la alteco de la koksoj. De ĉi tie ĉio devus iri glate; certe iu konduktoro montros al li la vojon.

"Multan dankon, sinjoro."

Sed la fremdulo jam malaperis.

La vojaĝcelo de la junulo estis eĉ pli nekonata ol la trajno. La Okcidento. Ĉi tio estis tre malproksima, respektinda distanco sur la terglobo. Oni montris al li la distancon en la instituto per fingroj kaj manplato. Preskaŭ tri fingrojn sur la globo en tiu direkto. Apenaŭ imagebla. La horloĝoj tie funkciis tute alie ol en Rusio.

Komence Vasilij sidis sola en la kupeo. Skueto – tiam la trajno ekiris, oni estis tre malpeze premita en la sidlokon. Ja estis iom timige. Poste en la vivo, li alte taksos vojaĝi neakompanata kiam ajn eble, moviĝante rapide kiel blindulo sen konstante implikiĝi kun siaj bonintencaj helpantoj.

Post iom da tempo, paro da plenkreskaj fratinoj aliĝis al li kaj proponis al li knedlikojn, kiuj iom odoris je lavenda parfumo sed bongustis.

Sekvis la kutimaj rimarkoj en la komenco de la konversacio. Tute blinda?

Jes, bedaŭrinde.
Ĉu ekde naskiĝo?
Ne, ne denaske.
Ho ve! Do estis akcidento?
Por tiel diri. Malsano en frua infanaĝo. Fiasko de la resanigaj ikonoj.

La sinjorinoj ridis pri tio. Ili evidente sen malfacilaĵo komprenis lin malgraŭ lia ukraina akĉento, kvankam ili mem parolis bonordan moskvan ruson. Post iom da tempo Vasilij adaptis sian parolmanieron, kaj la sinjorinoj reagis sorĉite. Nun ili volis ekscii pli pri la interesa junulo.

Ĉu li do vojaĝas tute sola?
Ĝuste nun, jes.
Ĉu tute ne ekzistas gardisto, kiu zorgas pri li?
Ne, diris Vasilij, li ne dungas gardiston.
Kaj tiu verda stelo sur lia mantelo?
Ho, tio, klarigis Vasilij, ne, tio ankaŭ ne estas gardisto.
Oni ridis.
Eble insigno montranta, al kiu li apartenas?
Ne, diris Vasilij, neniu insigno por blinduloj. Ĝi estas io tuta alia. La *stelo*.[267]
Stella?
La *stelo*, ripetis Vasililj. La insigno de *Esperantujo*.

La sinjorinoj denove ridis kaj plurfoje petis ripeton de la amuza vorto. Ili eĉ provis mem ripeti ĝin, sed estis intence mallertaj, iliaj voĉoj senĉese ruliĝis unu super la alia, kaj finfine ili rezignis. Ĉu la nomo de iu blindullernejo?

Ne, respondis Vasilij. La nomo de lando.
Ĉu?
La sinjorinoj neniam aŭdis pri ĝi. Certas, ke ...
Vasilij ne ofendiĝis de ili. Strikte parolante, tio estis ankaŭ por li io nova.

Sed kie komenci? Ĉar li ne povis ekpensi pri io alia, li recitis parkere kelkajn versojn de la granda poeto Grabowski:

---

[267] En Esperanto en la originalo N.d.l.T.

La tago malvarma, malgaja, sensuna;
Ne haltas la ventoj kaj pluvo aŭtuna;
Vinujo je l' muro putranta sin tenas,
Sed ĉiu ekblovo foliojn deprenas,
Kaj la tago – malvarma, sensuna.

La fratinoj impresite aplaŭdis. La itala!, entuziasmiĝis unu, kies voĉo sonis malhele kaj arboŝelece. Jes, tio vere estas la lingvo de la koro; tre mirindas!

Estas Esperanto, diris Vasilij. Ĉi tiu lingvo, li klarigis, hazarde naskiĝis en la urbo mem, al kiu iras ĉi tiu trajno. Ho ĉu vere? En Varsovio?

Jes

Imagu!

Oni petis Vasilij ripeti la versojn, kion li volonte faris. Li klarigis, ke temas pri la Esperanta versio de poeziaĵo originale verkita en la angla de la poeto Longfellow. Vasilij intence prononcis la nomon de la poeto laŭ la rusa, kun aŭdebla vo ĉe la fino, Langfjelov, por ne elmeti la sinjorinojn al tro da fremdaj sonoj samtempe. Li sciis: oni devas esti singarda kaj pacienca en tiaj aferoj. Viduloj havas enigman kaj foje tute komikan timon ŝanĝi voĉojn kaj lingvojn. Nu, ne tiom gravas, li pensis.

The day is cold, and dark, and dreary;
It rains, and the wind is never weary;
The vine still clings to the mouldering wall,
But at every gust the dead leaves fall,
And the day is dark and dreary.

Do, tiel tekstas la originalo.

Tre bela, tre bela, laŭdis la sinjorinoj. Sed oni povis aŭdi, ke ili ne plu estis tre atentaj.

La originala poeziaĵo estas bedaŭrinde neperfekta, diris Vasilij. La Esperanta versio, aliflanke, perfekte sukcesas. Ekzemple, en la dua linio – li ripetis ĝin – iom ĝenis lin ĉi tiu *"and the wind"*, ĉar ĝi faris tiajn etajn paŝetojn meze de la ritmo. Li demonstris ĝin. La interna muziko de la poeziaĵo tiel malekvilibriĝas. Kaj ankaŭ kun la linio *"But at every gust the dead leaves fall"*, la emfazo estas aŭ sur la "*at*", kiu ŝajnas iom nenatura kaj afekta, aŭ alie "*but at*" estas lasita neakcentita kaj la akcento ne estas metita ĝis "*every*": "*but at évery gúst the déad leaves fáll*". Ambaŭ ne tre puraj, ne bele graciaj.

Kontraste kun Grabowski: "Ne haltas la ventoj kaj pluvo aŭtuna... Sed ĉiu ekblovo foliojn deprenas." Sama senco, sed sen la etaj paŝetoj. Sensinkopa, glata ritmo. Kaj kun tute harmonia distribuo de la vokaloj. En la nova lingvo, la poeziaĵo subite kuŝas tiel karese en la buŝo. Kaj ekzistas mil aliaj tiaj ekzemploj.

Dum momento la sinjorinoj silentis.

Tiam la sinjorino kun la pli hela voĉo, malvarmeta kiel pordoklinko, diris: Do la junulo verŝajne estas muzikisto?

Jes.

Mi ja suspektis tion.

Ili elprenis ion por trinki. Oni proponis iom al Vasilij, sed li rifuzis. Li devis resti koncentrita.

Kaj nun Varsovio estas lia celo, ĉu? Por ... studi ĉi tiun interesan duone italan lingvon tie?

Ne, diris Vasilij. En Varsovio li nur ŝanĝos trajnon. Li ankoraŭ havas antaŭ si longan vojon – ĝis Anglujo.

Anglujo!

La sinjorinoj jam aŭdis pri tiu lando.

Ĉu li bezonas helpon por ŝanĝi trajnon?

Ne, koran dankon, diris Vasilij. Feliĉe, ĉiuj en Esperantujo estas amikoj. Oni venos preni lin.

Jes, sed Varsovio estas en Pollando, diris la sinjorino kun la pli malhela voĉo, ne en *Espertujo*. Kie li imagas ĉi tiun fabelan landon?

Ĉie komprenebla.

Ĉie?

Jes, respondis Vasilij, ĉie, komprenebla. Ĝi devas esti ĉie, alie ĝi estus nenie.

Ĉiu lando sur la mondmapo estas jam okupata, do ĝi estas distribuita ĉie.

La sinjorino kun la unike malhela, profunda voĉo donis al li pomon, kiam li eltrajniĝis ĉe la Varsovia stacidomo. La malvarma kaj suka frukto en la mano donis senton de konfido.

Koran dankon, diris Vasilij.

2

Origino

La ĉefrolulo de tiu ĉi romaneca rekonstruo, Vasilij Eroŝenko, naskiĝis en 1890 en la rusa urbo Obuĥovka, ĉe la ukraina landlimo. En la aĝo de kvar jaroj li grave malsaniĝis je morbilo. Li ricevis ĉiujn hejmajn kuracilojn. Bedaŭrinde, ne estis ikonoj en la domo, ĉar la familio estis malriĉa, sed ĝuste trans la strato estis la preĝejo. La onklino konsentis helpi la knabon, kiu malfacile spiris. Ŝi levis lin el la lito, envolvis lin en kovriloj kaj portis lin trans la straton al la preĝejo. Certe la sanktuloj tie loĝantaj helpos la knabon resaniĝi.

La eta Vasilij verŝajne estis multe malpeziĝinta. Ŝajnis al la onklino kvazaŭ ŝi portis suĉinfanon.

La tago estis froste malvarma kaj nuba. La neĝa vento razilakre furiozis tra la strateto. Kiel ajn oni turniĝis, ĝi trafis onin en la vizaĝon. La knabo plorkriis. Malfacilis imagi, ke li povus malvarmiĝi sur tiom mallonga distanco. Krome estis la sanktuloj. Almenaŭ tiel la onklino defendis sin poste, kvankam mallaŭte kaj plejparte al si mem, kontraŭ la akuzoj de la familio. Ĉar la malsano de Vasilij ŝajnis multe plimalboniĝi en tiu sama vespero. La patrino sidis kun li kaj tenis lian manon, kiu kelkfoje estis froste malvarma, kaj poste komencis febri denove. Vasilij ofte petis lumon, poste, la plej eta brilo eĉ dolorigis lian kapon. Fine li svenis kaj komencis murmuri. Li deliris dum tagoj, kaj kiam li vekiĝis kaj donis plejparte ĝustajn respondojn al la maltrankvilaj demandoj, kiujn lia familio faris, ĉu li scias kie kaj kiu li estas, la ĉeestantoj ĉirkaŭbrakis unu la alian kaj dankis la sanktulojn de trans la strato. Eĉ lia onklino kuraĝis aperi, ŝi staris timide ĉe la pordo kaj ĝojkriis kun ili. Sed tiam la knabo denove petis la lumon. Li kuŝis en la lito kun la okuloj malfermitaj kaj la brakoj moviĝantaj. Oni portis lin eksteren kaj tenis lian vizaĝon rekte al la suno. Sed liaj okuloj ne plusendis eĉ unu signalon. Li ne vidis mallumon, sed ion pli malbonan. Estis bizara konstanta koloro, kiu ne havis sencon, tio eĉ ne estis koloro. Nur kiam li premis la fingrojn rekte al siaj okuloj, li vidis ion similan al fulmo.

Vasilij Eroŝenko poste, en sia verko, ripetade priskribis ĉi tiun fruan periodon de sia vivo. Kun preskaŭ antropologia fascino li rakontas, kiel lia subita blindeco komence transformis lin en sovaĝan, preskaŭ lupinfanecan estaĵon. Ĉiuj signoj de socianiĝo estis forviŝitaj. Mi pensas, ke oni povas diri, ke tiu ĉi baza sento de perdita fido, de ribela kolero kaj melankolio, kiun ne povas mildigi io alia, neniam tute forlasis lin en lia plua vivo.

La knabo kaŭris en malhela angulo la tutan tagon, kaj kiam iu alparolis lin, li ekploris aŭ, ankaŭ tio okazis, batis kaj piedbatis tiun personon. Li balanciĝis tien kaj reen dum horoj aŭ kuŝis en tordita pozicio sur la planko. La gepatroj ne plu sciis kion fari. Iam lia patrino surprizis lin, kaptis lin kaj kondukis lin el la domo kaj en la straton en senhelpa provo pruvi al li, ke la mondo, kiun li opiniis perdita, estas principe ankoraŭ tute tie. Kaj dum momento ŝajnis, ke la knabo akceptas la perfortan lecionon. Li staris droninte en stuporo sur la tero, trapafita de lumradioj kiel anĝeleto. Lia kapo malleviĝis sur lian bruston kvazaŭ aŭskultante. Sed kiam li subite moviĝis kaj trafis ion neatenditan, li fariĝis tute furioza, kriis kaj stumblis reen en sian mizeron.

"Vasilêjo..."

La patrino milde puŝetis lin per la piedpinto. Ŝi ne intencis esti malĝentila, sed la knabo lastatempe emis mordi. Malpli malbonas mordo en la suron ol en la manon.

Vasilij sidis tie spirante rapide, kaj nur per la esprimo sur lia vizaĝo videbliĝis, ke, malgraŭ lia perforta fuĝreago, li ekpensis. Liaj brovoj estis kuntiritaj. La faldo de pensulo.

Kiam li kuris reen en la domon, ankaŭ lia patrino rimarkis lian kapablon orientiĝi kvazaŭ magneta pinglo.

"Pardonu," ŝi diris. "Mi ne intencis timigi vin."

Neniu Respondo.

"Sed kiel rapide vi trovis vian vojon ĉi tien, Vasilêjo," diris la patrino kvazaŭ krompenson. "Estas bone. Jen via sekura loko. Vi restu ĉi tie por ĉiam."

Jen: rapida, impeta turno de la kapo. Kaj io kiel kolera spirego kaj anhelo. La patrino divenis, kion tio signifis kaj ŝi kontentis. Ŝia filo indignis.

"Vi trovis vian vojon ĉi tien tiel rapide," ŝi diris kviete, kvazaŭ bedaŭrante malsukceson. "Sen ekfrapi kontraŭ io ajn. Ho ve! Kompatinda Vasilêjo."

Tuta tago pasis.

Oni ne multe parolis.

Tiam Vasilij petis promeni denove de ekstere reen al sia angulo de mizero. Sed ĉi-foje komencante la vojon en alia loko.

Lia vizaĝo notinde ruĝiĝis. Ne en la kutimaj lokoj, ĉirkaŭ la larmoplenaj okuloj, kaj ankaŭ ne sur la vangoj, en kiujn li ofte enŝovis la ungojn dum sia stuporo. Pro lia egale ruĝa vizaĝkoloro oni preskaŭ povis vidi lian viglan, vekan pulson.

"Komencante en alia loko, ĉu?"

La patrino provis soni senkomprene.

"Jes."

"Sed de kie?"

"Ne gravas," diris la knabo. "De ie ajn."

Li staris tie kiel batalpreta soldato. Do ŝi prenis lian manon kaj tiris lin for al la preĝejo.

Mi jam renkontis kelkajn homojn, kiuj subite blindiĝis. Iuj deziris klarigi al mi precize, kiom terure malbele oni estas markita de la mondo, kiam oni ne plu havas la plej elementan protektan elementon, kiun homo povas havi: funkciantan vidkapablon. Aliaj rezignis paroli pri tio aŭ malsamopiniis. G., maljunulo, mortigis sin unu fruan matenon saltante el la fenestro de la kontrolata dormejo. La postuloj de la mondo estas mildigataj per nia vidkapablo. Tion neniu scias pli bone ol iu, kiu subite kaj nekuraceble blindiĝis. Kompare kun tio la senorientiĝo estas bagatelaĵo.

En siaj memoraĵoj *Unu paĝeto en mia lerneja vivo*, Eroŝenko montras plian dimension. Li unue citas la libron de Clarence Hawkes *Hitting the Dark Trail* (Sekvante la malhelan padon), en kiu la akademiulo kaj naturpoeto, kiu same blindiĝis en frua aĝo, skribas:

> Kvankam sperti la nokton dum tagmezo superfortis min, mi jam malkovris la belecon de la nokto. La suno tagmeze montris al mi la mondon kaj ĉiujn ĝiajn mirindaĵojn, sed la nokto

montris al mi la universon, la sennombrajn stelojn kaj la senliman spacon, la vastecon kaj la misteron de ĉia vivaĵo. La perfekta tago nur alproksimigis al mi la mondon de la homo, sed la nokto la mondon de Dio. Kaj kvankam la nokto ofte alportis al mi doloron kaj malkuraĝigon, mi aŭdis la stelojn kanti en ĝi...

Per sia humuro, kiu stas malamika al ĉiu transfiguriĝo, Eroŝenko aldonas, ke tio certe estas vera, se oni, kiel Hawkes, loĝas en la bela naturo de la kamparo, sed ĉu ankaŭ en la urbo, en Ŝanhajo, en Londono, en Moskvo? Bruo ĉie. La steloj devus perforte muĝi por esti aŭdataj.

Bonaj esprimoj aŭ bonintencaj interpretoj ne impresis lin. Anstataŭe, aperas, ke li fidis la neatenditajn, element-partiklecajn fluktuojn en sia propra biografio, mallonge: la kaoson. Kaj kiel ajn drameca estis la stuporo de Vasilij, same facile kaj rapide ĝi malaperis denove. Baldaŭ li komencis vagi tra la arbaro kune kun la infanoj de la najbarejo, kaj li ankaŭ naĝis en la rivero kaj ĉasis krabojn. Sed la fruaj rigideco kaj perforto restis en li, kvankam li sciis kiel alidirekti ilin en lerta maniero. Ili fariĝis la rezervujo de lia brila obstineco kaj inventemo. Li lernis marŝi laŭ kilometrolongaj vojoj, li ludis pilkludojn, kaj li parkerigis amason da tekstoj, fremdlingvaj vortoj kaj muziko. Ne estus troigo diri, ke li havis preskaŭ perfektan memoron. Io iam aŭdita kutime restis en li por ĉiam. En sia vivo li lernis multajn lingvojn, inkluzive la turkmenan, japanan, ĉinan, anglan kaj Esperanton, - kelkajn el ili tiel bone, ke li povis instrui ilin. Li ludis violonon, gitaron kaj balalajkon.

En 1899, naŭjaraĝa Vasilij Eroŝenko venis al Moskvo por frekventi blindullernejon. Estis julio, sufoke varme, la ŝvitaj fingroj de la infanoj estis algluitaj al la brajlaj libropaĝoj, kaj kelkaj lernejaj libroj disfalis.

Ankaŭ ĉi tiu detalo kunportas viglan rememoron pri mia tempo ĉe la Instituto Odilien. (Pardonu mian vantan fanfaronadon.) Tie en la biblioteko mi riparis brajlajn librojn, kiuj estis redonitaj en plene ŝirita stato de la prunteprenintoj. Neniam plu mi vidis tiel vive la fizikan ĝojon de tralegado kiel en ĉi tiuj mirinde diseriĝintaj volumoj. La brajlo mem estis plejparte ankoraŭ sendifekta, sed ofta trafluado per la palpantaj fingropintoj malligis la paĝojn mem.

Ĉiuokaze Vasilij devis parkerigi versojn ekde la unua tago en la Moskva lernejo.

Al la studentoj estis instruita ankaŭ korbteksado.

"Same kiel tiam en la Instituto Odilien", suplementas mia cerbo. Krom ke tie estis homoj kun multnombraj handikapoj, vidaj, fizikaj, mensaj. Mi ankoraŭ flaras la odoron de la korboj; ili estis konservitaj en ĉambro apud la pordistejo, kie mi faris mian deĵoron dum la someraj monatoj, kaj tiu akra tamen hejmeca odoro memorigas al mi, kiel plene antaŭdeterminita estas la estonteco de iuj homoj: via estonteco nun estas korboteksado kaj riparoj de sidlokoj.

En la Moskva blindullernejo oni ne batis la infanojn, sed la punoj tamen estis severaj kaj humiligaj. Ekzemple, oni devis stari "rekte kiel flagstango" en la akceptejo pro ofendo, kaj ne ricevis tagmanĝon la sekvan tagon. Vasilij estis punita ofte. Kiel atendite, la trejnado kiel korbteksisto kaj balailbindisto tute malplaĉis al li. Li daŭre interbatalis kun ĉiuj trejnantoj.

Alia samklasano tamen, bele nomita Lapin,[268] estis riproĉita preskaŭ ĉiutage, ĉar li faris demandojn, kiujn la instruisto neniam pripensis en sia vivo. La mondo estas granda kaj ĉiu povas trovi sian lokon en ĝi, diris iutage instruisto. Lapin tamen kontraŭis, ke lia patro ne havas lokon sur la tero, ĉar li devis lui ĉiun peceton da grundo de la grafo Orlov. La instruisto nomis Lapin stultulo kaj sendis lin en la angulon. Alian fojon la infanoj lernis pri haŭtkoloro. La plej hela estas la koloro de la plej nobla raso de la homaro, la plej malhela tiu de la plej necivilizita. Lapin demandis, kio okazas, kiam blankulo malheliĝas en sunlumo. Ĉu li fariĝas pli stulta? La instruisto kriegis. Lapin devis stari en la angulo.[269]

---

[268] Lapin – kuniklo en la franca. N.d.l.T.
[269] Ĉiuj lernejaj anekdotoj el *Lumo kaj Ombro* de Vasilij Eroŝenko (Japana Esperanta Librokooperativo, 1979). N.d.l.A.

En multaj infanoj, inkluzive de Vasilij, estis nepenetrebla fortikaĵo. Li mem, li skribis poste, havis kvar aferojn, kiujn li ankoraŭ povis bildigi al si: ĉi tiuj estis 1) la ĉielo, 2) kelkaj kolomboj, 3) la preĝeja turo, en kiu nestis la kolomboj, kaj 4) la vizaĝo de la patrino. Tiu ĉi neŝanĝebla kvaropo iel instruis al li pensi purajn pensojn, kaj ĉiam trovi la plej simplan esprimon por ili. Eĉ la plej severaj kaj malvastmensaj punoj de liaj instruistoj neniel kapablis forpreni de li iun ajn el ĉi tiuj kvar vidaj memoroj.

Iun tagon, kiam Li Hongzhang, ĉina diplomato,[270] vizitis la blindullernejon, la infanoj rajtis tuŝi liajn manon kaj vestaĵojn. Antaŭ la vizito, la instruisto klarigis al ili, ke la sinjoro apartenas al malsupera raso, nome al la "flava" aziana raso. Malmultaj el la infanoj sciis, kion signifas "flava". Ili diris al la instruisto, ke ili ne povis determini diferencon en la haŭto de la vizitanto, sed ja en la vestaĵo. Ĝi estis pli fajna, kaj tuŝi ĝin estis multe pli agrable. Krome, li estis multe pli afabla ol la instruistoj en la instituto. La instruisto severe punis la infanojn pro ĉi tiu kompreno.

Iun tagon vizitis la lernejon Sergej Aleksandroviĉ Romanov, la onklo de la caro.

Policanoj kaj soldatoj gardis la koridorojn. Oni timis atencon fare de anarkiistoj. La infanoj kunpremiĝis en la akcepteja halo. Vasilij restis iom pli longe en sia ĉambro, ĉar li malamis la homamason. Nur kelkajn minutojn post la sonorilo, li ekiris al la halo. En la koridoro alparolis lin fremdulo. La viro volis scii, ĉu Vasilij ŝatas vizitadi la lernejon. Jes, tute volonte. Kaj kiel li ŝatas la manĝaĵon ĉi tie? Ne aparte. Ĉu li ŝatus havi pli bonan manĝon? Jes, kompreneble, ĉu la fremdulo donus ĝin al li persone. La fremdulo ridis kaj volis scii, ĉu Vasilij trovas lin simpatia. Vasilij diris, ke li eĉ ne konas la sinjoron. Kaj eĉ se li povus ekkoni lin, li verŝajne ne trovus lin simpatia, ĉar li ĝenis lin kun nenecesaj demandoj. Estis silento. Instruistoj, kiuj subite aperis, trenis Vasilij for kaj ŝlosis lin en ĉambro por la resto de la tago. La fremdulo estis la grandduko SergejAleksandroviĉ mem.

"Kial vi faris tion?" la instruisto kriis al li.

---

270 Estas neklare ĉu Eroŝenko reproduktas la nomon ĝuste, ĉar ekzistas kontraŭdiraj informoj pri la vizito de ĉi tiu viro al la Moskva lernejo. N.d.l.A.

"Mi ja ne sciis, ke li estas la nobelulo."

"Sed kiel oni ne povas scii! Certe, vi ne vidas liajn belajn vestaĵojn, sed ĉu vi ne sentis lian noblecon, lian moŝtecon?"

"Ne," diris Vasilij, "mi sentis nenion de tio. Mi pensis, ke li estas unu el la policanoj, kiuj staras ĉi tie dum tagoj. Ili ankaŭ estas tiel malĝentilaj."[271]

Iom poste, Vasilij kaj lia amiko Lapin renkontis fremdulon sur la strato. Ili devagis de la vojo al la publika banejo, kiun ilis vizitis ĉiun duan semajnon. La viro estis ege ĝentila kaj pridemandis ilin pri ilia vivo. La instruisto krude trenis la knabojn for kaj batis ilin en la ŝvitbanejo. "Kia diablo obsedas vin?", la instruisto volis scii. Paroli kun almozulo! En plena taglumo, tuj antaŭ la lernejo! Se iu vidas tion!

"Ni ne sciis, ke li estas almozulo," lamentis Lapin, tordiĝante sub la batoj.

"Kiu li supozeble estis, vi damnita blinda diablo?"

"Ni pensis, ke li eble estas princo."

Ne, la eterna nokto ne montris al li la kanton de la steloj. Nek estas vere certe, por kio cetere la kantado de la steloj utilas. La mistero de Dio kaj la universo kaj la kanto de la steloj. Neniu ideo. Ne, la nokto instruis al li nur unu aferon: malfidon al homoj, kiuj arogas al si diri ĝuste, kio estas alia homo.

En la aĝo de dek kvin jaroj, Vasilij Eroŝenko forlasis la lernejon kaj komencis sendependan vivon. Dum sep jaroj li laboris kiel muzikisto en la Moskva Blindulo-orkestro, kiu turneis en Kaŭkazio en 1911. Ĝuste per tiu ĉi orkestro li ekkontaktis kun tiu, kiu sendube estis la plej grava persono en lia frua vivo: Anna Ŝarapova, Esperanto-instruistino kaj tradukistino de Lev Tolstoj, Lermontov kaj aliaj aŭtoroj. Ŝi donis al la knabo du konsilojn. Estas malfacile diri, kiu el la du ŝajnis al li pli stranga. Sed Eroŝenko atentis ambaŭ konsilojn, kvazaŭ ili estus juĝoj de Dio. La du konsiloj estis: 1) tuj lernu Esperanton kaj 2) nepre iru Anglujon. Eroŝenko certe neniam estus elpensinta tiujn ideojn memstare, sed ili fakte estis la plej gravaj decidoj de lia vivo. Unue li lernis

---

[271] Nur du jarojn poste, Eroŝenko aldonas al siaj memoraĵoj, ke Sergej Alexandroviĉ Romanov estis fakte murdita en anarkiisma bombatako. N.d.l.A.

la Lingvon Internacian. Kiom da tempo li bezonis por atingi tiun celon ne estas precize registrita, sed verŝajne kelkajn tagojn aŭ semajnojn.

3

Kiel oni lernas Esperanton

la domo – <u>*nacilingva traduko*</u>
la viro – _____
la virino, la ino – _____
la onklo – _____
la onklino – _____

la verkisto – _____
la kato – _____

mia libro – _____
pri poezio – _____
verkita – _____
en planlingvoj – _____

kuri – _____
helpi – _____
pafi – _____
legi – _____

Kiel vi fartas? – _____

Kontraste al Volapuko, Esperanto estas plej bone lernebla dum vivperiodo, kiam iom da paco kaj trankvilo estas reveninta kaj oni iom post iom komencas repercepti la korŝiran humuron de la aferoj, kiun oni jam forgesis.

Oni miras, miregas, eraras kaj estas feliĉa.

la krokodilo – _____
krokodili – *indignige paroli alian lingvon en situacio, en kiu efektive estus devige uzi Esperanton, kiel en la kongreso.*
fingrumi – _____
dika – _____
la dikfingro – _____
dikfingrumi – _____

En mia ĝardeno kreskas tri arboj, unu el kiuj unu nokton estis trafita de fulmo. Ekde tiam, ĝi konfuzas kelkajn aferojn. En ŝtormaj tagoj ĝi staras senmove, kvazaŭ kun kunpremitaj dentoj. Kaj kiam estas tute trankvile, la stultulo susuregas. Birdoj ne scias kion fari kun ĝi; ili preferas stari en la herbo ĉirkaŭ ĝi ol sidi sur ĝiaj branĉoj, kaj nur unu fojon mi vidis kuraĝan pegon, verŝajne novan en la najbaraĵo, kiu kaŭriĝis sur la flanko de la arbo kvazaŭ ties aŭdhelpilo, sed jam baldaŭ, sen frapi, forflugis. La arbo ankaŭ havas siajn problemojn kun la neĝo, sed ne gravas – kion mi fakte volas diri: kiam ajn mi preterpasas ĝin, mi alprenas internan sintenon, kvazaŭ mi devus milde flankenpuŝi iun, kiu konfuzite staras en mia vojo. Mi certas, ke nenio plu okazas en ĝia interno. Ĝia ĉeesto iom malkomfortigas min, ĉar ĝi memorigas min, ke oni povas eliri ĉiumomente sen averto el la konata mondo kaj la ordigitaj rilatoj, dum en kelkaj kazoj, ekzemple laŭ la ekstera formo, oni ankoraŭ restas en la malnova ordo kaj ŝajnas tute nelezita al la neiniciato. Oni povas perdi sian lingvon, siajn sentojn, sian korpon, kaj tamen resti viva.

Iun tagon mi legis poeziaĵon en lingvo tute nekonata al mi, – Esperanto. Mi ne rememoras, kie mi trovis ĝin. En Interreto, ie. Mi legis la versaĵon kaj komprenis preskaŭ ĉiun vorton.

MORTANTA FOLIO

Lante falanta
flava foli'
takte baraktas
en agoni';

kaj la emajla
flava mort-farb'
ŝminkos la ringan
piedon de l' arb'.

Mi ankoraŭ bone memoras la situacion. Mia cerbo, en sia profundo, aŭtomate tradukis al la germana:

Lante falanta	*Langsam fallend (Malrapide falanta)*
flava foli'	*gelb Laub (flavo foliaĵo)*
takte baraktas	*Takt (neniu ideo) (takto [multsignifa en PIV kaj Duden])*
en agoni';	*in Agonie (en agonio)*
kaj la emajla	*und die email (kaj la retpoŝto)*
flava mort-farb'	*gelb todfarbe (flavo mortkoloro)*
ŝminkos la ringan	*schminken ring ŝminki ringo*
piedon de l' arb' [272]	*Bein von Baum (piedo de arbo).*

Do, latinida lingvo kun kelkaj ĝermanaj vortoj. Ja funkcias.

La poeziaĵo estis verkita de la skota poeto William Auld antaŭ duonjarcento. Auld verkis ekskluzive en Esperanto. Li naskiĝis en 1924 kaj mortis en 2006. Li lernis la mondlingvon de D-ro Zamenhof kiel infano ĉe la skoltoj. Tiam, kiel junulo, li tre aktivis, kiel multaj aliaj tiutempe, en la disvastigo de la nova lingvo, verkis influajn lernolibrojn kaj eĉ tradukis kelkajn klasikaĵojn en Esperanton, kiel ekzemple *La Mastro de l' Ringoj* de J.R.R. Tolkien, verkoj de Ŝekspiro kaj Oscar Wilde, sed ankaŭ la iomete freneza, versa epopeo *Aniara*, pri kosmoŝipo de la sveda nobelpremiito Harry Martinson, kiu estas malmulte konata ĉe ni. Auld mem estis nomumita por la Nobel-premio pri literaturo en 1999, 2004 kaj 2006 – fakto, kiu kaŭzis surprizajn reagojn en la resto de la mondo.

La famo de Auld ene de Esperantujo baziĝas ĉefe sur lia verko *La Infana Raso* el la jaro 1956. La titolo celas la homaron – ĝenerale la plej ŝatata temo de Esperanto-poetoj. Estas apenaŭ io alia, pri kio ili skribis tiom, kiom pri *La Homaro*.[273]

---

272 El: *En barko senpilota. Plena originala poemaro* (Edistudio, Pisa 1987). N.d.l.A.
273 En Esperanto en la originalo. N.d.l.T.

Jen mia germana traduko de la poeziaĵo:

EIN STERBENDES BLATT	MORTANTA FOLIO
Ein langsam fallendes	Malrapide falanta
gelbliches Blatt	flaveca folio,
das leidend und heftig	kiu tremis sufere
gezittert hat	kaj perforte,
trägt die emailgelbe	aplikas la retpoŝt-flavan[274]
Sterbfarbe bald	mortkoloron rapide
rund um den Baum auf	ĉirkaŭ la arbo
wie Make-up im Wald	kiel ŝminko en la arbaro

Iom libere tradukita; finfine, mi turnis la "ŝminkon", (germane *Schminke*) en iom pli krudan "*Make-up*".

Do mi tradukis la poeziaĵon, tio estas, mia cerbo tradukis ĝin aŭtomate, kaj la sekvan momenton mi rigardis tra la fenestro kaj vidis ĝian enhavon montritan en la ĝardeno. Nia stulta arbeto, difektita de fulmo, faligis ringon da flavaj folioj ĉirkaŭ sia trunko. Jes, tion li ankoraŭ povis fari. La aliaj arboj, ankaŭ funkciopretaj, aldone diligente formis siajn foliojn. Do unufoje jare tiu arbo scipovis komuniki kaj parolis la saman lingvon kiel siaj kolegoj. Dum ĝiaj folioj ĉiujare mortis kaj defalis, la arbo ankoraŭ vivis, kaj mi stultis apliki tiel rigorajn postulojn al ĝi. Nur per ĉi tiu hazarde malkovrita poeziaĵo, mia plej unua en Esperanto, mi tion povis konscii.

Absurde, ĉu ne? Ne. Cetere, la arbo havas grandegan elkreskaĵon ekde kiam ĝi estis trafita de fulmo. Ĉi tio aspektas, almenaŭ en mia kapo, ekzakte kiel la fantomeca ungo de radiada viktimo de la atombombo en Hiroŝima. Sangaj vaskuloj formiĝis en la mutaciinta kornhisto. Se oni tranĉis la nigriĝintan najlon, kiu kreskis dum jardekoj, ĝi sangis. Tiu vidaĵo rememorigis min ankaŭ pri la priskribo de la strangaj mise kreskintaj bovinoj en la magia

---

[274] La aŭtoro miskomprenis *emajlo* germane *Emaille* kun la germana *Email* retpoŝto. N.d.l.T.

romano de V.S. Naipaul *The Enigma of Arrival*,[275] kies naturon kaj enhavon malfacilas priskribi. En unu loko de la romano, la rakontanto, naskiĝinta en Trinidado kiel la aŭtoro, priskribas, kiel oni paŝtas bovinojn en la angla graflando, kiu fariĝis lia domicilo, kaj tio memorigis lin iomete pri la sanktaj bovinoj de lia junaĝo.

"Ĉi tiuj bestoj," li skribas, "malgraŭ sia beleco havis nenion sanktan, ne ĝuis la konstantan homan atenton, kiun, kiel mi pensis en mia infanaĝo, la bovinoj sopiris. Numeroj estis brulmarkitaj sur la postaĵo de tiuj bovinoj en la ĉirkaŭbaritaj paŝtejoj aŭ herbejoj."

La brulcikatro de la stranga fulm-arbo longas ĉirkaŭ unu metron.

"Nenio sankta ĉe naskiĝo aŭ ĉe morto; nur la fermita kamiono. Kaj foje, kiel en la pasinteco, en la kaduka, muskokovrita korto malantaŭ la domo de Joĉjo, io rememorigis pri malsukcesa artefarita fekundigo aŭ fekundiĝo: kiam dum kelkaj tagoj, izolitaj de la bestoj, kiuj naskiĝis sanaj, oni enfermis strangajn misformitajn brutojn ĉi tie; de ilia mezo pendis kroma peco da karno kaj felo (kun nigra-blanka frisa desegno), kio aspektis, kvazaŭ bovina substanco estus elfluinta el la du duonoj de bovinmuldilo."

Kaj tamen la arbo ankoraŭ povis produkti la plej belegan aŭtunan foliaron, sian ringon de Saturno en la herbo, brilanta en la aŭtuna suno. Kiel ofte mi blinde marŝis super ĝi. Sed ne nur la arbo estis sufiĉe lerta pri aŭtunaj folioj, ankaŭ la Esperantaj poetoj lertas pri aŭtunfolioj. Ho mia Dio, ili preskaŭ primajstris aŭtunan foliaron same bone kiel *Homaron*.

Jen ekzemplo el la verko de Julio Baghy (1891-1967), Esperanto-poeto de la "klasika" periodo, kiu estas ankoraŭ hodiaŭ unu el la plej popularaj lirikistoj de ĉi tiu lingvo:

Aŭtuna foliaro

Foliaro, flirte danca,
en koloroj centnuanca,
prujnmordite ventpelate
ŝvebas ĉie: kampe, strate;

---

[275] "La enigmo de alveno" 1987 estas aŭtobriografia romano de brita verkisto V.S. Naipaul, naskiĝinta en Trinidado kaj Tobago.

jen kuniĝas, jen dissaltas,
tie sinkas, tie haltas
por susuri, sible plendi,
jen funebre por silenti,
poste supren, ek pro blovo,
sed sencele kaj sen povo
ĝis ĝi ĉesas kirle krozi
kaj ariĝas por ripozi,
kuŝi kiel morta garbo
sub soleca seka arbo.

Kaj jen mia germana traduko:

Herbstlaub

Herbstlaub, flatternd tanzendes,
sich kunterbunt verpflanzendes,
frostverpuppt und windgetrieben,
bleibt auf Feld und Straßen liegen,
sammelt sich und plustert, flirrt,
rieselt nieder, schwillt und schwirrt,
kommt zum Stehen, um zu flüstern,
um zu trauern mit Geschwistern,
dann vom Wind gebraucht im Spiel,
ohne Sinn und ohne Ziel,
aber irgendwann ist's gut,
da verrinnt es, sinnt und ruht
wie ein bleicher Trauerstrauß
rund um alte Bäume aus.

Estas tiom da poetoj en Esperanto. Mi jam verkis mian propran libreton pri la plej fama, la skoto William Auld, kun tradukoj de liaj poemoj.[276] Auld estis majstro de la diverseco de formoj kaj magiaj, surrealismaj bildoj:

---

276 Clemens J. Setz: *Ein Meister der alten Weltsprache. William Auld* (Eldonejo Das Wunderhorn, 2018).

Kartonajn siluetojn de uzinoj
ĉe l' horizonto iluminas suno.
Ĉi aŭtobuso glisas tra l' scenejo
kun plena ŝarĝ' de plusrolantoj fuŝaj.

Papierne Silhouetten der Fabriken,
am Horizont beleuchtet von der Sonne.
Und hier fährt durch die Szenerie ein Bus,
randvoll mit lauter falschen Nebenrollen.

Alia poemo titolita *Novembra Spleno* deklaras:

En la ĝardeno, klerika merlo promenas
kun manoj subbasken ŝovitaj.

Im Garten spaziert eine geistliche Amsel,
die Hände in ihre Rockschöße gesteckt.

Esperanto restis la esprimlingvo de Auld dum lia tuta vivo, eĉ kiam ĝia internacia efiko kaj populareco iom post iom malkreskis. Mi memoras, ke iam en la naŭdekaj jaroj, mi aĉetis albumon nomita *Esperanto* de la germana repgrupo Freundeskreis. La kantoteksto estis tre optimisma:

Wir besetzen Botschaften in totgesagten Wortschätzen.
Esperanto hält Einzug in bundesdeutschen Vorstädten.
Freundeskreis wird zu Amikaro,
der 2Pac Amaru des Stuttgarter Barrios.

Ni okupas ambasadejojn en vortprovizoj deklaritaj mortaj.
Esperanto marŝas antaŭen en federacigermanajn antaŭurbojn.
Freundeskreis fariĝas Amikaro,
la 2Pac Amaru[277] de la Stutgartaj kvartaloj.

---

277 Tupac Amaru Shakur (1971-1996) usona repisto kaj aktoro, pli bone konata per sia artista nomo 2Pac. N.d.l.T.

Mallonge poste mi trovis eĉ malgrandan kurson de Esperanto en Interreto, kiu tiam estis en sia infaneco, sed bedaŭrinde mi ne havis la paciencon por trairi la tutan kurson. Sed jam tiam impresis min la ideo de konstruita pontlingvo aŭ lingvafrankao, kiu prenas la plej bonan el aro da diversaj lingvoj kaj tenas sian gramatikon malpeza kaj klara, sen esceptoj kaj sen la balasto de historiaj labirintoj.

Iuj asertas, ke ankaŭ la germana, en kiun Martin Luther tradukis la Biblion, estis speco de planlingvo, ia Esperanto el la diversaj germanaj dialektoj. Kaj la moderna greka spertis eĉ la inventon de aparte retrospekta hibrida lingvo, Katarevuso, evoluigita de la poeto Adamantios Korais por instali ĝin kiel la normala parollingvo. Ĝi estis la oficiala lingvo de Grekio ĝis la 1970-aj jaroj, kaj grava ĉiutaga gazeto aperis en Katarevuso ĝis la fino de la jarmilo. Kiel ajn absurda ŝajnus tia artefarita antikveca lingvo, ĝia efiko sur la poezion estis fruktodona, almenaŭ en certaj lokoj. Ekzemple, la plej granda lirika poeto de la moderna greka, Konstantinos Kavafis, ofte derivis siajn apartaĵojn en tono kaj kelkajn poeziajn efikojn de la konscia uzo de Katarevuso. Precipe en tre modernaj scenoj, kiel priskriboj de malpermesitaj homoerotikaj renkontoj en Aleksandrio je la komenco de la 20-a jarcento, la potencaj kaj tragikaj Katarevusaj vortoj en la verko de Kavafi, efikas, laŭ la vojaĝverkisto Patrick Leigh Fermor, kiel "lerte metitaj fragmentoj de balenaj ostoj en la pli tendeneca karno de la parollingvo. Ili estas penigaj kaj malkuraĝigaj, sed ili estas precizaj."

En 2019 plenlonga filmo aperis en Interslavo, kiu estas simpligita slava planlingvo: *La Pentrita Birdo*, bazita sur la terura romano de Jerzy Kosiński.[278] La libro preskaŭ tute konsistas el teruraj torturscenoj. Antaŭ kelkaj jaroj mi legis ĝin ĝuste ĝis la sceno, en kiu botelo plena de bestaj fekoj estis perforte enŝovita en la vaginon de virino, fare de aliaj virinoj de la vilaĝo, kiuj poste piedbatis ŝin por rompi la botelon. Do mi pensis, forfikiĝu,[279]

---
278 Jerzy Kosiński, pola-usona verkisto verkas en la angla. Titolo de la romano kaj la filmo estas *The Painted Bird*. La filmo estis verkita, reĝisorita kaj produktita de Václav Marhoul kun la ĉeĥa titolo: «Nabarvené ptáče». N.d.l.T.
279 Angle en la originalo: *fuck you* N.d.l.T.

lasu min sola, kaj forĵetis la libron. La Interslavo estis uzita en la filmado de tiu neeltenebla frenezo, por ke neniu specifa nacio estu portretita kiel la kulpa, la brutala. (La libro estis origine verkita en la angla.) Kvankam la filmo certe estas malpli terura ol la libro, mi tamen plurfoje pensis eliri el la kinejo. Militpornografio filmita kun mania intenseco. Tamen mi restis ĝis la fino, "por planlingva esploro", kiel mi diris al mi mem, sed tiam mi sentis min nur elĉerpita kaj riproĉita, simile al miaj sentoj post la neebla filmo *Antichrist*[280] de Lars von Trier. Eble mi estas tro maljuna por tia rubo.

En *Finnegans Wake* de James Joyce, ekzistas nur kelkaj lokoj, kie la ĉiuflanka freneza revlingvo estas forlasita. Unu el ili estas skribita en sufiĉe facile komprenebla latino kaj priskribas iom obscenan fantazion pri inkfarado. Alia estas mallonga sekcio en la tria parto. La filo de la mita paro Humphrey Chimpden Earwicker kaj Anna Livia Plurabelle vekiĝis, kaj dialogo en preskaŭ ĝusta Esperanto floras meze de unu el la lingve plej viglaj fragmentoj de la tuta verko:

– *Li ne dormis?*
– *S! Malbone dormas.*
– *Kia li krias nikte?*
– *Parolas infanetes. S!*

Post tio, kio antaŭe venis, tio estas preskaŭ malpeziĝo. Se oni korektetas unu aŭ la alian silabon, kiu devias de la reguloj, oni ricevas ion kiel la jenan dialogon:

Schlief er nicht?   *Ĉu li ne dormis?*
Sch! Er schläft schlecht.   *Ŝŝ! Li malbone dormas.*
Was schrie er nachts?   *Kion li kriis nokte?*
Er spricht wie ein Kleinkind. Sch!   *Li parolas kiel infaneto. Ŝŝ!*

---

280   2009, filmo de Lars von Trier, naskonomo Lars Holbæk Trier, 1956, dana reĝisoro de kinejaj filmoj. Li konsideriĝas unu el la plej konataj kaj plej pridisputataj nuntempaj filmaj reĝisoroj. Vikipedio N.d.l.T.

Memkompreneble la ĝustaj vortoj estus "nokte" anstataŭ "nikte" kaj "infane" aŭ "infanete" anstataŭ "infanetes", sed nu, tio estas Finnegans Wake.

Samuel Beckett en sia studo *Dante... Bruno. Vico ... Joyce* iom pripensas la planlingvan aŭ eĉ helplingvan aspekton de la artaj idiomaĵoj kreitaj de Joyce kaj Dante:

> [Dante] verkis nek en la Florenca nek en la Napola dialektoj. Li verkis en popollingvo, kiun ideala italo eble parolus – lingvo, kiu asimilis la plej bonajn trajtojn de ĉiu dialekto de sia lando, sed kiun, en realeco, oni ne parolis kaj certe neniam estis parolinta. Tio refutas la ĉefan objeton, kiu povas esti levita kontraŭ ĉi tiu rava paralelo inter Dante kaj Joyce pri la demando pri lingvo, nome ke Dante skribis almenaŭ tiel, kiel oni parolis en la stratoj de sia propra urbo, dum neniu kreitaĵo, nek en la ĉielo nek sur la tero iam parolis la lingvon de [*Finnegans Wake*]. Estas racie konfesi, ke internacia fenomeno eble kapablus paroli ĝin, same kiel en la jaro 1300, nenio krom interregiona fenomeno kapablis paroli la lingvon de la Dia Komedio.

Kompreneble, la revlingvo en *Finnegans Wake* ne estas ligita al iuj ripetiĝantaj reguloj, do neniu povus eltiri el ĝi vere uzeblajn gramatikon aŭ vortaron. Tamen oni povas "lerni" la lingvon de Joyce en certa maniero aŭ almenaŭ akiri ĝiajn ludprincipojn. Ĝi estas samtempe hermetika kaj malferma fonto.

Malferma fonto, tio estas la grava principo. Inventintoj de lingvoj dividiĝas en du kategoriojn: papoj kaj programistoj. Charles Bliss estis 100-procenta papo. Fine li estis eĉ papo sen preĝejo. Ĉiuj malprave praktikis la religion, kiun li administris, sen sinodo, sen dogmo. Nur li sole restis ortodoksa kaj fidela, blinda kaj obeema, ĝis la fino. Johann Martin Schleyer ankaŭ montriĝis papeca; li postmorte transdonis la papan oficon al sukcedanto.

Sed ekzistis ankaŭ programistoj. Mi uzas ĉi tiun terminon por priskribi tiujn inventintojn de lingvoj, kiuj: frue iniciatas provadojn kaj beta-versiojn de sia lingvo; kiuj disponigas sian fontkodon al la publiko kiel eble plej rapide; kiuj kuraĝigas ĉiujn partoprenantojn uzi, alproprigi kaj riĉigi la lingvon, kaj kiuj rezignas pri ajna intelekta posedo sur sia lingvo. Kaj D-ro Zamenhof klare estis programisto. En 1905, ĉe la unua Universala Kongreso de Esperanto, li kaj pluraj subskribintoj faris 5-punktan deklaron, kiu interalie enhavas la konstaton: "Esperanto apartenas al neniu. Ĉiu povas uzi ĝin laŭ sia volo." Krome: "Esperanto ne estas submetita al iu jura aŭtoritato, nek ŝtata aŭtoritato nek persono."[281] Oni konsentis pri la mastrumsistemo, nomita la Fundamento. La resto povus esti vastigita kaj kompletigita laŭbezone.

Volapuko estis tiel ĉarma kaj bunta kiel la etenditaj vostoplumoj de pavo, tamen Zamenhof mem vidis la kialon de ĝia malsukceso, kiu jam estis evidenta tiutempe. La kialo estis, ke Volapuko fermiĝis al ĉia laŭvola ekspansio.

Esperanto estas foje komparata kun la instru-ludilo Lego. Lingvoinstruisto Tim Morley ankaŭ vidas paralelojn kun ludado de la bekfluto en infanaĝo. Valoras lerni Esperanton kiel eble plej frue dum infanaĝo. Kiel la bekfluto, oni verŝajne ne entuziasmiĝos pri ĝi dum sia tuta vivo, sed oni almenaŭ akiros solidan bazon, specon de saltotabulo por lerni aliajn lingvojn.

Tiu ĉi perspektivo de la helpemaj kaj subtenantaj, de la "sanaj" partoj en lingvo kiel Esperanto estas sufiĉe disvastigita. Unuavide, ĝi ankaŭ aspektas kiel io bela. Sed ĝi estas degradiĝo. Jen la naturaj, la normalaj lingvoj, jen la ne tute normalaj, la "interlingvoj", la plan- kaj helplingvoj. **Kaj jes, Esperanto fakte aspektas kiel tipa "interlingvo", - miksaĵo de ĝerman-latinida vortprovizo kun simpligita latinida gramatiko, plus kelkaj slavaj verboformoj ktp.**

Johann Martin Schleyer komplete kontraŭis ĝin. Kaj ankaŭ la heroo de nia tria ĉapitro, H.C. Artmann, trovis ĝin neadekvata: "En la somero de 1935 (...) estis bonega Esperanto-tempo, ankaŭ mi lernis ĝin. Duono de mia familio lernis la lingvon de d-ro Zamenhof. Verdire, mi ne estis tiom entuziasma. Esperanto - ĉu aventuro? Ĉu lingvo, kies substantivoj ĉiam finiĝas per o, eĉ la inaj? Tio kontraŭis mian inklinon."[282]

---
281 Vidu la tutan tekston en Vikipedio sub "Deklaracio pri Esperanto". N.d.l.T.
282 El H.C. Artmann: *Artmann, H.C., Dichter* (Eldonejo Residenz, 1986). N.d.l.A.

Charles Bliss trovis tiun ĉi simplan Esperanton tute nelernebla: "La arbitreco de vortoj – tute dekroĉita de realaj objektoj kaj do granda ŝarĝo por la sentema homa menso – ŝajnas esti la vera kaŭzo, kial lernado (...) de Esperanto kaj ĉiuj aliaj planlingvoj bazitaj sur prononco ne funkcias."[283]

Ĉiuj ŝatis kritikaĉi Esperanton.

Ankaŭ Adolf Hitler –

Ne, mi tro frue parolis. Ne, ni pli detale ekzamenos la politikan persekutadon de Esperantistoj poste.

4

Majstro-poeto en Esperanto

La ĉarmo kaj graco de la frua Esperanta poezio venis el Hungario: Gyula "Julio" Baghy. Li estis nomita "Paĉjo" de la esperantistoj. Li imponis per: lia suna temperamento, liaj varmaj, pasiaj baladoj, lia kantado samnivela kun la homaro, lia lingva magio, liaj rimitaj vortoj ŝajne senpene elvokitaj, lia granda sento de humuro.

Li rimarkinde memorigas min pri Heine, ĉar li ŝatis provizi siajn baladojn per stereotipaj, iomete ekzotikaj roluloj (grandveziro, vagabondo, husaro), el kiuj li tamen ĉerpis tute novajn kaj modernajn ŝercojn. Ekzemple, lia balado, *La deziro de l' Granveziro* frapante similas al la novelo *Appointment in Samarra* (Rendevuo en Samaro) de W. Somerset Maugham.

Famaj estas la verso: "Helpas mi nur per rezisto;/ estas mi esperantisto", kiun mi tradukas en la germanan per: *"Ich helfe nur durch Widerstand;/ ich werd Esperantist genannt."*

Mia plej ŝatata poeziaĵo de Baghy estas la *Ran-kvarteto*:

---

[283] "Granda ŝarĝo por la sentema homa menso" – de kie povus veni ĉi tiu ideo? Bliss mem lernis kelkajn fremdajn lingvojn en sia vivo. Sed kiam mi pensas pri tio, mi ja povas pensi pri homoj por kiuj voĉe elparoli vortojn ŝajnas reprezenti faktan ŝarĝon, ekzemple tiuj, laŭ Franz Fühmann, "kiuj estas enigme frue seniluziigitaj kaj kutime nomitaj 'aŭtismaj'". Ĉu mi mem, kiel infano, ne sentis min tute nekapabla dum kelkaj monatoj laŭte paroli? N.d.l.A.

Sub tegmento staris kuvo,
dum somera densa pluvo.
Sed tegmento baris pluvon,
pluvo falis apud kuvon.
Ĉar el pluvo kuv' ne havis,
pro la soifo ranoj kvakis.

Kvavak kvavak kvak kvak
Akva kuvo, akva kavo.
kvak kvak kvak
Kvakas ni al Akvoavo.
kvak kvak kvak kvak kvak kvak
Kvar kvakantoj kvardekvoĉe,
kvartet-kvakas plenriproĉe,
Pro mankhav' de l' kava kuvo,
en la akvokuv' sen pluvo.
Kvak kvak kvak!!!!!

Kvavak kvavak kvak kvak
Kava kuvo vane vakas.
Kvak kvak kvak kvak kvak kvak kvak
Kvankam ni por pluvo kvakas.
Kvak kvak kvak
Kvodlibet' de ĥor' kvakanta,
en la kuva kav' vakanta.
Kvakas kvere: Akvoavo,
akvon al la kuvokavo.
kvak kvak vkak!!!!!

Tio pruvas: se dum pluvo,
staras sub tegment' la kuvo,
Ranoj vane kvaki povas,
se je salto sin ne movas.
Do ne kvaku kiel ranoj,
karaj gesamideanoj!

Unue la laŭvorta germana traduko:

Unter dem Dach stand eine Tonne,
während ein dichter Sommerregen fiel,
aber das Dach hielt den Regen ab,
der Regen fiel neben die Tonne,
und da die Tonne ohne Regen war,
quakten die Frösche vor Durst:

Quavak Quavak quak quak
Wasserwanne, Wasserhöhle
quak quak quak
wir quaken zum Wassergroßvater (Wassergott?)
quak quak quak
vier vierzigstimmig Quakende
quartettquaken vorwurfsvoll
über den Mangel in der hohlen Tonne
in der Regentonne ohne Regen
quak quak quak!!!!!

Quavak Quavak quak quak
die Tonne ist umsonst leer
quak quak quak
obwohl wir um Regen quaken
quak quak quak
unser Quodlibet aus quakendem Chor
in der leeren tonnenhaften Höhle
quaken wir gurrend (oder: durcheinander): Wassergroßvater,
schick Wasser in die Tonnenhöhle
quak quak quak!!!!!

Dies beweist: wenn in dem Regen
die Tonne unterm Dach steht,
können die Frösche umsonst quaken,
solange sie sich nicht im Sprung fortbewegen.
Drum quakt nicht wie Frösche,
liebe Gleichgesinnten!

Bone.
Kaj nun traduki ĝuste, kaj mojose.
(Krakado de fingroartikoj)
Ĉu vi pretas?

Regen fiel statt heller Sonne
Unterm Dach stand eine Tonne
Dach hielt Tonne sauber trocken
Frösche saßen drin: erschrocken
Jeder Tonnenfrosch erquakte
weil der Regen hier versagte:

Quavak quavak quak quak
Quo bleibt's Quasser? Quo der Regen?
Quak quak quak
Quakt zum Regengott um Segen
Quak quak quak
Qualvoll quakt wie Wasser schwoll
Froschquartett sehr vorwurfsvoll
Queil die Tonne ach so leer
Quarum kommt kein Regen mehr???
Quak quak quak!!!!!

Quavak quavak quak quak
Umsonst die Tonne so leer wie breit
Quak quak quak
Quaken in Quakhalsigkeit
Quak quak quak
Quodlibet vom Quäkerchor
In der Tonne leer wie Ohr
Queuz und quer quakt: Lieber Quott!
Quib uns Wasser aber flott!
Quak quak quak!!!!!

Wenn die Frösche fern vom Regen
Sich nicht selber fortbewegen
Und nur schrein: "Wir sind nicht nass!"
Bringt das keinem irgendwas –
Wie auch wir erkennen müssten,
Liebe Mit-Esperantisten!

Ĉu troas? Ĉu mi troigis en la tradukado? Tro da "qu"?[284]
Bone.
Sed estas ranoj.
Tion oni devas ankaŭ konsideri.

Cetere, ranoj estas ĝenerale sufiĉe maloftaj en la poezio de la monda literaturo, krom kelkaj fabeloj, unu humura rakonto de Mark Twain kaj unu fama teatraĵo de Aristofano. Sed alie? Mi ne povas ekpensi pri io alia.

Kompare al Baghy troviĝas lia samtempulo Kálmán Kalocsay (1891-1976), klera, urbana, multe pli malvarmeta poeto. Baghy estis profesie aktoro, kaj Kalocsay estis la ĉefkuracisto en Budapeŝta kliniko.

La poemo *Vizio sur la ponto* de Kalocsay estas konsiderata kiel la plej moderna poemo antaŭ la ĉefverko *La Infana Raso* de William Auld. La poeto staras sur ponto super Danubo kaj estas tute penetrita de la nereala kaj formike malgranda, antaŭeniĝanta homaro kaj de la samtempe etendiĝanta eterneco. La poemo tamen estas iom tro longa kaj tro patosa por reprodukti ĉi tie. Anstataŭe jen alia:

Sunsubiro

Jam iĝis kupro la tagmeza or'.
Ĉe l' horizont' la sun' adiaŭluma,
Okul' gigante granda, plorbruluma,
Rerigardante pasas drone for.
Kaj kvazaŭ sang' fluinta ĵus el kor',
Jen arda ruĝo sur fenestro doma.
Moment' ... kaj estingiĝas ruĝ' fantoma,
Kaj jen la dom', rabite pri l' trezor'.

Malluma domo. Lumon lamp' ne ŝutas.
Ĉu l' mastro dormas, aŭ eterne mutas,
Plu lin ne vekos la maten' radia?

---

[284] La aŭtoro kaprice anstataŭis «qu» por aliaj literoj: ekzemple *wo* > quo; *weil* > Queil; *Gib*> quib. N.d.l.T.

Mallum', mallum' mallum' tra l' domo tuta.
Rigardas nokton la fenestro muta
Kun ros-malseka vitro apatia ...

Ĉu mi revidos vin, ho kara mia?

Jen mia traduko en la germanan:

Sonnenuntergang

Schon wird das Gold des Mittags kupferrot.
Am Horizont, im Abschiedsglühn, verschwindet
die Sonne wie ein Auge, trän-entzündet.
Sie schwillt und blickt zurück. Bald ist sie tot.

Vielleicht trat es als Blut aus Herzen aus,
das rote Licht, das in den Fenstern hängt.
Ein Augenblick ... schon ist das Rot verdrängt,
und allen Schmucks beraubt steht unser Haus.

Ein dunkles Haus. Die Lampe wärmt kein Zimmer.
Der Hausherr schläft? Er schweigt vielleicht für immer.
Wird er am hellen Morgen liegen bleiben?

So dunkel, dunkel, diese Häuserfront.
Das stumme Fenster blickt zum Horizont (eigentlich zur Nacht,
aber ich bin in arger Reimnot)
mit rosig-feuchten, abgestumpften Scheiben. (Yes!)

Wann sehen wir uns wieder, meine Liebe?

Damne! La lasta linio ne plu rimiĝas.
Ho, traduki sonetojn ĉiam estas kiel Sudoko: ĉio iras tiel glate kaj bone kaj preskaŭ per si mem, kiel sona-spaca zipo el rimitaj vortoj, sed subite – plaŭdego. Oni povus ŝanĝi ĝin al: *O meine Liebe, wann wirst du mir schreiben?/ Ho mia kara, kiam vi skribos al mi?* Sed tio estas terura. Ne, tio ne funkcias. Nu bone, oni povus lasi la lastan linion nerimita, ĉar en la originalo mem ĝi senhonte malkongruas kun la klasika formo de soneto.

Se mi estus la poeto, mi simple aldonus ĉi tion al la fino:

"Tio naŭzas min. Mi ne plu verkos. "

Per ĉi tiuj vortoj fakte finiĝas la taglibro de Cesare Pavese. Kaj post ĉi tiu lasta enskribo, la aŭtoro mortigis sin per sedativa superdozo en hotela ĉambro de Torino.
Kvankam tute ne rilatas al Kalocsay.
Tradukado estas malfacila.
Aliflanke oni povas trovi ĝuste rimitan verson. Cetere, Dio scias, oni povas multe pli peni pri la tradukado kaj serĉi la plej rafinitajn rimvortojn sur la retpaĝo 2rhyme.ch kaj tiel plu, sed miaopinie oni neniam trovos kontentigan germanan ekvivalenton por la perfekta voĉa melodio de la frazero "la sun' adiaŭluma " (*die abschiedsleuchtende, die aufwiedersehensglühende Sonne* / la adiaŭlumanta, la ĝisrevidardanta suno)[285] aŭ por la giganta okulo de la suno, kiu estas referita kiel "plorbruluma", (*entzündet vom Weinen* /inflamita pro plorado), germane "*heulbrandig*".[286]

Jen alia ekzemplo de suno,[287] kiun Kalocsay rigardis en originala maniero, el la poemo "Diboĉe" (*Verkatert* /Postebrio):

facila ebrieto
pendas el mi
kiel la lango
el buŝo de bubo mokanta
kaj eta stulta kanto
tra l' kapo ŝancelpaŝas
la spronojn kunfrapante
dancpetole –
rifuĝas la nokto
mateno ĝin frapis
pugnalnaze
kaj nun ĝia sango

---

285 Oni preskaŭ aŭdas la magian vorton Ulalume de Edgar Allan Poe en tio. N.d.l.A.
286 Tiu vorto, paŭsaĵo de Esperanto, ne ekzistas en la germana. N.d.l.T.
287 Malgranda memorigilo: Baghy = aŭtunaj folioj, homaro, ranoj. Kalocsay = moderna sento, urbo, suno. N.d.l.A.

de nazo
ruĝigas la horizonton
la gaslampofloroj velkas
ekŝprucas la domoj
miksas balaaĵon
de homa tumulto
en la riveron oran
kiun tra l' urbo verŝas
la leviĝanta suno
viroj, virinoj, post ili
litoj ĉifitaj, kvarpiede
venas

Mi tradukus ĝin en la germanan tiel:

Eine Restbetrunkenheit
hängt aus mir heraus
wie die Zunge
aus dem Mund eines frechen Straßenjungen
und ein kleines dummes Lied
taumelt mir
mit zusammenschlagenden Sporen
unfugtanzend
durch den Kopf –
die Nacht hat sich verzogen
der Morgen schlug ihr
mit der Faust auf die Nase
und nun färbt
ihr Nasenbluten
den Horizont rot
die Gaslaternen welken
aus den Häusern quillt
zu Haufen zusammengekehrter
menschlicher Aufruhr
in den goldenen Fluss
der durch die Stadt fließt
die aufgehende Sonne
Männer, Frauen, ihnen folgen
zerwühlte Betten, auf allen vieren

Kelkaj el la plej bonaj poeziaĵoj en Esperanto venas de la anglino Marjorie Boulton. Ŝi naskiĝis en 1924, lernis la lingvon relative malfrue, nur je dudek kvin, kaj verkis pioniran volumon de poezio iom poste, *Kontralte*, kiu aperis en 1955. Kvar jarojn poste aperis la dua volumo de poezio, kiu ŝanĝis la Esperantan literaturhistorion: *Eroj kaj aliaj poemoj*.

La poeto Baldur Ragnarsson nomas du citaĵojn el la malvasta, sed riĉa verko de Boulton kiel ekzemplojn de la plej altaj atingoj en la ĝisnuna Esperanta poezio. La unua venas de ciklo nomita *Imagoj de potencoj*:

> Brunaj folioj en aŭtuna vento
> Flugas, saltas, rampas, dancas ...
> Kaj ili estas mortaj.
> La vento ne rekonas morton.
> Ĉiu kadavro kaj fragmento
> Gaje kuras, sin balancas,
> Sentante novan viv-aserton.
> Kiel la ventoj estas fortaj!

Germane eble tiel:

> Braunes Laub im Herbstwind fällt,
> wirbelt, tänzelt, fliegt zurück ...
> dabei ist es tot und blind.
> Der Herbstwind kennt den Tod ja nicht.
> So findet jedes tote Stück
> ganz mühelos sein Gleichgewicht
> und sagt sein großes Ja zur Welt.
> Wie mächtig diese Winde sind!

Denove aŭtunaj folioj. Ni ne senigos nin je ili. La vera naturo kaj mondo de la Esperanta poezio troviĝas en la aŭtunaj folioj.

La poezio de Boulton estas delikata, digna, kaj malkaŝe persona. Tial, kie eble, la epiteto *ina* estis alfiksita al ŝi. Foje eĉ *tre ina*. La vorto ne estas malĝusta, sed ĝi metas la poetinon senutile en la lontanon, malproksimen de la knaboj. "Poemo: la animo konvulsias/ kaj ion novan la homaro scias."

Homaro: la Esperantista anstataŭaĵo de aŭtunaj folioj. La dua ekzemplo donita de Ragnarsson estas neplibonigebla kaj nomiĝas *Vintra aŭroro*:

Aŭroro
De ruĝa vato
Kvazaŭ pro diktatoro
Kosma vundo per skarlato
Sangis sur ĉielo
Kaj vastaj pansaj nuboj
Ĝin sorbis ĝistempe.

Samtempe
La kamentuboj
Fumas, pafintaj revolveroj sen celo.

Traduki ĉi tiun poeziaĵon estis plezuro:

Winterdämmerung

Morgenrot
aus feiner Watte
wie für einen Kaisertod
Die scharlachrote Wunde hatte
den Himmel viel zu viel
mit Blut verschleiert
Und Wolken wie Verbandszeug ziehn
so weiß und weit.

Und hier, zur gleichen Zeit
raucht jeder hohe Hauskamin
wie ein Revolver, eben abgefeuert,
aber auf kein Ziel.

5

Ĉie amikoj[288]

Nia kompatinda amiko Vasilij Eroŝenko staris longe sur la perono en Varsovio. Denove la senfine orientiĝkapabla homaro preterkuris lin, sen tuŝi lin. Estis interkonsentite anticipe per korespondado kun la esperantistoj en Varsovio, ke ili renkontiĝos kun li en la fervoja stacidomo kaj, kiel li poste skribis en la raporto pri sia unua vojaĝo al Okcidento, "helpos lin ŝanĝi trajnojn kaj kuraĝigi lin". Sed neniu venis. La horoj pasis. Eroŝenko malsatiĝis. Ĉirkaŭita de fremduloj, konfuzita en la surprize trudema varmo de ĉi tiu februara tago, li staris sur la pasaĝerkajo. Sur sia robo li portis la verdan stelon, la insignon de tiu ĉi ŝtato de Esperantujo, kiu supozeble ekzistis en multaj (kaj certe baldaŭ ĉiuj) landoj de la mondo, por tiel diri, kiel subluanto. En liaj memoroj, estas momento, kiam nur fera rigoro kaj mem-ekzameno malhelpis lin tute malesperi. Analizu viajn sentojn!, li diris al si. Forskuu vian timon, ĉar ĝi ne helpos vin. Kun mono kaj cerbo la afero funkcios iel. Tio ĉio li ripetis al si horon post horo.

Iom poste li sidis en la trajno al Berlino.

La vojaĝnotoj ne mencias, kion li faris por eniri la ĝustan trajnon. Eta salto en la spaco-tempo. Tio funkciis iel. Lia tuta vivo estas plena de tiaj saltoj. Kaj post iom da tempo, similajn saltojn trovas ĉiu, kiu atente spuras la etapojn se sia vivo, trafoliante malnovajn dokumentojn, kolektitajn biografiajn skribaĵojn kaj memoraĵojn.

Kiam la trajno alvenis en Berlino, tie frostis. La parolado de la homoj, kiuj ĉirkaŭis lin, sonis strange vigla kaj forta, sed vere ne estis nekomprenebla. Iliaj frazoj sonis, kvazaŭ ili havas ŝtonetojn en la buŝo. Ree kaj ree li komprenis unuopajn vortojn. La germana estis sufiĉe proksima al la lingvoj, kiujn li antaŭe lernis. Feliĉe, amikoj renkontis lin ĉi-foje.

---

[288] En Esperanto en la originalo.

Amikoj, Eroŝenko ree uzas ĉi tiun vorton; foje li nomas ilin ankaŭ per la termino *samideanoj*,[289] kiu estis uzata en Esperanto-rondoj almenaŭ tiutempe. Ĉe Eroŝenko tio kutime signifas la esperantistojn, sed foje ankaŭ la funkciuloj de blindullernejoj. Ĉi tiuj estas la du internaciaj "retoj", kiuj faciligas al li ĉirkaŭiri sur la tersurfaco dum ĉi tiuj unuaj tagoj de vojaĝo, kaj li ofte miksas ilin en gesto de aprezo. Fakte li eĉ pensis rezigni la duan fojon, ĉar en Berlino li denove devis atendi tiom longe. La amikoj bezonis plurajn horojn por trovi lin. Eble fervojaj stacidomoj estas lokoj, kie oni povus simple perdiĝi, li pensis.

"Vi vane brilas, verda stelo. Prefere subiru, estus pli bone. Neniu bezonas frumatenan stellumon. Neniu krom soleca blindulo."

Estis pli kaj pli kviete sur la kajo. Raŭkvoĉa viro kriis ion. Tiam sentiĝis odoroj de rostitaj kolbasoj, de grasa pano, kaj eksonis brueto de akvumiloj kunklakantaj malantaŭ domo.

Eroŝenko iris kelkajn paŝojn tien kaj reen. Simple cedu, rezignu. Disŝiru stelon de la robo, for kun ĝi.

Sed jen voĉo: "Vasilo?"

Li matenmanĝis kun siaj amikoj, diktis kelkajn leterojn, poste ili faris mallongan viziton al la Instituto por Blinduloj en Steglitz. Ilia Esperanto sonis rapide, iom malklarete ĉe la flankoj kaj tre gaje. Li rimarkis, ke li parolas tre malsame ol ili, sed post nur kelkaj horoj li povis senprobleme paroli laŭ ilia melodio. Kiel ĉiam, oni devis nur reĝustigi la internan agordostifton.

Poste, laŭ liaj notoj, li iras al Kolonjo, kie li ankaŭ estas atendita de amikoj. Pum!, amikoj ĉie. Estas malfacile por mi imagi tian situacion. Esti ĉirkaŭita de amikoj, negrave kie oni troviĝas. Eĉ se temas pri artefarita kaj eble ne ĉiam avantaĝa strukturo en la mondo, tiu ĉi Esperantujo kun ĉiuj ĝiaj nevideblaj kunligaj fadenoj, kiuj etendiĝas en aliajn landojn, ŝajnas havi nenian kompareblan similaĵon, almenaŭ en la tempo de Vasilij Eroŝenko. La restado en Kolonjo daŭras ne pli ol tri horojn; Eroŝenko havas tempon por

---

[289] *Amikoj, samideanoj* en Esperanto en la originalo. N.d.l.T.

manĝi, trinki kaj iomete varmiĝi, poste li vojaĝas pluen. La teo, kiun li mendis en la fervoja stacidomo, eĉ ne havas tempon por malvarmiĝi, ĉar li jam devas entrajniĝi. *"Feliĉa estu via vojaĝo!"*[290] ili vokas post li.

Kaj: *"Ni esperas vin revidi!"*
"Dankon, karaj amikoj!" vokis Eroŝenko al ili.
Tiam la trajno ekveturas en la direkto al Bruselo.

Poste, en sia vojaĝjurnalo, li aldonas: "Sed mi ne esperas iam revidi vin: oni neniam havas la saman feliĉan sonĝon dufoje sinsekve."[291]

Mi pensas, ke ĉi tiuj pasaĵoj en lia verko pleje impresas min. Eroŝenko moviĝas tra la mondo ene de magia strukturo, kataliza reto por renkontoj kaj interŝanĝo – kaj tamen li malfidas ĝin, ĉi tiun magian strukturon. Li neniam enamiĝos tute al ĝi, neniam perfekte unuiĝos en la tuthomaran utopion, ene de kiu prosperas tiu ĉi mirinda Esperantujo, kvankam li fojfoje parolas pri tio poste en prelegoj kaj paroladoj kaj eksplikas la eblajn avantaĝojn. Li mem neniam ŝajnas tiel konvinkita. Kaj ĝuste ĉi tiu malfido meze de la donac-ricevo, la neakordiĝebla paŭzo tuj antaŭ entuziasmo, ŝajnas al mi tio, kio efektive estas dezirinda kaj imitinda.

Krome, ŝajnas, kvazaŭ la ĉiam strikte konservita malfido de Eroŝenko estis tute taŭga malgraŭ ĉia sorĉo kaj leĝereco. Je la kvara matene li alvenas en Bruselo, laca kaj sen iluzioj. Ĉi tie li devas ŝanĝi trajnojn al Kalezo. Li atendas sur la kajo dum tri horoj, portante sian verdan stelon kaj paŝante tien kaj reen. Sed neniu aperas. Tamen la esperantistoj en Bruselo sendis al li pardonleteron nelonge poste; oni eraris pri la dato. Ĉi-foje, tamen, Eroŝenko jam estas trankvila kaj sinrega. Li skribas: "Neniu el la Bruselaj samideanoj venis renkonti min, sed mi esperis tutkore, ke ili kuŝas senzorge en siaj litoj hejme kaj revas pri la feliĉa vojaĝanto atendanta sian frumatenan kunligan trajnon."

Kiel el lia sperto kun la princo, kiu poste estis mortigita de anarkiistoj, unu afero evidentiĝas same el ĉi tiu serio de atendo-eksperimentoj sur eŭropaj pasaĝerkajoj: la nefidindeco de la mondo. La flueco, la vakuo estas supozeble la esencoj de la neatingebleco

---
290 En Esperanto en la originalo. N.d.l.T.
291 El "La unua eksterlanda vojaĝo", en: *La kruĉo de saĝeco*. N.d.l.A.

de liaj kunhomoj, kaj la mondkoncepto, kiu reprezentas tion, ne estas mondpaco aŭ internacia interkompreniĝo, sed ĝuste kaj honeste la anarkio.

La poentaro nun estis du kontraŭ du. Neniu fiulo aperis en Varsovio kaj Bruselo, sed male en Kolonjo kaj Berlino aperis entuziasmaj amikoj, kiuj ĉirkaŭis lin per varmkoreco kaj kuraĝigo. Ankaŭ en Kalezo neniu venis. Nur du portistoj spontanee konsentis montri al li la vojon. Vasilij eltrajniĝis tro frue – en la urbo Kalezo, ne ĉe la haveno. Tamen li ĝustatempe alvenis al la pramo kaj estis kondukita al la ĝusta loko de s-ro Perrin el la loka Esperanto-delegitaro. Li apenaŭ memoris la reston de la vojaĝo, li skribas. Laceco forviŝis la plej grandan parton. Li nur memoris tason da teo kun s-ro Finez en Dover kaj ties afabla manpremo. Kaj poste en Londono la geedzoj Blaise, kiuj invitis lin loĝi ĉe ili. Pasis tri monatoj antaŭ ol li estis akceptita kiel studento ĉe la Reĝa Normala Kolegio kaj Akademio por Blinduloj.[292] Mi supozas, ke Eroŝenko uzis ĉi tiujn tri monatojn da atendado por lerni la anglan perfekte. Poste li devis ĝin instrui kaj prelegi en ĝi, en tiu aŭ alia fora loko sur la tero, en kiu li hazarde alvenis.

Kiel oni perceptas la mondon, kiam ĉiuj urboj havas ĉi tiujn destinitajn amikojn, kiuj atendas onin? Se oni havas amikojn "laŭ difino" por tiel diri? Aŭ eĉ, kiel naskito de esperantlingvaj gepatroj en Esperanto-familio, "per naskiĝo"? Ĉu ĉi tiu situacio ŝajnas al mi paradiza? Ne. Ĉu ŝajnas utopie malfacile kredi? Ne, ankaŭ ne tio. Ĉu ĝi timigas min? Eble. Certe troviĝas potenca Stephen-King-intrigo en la kondiĉo, ke persono subite posedas, sen sia kulpo, en ĉiu urbo en la mondo, amason da amikoj, kiuj amas lin *simple pro tio, kio li estas*. Ve, timiga. Ili eĉ ne konas lin ankoraŭ, kaj tamen tio, kion ili opinias scii pri li, sufiĉas por plene akcepti lin. Li estas *nia amiko*.[293] – Tio memorigas min pri unu el la magiaj poemoj de la granda Konstantinos Kavafis[294] pri la urbo, kiu ĉiam

---
292 Angla nomo de la instituto: Royal Normal College and Academy for the Blind N.d.l.T.
293 En Esperanto en la originalo. N.d.l.T.
294 Konstantinos Kavafis, ankaŭ internacie konata kiel Constantine Peter Cavafy

sekvos vin, kien ajn vi iros; vi enŝipiĝas kaj vi alvenas en nekonata haveno, sed jam formiĝas denove ĉirkaŭ vi la samaj kvartaloj kaj la samaj konstruaĵoj: "En la samaj stratoj/ vi ĉirkaŭpromenos./ En la samaj kvartaloj vi maljuniĝos/ Kaj ĝuste en ĉi tiuj domoj viaj haroj blankiĝos./ Vi ĉiam alvenos en ĉi tiu urbo. Al alia loko — ne esperu —/ Ne estas ŝipo por vi, neniu vojo." Kaj tiel iras la heroo de ĉi tiu ankoraŭ skribenda Stephen-King-romano kun la titolo *The Friends* (La amikoj) de Romo ĝis Sankt-Peterburgo, tiam de Speyer ĝis Worms, poste eĉ ĝis Lawrence, Kansaso, kaj Hay-on-Wye, Kimrio, tiam al Anchorage kaj Velingtono kaj Mürzzuschlag:[295] Ĉie, kvazaŭ en sekreta rendevuo, bonintencaj homoj atendas por rideti al li kaj doni al li varman bonvenon. Frato, kiel agrable, ke vi venis. Kaj li sindonas al ĉio – dum tempeto. En Tampere li eĉ iras al kinejo kun "amikino" nomita Sadasa Ulna. Ŝi estas tre afabla al li. Ŝi estas feliĉa, ke li akompanas ŝin, kaj prezentas lin al aliaj amikoj, kiuj ĉiuj amas lin. Li kunludas kuraĝe tiel longe, kiel liaj nervoj tion permesas. Tiam ekiĝas la paniko. Oni certigas lin, ke li estas sekura. Ili ĉiuj asertas, ke ili estas liaj amikoj. Tiam li ekkomprenas, ke li estas perdita, neelaĉetebla, senespera. Li komencas freneziĝi. Nokte li mordovundas la internan karnon de siaj vangoj. Li aĉetas vanilan glaciaĵon kaj razklingon; krome fotilon kaj pakon da grandaj diafanaj plastotukoj. Lia nomo estas Fred Myers. Li estas nur ĉe la komenco. Li ankoraŭ havas antaŭ si 433 paĝojn.

Por ekscii pli pri mia imagita romanintrigo kaj pri la socia strukturo de la vivo en la nuna Esperanto-mondo ĝenerale, mi vojaĝas al Budapeŝto en aŭtuno 2016 por renkonti junulinon nomatan Klára Ertl. Ŝi estas filino de la fama kaj multmerita esperanto-tradukisto István Ertl. Ŝi kutime loĝas en Maastricht. Mi hazarde vidis ŝin en Jutuba video, kiu prezentis homojn, kiuj parolas Esperanton kiel gepatran lingvon. Ekzistas sufiĉe multe da tiuj denaskaj Esperantistoj.

(1863-1933) greklingva poeto el Egiptio. Dum grandparte de sia infanaĝo li loĝis en Anglio. (Wikipedia en, eo) N.d.l.T.
295 Mürzzuschlag – urbeto en Aŭstrio kun ĉirkaŭ ok mil enloĝantoj. N.d.l.T.

Klára Ertl kunvenigas sian familion al la renkontiĝo, ŝiajn gepatrojn kaj ŝian fraton. Mi timis, ke mi devos fari miajn demandojn en tre malbona Esperanto aŭ franca, sed la germana de Klára montriĝas neriproĉebla.

Estas ofta antaŭjuĝo, ŝi diras, ke denaskaj Esperanto-parolantoj konas la lingvon "plej bone". Ne estas tiel, male, denaskuloj kutime faras multajn erarojn kaj ankaŭ simpligas certajn esprimojn.

Laŭ ŝi, estas ŝajne du grupoj, kiuj enkorpigas malsamajn variojn de "perfekta regado" de lingvo: la entuziasmuloj – kaj iliaj infanoj. Preskaŭ ĉiu denaska parolanto de Esperanto troviĝas en la situacio de infano kreskanta en, ekzemple, Norda Norvegio kun lingalalingvaj[296] gepatroj. Oni eble trovos homojn interrete, kiuj parolas la lingalan, sed la lingvo ne ludos grandan rolon en la ĉiutaga vivo ekster la familio. Sed junuloj bezonas kialojn por reteni lingvon. Ni parolu pri entuziasmuloj kaj iliaj infanoj. Oni malofte akceptas la pasion de "stranguloj", sed oni ja transprenas la medion kreitan de ilia pasio, la etoso, la parametroj. Tio povas esti ankaŭ la kialo de tio, ke almenaŭ laŭ la scio de István Ertl, ne ekzistas Esperanto-poetoj, kiuj estas denaskaj parolantoj.

Wow, okay.[297]

Tio mirigas min. Kial estas tiel?

Kompreneble la situacioj estas diversaj, diras Klára. Iuj gepatroj devigas tri aŭ kvar lingvojn al siaj infanoj samtempe, aliaj parolas iomete Esperanton hejme, kiun la infanoj poste nekomplete komprenas. Ekde la aĝo de 15 aŭ 16 jaroj multaj ne plu emas paroli la lingvon.

Mi demandas, ĉu literaturo ludis rolon en la domo?

Jes, literaturo ĉiam estis pasiva, sed por ŝi persone ĝi ne estas tiel centra.

"Do ne estis enlitiĝorakontoj en Esperanto?"

"Ho jes, certe. Estis enlitiĝorakontoj en *ĉiuj* lingvoj. Ekzemple, mia patro prenis libron en la finna aŭ en papiamento kaj legis ĝin al mi, tiom, kiom li povis kompreni."

Infanaĝe ŝi havis kelkajn infanlibrojn en Esperanto.

---

296 Lingala estas bantua lingvo, parolata en Orient- kaj Centrafriko. N.d.I.T.
297 Tiel in la originalo. N.d.I.T.

Estas eble ĉirkaŭ 1,000 aŭ 2,000 denaskaj parolantoj en Eŭropo, sed multaj tendencas esti nevideblaj aŭ perdas la lingvon kun la tempo.

Ĉu ŝi mem sentas la deziron renkonti aliajn denaskajn parolantojn? Ŝi ne aktive serĉas ilin, oni krome renkontiĝas en la kongresoj. Kaj ŝi konas multajn el ili ekde infanaĝo. Poste ŝi aldonas: "Sed kiam mi aŭdas pri iu, kiun mi ankoraŭ ne konas, mi fariĝas sciavida."

Esperanto mem ŝajnas elvoki specon de plivastigita familia sento.

La Esperanto de denaskaj parolantoj estas do malsama ol tiu de entuziasmuloj.

"Ni esprimas kelkajn aferojn en alia maniero."

Mi sentas la bezonon pritrakti iom pli tiun mirindan fakton, kaj demandas, kiel precize la esprimmaniero diferencas.

"Denaskuloj kutime havas fortan akĉenton. Ili ankaŭ ne zorgas pri eraroj. Ni ne celis regi ĝin en ekzempla maniero; ĝi ne estas nia vivprojekto. Pasiaj esperantistoj volas esti perfektaj; ili korektas sin, daŭre lernas, perfektigas sian vortprovizon, kaj kiam ili fariĝas bonaj kaj konataj" – kiel la patro de Klára – "tiam ili devas daŭre paroli ĝin perfekte".

Mi faras stultan demandon: "Nu bone, sed kiu el la du parolas la ĝustan Esperanton?" – kvazaŭ ekzistus respondo al tio.

Denaskaj parolantoj ofte intermiksas malsamajn esprimojn, klarigas Klára, ĉar neniam estas urbo ĉirkaŭe, kiu korektas onin kaj instigas onin daŭre resti ĉe unu lingvo. Male, la fono de urbo kiel Budapeŝto, tentas enmiksi vortojn el tiu ĉi lingva medio. Germana amikino ŝia ĉiam ŝanĝas al la germana, kiam temas pri komplikaj aŭ tre emociaj temoj.

Ĉu ankaŭ ŝi rimarkas tian ŝanĝon de registro en si mem?

Nu, ŝi certe rimarkas, ke ŝi lastatempe pli kaj pli parolas Esperanton. "Sed estas multaj vortoj, kiujn mi ne konas, mi plej kutimas al la vortprovizo grava ĉe kongresoj. Ekzemple, ekzistas ĉi tiu vortludo: veni – vidi – vici. Ĉe kongresoj oni staras en atendovicoj la tutan tempon."

Ŝi ne tiel bone konas vortojn por detaloj el la ĉiutaga vivo, ŝi diras, sed ekzistas kelkaj homoj, kiuj scias ĉion tion, diversajn kuirejajn aparatojn kaj tiajn aferojn, sed ŝi ne vere volas scii tion, ŝi preferas krei novajn vortojn por ili.

Kiel oni povas ekscii, kiu estas la ĉefa lingvo? "Ekzemple kiam oni vundiĝas." diras Klára. Ĉi-okaze ŝi ĉiam ekkrias "*Putain!*" (putino), do la franca verŝajne estas la plej proksima al ŝia rekta fizika sento. Ŝi ankaŭ aŭtomate kalkulas *un, deux, trois.* Jen kiel oni povas ekscii. Paroli kun bebo aŭ besto. Tiaĵoj.

Kaj tio pensigas min pri tio, ke oni povas konstati, ĉu blankaj ursoj estas maldekstruloj aŭ dekstruloj, ĵetante ion al ili. Mi preskaŭ laŭte diras tion, sed tiam ŝajnas al mi sufiĉe nereala... Kiu ĵetas objektojn al polusaj ursoj por malkovri ilian preferitan korpoflankon?

6
Pri amo kaj landlimoj

La ideo, ke ekzistas aferoj, kiujn oni ne povas fari aŭ diri en Esperanto, estas parto de la vivo de la lingvo, ekde kiam ĝi estis inventita.

Kiam mortis William Auld kaj Marjorie Boulton, la alia granda kaj konata voĉo de la Esperanta poezio, la nekrologoj foje menciis, ofte akompanite de elmontroj de milda miro, ke oni plurfoje kandidatigis ilin por la Nobel-premio pri literaturo. Elpensita lingvo – kaj poste verki en ĝi mondan literaturon, ĉu? Kiel tio funkcias?

Antaŭ nelonge mi ekkonsciis, ke mi reagis per miro kaj emocio al la esperantlingva interparolo de maljuna paro. Mi vizitis la prezenton de la unua germanlingva traduko de la romano *Turmstraße 4*, originale verkita en Esperanto de la kontraŭfaŝisto kaj socialisto Hans Weinhengst (1904-1945). La **maljunaj geedzoj** sidiĝis antaŭ mi kaj komencis interŝanĝi kelkajn amindumaĵojn en Esperanto. La virino eĉ deprenis okulharon de la vango de la viro kaj deklamis ian vortludon, al kio la viro respondis per virkateca alpremiĝa gesto.

La patro de Klára, István Ertl, intervjuis la multfakulon Umberto Eco en 1993 kune kun la esperantisto François Lo Jacomo. Eco rakontas la sekvan anekdoton:

Mi iam diris dum prelego: *interlingvo ĉiam estos nur por publika uzo, ĝi neniam povas fariĝi gepatra lingvo* – kaj mi ŝerce aldonis: *oni ne povas amori en interlingvo.* Tiam studentino pasigis al mi noton, kiu diris: *profesoro, vi eraras. Estas tute eble amori en Esperanto. Mi faras ĝin.* Mi ne sciis, ĉu tio estis ankaŭ ligita al propono ...[298]

Tamen mi cerbumas pri tio, ke ne ekzistas denaskaj poetoj de Esperanto – neniu skribas ĝuste en la infaneca lingvo de sia junaĝo...

Kaj krome, ĉiam troviĝis grandaj poetoj, kiuj verkis en sia dua lingvo, kiel Nabokov aŭ Beckett, Joseph Conrad aŭ Karen Blixen, aŭ eĉ Elias Canetti, kiu verkis nur en sia kvara (!) lingvo.[299]

Klára estis dirinta, ke ŝi mem volas finfine esperantigi poemon: *Passport* (Pasporto) de la malta poeto Antoine Cassar.

Mi ne konis ĝin.

(En la retejo de la projekto, kie mi poste mendis la libreton, eĉ eblas elekti la kovrilkoloron: oceana bluo, sekigita sangoruĝo, karbonigra preta por bruligado. – Dio mia. Oni jam kulpiĝas, elektante la koloron de la libreto.)

Poemo kun temo de senlandlimeco kaj mondkomunumo en la verko de Cassar ŝajnas kunhavi la spiriton de Esperanto; ĝi direktiĝas kontraŭ la ideo, ke naciaj landlimoj entute ekzistas. Ĝi estas kosmopolita poemo, kaj ankaŭ specife pri rifuĝintoj. La deziro traduki ĝin ne fontas el la deziro verki en Esperanto, sed el la fakto, ke la poemo mem tuŝis ŝin.

---

298 https://era.ong/quando-disvastigo-intervisto-umberto-eco/ N.d.l.A.
299 Laŭ la aŭtobiografio de Canetti, Die gerettete Zunge (La savita lingvo) la lingvoj en kiuj li vivis, krom la bulgara, kiun li lernis frue kaj baldaŭ forgesis, estis en kronologia ordo: jud-hispana, angla, franca kaj finfine germana. N.d.l.A.

Dua tradukdeziro estas la libro *The Moneyless Man* (La Senmonulo).[300] Ŝi volas elmontri, ke ĉi tiuj du aferoj, vivo sen mono kaj sen landlimoj, ambaŭ estas idealoj proksimaj al la idealoj de esperantistoj, sed ĉi-kaze la unuaj ne devenis de la lastaj.

Venki limojn, tio estas facile diri. En 2016, en kosma konferenco en Vieno, mi renkontis la hungaran kosmonaŭton Bertalan Farkas, kiu estis la unua esperantisto en la kosmo, kaj mi alparolis lin en Esperanto. Sed li diris, ke li forgesis ĉion, kaj mi pensas, ke eble li estis sufiĉe ebria. Ĉiaokaze, li estis tre afabla; li mallerte tenis min je la kubuto kaj klarigis: parolkapablo similas al muskolo; unu monato sufiĉas, oni devas trejniĝi, kaj ĉio estis antaŭ longa tempo. Mi fiksrigardis liajn lipharojn kaj pensis pri la kosma spaco.

Majstro William Auld verkis iom da poezio pri la kosmo, kiel ekzemple mia plej ŝatata fragmento el la epopeo *La Infana Raso*: la kanto de la homaro en kosmoŝipo. La sorto de la kosmonaŭtoj vojaĝantaj en iu ajn direkto, kiu espereble estas la ĝusta, estas kombinita kaj kontrastita kun knabo ludanta sole en la somero de sia infanaĝo. Ambaŭ, laŭ Auld, estas ekzemploj de "agado laŭ malmulte esploritaj principoj".

> Ni, pioniraj homoj de l' spacovojoj,
> Trovas neniun ŝlosilon. Nia atome
> Pelita ŝipo sagas lumorapide
> Tra l' kosmovastoj, cele alian sunon.
> Por ni tagon ne sekvas nokto, nokton
> Ne sekvas tago, ekstere nokto eternas,
> Interne elektrolumo ŝajnigas tagon
> Senfinan kaj senkomencan. Kalendaroj,
> Horloĝoj kaj dormo perdis sian principon.
> Ni ne vidos la celon; ni estos mortaj,
> Kiam gefiloj niaj en novan orbiton
> Gvidos la ŝipon kiu fariĝis mondo
> Por ni, orfuloj de l' tera sunsistemo.

---

300 De Mark Boyle, irlanda verkisto (naskiĝis 1979). La libro estis eldonita en 2010. N.d.l.T.

Frenezo? Jes. Sed pelas nin la turmento
De senrespondaj demandoj, por kiuj respondo
Devas ekzisti, pelas nin la bezono
De vastiĝanta, malsata, tumulta homaro,
Kiu formanĝis akridosimile planedojn.
Ni fuĝas kaj ĉasas, ni pelas kaj estas pelataj.
Ni serĉis unue ĉielon, nun la ĉielon
Ni trovas malplena, malplena kaj tamen plena.
Per nia morto vivos niaj gefiloj:
Ni ne vidos la celon, ni ĝin plenumas.

Estis marbordo, mallaŭta susuro de ondoj,
Kvazaŭ de malproksimo. Blankaj sableroj
Sin kroĉis al miaj piedoj, etaj piedoj.
Salo krustiĝis ĉirkaŭ miaj kruretoj.
Spuron de miaj paŝoj akvo plenigis,
Neniu dividis mian izolan imunon.
Silento tegis mantele tiun golfeton,
Sola mi ludis en memsufiĉo tenera.

Rokoj leviĝis altaj apud la strando,
La blanka sablo brilis ĝis horizonto
Pale nebula, kie la maro grizas:
Pretere estas Kanado, oni sciigis
Iam? Kiam? Antaŭ aŭ post la momento?
(Pretere troviĝas Ithaka). Mildaj someroj
De ĉies infanaĝo, eterna ciruso!
Kaj tamen neniam mankas momentoj hontigaj:
Kiel, demandis iu molvoĉa gaelo,
En la butiko dum posttagmezo senmova,
Nomiĝas angle kion virino havas
Ĉi tie? Feliĉe tiam venis la onklo.
Kaj, mi memoras, dum tiu ferio mi fumis
La cigaredon unuan. Kia impulso?
Sed plej la maro susuras, la knabo sola
Ludas en memsufiĉo apud la akvo.

Ekstere ŝvebas la astroj. Lumorapide
Traarkas ni la vakuon, tamen ni ŝajnas
Senmovaj sur mondo malgranda kiel polvero,
Kie la tempo, homa kreaĵo, mortis.

Kaj jen la germana traduko, kreita kun la afabla helpo de István Ertl.

Wir Pioniere, Weltraumstraßenwandler,
sind ahnungslos. Und unsere atom-
betriebnen Schiffe schießen lichtgeschwind
durchs Universum andren Sonnen zu.
Für uns folgt Tag nicht auf die Nacht, die Ränder
der Tage schwinden, Nacht herrscht ewig weit,
Elektrolampen tun, als wärn sie Tag,
dem weder eignet Ende noch Beginn.
Und all die Uhren, unsere Kalender
sogar der Schlaf, all das verliert den Sinn.
Wir sehn das Ziel nicht, sterben lange Zeit
bevor, in einem unbekannten Orbit,
die Kindeskinder dieses Raumschiff steuern,
das uns, den Waisen, Welt war, Erdenschwere.
Verrücktheit? Ja. Doch drängt uns diese Qual
beantwortbarer Fragen in die Leere –
denn irgendwo muss es doch Antwort geben –,
der Drang befällt uns, hungergrelle Rasse,
heuschreckengleicher Schwarm von Raum zu Raum.
Wir fliehen, laufen, jagen und verderben.
Wir suchten einen Himmel und sehn ein, dass
der Himmel leer ist – leer und dichtbesiedelt.
Und unsre Nachfahren finden, wenn wir sterben,
ein Leben, für das wir das Mittel stellen.
Wir sehn das Ziel nicht, wir erfüllen es.

Hier eine Küste, Schaumgeräusch der Wellen,
in weiter Ferne. Weißer Sand vom Meer
befasst sich mit den kleinen Kinderfüßen.
Salzige Krusten bilden sich im Fließen.
Die Fußspur läuft mit Wasser voll, kein Wille
zerstört die abwehrstarke Inselzeit.
Wie einen Mantel trug die Bucht die Stille,
ich spielte sanft in Selbstgenügsamkeit.

Die Felsen in der Höhe überm Strand,
es glänzte weiß zum Horizont der Sand,

ein fahler Nebel, wo das Meer ergraut;
da drüben, da liegt Kanada, erzählt man.
Einmal? Ja wann denn? Vorher oder später?
(Fern, Ithaka ...) In Kindheitssommern eilen
die Cirruswolken hoch im milden Licht.

Und trotzdem schämt und grämt man sich bisweilen:
"Wie", fragt ein Kerl, der leise Gälisch spricht,
in dem Geschäft am stillen Nachmittag,
"nennt man auf Englisch das, was eine Frau
da hat?" Mein Onkel ging zum Glück dazwischen.
In diesen Ferien, weiß ich noch genau,
da rauchte ich zum ersten Mal. Warum?
Doch flüstert noch das Meer, das kleine Kind
spielt selbstgenügsam vor dem Meer herum.

Und draußen schweben Sterne. Lichtgeschwind
durchmessen wir die Leere, aber sind
reglos auf einer sandkorngroßen Welt
wo auch die Zeit, dies Menschenwerk, zerfällt.

Tio ĉio sonas bone. Venki limojn, mondojn, spacojn. Sed kiel ĝi fakte aspektis kaj ankoraŭ aspektas en la mondo, reale? Kiel esperantistoj komprenis sian taskon? Ĉu ili eĉ havis taskon klare difinitan? Ĉu estis skismoj kiel ĉe la volapukistoj? Se oni serioze okupiĝas pri la aktualaj kaj historiaj ideoj de la esperantistoj por superi limojn, oni perdas surprize rapide la superrigardon kaj la internan ekvilibron. Mi klarigos la kialon en momento.

En 1980 en la Esperanta Junulara Kongreso en Raŭmo, Finnlando, estis legita manifesto verkita de Giorgio Silfer, Amri Wandel kaj Jouko Lindstedt. Tiu Raŭma Manifesto, sur kiu ekde tiam baziĝas speciala tendenco ene de la Esperanto-movado, nomita "Raŭmismo". Raŭmismo kontraŭas kelkajn el la plej malnovaj asertoj de la esperantistoj. Origine, laŭ la aŭtoroj de la manifesto, nur la tiel nomata finvenkismo estis reprezentita, per kiu "finvenko", fakte "fina venko", estas ege mallerta vortelekto, ĉar germane ĝi signifas "*Endsieg*".[301] Jam la plej fruaj esperantistoj

---

[301] Por germanaj oreloj, fina venko sonas ridinda, ĉar tiu esprimo estis uzata dum la nazia reĝimo, kiu ne volis akcepti la eblon, ke Germanio povus perdi la militon; fakte, nur esprimi dubon pri la germana fina venko fariĝis punenda ŝtatperfido. N.d.I.T.

estis finvenkistoj. Ili volis ankri la novan lingvon tutmonde kiel "neŭtralan idiomon" flanke de la ekzistantaj naturaj lingvoj, kiel apartan helplingvon por internacia komunikado, ĉar ĝi estis nenies gepatra lingvo kaj nenies propreco. Tamen por tio oni devis propagandi Esperanton ĉie kaj fari – por tiel diri –misian laboron. Kontraŭ-programo estis decidita en Raŭmo: por simple diri, ne plu misia laboro, sed komprenado kaj festado de la propra identeco kiel speco de valora kaj bunta diasporo; ne plu konvinki, sed senti memfidon pri sia transnacia komunumo.

Ŝajnas kompreneble unuavide.

Malnoviĝinta ideo renkontas sian nuntempan revizion. La ideo instrui Esperanton "ĉie" estas forlasita. Oni fieras pri ĉio, kion Esperanto ĝis nun atingis, kaj fortikigas la atingaĵojn.

Ĉu ne?

Ne. Ĉar iuj raŭmistoj komprenis sian raŭmismon tiel, ke ili konkludis, ke ili, laŭ la propra difino disiĝintaj membroj de kulturo sen ŝtato, nun iusence rajtas posedi tion, kio mankas al ili.

El nenio ili kreis fantomdoloron.

La ŝtat-simila ento, kiu estis evoluigita por mildigi tiun fantoman doloron, nomiĝas *Esperanta Civito*. La longtempa prezidanto estis la kunaŭtoro de la Manifesto de Raŭmo, Giorgio Silfer, kiu cetere ŝajnas esti ankaŭ respektata dramisto. En la retejo de Esperanta Civito li nomas sin mem, se mi bone komprenas, kandidato por la Nobel-premio pri literaturo. La viro ŝajnas al mi ne tute fidinda. Sed mi neniam renkontis lin. Li respondis al neniu el miaj retmesaĝoj. Do nenia ideo.

Krome, raŭmistoj ofte ŝajnas malami unu la alian. Lindstedt, ekzemple, distancigis sin de la movado en 2006 post kverelo kun Silfer.

Raŭmistoj ĉiam denove reciproke neis la raŭmismon de la aliaj. *Monty fucking Python*.[302]

Kaj tiam la finvenkistoj ekparolis. Ili sentis sin tute misprezentitaj de la tuta raŭmismo. En la tiel nomata Manifesto de Prago (1996) ili konstatis, ke ili nepre intencis daŭre okupiĝi pri la disvastigado kaj plaĉigado de Esperanto kiel dua lingvo, kaj ili skizis kelkajn tre kredindajn konceptojn, kiuj tute ne sonis finvenkecaj: "Komunika

---
[302] Obscenaĵo nekomprenebla al la tradukisto. N.d.l.T.

sistemo, kiu tutvive privilegias iujn homojn, sed postulas de aliaj, ke ili investu jarojn da penoj por atingi malpli altan gradon de kapablo, estas fundamente maldemokratia. Kvankam, kiel ĉiu lingvo, esperanto ne estas perfekta, ĝi ege superas ĉiun rivalon en la sfero de egaleca tutmonda komunikado."[303] Kvankam tiu lasta punkto ne estas tute vera, ĉar Esperanto certe estas pli facile kaj rapide lernebla por okcident-eŭropanoj, kial ne promocii ion kiel neŭtrala lingvo, kiu apartenas al neniu ŝtato? Kompreneble ekzistas miloj da tiaj sennaciaj lingvoj, ekz. Mati Ke, Kuuk Thaayorre, la eŭska aŭ la jida, sed kial ne provi inventitan? La inventita lingvo ne nur apartenas al neniu ŝtato, sed ankaŭ al neniu ... "kultura ideologio", mi ĵus volis tajpi, sed atendu momenton. Tio estis nur vera en la fruaj jaroj. Kaj nun? Se iuj esperantistoj volas propagandi sian lingvon, ĉar ĝi apartenas al neniu ŝtato, kaj la aliaj jam fondas sian sekretan Esperanto-ŝtaton kaj donas membrecon unu al la alia, kion tio signifas do? Ĉu Esperanto do apartenas al ideologio aŭ ne?

Aŭ ĉu la tuta demandado estas sensenca?

La Praga Manifesto diras: "La Esperanto-parolantoj reprezentas verŝajne la solan tutmondan lingvan komunumon, kies parolantoj estas senescepte dulingvaj aŭ plurlingvaj."[304] - Nu. Ankaŭ ne tute prave. Trovu iun unulingvan parolanton de la irlanda hodiaŭ. Eble iu loĝas en iu fiŝkaptista vilaĝo.

Ĉu ekzistas kulturneŭtrala lingvo, se nur neneŭtralaj homoj konstruas el ĝi siaspecan kulturon dum jardekoj? Por diri pli klare: ĉu komunumo, en kiu oni rimarkas, kiam iu subite ne plu volas partopreni, povas esti priskribita kiel neŭtrala?

Kaj aliflanke, ĉi tiu kaprica ideo de la diasporo - kion tio faras al la mensoj de tiuj, kiuj difinas sin tiel? Iun momenton ili ankoraŭ estis normale hejme ie, tiam, pum! ili subite "estas disiĝintaj", kvazaŭ vera perforta ago estus ekzercita sur ili - popolo, kiu origine koncentriĝis en unu loko.

---

303 Praga Manifesto, 1996, paragrafo 1:Demokratio N.d.l.T.
304 Eraro en la germana traduko de la Praga Manifesto kondukas al miskompreno. La originala Esperanta dokumento tekstas: "La esperanto-komunumo estas unu el malmultaj mondskalaj lingvokomunumoj, kies parolantoj estas senescepte du- aŭ plurlingvaj." (Praga Manifesto, 1996, paragrafo 4: Plurlingveco)

Vi ĉiuj tute konfuzas min.
Sed feliĉe, estas ege malfacile trovi fundamentismajn finvenkistojn aŭ raŭmistojn.
Plej multaj homoj ne havas tian malambiguan orientiĝon kiel kompasa nadlo.
La Tutmonda Esperantista Junulara Organizo TEJO eĉ rigardas sin kiel reprezentanton de sinteza formo, nome "raumisma finvenkismo".
MIND BLOWN.[305]

Kompreneble ne gravas, el kiu aspekto oni rigardas tion, ĉiuokaze veras, ke la deziro, ke aliaj homoj lernu kaj vivigu nian elpensitan lingvon kaj propagu ĝin en la malproksiman estontecon, enhavas ion narcisisman kaj tial ion defendindan.

Oni bezonas iun koncepton, kaj tial verŝajne ekzistas ĉiuj ĉi manifestoj kaj klopodoj por trovi identecon.

En sia libro *Nostalgia: A Psychoanalytic study of Marcel Proust* (Nostalgio: psikanaliza studo de Marcel Proust) Milton L. Miller raportas, ke la aŭtoro ofte ellitiĝis je la dua matene por veturi al la hotelo Ritz por vidi, ĉu la festo, kiun li mem organizis, estas ankoraŭ daŭranta kaj kiu el la invititoj restis tie plej longe. Mi devas konfesi, ke tio, same kiel entute multaj narcisismaj kondutoj, nekutime kortuŝas min. Ĉu ne Proust tiamaniere entreprenis iaspecan rigardon sur sian posteularon, do, en la fina formo, rigardon sur sian propran entombiĝon? Esplorado de la demando: kiom mia spirito kunigas homojn? Kion valoras mia nomo, por kio mi utilas kiel memo, kiel ideo, kiel socia rekruto? Aŭ, por diri ĝin alimaniere: kiom superflua mi estas fizike? Kiom malmulte mi persone bezonas por ankoraŭ donaci daŭran feliĉon kaj benojn, kiel iam faris la pirarbo de Ribbeck en Havelland?[306]

---

305 La esprimo originas ĉe la drogkulturo de la 1960-aj jaroj. Laŭ la usona vortaro Collins: a. ŝanĝi siajn perceptojn, konscion, ktp., kiel per uzo de drogoj aŭ narkotaĵoj. b. Superforti personon per intensa ekscito, plezuro, miro aŭ konsterno. Laŭ Word Hippo: perpleksigi, konfuzigi, sperti halucinon, freneziĝi aŭ frenezigi.

306 Referenco al balado de Theodor Fontane el la jaro 1889. S-ro Ribbeck ĉiam donacas pirojn al preterpasantaj infanoj. Timante la avarecon de sia filo, S-ro Ribbeck petis, ke oni metu piron en lia tombo. Post lia forpaso, sur lia tombo kreskas pirarbo, kiu invitas la infanojn preni frukton. N.d.l.T.

La aritmetiko de lojaleco: tiu ankoraŭ ĉeestas, kaj jam estas la dua kaj duono, sed mankas tiu kaj tiu. Kial C. ne estas ĉi tie? Kial ĝuste C.? Kaj tiel plu. Jes, foje oni volas rektan dissendon pri la vivo de viaj amikoj, nur por ke vi povu vidi reflekton de vi mem en iliaj vizaĝoj kaj en la teksaĵo de iliaj ĉiutagaj rutinoj! Kaj eĉ pli bona ol rekta dissendo estas inventi lingvon, en kiu viaj propraj kondutkaj pensmanieroj jam estas programitaj, kaj poste instali ĝin en aliaj cerboj. Tiel la festo ĉe la Ritz eble fariĝas senfina, ia postvivo. Kaj oni eĉ ne devas ellitiĝi por rigardi. Oni vivas centojn kaj milojn da fojoj kaj povas morti en paco, por tiel diri.

Ekzamena demando: kiu el la du supozataj tendencoj de Esperanto, finvenkistoj aŭ raŭmistoj, spiras pli da spirito de Marcel Proust nokte kaŝrigardanta en la Ritz?

Mi kredas, ke la poeto Jorge Camacho skribis la plej bonan respondon al raŭmismo/finvenkismo, en mallonga poemo el sia volumo *Strangaj spikoj* de 2016:

Helpopeto
Botelmesaĝon
el dezerta insulo
por savo sendas
sole en Esperanto
fanatika stultulo

7

Fabelrakontisto kaj Anarkiisto

En Anglio, Vasilij Eroŝenko tuj havas kontakton kun helpantoj, kiuj tradukas ĉion, kion li bezonas en brajlon. Kaj tiam la biografioj mencias – tute nature kaj preterpase – ĉiufoje ion, kio, je atenta rigardo, ŝajnas pli kaj pli stranga: la juna Vasilij Eroŝenko vizitas la rusan teoriiston de anarkiismo Pjotr Kropotkin en Londono. Unue oni kapjesas kun intereso pro ĉi tiu linio, aha, do li iris al li, ho jes. Sed atendu momenton, kiel entute okazis la kontakto? Ĉu oni povis simple altrudi sin al Kropotkin? La maljunulo estis ofte malsana en tiu tempo, do supozeble li bonvenigis distron kaj vizitantojn el la tuta mondo. Ĉu estis proksimaj ligoj inter Londonaj esperantistoj kaj radikalaj anarkiismaj grupoj, kiel en Ĉinio? Jen blinda knabo el Rusio, kiu volas vidi vin, Pjotr Aleksejeviĉ. Kiel diable tio okazis? Estas kvazaŭ salto, stumblo: la universo akceliĝas antaŭen kaj pum, la ankoraŭ ne kreskinta Vasilij Eroŝenko babilas kun Kropotkin pri anarkiismo. Eblas, ke Vasilij rakontis al li pri la vizito de la princo en la blindullernejo kaj malkaŝis sian frue disvolvitan simpation al la anarkiisma mondkoncepto.

Samtempe Eroŝenko ankaŭ eksciis, ke ekzistas en Japanio malnova instrusistemo por blinduloj, kiu supozeble ebligas al ili fariĝi eĉ kuracistoj. Reveninte al Moskvo el Londono, li komencas lerni iomete la japanan. "Iomete" plej ofte sufiĉas al li. Sed nur en 1914 la vojaĝo al Japanio fariĝis ebla. Tiu atendado devis ŝajni al li neeltenebla. La vojaĝo al Anglio larĝigis liajn ŝultrojn. Li fariĝis mondvojaĝanto – kosmonaŭto.

La 27-an de aprilo 1914, post longa vojaĝo tra Siberio, li alvenas en Tokio. Denove li vojaĝis tute sola. Mono ne estis problemo, ĉar esperantistoj el Moskvo pagis la elspezojn; ili ankaŭ donis al li prezentleteron al Nakamura Kiyō, estro de la meteologia observatorio kaj vicprezidanto de la Japana Esperanto-Asocio.

Eroŝenko komencis masaĝan trejnadon en Tokio danke al perado de Nakamura, sed oni malebligis al li la ŝancon fariĝi kuracisto.

Granda parto de la monda historio estis kreita de homoj, al kiuj estis neita la medicina profesio. La reputacio de Eroŝenko kiel verkisto de sombraj paradoksaj fabloj kaj aktiva anarkiisto eble komenciĝis en 1916 kun la vizito de la hinda poeto Rabindranath Tagore. 25 000 homoj kolektiĝis ĉe Tokia stacio, kiam la poeto alvenis. Eroŝenko estis inter ili. Kun esperantistaj kolegoj li ĉeestis ĉiujn prelegojn de Tagore. Tagore vizitis la bahaan kredantaron, kiu estas proksime ligita al Esperanto, kaj ankaŭ vizitis la novan hejmon de Eroŝenko: t.e. la Bakejo Nakamuraya. Ĉi tiu estis la ĉefsalono por multaj anarkiistoj, gviditaj fare de Sōma Kokkō (1876-1955) kaj ŝia edzo Sōma Aizō (1870-1954). Eroŝenko restis tie dum kvar jaroj, diskutante kun korea sendependec-batalanto Lim Gyuwan, hinda sendependec-aktivulo Rash Bihari Bose (1886-1945), kiu estis edzo de Toshiko, la plej aĝa filino de la geedzoj Sōma.[307]

En la printempo de 1916, Eroŝenko vizitis Hokajdon kaj Jokohamon, kaj en julio 1916, du monatojn post la vizito de Tagore, li iris al Bangkok. Jes, Bangkok. En letero al Torii Tokujiro, li skribis, ke li provas fondi blindullernejon tie, sed li ne havis la monon. Do li veturas tra la tuta Tajlando. Kio? Veturas ĉirkaŭe, ĉie, sole, en Tajlando. Kaj poste al Birmo, tiam ankoraŭ brita kolonio. Oni ofertis al li la postenon de administranto de blindullernejo, sed li preferas daŭrigi vojaĝi kaj kolekti birmajn legendojn kaj popolfabelojn. Do ankaŭ tio. Kiel oni kolektas birmajn popolfabelojn, se oni ne parolas la lingvon? Sed bone, ni vidu plu.

En 1917 Eroŝenko ricevas novaĵojn pri la rusa revolucio. Lia reago estas fortega, li longe ne trankviliĝas; li tre zorgas pri siaj gepatroj kaj decidas vojaĝi hejmen.

---

307 Hsiao-yen Peng: *Dandyism and transcultural Modernity. The Dandy, The Flaneur,and the Translator in 1930 Shanghai, Tokyo, and Paris* (Taylor & Francis, 2010). – Bose provis asasini Lord Hardinge, Vicreĝon de Hindio, kvar jarojn antaŭ la vizito de Tagore. Tiam li fuĝis al Japanio, nomis sin P.S. Thakore kaj prezentis sin kiel parenco de la lastatempe kronita nobelpremiito Tagore. N.d.l.A.

Septembro 1917. La unua provo envojaĝi Hindion. Eroŝenko estas arestita ĉe la landlimo kaj malliberigita. Li povas eskapi. La 17an de novembro 1917 li troviĝas en Kalkato. Tie, en kinejo, li kantaĉis la politikan himnon *La Internacio*, senprepare kaj surloke tradukante la tekston en la bengalan. Oni tuj arestas lin kaj preparas la deportadon. En marto 1918 li estas en Molamjajn[308] kaj baldaŭ poste refoje en Hindio. Kiam la enmigra polico serĉas lin, li fuĝas el la hotelo kaj evitas persekutadon. De tiam li petveturas tra la tuta Hindio sole.

No fucking way.[309]
Li petveturas sole tra la tuta Hindio?
La biografioj simple tiel mencias tion. Sole en nekonataj landoj. Tion mi ne kuraĝas. Ni povas nur konjekti, kiel precize li faris tion. Li mem malmulte diras pri tio, kaj alie ĉi tiuj vojaĝoj estas ĉiam menciitaj kvazaŭ tute kompreneblaj. Eble ili estis. Eble mi estas subevoluinta, kaj tial mi ne povas imagi ilin.

Sed Birmo, nu vere... Li ne povis paroli la lokan lingvon, kaj ne ĉie homoj estis akceptemaj kaj helpemaj al blindulo. Oni preskaŭ havas la senton, ke ĉio, kion oni devas fari, estas perdi sian timon, kaj tio permesas aliron al speco de nedetruebla trompreĝimo. Sed ankaŭ tio, kiel oni sendube lernas post kelkaj jardekoj sur la tero, estas eraro. Eĉ sen timo oni kutime estas detruita kaj misformita.

"Tie li renkontas la riĉan kulturon de la lando", aldonas biografia eseo senpere. Kiel mi amas ĉi tiujn saltojn, ĉi tiujn insulojn da memevidentaĵoj meze de tute neeblaj situacioj. Ili estas kompreneble produktaĵoj de posta biografia prilaborado; ili ne rekte prezentas la kurson de lia reala vivo, sed tamen ili ofte enhavas la brilan ĉarmon de malnovaj fabeloj, la lastan sporadan preskaŭ-pruvon de la magikapablo en homoj. La renkonto kun la hindaj kulturoj formos la bazon por la posta rakontokolekto de Eroŝenko *La Kruĉo de Saĝeco*.[310] Iun tagon en Madraso, hodiaŭ Ĉenajo, li estas arestita en municipa blindullernejo kaj prenita al

---

308 Molamjajn (antaŭe Mulmejn) estas signifa universitata urbego, mara havenurbo en Birmo, en subŝtato Mon. -Vikipedio N.d.l.T.
309 Se la aŭtoro ne trovis kontentigan ekvivalenton en la lingvo de Goethe por ĉi tiu angla obscenaĵo la tradukisto devas konkludi, ke la kialo estas ĝia ambigueco. La frazo esprimas nekredeblecon kune kun admiro. N.d.l.T.
310 Originale verkita en Esperanto. Vikipedio N.d.l.T.

Kalkato. En la somero de 1919 li estis deportita de Hindio reen al Japanio. La proleta literaturo tie modiĝas. Eroŝenko, pro sia rusa heredaĵo, estas familiara kun la proleta vivo kaj tial precipe kredinda por la japanoj. Li do kunlabore alkroĉas sin al tiu nova tendenco kaj ankaŭ al la Socialisma Ligo. Li fondas kun la esperantisto kaj socia aktivulo Akita Ujaku la literaturan grupon *La Semanto*.

En 1920 du portretoj de li estis faritaj en la salono *Nakamuraya*, el kiuj la portreto fare de la pentristo Nakamura Tsune iĝis fama. La alia estas de Tsuruta Gorō. Ambaŭ eŭropstilaj oleopentraĵoj. Eroŝenko perlaboras sian porvivaĵon per Esperanto-kursoj por blindaj infanoj en Tokio. Kaj li komencas krei ferakontojn kaj bestfabelojn.

8
Malhelblondaj bukloj

El mia taglibro:

13.11.2018, Tokio
Mi parolis iom pri Esperanto kun profesoro Goro Christoph Kimura, multlingva geniulo. Li transdonas salutojn de István kaj Klára Ertl. Oni kutime taksas la valoron de la lingvo per jena demando: "Ĉu tiu lingvo posedas denaskajn parolantojn?" – kaj tion oni ofte diras pri Esperanto kiel trankviligo, sed ĝuste tiuj denaskaj parolantoj ne havas tiun ĉi elstaran rolon de privilegiitaj administrantoj de la lingvo, kiun ili alie havas en ĉiuj aliaj lingvoj. Jen ili estas iel la reala diasporo.

Oni donacis al mi raran kompaktdiskon kun sondosieroj de *La Infana Raso* de William Auld.

14.11.2018, Tokio
Junulo iris sur la strato kun la montrofingroj en la oreloj. Mi sekvis lin dum kelka tempo. Li neniam ŝanĝis sian sintenon. Eble tiutage li lasis hejme siajn aŭdilojn, kiuj kutime protektas lin kontraŭ la bruo de la urbo.

Mi ripozis iomete en eta parko. Mi sidis apud la statuo de malĝoja knabo. La skribsignoj diris ion pri "vidi", sed mi ne tute komprenis ĝin. Ĉu eble estis blinda knabo? Li havis la manojn duone antaŭ la okuloj. Estis tre malvarme. Sur malgranda barita futbalkampo junuloj ludis pilkludon, kiun mi ne konis, kiu ankaŭ ŝajnis enhavi pasian melodion. Fumanta viro subenrigardis min de balkono; liaj vestaĵoj elpendis por sekiĝi, inkluzive de lama kaŭĉuka kokido. Mi salute levis la manon.

Tagmeze mi iris al la *Nacia Muzeo de Moderna Arto*[311] por serĉi la portreton de Vasilij Eroŝenko. Mi senprobleme trovis ĝin, ĉar ĝi estas elmontrita en aparta areo kiel unu el la konstantaj elstaraĵoj de la muzeo. Ĝi pendas apud nekutime hela pentraĵo titolita *Road Cut through a Hill*,[312] de Kishida Ryūsei, kio eble estas konsiderata parto de la *pittura metafisica*. Mi sidiĝis por fari kelkajn notojn. Apud mi aperis muzea oficistino kaj forprenis mian inkskribilon, kvankam tre singarde, kvazaŭ ŝi eltirus branĉeton el nesto por ne ĝeni la nestantan birdoparon, kaj transdonis al mi krajonon rekompence. Ŝi klarigis, *"A pen is not allowed inside the gallery."* (Inkskribilo ne estas permesita en la galerio.") Ĉarma. *"General Writing"* (Ĝenerala Skribo)" estis skribita sur la krajono. Mi dankis ŝin. La glora malordo de la krisphararo de Eroŝenko! La pentristo Nakamura kaptis ĝin perfekte.

Kaj ankaŭ lia anime enprofundigita mieno, la hidrargece ŝanĝiĝema ĝojo de transformo, same kiel la obstina kaj nemovebla naturo de ĉi tiu miranda persono. Li certe estis hipnotiga aperaĵo. Pli dekstre pendas florbukedo de Cézanne, kiu ŝajnas sufiĉe pala kaj senviva kompare kun la ilustraj bukloj de Eroŝenko. Mi sidis tie longe,

---

311 Tokyo National Museum of Modern Art (東京国立近代美術館,Tōkyō Kokuritsu Kindai Bijutsukan) Vikipedio N.d.I.T.
312 Vojo Tranĉita tra Monteto, japane: 道路と土手と塀 (切通之写生)

skribante per la sendanĝera grafit-krajono kaj scivolante, ĉu ili forprenos ĝin de mi, kiam mi ĉesos koncentriĝi. Sed ili lasis min havi ĝin kaj ankaŭ redonis al mi la inkskribilon.

Revenante de la muzeo, mi miris pri iuj imponaj tridimensiaj araneaĵoj konstruitaj, por tiel diri, en intersekcantaj spiralaj galaksioj, en kiuj la posedantoj pendis, dikaj kaj pretaj por kapti. Mi jam havis tro da ŝanĝmono en mia poŝo. Ĝi tintis, kiam mi marŝis. Dum sufiĉe da tempo mi sentis la mirindan buklan kapon de Eroŝenko kiel svarmon da moskitoj ĉirkaŭ mia kapo. — Poste, en Yotsuya, mi vidis solecan bazpilkludanton sur kampo. Li saltis al imaga pilko kaj ekzercis sin pri kaptanguloj kaj manovroj por mildigi retropuŝon. Mi rigardis lin danci dum iom da tempo kaj aŭskultis la *Danse Macabre* de Saint-Saëns sur mia iPod.

15.11.2018, mia naskiĝtago
Je tagmezo mi iris serĉi la legendan bakejon Nakamuraya, kie antaŭ cent jaroj renkontiĝis japanaj anarkiistoj kaj hindaj liberecbatalantoj. Iun tagon Eroŝenko trafis ilin.

Mi promenis dum longa tempo, sed simple ne povis trovi la bakejon. En ĝia loko ŝajnis esti nur eta elektronika vendejo. Malgranda flanka strato. Akra odoro de lakso.

Aldonu al tio la varman sunon kaj la bruadon de la kaskadaj akvofaloj en la paĉinko-haloj[313] tuj ĉirkaŭ la angulo. Tiam mi ekvidis la nomon Nakamuraya sur alia konstruaĵo kaj sub ĝi, eta: ART MUSEUM (ARTA MUZEO).

Mi veturis ĝis la kvina etaĝo de la domo, kaj certe estis ludilgranda galerio enhavanta kelkajn el la artaĵoj de la anarkiisma grupo aktiva en tiu tempo. Bedaŭrinde ĉio en la japana, mi devis diveni kaj nur iomete komprenis. En unu ĉambro: Eroŝenko. Alia pentraĵo, en alia pozo. Lia vizaĝo estas pli precize deturnita, morna, senmova.

Kiam mi volis foti, gardistino preskaŭ frapis la iPhone el mia mano. Ŝi ŝajnis nekutime agresema kaj batalpreta. Okazas sufiĉe malofte ĉi tie, ke oni estas maldelikate, fizike tuŝita. Do mi rapide enpoŝigis la iPhone kaj murmuris *gomennasai* (pardonu). Post tio, en ĉiuj miaj movoj tra la galeriaj ĉambroj, mi kondutis emfaze

---
313 Paĉinko (パチンコ) estas mekanika ludo devenanta de Japanio. Paĉinko-maŝino similas al vertikala flipera maŝino, Vikipedio N.d.l.T.

milde kaj submetiĝeme, sed kiam mi preterpasis la gardistinon por atingi la elirejon, mi preskaŭ mordis ŝin, ĉar fakte estis mia naskiĝtago.
Mi prenis poŝtkarton de la dua portreto. Ĝi estas multe pli serioza ol tiu en la Nacia Muzeo, malpli banita en ora aŭtuna lumo.
Poste, mi iris al VR-areno en Ŝinĝuku,[314] kie mi devis savi bildstrian katon de alteco kaj tute perdis la menson.

9

Baldur Ragnarsson:
Pensemo en la universo

Eta elekto:[315]

Gehsteige

Gehsteige sind praktisch und glatt,
hart und fest unter den Füßen,
schrankenlos, einförmig, künstlich gemacht,
deshalb neige ich dazu, sie im Geiste
in ihre Bestandteile aufzulösen: Sand,
Zement, Wasser, um so ihren neutralen Charakter
mir ein wenig naturnäher zu gestalten.
Sich schlängelnde Pfade auf den entlang
des Tals verlaufenden Hängen,
ausgetreten von Schafen und Pferden,
sind nach langer Zeit auch Gehsteige,
weiche und schmale, die sich dem Verlauf

---

314 Shinjuku japane: 新宿区 – kvartalo en Tokio. N.d.l.T.
315 Trad. la aŭtoro, el diversaj libroj, i.a. *La lingvo serena* (Edistudio, 2007), *La neceso akceptebla* (Mondial, 2008) kaj *La fontoj nevideblaj* (Mondial, 2010). N.d.l.T.

des Erdbodens anpassen, dauerhaft aromatisiert
von durchtrabenden Vierbeinern. Solche
Erdwege, solche natürlichen, hab ich am liebsten.
Und selbst im späten November, im Park,
kommt es mir vor wie Natur,
wenn ichübers froststarre Gras gehe,
das trocken wispert unter meinen Schritten,
wenn das Laub knackt und raschelt wie die brennenden
Zweige im Pfadfinder-Lagerfeuer,
während der Mond in schwerer Fülle
über dem Fjord-Berg leuchtend hängt,
der bis hinunter zum Meeresspiegel
von Schnee bedeckt ist.

*

Spuren

Manchmal gehen mir bestimmte Fußspuren
im Kopf herum

Die nackten Fußspuren
die Robinson
im Ufersand seiner Insel fand

Die versteinerten Fußspuren von Hominiden
hinterlassen in einer äthiopischen Wüste
vor zwei Millionen Jahren

Die Fußspuren von Neil Armstrong
auf der Mondoberfläche

Aber am meisten beschäftigen mich
meine eigenen Fußspuren
die ich vor Jahrzehnten

auf einem öden Berg
im Osten Islands hinterlassen habe
und die vor ähnlich vielen Jahrzehnten
von Regen und Sturm
weggespült wurden

Obwohl diese Spuren
keinen verbürgten Platz
in der Weltliteratur besitzen
und keine epochale Bedeutung
in der Geschichte der Menschheit
halten sie sich dennoch beständig
in meiner Erinnerung
als Symbole vergangener Lebenskraft
und jugendlichen Ungestüms
als die Abende nach der Arbeit
zu Erkundungsgängen einluden
durch das menschenleere Hochland rund um unsere Zelte
während meine müden Kameraden
schon verstreut ausruhten
und sie das einfach nicht begreifen konnten:
meine seltsame Obsession überall meine Spuren zu hinterlassen
im niedrigen Gras
im klebrigen Lehm
und im körnigen Sand
und auf verlassenen Berggipfeln ohne jede Vegetation
ohne irgendein Lebewesen
bis auf hier und da vereinzelte Vögel
die mich überflogen
auf dem Weg zu geeigneteren Futterplätzen
Oft suche ich in meinen Gedanken
nach jenen verwischten Fußspuren
denn sie sind Zeugen meines Wunsches
eigene Wege zu gehen
und am Ende andere Spuren kenntlich zu machen
die nicht so leicht verwischbar sind

bemerkenswerte Spuren die einen Wert besitzen
für die unbekannten
Nachgeborenen

*

Die Metamorphose der Blume

Ein Junge kam vom Berg gerannt
mit einer Blume in der Hand.
Die arme Blume ahnte nicht,
dass ihr, der arglos auserwählten,
für Nahrung aus der Humusschicht
inzwischen alle Wurzeln fehlten.

Doch auch als Welke wird sie bleiben.
Sie inspiriert zum Verseschreiben,
auf dass sie, ohne jede Mühe,
wie einst in ihrer Heimaterde,
im Treibgut der Gedanken blühe
und neues Saatgut werde.

*

Pause

die Fähnriche
plötzlich allein
gedämpft
das Geräusch der Schritte
vermeintlicher Fliehender

vorgestellte Gefallene
die sorglos ihre Arme
ausstrecken
in der Abendsonne

Windmühlen
am Horizont

*

Die Kirschbäume des Lukullus

Hin und wieder, wenn ich meine aufgegebenen
Vorhaben bedaure, richte ich meine Gedanken
auf Lucius Licinus Lucullus, der acht Jahre lang
mit Mut und Geschick
sein kümmerlich ausgestattetes Heer
gegen Mithridates den Großen führte.
Aber kurz vor dem Sieg
rebellierten seine erschöpften Soldaten
und er wurde gezwungen, sie zurückzuführen
von Armenien bis nach Jonien
durch nicht geringere Gefahren
als die, die der Grieche Xenophon überstanden hatte.
Später, in Rom, verbrachte er sein Leben
in Ruhe und Wohlstand, mit Festen und Büchern,
mit frivolen Scherzen und erlesenen Genüssen,
und pflegte Freundschaften und Künste
und Kirschbäume.

*

Fisch

Wie wird man Dichter? Indem man Fisch isst?
Eine spezielle Fischsorte? Es gibt da diese Geschichte
von Sigvatr, dem Dichter am Hofe von Olaf dem Heiligen
von Norwegen. Er wuchs auf einem Gehöft
im Südwesten Islands auf, neben einem See.
Er galt als geistig zurückgeblieben, wie ein kleiner Junge.
Einmal fing er einen großen, seltsamen Fisch
und folgte dem Rat seines Freundes,
man solle den Fisch stets als Ganzes verspeisen,
aber beim Kopf beginnen, da, wo sich in jedem Geschöpf
die Weisheit befinde. Daraufhin wurde er
ein großer Dichter und Erneuerer der Künste.

So also geht das, zumindest theoretisch,
dass man am Ende zum Dichter wird.
Allerdings leben im Augenblick in jenem See
nur gewöhnliche Forellen – Gott sei Dank.
Denn sonst würde die seltsame Tierart der Dichter
in gewaltigen Schwärmen durchs Land ziehen
und überall ihren Willen durchsetzen.
Aber ich will doch die alte Legende bestätigen,
denn man kann von dem Dichter Sigvatr
zumindest lernen, wie man seine Kunst
auf dem Kopf basieren lässt, und weniger
auf dem Herz, und wie man ein Gleichgewicht
findet zwischen Gedanken und Gefühlen,
ja, wie man den Fisch als Ganzes verspeist,
den dauerhaft erneuerten, aber dabei
stets am Kopf beginnt.

10

Deportado kaj persekutado

En 1921, nia amiko partoprenas en la festparado de la unua de majo; la 9-an de majo, li vizitas la Socialistan Ligon de Japanio. La 28-an de majo, li estis arestita dum la nokto. Dum kelka tempo la oficistoj tute ne povas decidi kion fari kun la poliglota junulo. Ili precipe suspektas pri tiu Esperanto, kiun li parolas. Kaj aldone li estas blinda. Ili pridemandis lin, sed ŝajnas, ke la polico neniam renkontis blindulon. Ili igas lin klarigi, kial li ne povas vidi. Fine, la japanaj aŭtoritatoj decidas forigi tiun strangegan aperaĵon. La deportado estas komencita. Dum tri tagoj, Vasilij estas en policgardo en malgrandega prizonĉelo en Yodobashi.[316] La oficiroj torturas lin, eĉ tirante liajn okulglobojn, simple por vidi ĉu li estas

---

316 Yodobashi – municipo nun parto de Tokio. N.d.l.T

vere blinda aŭ ĉu li nur ŝajnigas. Akuza artikolo pri polickonduto aperas en la gazeto Yomiuri Shinbun: "Se ĉi tiuj oficiroj estus veraj viroj, ili sinmortigus pro honto pri sia konduto." Sōma Kokkō[317] venas por viziti lin en la malliberejo kaj notas fablon, kiun Eroŝenko diktas al ŝi: *Mallarĝa Kaĝo*. Li jam finverkis la rakonton tute en sia kapo. Ĝi estas sombra, melankolia, ripetema teksto pri tigro vivanta en kaĝo. Ŝajnas al li, ke la vico de stultaj enrigardantaj zoovizitantoj etendiĝas preter la zooparko, "ĝis la fino de la universo." Tamen, ĉi tio estas nur sonĝo kaj la tigro vekiĝas kaj iras por aventurĉaso. Li provas liberigi ŝafojn, sed ili ne volas esti liberigitaj. Ĉio estas tre malfacila en ĉi tiu mondo. Li liberigas bestojn kaj homojn, sed ĉiuj estas tro stultaj por ĝui sian liberecon. En la fino, montriĝas ke la vekiĝo estis la reala sonĝo. Li estas ankoraŭ en la kaĝo. Kaj ekzistas savo por neniu kaj nenio.

Sub la teksto la linio: *"En la policejo Yodobashi, la 31-an de majo, 1921."* [318]

Kiam la teksto aperas poste, ĝi tuj fariĝas literatura sensacio. La intelektularo entuziasmiĝos pri tiu ĉi tute senespera rakonto. Kaj la blinda poeto Eroŝenko fariĝos popstelulo. Sed ne ĉi tie, ne en Japanio.

La 1-an de junio 1921, la japana polico transportis Eroŝenkon al Kōbe. Malgraŭ la somera sezono, pluvas kaj malvarmas, kaj li devas atendi denove, estas plue detenita, ĉio daŭras eterne. Li estas senpacienca kaj malespera. La 4-an de junio, li finfine suriris la ŝipon *Hozan-Maru*, ankoraŭ akompanate de la polico. La tute elĉerpita persono estas loĝigita en eta ĉambreto. Du tagojn poste li estas en Vladivostoko. Tie li estas transdonita al la rusaj limgardistoj. Nun kiam li estas en Rusio, Vasilij decidas reveni al sia hejmvilaĝo, tiel denove provi la vojaĝon, kiun oni iam malebligis, sed la landlima polico neas al li la eniron. La fakto, ke li estis arestita pro supozeble bolŝevismaj agadoj en Tokio kaj elĵetita el la lando, pruvas nenion, oni diras al li, ĉar liaj realaj motivoj

---

317 Kokkō Sōma (相馬黒光, Sōma Kokkō , 1876 - 1955) estis entreprenisto, filantropo, patrono de artistoj kaj patrono de tut-azia politiko dum la antaŭmilita Empiro de Japanio. Ŝi estis la edzino de Aizō Sōma, la fondinto de Nakamura-ya, konata bakejo en Tokio. Vikipedio-en N.d.l.T.
318 En Esperanto en la originalo. N.d.l.T.

ne estas konataj. Eroŝenko provas pruvi, ke li estas bolŝevisto kaj krom tio esperantisto, sed ili kredas neniun vorton, kiun li diras. Blindulo povas aserti ion ajn, oni ne havas manieron ekscii, kio vere okazas en lia kapo! Aparte esperantisto – li prefere ne diru tion laŭte. Sed pro tio, ke oni ne simple povas ĵeti la junulon en la maron, oni senprokraste sendis lin al Ĉinio. Lasu la ĉinojn barakti kun ĉi tiu stranga kaj neregebla homo.

Tiutempe, komence de la 1920-aj jaroj, en la tuta mondo kreskis groteska kaj furioza paranojo rilate esperantistojn. Precipe en la nove fondita Sovetunio, sed ankaŭ en la Vajmara Respubliko kaj iom poste, multe pli malbone, en nazia Germanio. En landoj, kies regantoj estis kontraŭkomunismaj, oni plej ofte simple konfuzis ilin kun komunistoj sen pensi dufoje. Ĉar ĉu mondlingvo, ĉu mondpaco, ĉio sonis tre simile. Fakte kelkaj esperantistoj vere engaĝiĝis por laboristaj rajtoj kaj socialdemokratio, kio ofte alportis la ŝtatan policon al la hejmoj de la emfaze neŭtralaj *samideanoj*.

Komence, kiel oni povas legi en la bonega libro de Ulrich Lins *La Danĝera Lingvo*, la ekzekutivo prenis sur sin la penon diferencigi: en la rumana urbo Klujô, policistoj interpretis la verdan stelon kiel komunisman simbolon. "La estro de la militkortumo deklaris antaŭ ol li malkondamnis la akuziton, ke Esperanto estas 'tre bela kultura movado' kaj nur la uzo de la lingvo 'por malpermesitaj celoj' estas puninda."

Sed iom post iom Esperanto mem fariĝis suspektinda al la aŭtoritatoj eĉ de demokratiaj landoj. Laŭ Lins, la germana romanisto Karl Vossler opiniis en 1925, ke Esperanto, kvazaŭ en sia gramatika strukturo, jam enhavas la ideojn de bolŝevismo, socialismo kaj komunismo. Laŭ Vossler, ĉi tiuj ideoj "enloĝiĝis" rekte en la vortoj kaj formoj de lingvo. Ĉiu, kiu lernas ĝian gramatikon, fariĝas pli sentema al la "emociaj tonoj kaj signifoakcentoj" de la proletaj voĉoj. Jes, esence la lingvo kaj ĉiuj ĝiaj parolantoj transformas onin en marŝantan propagandon, ĉar komunismo kaj la Esperanta gramatiko havas "profundan lingvikan prarilaton". En Bulgario en 1928, ĉiuj studentaj Esperanto-kluboj estis malpermesitaj pro la kurioza argumento, ke la lingvo estas tiel facile lernebla, ke ĝi tuj maldiligentigas ĉiujn siajn parolantojn, senigante ilin de la kapablo iam lerni ion pli kompleksan. Krome, nur bolŝevistoj kaj anarkiistoj ĉiukaze interesiĝas pri ĝi. Kaj en 1925/1926 aperis *Mein Kampf* de Adolf Hitler, kiu ankaŭ skolde kaj kalumnie propagandis kontraŭ Esperanto. Laŭ li, la judoj volas uzi la internacian lingvon kiel potencilon por regi la popolojn, kiujn ili subigis. En la Tria Regno, kiu estis establita iom poste, ĉiuj Esperanto-grupoj estis iom post iom malpermesitaj kaj gvidaj aktivuloj forpelitaj.

Ankaŭ en aŭstrofaŝismo,[319] Esperanto ne plu estis neŭtrala afero. Verŝajne la sola Esperanta romanverkisto de Aŭstrio, Hans Weinhengst, estis engaĝiĝinta socialdemokrato kaj kontraŭfaŝisto. Lia romano *Tur-strato 4* estis tradukita en la germanan (*Turmstraße 4*) nur en 2017 de la Viena esperantisto Christian Cimpa. La romano estas amrakonto riĉa je sociaj raportaĵoj, kies fono estas tipa Viena komunuma konstruaĵo, unu el tiuj nun mitaj loĝejoj kun siaj multaj arkitekturaj detaloj celantaj la zorgeman ekspluatadon, laŭ Weinhengst: "Enirinte tiun domon, ni estas ĉe ĉiu paŝo memorigataj, ke oni konstruis ĝin kun nure ekspluata intenco: Ŝtuparoj kaj koridoroj mallarĝaj, la korto malvastega, tielnomata lumkorto — la sola spaco kiu laŭ iamaj konstruleĝoj devis resti nepre libera, — loĝejoj malgrandaj sed multaj."'[320] La grandaj Vienaj komunumaj konstruaĵoj kun siaj kortoj nomitaj laŭ ĉiaspecaj gesinjoroj el la pasinteco ŝajnis al mi dum longa tempo maltrankviligaj; hodiaŭ mi mem loĝas en unu el ili. Kiel ido de burĝoj en Graz, kiu kreskis en grandaj loĝejoj, mi malhavis la mensajn enzimojn por tio. Hodiaŭ la instalaĵoj ŝajnas al mi neelĉerpeblaj. Kun Sarah oni povas vagi tra ĉi tiuj kortoj dum horoj kaj malkovri aferojn: malnovajn mozaikojn, kiuj reprezentas bravajn laboristojn rompitajn en cent pecojn aŭ la minimumismajn ŝtonartaĵojn starigitajn en la internaj kortoj, eble pro embaraso aŭ kompato; la eksterterecaj balkonplantoj,

---

319 Aŭstrofaŝismo estas komune uzata vorto de la nekonservativaj historiistoj por priskribi la aŭtoritatecan reĝimon reganta en Aŭstrio inter la jaroj 1934 kaj 1938. Vikipedio N.d.l.T.
320 Hans Weinhengst: Turmstraße 4 (eldonejo atelier, 2017). N.d.l.A. [La aŭtoro citis la germanan tradukon kaj la tradukisto trovis la originalon dank' al helpemuloj en Facebook] N.d.l.T.

kiuj multiĝas sur la fasadoj; la ŝtuparejoj kaj ludejoj, kiuj pensigas pri ia krimloko; la tombosimilaj montetoj en la mezo de la areo. Komunumaj konstruaĵoj en Vieno estas pli trempitaj en historio ol tiuj en aliaj eŭropaj urboj. Ĉar ĝuste en tiu konstruaĵaro okazis la plej timiga, ĉar ĝis hodiaŭ nevidebla interna milito de Aŭstrio. En februaro 1934 estis mortpafitaj centoj da homoj, kiuj fortike ŝirmis sin en la komunumaj konstruaĵoj. Kaj kiel oni povas legi interalie en la aŭtobiografio de Stefan Zweig, eĉ ne unu sono, nek la eĥo de kanonpafo nek eĉ vorto buŝe transdonita, atingis la internajn kvartalojn de la urbo. La romano de Hans Weinhengst estis publikigita en Budapeŝto en 1934, ĝi restis lia ununura. La ŝtato Aŭstrio finfine agnoskis, ankaŭ antaŭ siaj eŭropaj najbaroj, sian murdopretan diktatoran reĝimon. Plene seniluziigita, Weinhengst anoncis per letero en 1936, ke li ne plu volas okupiĝi pri Esperanto. La tuta movado estis naŭzinta lin. En 1945 li mortis sub misteraj cirkonstancoj en Berlino. Lia tombo estis nur lastatempe retrovita tie.

Surprizas unuavide, ke ankaŭ la proleta Esperanto-movado en Sovetunio estis fariĝonta finfine viktimo de kruela persekuto. Kaj efektive, la historio de la rilato inter komunistaj pensuloj aŭ politikistoj kaj la movado estas tre kompleksa kaj plena je kontraŭdiraj fazoj. La tien kaj reen, la alternado de ideologia rekono kaj malakcepto ĉesis sub Stalin. Li kriminaligis ĉiujn Esperanto-agadojn kiel kontraŭsovetiajn. Tiun ĉi decidon pravigis interne la sekreta polico en 1937, antaŭ ĉio pro la konataj eksterlandaj kontaktoj de la esperantistoj, pli precize la eksterlandaj kontaktoj de la "poŝtmark-kolektantoj kaj esperantistoj".

Rytjkow kaj kelkaj aliaj [post jaroj da ekzilo en punlaborejo ĉe la bordo de Kolima] tuj rekomencis sian laboron por Esperanto. Inter ili troviĝis la ukraino Aleksandr Logvin, en kies poezio spertuloj antaŭ 1934 notis promesplenan talenton; post 25 jaroj Logwin revenis al la Esperanta literaturo kaj elprenis siajn fruajn manuskriptojn el la kaŝejo, kie lia patro ilin konservis: el abelujo.

Ĉirkaŭitaj de etaj zumantaj, varmoproduktantaj abeloj, liaj versoj travintris la tempon de persekutado. Bela bildo. Aliaj estis malpli bonŝancaj, malaperante en la punlaborejoj de Kolima aŭ estante pelitaj al memmortigo.

Strange kiom min kortuŝas ĉi tiuj versoj kaŝitaj sub la abeloj. Kiel konate, ekzistas antikva afineco inter poezio kaj mielfarado ĝenerale. Ralph Dutli verkis tutan libron pri tio. Do ne estas mirinde, ke, kiel ni memoras, ankaŭ poeto kiel Mustafa Ahmed Jama prenis ĉi tiun mision. – La 13-an de novembro 1925, Rainer Maria Rilke skribis al sia pola tradukisto Witold Hulewicz: "Ni estas la abeloj de la nevidebla." Ĉu ne tio estas ankaŭ la plej bona difino de poetoj en inventitaj lingvoj? Ili alportas produktaĵon kaj nutraĵojn de iu fonto, kiun apenaŭ iu alia povas vidi. Kiu parolas lingvon nur lastatempe inventitan, faras sin nevidebla por la monda historio. Monda historio malamas tion. Ĝi komencas grumbli, puni, celi. Ĉiuj nature kreskintaj lingvoj estis formitaj kaj ŝlifitaj dum jarcentoj. Certaj vortoj havas tiom longan historion, ke ni staras antaŭ ilia kapturna signifoŝanĝo kiel antaŭ speco de diaĵo. Nur en nova, tute senhistoria lingvo la malnovaj dioj ne povas rekoni vin. Vi estas libera, okupata. Vi estas danĝera.

Tute ne apartenas al ĉi tiu kunteksto, sed unu el miaj patrinflankaj praavoj estis abelbredisto, kvankam li estis morte alergia al abelpikoj. Ĉu malsaĝe aŭ ne, lia koro estis fiksita al la abeloj. Ĝi certe estis tre komplika koro. Li solvis la problemon per tio, ke li alpaŝis la abelujon, somere aŭ vintre, ĉiam envolvita en nenio alia ol dika peltaĵo. Ekzistas ununura foto de li. Li aspektas tre kontenta. Li regule trarigardis sian peltaĵon por trovi mortintajn abelojn, kaj li ĉiam estis feliĉa, almenaŭ tion rakontas al ni nia familio, kiam li trovis pli da mortintaj abeloj sur sia peltmantelo ol en la krado sub la abelujo, destinita specife por kapti la senvivajn laboristajn abelojn. El tio li deduktis, ke ĝi reprezentas ian peltecan supermondon por la abeloj, sur kiu ili pli volonte kaj pli sekure rezignis sian spiriton, ian vivantan planedon, por tiel diri, kiu restis proksime al ili dum tagoj kaj helpis ilin kreski, labori kaj morti. Kaj oni ĉiam pensas, ke oni heredas neniujn karakterajn trajtojn de siaj prapatroj.

De Aleksandr Logvin, estas la jena poemo, kiu travivis la mallumajn epokojn en la abelujo:

Birdoj kaj kverkoj

Senmove dum jarcentoj
ĉe l' sama lok' starantaj,
envias oldaj kverkoj
al birdoj formigrantaj ...

11
La Tragedio de la Kokidoj kaj aliaj bestoj: ĉinaj jaroj de Eroŝenko

En Harbino,[321] Vasilij, ankoraŭ tute necerta pri sia famo aliloke, laboris kiel masaĝisto dum tri monatoj. Li devis iel pluvivi, gajni monon. Li alvenis en Ĉinio senmona, la financa subteno de liaj eŭropaj esperantistaj amikoj sekiĝis. Foje alvenis iom da mono el Japanio pro la aŭtorrajtoj je de liaj rakontoj, kaj jen kaj jen eĉ mesaĝo pri la publikigo, dum lia foresto, de liaj kolektitaj verkoj sub la titolo *Kanto antaŭ tagiĝo*.

Unue, Hu Yuzhi, ĉina esperantisto kaj komunisto, prizorgis la junulon en Ŝanhajo. Oni okazigis koncerton, en kiu Eroŝenko kantis en la rusa kaj Esperanto. Sen propra peno liaj faboloj iom post iom konatiĝis en esperantistaj rondoj proksimaj al anarkiismaj grupoj.

Samtempe, alia el liaj plej famaj kaj idiosinkraziaj tekstoj, *Kawari neko* (Stranga Kato), jam japane verkita de li mem, aperas en Japanio en la progresema-liberala revuo *Warera* (Ni), redaktita

---

[321] Harbino aŭ Ĥarbin (ĉine 哈尔滨 [haŭrbin] ĉefurbo de la plej norda provinco de Ĉinio. Vikipedio N.d.I.T.

de la socialreformanto Hasegawa Nyozekan, kiu fondis ĝin en respondo al la revigliĝo de tio, kion li poste nomis "japana faŝismo". Multaj el la plej influaj anarkiistoj publikigis en *Warera*. La artikolo pri la torturo fare de la landlima polico atentigas viron, kiu estas konsternita de la konduto de la oficiroj. Li tuj tradukas la tekston en la ĉinan. La artikolo estas vaste legata kaj diskutata. Baldaŭ poste, du el la rakontoj de Eroŝenko estas tradukitaj fare de tiu viro. De unu tago al la alia la intelektularo de la tuta lando ekflamis. Kiu estas ĉi tiu Ai-luo-xian-ke? Ĉu blinda rusa poeto? De kie li subite venas?

La tradukinto de la artikolo estis Lu Xun, la plej granda ĉina aŭtoro de la frua 20-a jarcento, noviganto de la ĉina literatura lingvo kaj rakonta prozo.

Mi verŝajne ne ŝajnigu, ke mi scias precize, kion tio signifas. Lia plurvoluma verko estas en la librobretaro de Sarah.

Kiujn el liaj rakontoj mi konas?

Do certe tiu de *Ah Q*,[322] ĉi tiu nekredebla horora rakonto pri ordinaraj homoj en vilaĝo. Kaj homo, kiu tro optimisme parolas pri teruraj aferoj, kiel mi daŭre faras.

Kaj *La Taglibro de frenezulo*,[323] en kiu iu estas firme konvinkita, ke li estas ĉirkaŭita de kanibaloj.

Kaj ankaŭ ĉi tiu timiga fabeleto pri rikiŝa akcidento... Sed kiel tio okazis?

Kaj Lu Xun, kiu naskiĝis en 1881 kaj mortis en 1936. Kune kun sia frato Zhou Zuoren, li aktivis en la *Movado de nova kulturo* celanta modernigi Ĉinion kaj en la populara "*Movado de la 4-a de majo*",[324] kiu kontraŭbatalis la traktaton de Versajlo.

Lu Xun kaj Zhou Zuoren estis altedukitaj, engaĝiĝintaj homoj, kiuj atentis la edukadon de la popolo. Per kio oni komencu ĉi tiun edukadon? Verŝajne per la infanoj.

---

[322] *La Vera Historio de Ah Q* estas novelo de Lu Xun (*Lu Ŝin* aŭ *Lusin*). Ĝi estis unue publikigita kiel serio inter decembro 1921 kaj februaro 1922, kaj poste publikigita en lia kolekto *Krioj* en 1923. Ĝi estas konsiderata majstra verko de la moderna ĉina literaturo, ĉar ĝi estas la unua verko kiu utiligis la popolan ĉinan lingvon laŭ la tradicio de la Movado de la Kvara de Majo. La verko estis tradukita en 1930 en Esperanton, fare de Shen Min Chun. Vikipedio N.d.l.T.

[323] *La taglibro de frenezulo* (狂人日记, Kuángrén rìjì) inspirita de similtitola verko de Gogol. N.d.l.T.

[324] Movado de nova kulturo (新文化運動), estis la kultura parto de la Movado de la 4-a de majo (五四運動).N.d.l.T.

Kaj jen estis viro en Ŝanhajo, kiu radiis de "infaneca senkulpeco", kiu verkis infanrakontojn kaj fabelojn – kaj aldone estis esperantisto, kiel Zhou Zuoren kaj aliaj movadanoj. Li estis perfekta.

Eroŝenko rapide fariĝis speco de popstelulo en la rondoj de la Nova Kulturo. Liaj ekzotikaj originoj, lia kvazaŭa senkulpeco, lia aspekto – Zhou Zuoren, Lu Xun kaj la esperantisto Hu Yuzhi multfoje priskribis lian karakteron, liajn manierismojn kaj la etapojn de lia vivo en artikoloj. Ili trovis la personecon, kiun ili povus transformi en ion, kion la homoj plej bezonis: en fabelon. Liaj verkoj estis honorataj kaj disvastigataj.

De ekstere ili estas sufiĉe simplaj. Ili rakontas al ni la sorton de arbo, virkato, kokido ktp. Sed ĉefe ili estas unu afero: sombra. Ilia pedagogia enhavo restas tute neklara. Nur fojfoje aperas io kiel espero, kies ekzistokialo devas esti derivita nerekte el la elementoj de la rakonto, se tio entute eblas.

Ni jam konas la historion de la *Mallarĝa Kaĝo*. Oni eble povas fari iom da eduklaboro per ĝi. Sed oni samtempe ankaŭ deprimos la legantaron. Neniu espero por iu ajn, iam ajn.

Kaj la aliaj tekstoj?

La sama afero.

Ĉiuj malhelaj, malbonhumoraj punk-rokaj kantoj en prozo.

La longa rakonto *Stranga Kato* prenas la formon de bela fabelo, sed la plej malgajaj perspektivoj pri vivo kuŝas kaŝitaj en la detaloj. Knabo sidas antaŭ la kameno. Jen lia virkato venas al li, Tora-chan ("tigreto"). La kato raportas, ke li havas problemon. Oni persekutas lin. Jes ja, la patro de la knabo volas mortbati aŭ pendumi lin, ĉar li pensas, ke la kato estas infektita de rabio. La kato saltas sur la genuojn de la knabo kaj nervoze knedas lin per siaj piedoj, fosante siajn ungegojn en lian haŭton. "Aĥ", Tora-chan lamentas, "mi tiom suferas, ke mi estas seniluziigita!" La knabo volas scii, kio okazis. Ni ĉiuj estas seniluziigitaj. La mondo estas valo de larmoj. Ke la kato trankviliĝu kaj rakontu ĉion ekde la komenco.

Nu, la kato honte raportas, ke li efektive kaptis ion. Ian patogenon. Sed ne estas rabio! Ne, ĝi estis io alia, tre fatala. Li... nun vidas sin kiel la fraton de musoj.

Ĉu?

Li vidis ilin malsati kaj interbatali pro pano. Nun li ne plu povas kapti ilin. La musoj simple malsatas, ĉiuj estaĵoj malsatas, eĉ manĝas ĉi tiun libron de la plej ŝatata aŭtoro de la knabo: verko de Kropotkin *La Konkero de la pano* [325] – pro pura malsato.

Tora-chan petas la knabon eŭtanazii lin. Ĉar nun, kiam li ne plu povas kapti la musojn kaj tial havas nenion en la stomako, ankaŭ li terure malsatas. Li ne povas plu elteni; li ne povas mortigi plu, sed tial la mastro de la domo ne plu donacas ion al li, ĉar nur tiuj, kiuj mortigas, ricevas aferojn senpage. Tora-chan petas morfinon, eble li, narkotita de tiu ĉi valora veneno,[326] tiamaniere povas pace ekdormi sur la genuoj de la knabo kaj morti.

Tiam la patro de la knabo tondras en la ĉambron. Li bolas de kolero. Kie estas la virkato! Oni devas mortbati kaj pendumi lin! Frenezigite, la maljunulo puŝas sin preter la knabo.

Ĉi tiu petegas kaj diskutas. Oni prefere donu morfinon al la besto, kiu fariĝis senutila, tiam oni ne devas pendumi ĝin brutale aŭ bati ĝin ĝismorte. Li genuiĝas antaŭ sia patro, kiu nur donas al li fortan vangofrapon. "Bonvolu, mi havas morfinon, mi havas morfinon!" la knabo petegas.

"Ha, nun ĉio evidentiĝas!" krias la patro. "La kato mordis vin! Ankdaŭ vi ja havas rabion!"

"Sed ne, ne..."

"Malbenitaj internaciistoj!" la patro kriegas kaj malbenas ĉiujn estaĵojn morditaj de Tora-chan.

Ho ve. Fabeloj por infanoj. Sed ni legu plu.

Post kiam la kato estis forportita, la knabo, batita ĝissange, aŭdas ĥoron de milionoj da malesperaj, ĝisfreneze malsatantaj musoj. Li metas la fingrojn en la orelojn, sed tio ne ĉesas. Li aŭdas

---

325 Unue eldonita en Francio en 1892 sub la titolo *La Conquête du Pain* kaj unue aperis en anarkiista revuo *Le révolté*, tradukita en la rusan en 1902 sub la titolo Хлеб и воля (Pano kaj libereco). Vikipedio N.d.l.T.

326 Interese: En Esperanto "morfino" sonas kiel "mor-fino", "la fino de moroj". N.d.l.A.

la musojn petegantajn: "Donu al ni panon, helpu nin!" Dungitino, verŝajne speco de ĉambristino, rimarkas lin kaj demandas, kio okazas al li. La knabo petas de la juna virino morfinon, li bezonas ĝin urĝe. "Morfinon, bonvolu doni al mi morfinon! Musoj krias!" Sed tio estas laboristaj ĥoroj el la apudaj fabrikoj, diras la servistino. "Morfinon, mi petas!"

La rakonto havas ĉiujn ŝablonajn elementojn de socialisma didaktika fablo, sed la malespera kaj senfina memmortiga elemento estas iom surpriza. Ĝi aspektas, kvazaŭ, trankvila kaj fortika homo, liberigita de la neceso de konsolo, iel ekregis sin por verki ion pli-malpli akcepteblan por infanoj. *Morfinon! Morfinon!* Ankaŭ mi konas la ĥoron de musoj. Mi estas amiko de musoj kaj konatiĝis kun multaj el ili en mia vivo. Oni ĝenerale ne havas ideon, kiom da musoj ekzistas. En miaj libroj ili kutime ludas sekretajn ĉefrolojn, precipe en la romanoj *Indigo* kaj *Die Stunde zwischen Frau und Gitarre*.[327] Mi pensas, ke ĉio komenciĝis, kiam mi iam vidis en la domo de amiko elaĉetitajn laboratoriajn musojn – blankecajn kaj duonnudajn estaĵojn – kiuj febre kaj servile moviĝis en la kaĝo en preskaŭ senanima maniero. Mia amiko elaĉetis ilin pro kompato, kaj nun ni sidis antaŭ ili. Ni ambaŭ havis ne pli ol 21 aŭ 22 jarojn kaj ni imagis al ni, en por tiu aĝo karakteriza, memturmenta detalriĉeco, la hororaĵojn, kiujn ĉi tiuj strange nesubstancaj, preskaŭ travideblaj bestetoj eble estis trapasintaj. Laboratoriaj musoj vivas en la estonteco. Torturitaj kaj ekzaltitaj, martiroj forĵeteblaj kiel piloj, forĵeteblaj sanktuloj. Ili senĉese spertas tiajn aŭtentajn miraklojn, danke al kiuj ĉiu el ni verŝajne trovus la vojon al Dio; pum, ili estas resanigitaj de kancero; subite ne plu maljuniĝantaj, estas liberigitaj de la sekvoj de la Alzheimer-malsano – kiel okazis lastatempe kun flagranta lumterapio kombinita kun sonterapio – ili proprakorpe spertas ĉiutage tion, kion ni ŝatus atingi por ni mem: la reala sciencfikcia mondo kun perfekta teknologio de rezervpartoj, ĉela regenerado, preciza genetika manipulado. Sed ni vivas sub la tragika, neevitebla sorĉo, ke "tio funkcias nur ĉe musoj." Ĉe ni la nova kancerterapio, la eksperimenta traktado de Alzheimer kaj la

---

[327] *Die Stunde zwischen Frau und Gitarre* (La horo inter virino kaj gitaro) eldonejo Suhrkamp. N.d.l.T.

revolucia ideo de praĉeloj simple ne donas la deziratajn rezultojn. En 2012, ampleksa studaĵo eltrovis, ke la proporcio de medicinaj proceduroj, kiuj estas "netransigeblaj" de musoj al homoj, atingas 99,6 elcentojn. Alivorte, se io funkcias ĉe musoj, la ŝancoj estas nur 0,4 elcentoj, ke tio funkcias ankaŭ en ni. Se oni donas aspirinon al musoj, ili nur mortsangas. Esence, ili havas nenion komunan kun ni, sed ni, kiel freneziĝinta super-evoluo, tamen efikas sur ilin de ĉiuj flankoj.

Kiu ne aŭdas la ĥoron de musoj, ties amikecon mi ne bezonas. Sed ĉu mi povas identigi min kun *Botchan*?[328] Mi ĉiam estis toksomaniulo dependa de benzodiazepinoj, ĝis 3 mg de Xanor ĉiun tagon, kaj eĉ hodiaŭ, kvankam mi ne plu estas dependa ekde pluraj jaroj, la malnova deziro al toksomanio revenas, precipe en sendormaj noktoj: prenu unu pilolon, prenu unu, mi petas, morfinon, mi petas.

En *Sur la bordo de lageto*[329] temas pri du papilioj. Ili elkoviĝis ĉe krepusko. Kontraŭe al la avertoj de la pli maljunaj papilioj, ili komencas la absurdan mision flugi trans la maron, al la rando de la mondo, por revenigi la sunon. Oni ja ne povas vivi sen la suno. En la matenaj horoj de la sekva tago, grupo da studentoj malkovris ilin kontuzitajn kaj mortajn.– Ĉi tie oni povas almenaŭ supozi, ke la papilioj sukcesis pri sia tasko, sed devis pagi por tio per sia vivo. Certe, la suno estas reveninta.

La malĝojo de fiŝoj temas pri la sorto de malgranda karpo. En la komenco de la rakonto ni troviĝas sub la vintra glacio. Oni suferas pro malsato. La karpeto lernas de siaj gepatroj pri "Tiu Lando", iu paradizo, kiun oni povas atingi post esti kaptita en la reto. La karpeto ne komprenas tion. En la printempo li rakontas al la aliaj bestoj pri "Tiu Lando". Ankaŭ ili ne komprenas. Poste, kiam la tagoj plivarmiĝas, ili komencas malaperi, unu post la alia. Por ekscii pri la bonfarto de siaj amikoj, la karpeto lasas sin kapti en la

---

328 Botchan (坊っちゃん) "Juna mastro" estas japana romano de 1906 verkita de Natsume Sōseki, N.d.l.T.
329 La aŭtoro donis nur la germanajn titolojn de la rakontoj en ĉi tiu ĉapitro. La tradukisto ĉerpis la Esperantajn titolojn el artikolo aperinta en *El Popola Ĉinio* (1961/6) titolita *Lusin kaj V. Eroŝenko* de GE Baoĉjuan. N.d.l.T.

reto de juna homido, kiu fiŝkaptas enla lageto. La eta karpo estas ellevita kaj efektive prenita al "Tiu Lando". Ĝi estas malgranda ĉambro.

Sur la muro pendas la plumaro de sinjoro Pirol, kaj tie la detirita pelto de la leporo-monaĥo. Ostoj sur tabloj ĉie. Kaj liaj amikoj, la ĉiam bone informitaj papilioj, sidas palisumitaj en vitrino. Sur la operacia tablo la rano-poeto, kiu hieraŭ nokte ankoraŭ ĝuis la lunlumon, kiam li subite estis levita el la lageto kaj vivisekciita per skalpelo. Lia koro ankoraŭ batas.

La eta karpo volas ion diri, sed nenio eliras el lia buŝo; la fremda elemento de la aero transsendas neniun signalon. Anstataŭe, lia vosto frapas la tabloplaton.

"La sekvan momenton la knabo komencis dissekci ankaŭ lin, sed kiam li atingis la koron de la karpeto, ĝi montras sin jam disrompita en multajn pecetojn."

Eroŝenko ankaŭ sciigas al ni, ke la knabo, la princo de "Tiu Lando", poste fariĝis grava anatomo, dum la vivo en la lageto iom post iom estingiĝis ĝis restis neniu, nek birdo, nek fiŝo, nek bufo, por aŭdi la sonoradon de sonoriloj dum la vespero.

En la kafkaeca parabolo *Por la homaro*, filo de sciencisto rakontas pri kolego de sia patro, certa K., kiu faras nenion alian ol dissekci bestojn la tutan tagon. Ilia kriado kreis konstantan kaj senŝanĝan nubon da sonoj. La propra filo de K. preskaŭ perdas pro tio la prudenton. Por instrui kondutmanierojn al la knabo, K. prenas la familian hundon en sian laboratorion kaj faras eksperimentojn per ĝi. La patrino kaj la filo savas la hundon.

K. decidas vivisekcii sian edzinon kaj la filon. Li esperas, ke la homaro multe profitos de tiu vivisekcio. Tamen, kiel ni ekscias, la filo sekrete interŝanĝis haŭton kun la hundo kaj kaŝis sin en la hundejo. La knabo nun en hunda haŭto poste mordas la patron, kiam ĉi tiu, fininte la vivisekcion, alproksimiĝas. Poste oni vidas K. karesi la hundon.

La rakontanto nun parolas pri vizito al alia fama anatomo. Ĉi tiu trovas la agojn de K. pravigeblaj. Oni devas fojfoje oferi degeneritan idioton por la bono de la homaro. La rakontanto lasas sin konvinki. Li paŝas antaŭen kaj proponas sin mem (*wtf?*) [330]kiel oferon. Li petas la faman anatomon bonvole vivisekcii lin por la bono de la homaro. Sed tio ja estis nur ŝerco, diris la anatomo. Sed la intrigo pli kompleksiĝas – la rakontanto revenas hejmen kaj lernas, ke lia patro ne estas lia vera patro. Li estas plej verŝajne la filo de K. – li do estas la nun plenkreskinta knabo, kiu iam devis kaŝi sin en la haŭto de la hundo por pluvivi. Li ne havas memoron pri tio. Sed lia korpo eterne ofertos sin por esti dissekcita, laŭ speco de programita destino. Kaj K. estis elaĉetita de li, por tiel diri.

En la rakonto *Aveto de l' Tempo* la sennoma protagonisto diras:

> Mi ne dubas, ke Pekino estas granda kaj brua, sed mia Pekino estas malgranda kaj kvieta. Mi ne dubas, ke la homoj, kiuj loĝas en Pekino, estas gravaj kaj noblaj, sed en mia Pekino loĝas nur homoj humilaj, trankvilaj kaj honestaj. En ĉi tiu granda kvieto mia koro devus trankviliĝi, sed ĝi ne trankviliĝas kaj neniam trankviliĝos. Nokte mi sentas min aparte sola. (...) Malĝojo skuas min, kiam mi pensas pri miaj amikoj en Moskvo kaj Tokio, kun kiuj mi iris al teatro, al koncertoj kaj al socialismaj renkontiĝoj, kaj kiuj faris tian grandan bruon nokte. Mi ploras, kiam mi pensas pri la tri aŭ kvar amikoj, kun kiuj mi diskutis – mia brako ĉirkaŭ iliaj ŝultroj – pri kiel savi la socion, la ŝtaton kaj la tutan homaron. (...) Kiam la soleco tro ĝenas min, mi metas la horloĝon apud min kaj provas aŭdi la sopirajn voĉojn de miaj amikoj en ĝia tiktako. Mi ja estas poeto kaj mi kredas, ke mi povas distingi iliajn voĉojn.[331]

Do la poeto aŭskultas la tiktakadon de la horloĝo, sed la sola voĉo, kiu parolas, estas tiu de la aveto de la tempo. Li faras malĝojan

---

330 *Wtf* angla mallongigo por "what the fuck" – kutime uzata kiam oni aŭdas ion, kio havas nenian sencon aŭ kiam oni aŭdas ion tiom strangan/hazardan/maloftan, ke oni sentas, ke oni devas diri ion same hazardan. Fonto: Urban Dictionary

331 Vasilij Eroŝenko: *Aveto de l' Tempo*, en *Cikatro de Amo* (tradukita el la ĉina de Gouzhu). N.d.l.A.

predikon pri la nekorektebleco de junuloj. La malnovaj dioj kulpas pri ĉio. Kaj la homaro? Nur aro da idiotoj.
Ĉio estas stulta, la homoj, la universitatoj, la urboj.
Ĉio stultegas.
Ĉio vanas.
Plej bonas ne plu spiri.
Ĉe la fino, la protagonisto de la rakonto kuŝas en sia lito, konfuzita kaj seniluziigita. La novembra nokto en Pekino estas malvarma kaj kvieta. Aĥ, se lia propra koro estus tiel malvarma kaj kvieta kiel ĉi tiu novembra nokto, li ĝemas.

En 1922, la nevole fama Eroŝenko iris al Pekino, ĉar li freneziĝis pro depresio en Ŝanhajo. Mi ne scias precize kial.

Lu Xun tiutempe loĝis en Pekino. Li volonte akceptis Eroŝenkon en sian hejmon en la domo, kiun li kunhavis kun sia frato Zhou Zuoren kaj ties edzino.[332]

Eroŝenko instruis en la Universitato de Pekino de februaro 1922. Li instruis Esperanton kaj prelegis pri rusa literaturo kaj pri Esperanto en la angla. Li kritikis la imperiismon de Japanio, kio plaĉis al la studentoj. Sed li ankaŭ kritikis kelkajn ĉinajn intelektulojn, ĉar, laŭ lia takso, ili estis tre pretaj oferi aliajn, sed ne volis oferi sin mem. Li vidis sin kiel pacifisto kaj humanisto.

Sed ankaŭ Pekino ne estis al li bonfara.

Baldaŭ post kiam la blinda rusa poeto Vasilij Eroŝenko estis alveninta en Pekino kun sia gitaro, li lamentis al mi pri sia sufero: 'Estas solece ĉi tie, tiel solece, solece kiel en la dezerto.'

Tio certe ja estis la kazo, kvankam mi neniam sentintus tiel. Mi loĝas ĉi tie delonge, sed 'se oni eniras ĉambron plenan de bonodoraj orkideoj, post iom da tempo oni ĉesas flari ilin'. Kontraŭe, mi trovis tute male, ke estas multe da tumulto ĉi tie. Sed eble li nomis solecon tion, kion mi komprenis sub tumulto.

---

332 Ĉirkaŭ 1923 la fratoj disiĝis, supozeble pro ĵaluzo rilate al la edzino de Zuoren. N.d.l.A.

Tiel komenciĝas la memoraĵo *La Komedio de la Anasoj* de Lu Xun, verkita en oktobro 1922. Rimarkinda estas la paralelo al la enkonduko de Eroŝenko al la historio de *Aveto de l' tempo*. Bruo izolas ĉiun blindulon. Ĝi ne estas fenomeno de humoro, sed pli ĝuste de orientiĝo. Kiam oni ne povas aŭdi, kio okazas en la ĉirkaŭaĵo, ĉu ĉar estas tro kviete, ĉu tro laŭte, kiel oni povas senti sin ne soleca? La rakontanto, kiun oni povas pli-malpli egaligi kun Lu Xun, iras viziti Eroŝenkon. Ĉi tiu estas nekonsolebla. La plej malbona afero pri Pekino estas la manko de ranoj. Sed ja estas kelkaj, Lu asertas. Ho ne, oni aŭdas neniun.

Iom poste, la kompatinda blinda poeto aĉetas multajn ranidojn. Li tenas ilin en la lageto de siaj gastigantoj. Eble kiam ili estas plenkreskaj bufoj, ili alportos al li iom da kvieto.

Dume, Eroŝenko klerigas la familion, kun kiu li loĝas, pri ĉiaj aferoj. Li konsilis al la virino akiri kokidojn kaj anasojn. Virino devas bredi bestojn! Viro devas planti brasikon en la ĝardeno! Kaj similajn aferojn.

Laŭ Lu Xun, la kokidoj eĉ inspiras la poeton verki lian "anasidan komedion". [333] Kaj la anasidoj manĝas liajn ranidojn.

Profunde seniluziigita, la blinda poeto forlasas Pekinon por ĉiam. Lu bedaŭras, ke ekde tiam li nenion plu aŭdis pri sia restadejo. Nur la anasoj restas, senlace babilante en la dezerto.

Unu detalo pri la rakonto estas strange rimarkinda. Eroŝenko fakte transformis traŭmatan sperton kun kokido en Pekino en rakonton; nur li nomis ĝin *La Tragedio de Kokido*. Lu Xun, eble erare, transformis ĝin en komedio.

Nesurprize, la kokida tragedio de Eroŝenko estas absolute senkonsola teksto.

Ĉu ni rerakontu ĝin? Resume, kokido subite komencas pensi. Kaj el tio rezultas ĝia fataláĵo, ĝia fino. Ĝi rapide malgrasiĝas, klinante la kapon kaj la flugilojn. Kaj la virino, kiu nutras ĝin, rimarkas tion kun zorgo. La maltrankvila ido komencas pridemandi amikan anason. Pri kio pensas la anaso, kiam ĝi naĝas? –

---

[333] *La Komedio de la Anasoj* (1922)

Pri la manĝaĵo, komprenebla. – Kaj kion ĝi plejmulte ŝatas manĝi?
– Fiŝon, komprenebla. – Kaj ĉu la anaso foje sonĝas pri kokidoj?
– Sed ne, nur pri fiŝoj, grandaj fiŝoj. – Vere? Neniam pri kokidoj?
– Neniam.
Je la fino la ido komprenebla flosas senvive en la lageto. La lasta frazo: "La suno iom post iom leviĝis en la ĉielo."
Kaj jen alia interesa detalo: Lu Xun tradukis ĉi tiun rakonton el la japana en la ĉinan.
Li nur ŝanĝis ĉi tiun lastan frazon al: "La suno iom post iom malleviĝis."
Verkistoj kaj iliaj decidoj!

Eroŝenko ankoraŭ eltenis en Pekino dum kelka tempo. Sed post kiam la ranidoj estis for, malmulte retenis lin. Li certe devis maltrankvilige aspekti en tiu tempo kaj esti iritanta, kien ajn li iris. Oni bojkotis liajn prelegojn. Li sidis seniluziigita en la ĝardeno kaj ludis la gitaron. Iom helpis lin serĉi la kompanion de anarkiistoj. Ili komprenis lin. Sed la universitata posteno estis for, do kio restis al li por fari ĉi tie, en la kompanio de homoj, kiuj ĉiuj opiniis, ke li estas fama? Ĉu fondi propran lernejon? Ankaŭ el tio nenio rezultis.

Do li forvojaĝis en la somero de 1922. For de literatura famo, for de la arida silento de senrana Pekino, al Helsinko, al la Universala Kongreso.

Li bezonis permeson por vojaĝi tra japane administrata Manĉurio, kaj poste komprenebla por Soveta Rusio, kiu konsideris lin malamiko de la bolŝevistoj. Li tamen sukcesis, danke al sia kompleta *badass*[334] maniero kiel ĉiam, plene de fek' al ĉio. Li ĉiam alvenis ĉie, kun lia malmoderna brajla skribmaŝino en la valizo kaj la menso malfermita, vigla kaj rapida kiel rapiro, en kiu ĉiu nova lingvo, post nur mallonga tempo de studo, atendis preta por elŝuto kaj instalado.

Ekzamena demando: Kial la denseco de genioj estas tiel alta en Esperantujo?

---

334 Nordamerika, angla vulgaraĵo por persono malfacile traktebla; malbonhumora kaj foje perforta; fortika, asertema aŭ sendependa kaj iom timiga. En kelkaj kuntekstoj impona kaj admirinda. Fonto: diversaj vortaroj N.d.I.T.

12

La geniulo:
Jorge Camacho

La hispano Jorge Camacho ne estas tiom maljuna. Laŭ interreto, li laboras por Eŭropa Unio kiel interpretisto el la finna, portugala kaj angla. Post la morto de Baldur Ragnarsson, li verŝajne estas la plej konata el la pli junaj Esperantaj poetoj. Li estas sprita vortludartisto – kapablo, kiu kutime kontraŭas al famiĝo en la germana literaturo; nu, eble kun escepto de Erich Fried, sed ĉi ties aforismoj nuntempe troviĝas preskaŭ ekskluzive sur afiŝtabuloj en oficejoj.

Feliĉe la verkaro de Camacho estas sufiĉe ampleksa. Je certa punkto li ĉesis aperigi prozon, kaj elŝprucis serio da nekutimaj volumoj de eksperimenta poezio. Estas ĉio en ĝi, de polemikoj kritikantaj Israelon ĝis konkreta poezio, filozofia meditado kaj kaligramoj[335] ĝis grandioze neklasifikeblaj abomenaĵoj. Ekde tiam, liaj malkovroj en la lingvo Esperanto ŝajne instaliĝis en la parolantoj kiel la refrenoj de popkantoj.

Iam, kiam parolante kun István Ertl, mi nomis min *"ekstermovadulo"*,[336] la komuna vorto por iu ekster la Esperanto-movado, István tuj atentigis min pri la originala interpreto de la vorto fare de Camacho kiel *"ekstermo-vadulo"*.

[Ĉi tie la aŭtoro klarigas al la germanlingva leganto, ke "ekstermo" rilatas al la angla "exterminate", dum "vadi" rilatas al la germana "waten" t.e. paŝi en akvo aŭ en mola substanco, koto neĝo, sablo ks. La germana substantivo "Watt " estas ŝlimejo. La aŭtoro konjektas ke "vadulo" povas signifi vadanto, vadbirdo aŭ eble eĉ marborda homo. Inspirite de la Esperanta vortkreaĵo, li prezentas kiel germanan tradukon la vortmonstraĵon "Auslöschungsdünendurchschreiter" (Estingodunotramarŝanto).] N.d.l.T.

---

335 Skribaĵo, plejofte poezia, kie la tipografia dispozicio provas grafike prezenti la enhavon de la poemo. (Fonto: Beletra Almanako 4) N.d.l.T.
336 En Esperanto en la originalo. N.d.l.T.

Ĝenerale, Esperanto plenplenas je eblaj duoblaj signifoj, kvankam ĝia inventinto propradire volis malhelpi tion. La Viena esperantisto kaj tradukisto Christian Cimpa atentigis min pri la simpla ekzemplo "informo", kiu unuflanke signifas "enhavon atribuatan al komunikaĵo", sed ankaŭ "inan formon". Ĉi tio rezultas el la uzado de ina partiklo "in". Vorto kiel "indigo" povus esti komprenata en Esperanton kiel "virina digo".

Ju pli detale oni rigardas Esperanton – kaj eble ajnan alian lingvon –, des pli groteska kaj impertinenta fariĝas ĝia surfaca formo. Ekzistas ankaŭ kelkaj Jano-vortoj en la germana. Kiel en ĉi tiu tabelo:

Gast/räume = gastĉambro; sed Gas/träume = gasrevoj
Stau/becken = rezervujo; sed Staub/ecken = polvoangulo
Baum/ast = arbobranĉo; sed Bau/mast = konstrumasto
Bärtiger = barbulo; sed Bär/tiger = ursotigro
Dach/stube = mansarda ĉambro; sed Dachs/tube = melotubo
Mai/stürme = Majaj ŝtormoj; sed Mais/türme = maizturoj
Punkt/richter = (punkt)juĝisto; sed Punk/trichter
= funelo por punka muziko ktp.

Jorge Camacho estas majstro de aforismoj:

Ekvilibro

Konvenas, frumatene, eksenti june febron
kaj en la posttagmezoj frekventi funebrejon.

Skuanta rimo, facile rekonebla eĉ por la *ekstermovadulo*.[337] La signifo de la versduo estas ankaŭ rapide germanigita:

Angenehm ist es, frühmorgens das Fieber auf jugendliche Art
  zu fühlen
und am Nachmittag eine Beerdigung zu besuchen.

---

337 En Esperanto en la originalo. N.d.l.T.

Ĉi tiu senornama traduko, kompreneble entenas tute banalan deklaron. La celo de la rakonteto prezentita estas ĝuste la rimo, kiu etendiĝas sur sep silaboj. Ĉi tiuj du kontraŭaj estmanieroj: diboĉi en juneca febro kaj regule iri al entombigoj estas tiel similaj en sia lingva apero, ke legado pri ili kaŭzas deliron en la leganto. Ĉar ĝis kia grado estas agrable ĉeesti la enterigon plena de juneca febro? Ĉu la parolanto de la poeziaĵo eble kondutas troige? Aŭ ĉu tio estas agrabla kiel ekvilibro, kiel la malvarma naĝejo post vizito en la saŭno? Ankaŭ en tio troviĝas ia sinistra naturo.

Kelkaj el la poemoj en prozo de Jorge Camacho estas simile aŭdacaj, kiel la sekva variaĵo pri temo de Cocteau el la poemaro *Koploj kaj filandroj*:

La luno [338]

> La lune est le soleil des statues
> La luno estas la suno de la statuoj
>
> *Jean Cocteau*

"La luno estas la suno de la statuoj". Jen poemo. La luno sunas. Tamen ĝi estas ne luma kaj varma suno, proksima stelo el gasoj kaj plasmo, sed suno ŝtona, roka, marmora. Kaj, evidente, en tia kosmo, statuoj homas. Ne karne kaj sange, sed roke, marmore. La rigardo de ĉi homoj el ŝtono vivigas la lunon. Eblus diri ankaŭ, el statua vidpunkto, ke la suno estas la luno de la homoj; ke la suno lunas. Sed, se ni konservu la sentan valoron de vortoj en mondo de statuoj, ĉi tiuj certe nomus la lunon "suno"; sin mem, "homoj"; kaj homojn, "statuoj". Per kio ni revenas al la unua verso de la poemo: La luno estas la suno de la statuoj.

"La luno estas la suno de la statuoj." Tion diras la poemo. La luno estas sunsimila;[339] tamen, neniu hela, varma suno, neniu proksima stelo farita el gaso kaj plasmo, sed ŝtona, farita el

---

338 La eldonejo Mondial afable provizis al la tradukisto ĉi tiun originalon, kiu mankis en la libro de Setz.
339 Malfacile traduki en la germanan. "La luno sunas" povas signifi: la luno estas suno; la luno agas kiel suno; la luno ludas la rolon de suno. N.d.l.A.

roko, farita el marmoro. Kaj evidente, en tia universo, la statuoj estas homsimilaj. Ne el karno kaj sango, sed el roko, el marmoro. La rigardo el la ŝtono de ĉi tiuj homoj animas kaj vigligas la lunon. Oni povus ankaŭ diri, ke, el la vidpunkto de la statuoj, la suno estas la luno de la homoj; ke la suno estas lunsimila. Sed se ni konservas la respektivan emocian valoron de la vortoj ene de la statua mondo, ni certe nomus la lunon "suno"; nomus la statuojn "homoj"; kaj la homojn "statuoj". Kaj tio resendus nin al la komenco de la poeziaĵo: La luno estas la suno de la statuoj.

Eble estas pro mia ankoraŭ ne aparte riĉa kompreno de la lingvo, ke la poezio de Camacho pleje tuŝas min, kie li malpli vortludas, sed kreas siajn magiajn paraboletojn. La antologio *En la profundo* enhavas la sekvan poeziaĵon:

la bombo[340]

en skatolo mahagona
perlamote marketrita
mi tenas delikatan eksplodilon

se mi premas la livan butonon,
lumeto ekbrilas ruĝe,
kaj ekvivas horloĝ' retrokalkula
reganta la detruan meĥanismon

se mi premas la dekstran,
la lumeto brilas verde,
la horloĝo iĝas halta kaj silenta,
kaj la bombo mem – inerta
aro da eroj kaj pecoj purmetalaj

sed mi amas aŭdi la tiktakon

---

340 La aŭtoro ne donis la originalon de Camacho, nur sian german tradukon. N.d.l.T.

die bombe

in einer mahagonihölzernen
perlmuttverzierten schachtel
halte ich mir einen feingliedrigen sprengsatz

wenn ich den linken knopf drücke,
leuchtet das lämpchen rot
und der countdown wird aktiviert
und der sprengvorgang eingeleitet

wenn ich den rechten knopf drücke,
leuchtet das lämpchen grün
und der countdown hält an, wird still,
und die bombe selbst ist nur mehr ein regloses
ensemble aus einzelteilen und metall

aber das ticken, wie lieb ich es, ihm zu lauschen

En alia el la poemoj de Camacho, mi faris amuzan tradukeraron, kiu, mi kredas, estas tute laŭ lia spirito. Mi sinsekve legis kvar volumojn de lia poezio, serĉante mil nekonatajn vortojn, kaj eble la kapablo de Camacho senlace kaj magie dispecigi kaj rearanĝi en flua maniero ĉi tiun planlingvon havis kontaĝan efikon sur mi.

La poeziaĵo en la originalo aspektas jene:

Memorfragmentoj

Mi apenaŭ konservas rememorojn
de la plej frua infan-aĝo.
                     Eble jam 5-jara,
duonhelan bildon de lerneja korto, kun fratinaj jupoj,
   radsketiloj,
la pendan silueton de fera kajutponto ĉe la enmariĝo de
   river',
en la nebulo.

Sekvajare, somere, donacita kokido provnaĝetis en plasta
   ludsitelo,
subite jen ĝi flosas flave morta,
mi enterigis ĝin en floroza kampo, solene kaj subsune.

Poste, en nova urbo mi ekloĝis
4 aŭ 5 tutajn jarojn
svage plenajn je memoroj, spertoj kaj viveroj,
la komenc' de preskaŭ ĉio.

Kaj jen mia traduko en la germanan:

Erinnerungsbruchstücke

Ich habe kaum noch Erinnerungen
an meine frühesten Kinderjahre.
            Vielleicht mit knapp fünf Jahren
ein schattenhaftes Bild des Schulhofs mit den schweren
   Kutten
der Schwestern, Rollschuhen
die hängende Silhouette der eisernen Schiffsbrücke im Nebel,
dort wo der Fluss ins Meer mündet.

Dann später, eines Sommers, das geschenkte Küken, das
   einen Probeschwimmgang
in einem Spielzeugeimer aus Plastik unternahm,
und da trieb es schon gelb und ertrunken dahin,
ich begrub es in einem blühenden Feld, feierlich, unter der
   Sonne.

Dann zog ich in eine neue Stadt, in der ich
vier oder fünf ganze Jahre verbrachte,
in denen sich Erinnerungen bildeten, Erlebnisse
und *Schleichkatzen*,
der Beginn von beinahe allem.

Momenton.
Schleichkatzen? Civetoj?
Vivero,³⁴¹ de la latina *Viverra*. Ankaŭ nomata azia civeto. Temas pri malgranda makula rabobesto kun intensaj okuloj. Tipa eraro de komencanto. Se oni ne tuj rekonas vorton, oni do serĉas ĝin en la vortaro sen pripenso. Kaj tie oni legas: vivero = *Schleichkatze*, (civeto). Sed la sufikso "ero" indikas partiklon de tutaĵo, ekz-e sablero = grajno de sablo. Do vivero = parto de vivo, kio ajn tio povus esti ekzakte, – verŝajne (viv)momento, ĉu? Tamen, civeto ankaŭ estas parto de vivo.
Mi demandis la Esperanto-tradukiston Christian Cimpa, kio povus esti vivero. Jen lia respondo:

> Mi imagas ion, kio okazis en mia vivo: kiam mi estis en la bazlernejo, mi ĵetpafis strangan golon ĉe futbala ludo – mi apenaŭ havis sperton pri pilkoludo. La pilko estis tiel malbone kikita, ke ĝi surprizis la kontraŭulojn kaj iel malrapide ruletis tien, kien mi eĉ ne volis, ke ĝi iru. Tiam knabino entuziasme donis al mi dek-ŝilingan moneron. Kiam mi fiere montris ĉi tiun etan trofeon al mia patrino, la vespero fariĝis vere malagrabla pro batoj, kriado kaj ĉiaj severaj edukrimedoj, "ĉar ni ne estas almozuloj, kiuj prenas monon de aliaj homoj." Tion mi rigardas kiel tian *viveron*.

Ho.
Ĉu ekzistas germana vorto por ĉi tio? *Lebensmoment* (momento en la vivo)? James Joyce eble nomus tion *epiphany* ³⁴²(epifanio). Christian Cimpa favoras la esprimon *Lebensbilder* (bildoj de vivo).
Dum mi tajpas ĉi tion, mi sidas en trajno de Graz al Vieno. Kelkajn sidlokojn for, virino endormiĝis en sia sidloko. Ekstere, la alpa transpasejo Semmering kun siaj profundaj ravinoj brilas; poste venas tunelo, kaj la lumsignalo de transformatorejo preter-

---
341 viver/o ℧ G. (Viverra) de S-Aziaj katosimilaj rabobestoj sveltaj, kun eta, pinta kapo k mallongaj membroj, k produktantaj cibeton; al ĝi apartenas i.a. zibeto. PIV. N.d.l.T.
342 La angla havas figuran sencon: kutime subita manifestiĝo aŭ percepto de la esenca naturo aŭ signifo de io / priluma malkovro, realigo aŭ malkaŝo. Fonto: Vortaro Merriam-Webster N.d.l.T.

pasas. La ruĝa sava martelo sur la vitro super mi fariĝas plastika kaj prenebla, kaj kornaroj de sunlumo vagas trans la korpo de la dormanta virino.

Ĉu ankaŭ tio estis vivero?

Ĉiuokaze, la lasta strofo de mia traduko nun tekstas:

> Dann zog ich in eine neue Stadt, in der ich
> vier oder fünf ganze Jahre verbrachte,
> voll von Erinnerungen, Erfahrungen und Lebensbildern,
> der Beginn von beinahe allem.

Hm. Nun mi fakte pensas, ke la verso estas pli bona en mia misinterpretita versio. Ĉar tiamaniere neinvitita, surpriza elemento malkaŝas sin ĉe la fino de la poeziaĵo, kio preskaŭ ĉiam estas bona ideo. Mi scias, ke ĉi tiu proceduro estas neakceptebla, sed... civeto, civeto.

Jorge Camacho iam estis demandita, ĉu li havas supozon, pro kio li ankoraŭ ne ricevis la Nobelpremion pri literaturo. Lia respondo: "Pro la saĝo de la Sveda Akademio."

»But this was in the twelfth century, and it was a dream ...«

13

Eroŝenko malaperas

Eroŝenko vojaĝis returne al Ĉinio, sed ne al Pekino, forlasita de ĉiuj ranoj. Ne, li spontane vojaĝis al Tjanĝino, akompanate de japana amiko kaj la ĉina poeto Xu Yunuo (1893-1958). Poste de Tjanĝino per ŝipo al Dalian, kiu estis japana kolonio ekde la Rusa-Japana Milito en 1905. Tie nia heroo denove falis en la manojn de la japana polico. Li estis severe pridemandita dum du tagoj kaj poste liberlasita. Li tuj prenis la trajnon al Harbino, sub konstanta gvatado de japana sekreta polico, kiun li rekonis per la klara sono de iliaj akĉentoj. En oktobro, kvankam lia reveno estis planita por septembro, li ankoraŭ ne estis en Pekino.

Oni jam sopiris al li tie. Zhou Zuoren skribis en sia taglibro: "Nun oktobro finiĝis kaj Eroŝenko ankoraŭ ne revenis. Li loĝis en Pekino dum kvar monatoj, sed sentis sin soleca kaj kiel en dezerto." Zhou ankaŭ raportas, ke Eroŝenko, malfortigita de hejmsopiro, preskaŭ ekskluzive vestiĝis per ukrainaj ĉemizoj antaŭ sia foriro, ĉar la odoro kaj teksaĵo de ili memorigis lin pri lia malproksima patrujo. Tiuj ĉi ĉemizoj estis ŝtelitaj de li sur la ŝipo al Dalian.

Finfine, por mallonga tempo, li ja revenis al Pekino kaj tie anoncis nur, ke li baldaŭ foriros por ĉiam.

La drogoj, kiujn li prenis kontraŭ la sento de soleco, iom post iom perdis sian efikon. Meze de marto 1923 li faris sian lastan prelegon en Ĉinio. Ĉi tiu prelego jam rivelas grandan malesperon. Temas pri la malpermeso de virinoj sur scenejoj de teatroj en Ĉinio. Eroŝenko forte kritikis tion. Junaj viroj en Ĉinio rigardas virinojn nur kiel seksobjektojn, li diris. La publiko riproĉis lin. Li malamis ilin per sia tuta animo. Ili disiĝis kiel malamikoj.

Por gajigi sin, li manĝis sekvinberojn, piran sukeron kaj bananan kukon, aŭ sidis en la bestoĝardeno Sanbeizi kaj aŭskultis la muĝadon de la tigroj.

La 16-an de aprilo 1923, li veturis al Nurenbergo por la 15-a Universala Kongreso. Ankaŭ tiu evento estas registrita en la dosiero de la japana sekreta polico. Li neniam revenis al Ĉinio. Kiel ĉie sur la tero, li postlasis kelkajn mirigitajn homojn, kiuj ĝojplene memoris lin, kaj artaĵojn: la pentraĵoj en Japanio; la literaturo en Ĉinio.

En 1924 Eroŝenko venis al Vieno por la Universala Kongreso, kaj ĉi tie mi finfine renkontas lin en la malgranda legoĉambro de la planlingva kolekto de la Nacia Biblioteko. Laŭ mia peto, mi ricevis kelkajn dokumentojn kaj librojn, inkluzive de tre bela foto montranta lin, la buklan kapon, ĉirkaŭitan de samideanoj, kiuj anoncis la fondon la Universala Asocio de Blindaj Esperantistoj.

La saluto daŭras longan tempon; mi ne volas formeti la bildon el mia mano.

Post iom da tempo mi denove serĉas, sed ne trovas ĝin. Ĉu ĝi vere montris Eroŝenkon en Vieno? Ĉu li ne estis ĉirkaŭita de multaj ĉinoj? Mi simple ne plu trovas la bildon.

Kelkaj fotoj de li estas konservitaj en la arkivoj de la planlingva kolekto. Ili ĉiam montras la saman aparte flamantan kapon de tiu ĉi obstinulo kaj romantikulo, kiu brilas meze de palaj kamaradoj, kiuj kompare ĉiam ŝajnas iom malfortikaj.

Dume, Hu Yuzhi, Lu Xun kaj Zhou Zuoren sopiras al sia amiko pli kaj pli. Diversaj onidiroj venas al iliaj oreloj. Ekzemple, ke li ankoraŭ vivas. Ili festas ĉi tiun informon. La esperantisto Ye Laishi (1911-1994) eĉ alvokas la legantaron de sia gazeto sendi informojn pri Eroŝenko. Kaj post du monatoj efektive alvenas letero de iu N.V. Nekrasov, kiu asertas, ke la ukraina poeto Eroŝenko estas veturinta per rusa glacirompilo en la Arktan Maron. Tie li nun vivas sur la eterna glacio.

Oni atendas. La jaroj pasas.

Sed la memoro pri nia bona amiko ne velkemas.

La grandaj elpurigoj de la Stalina epoko komenciĝas meze de la 1930-aj jaroj. Esperantistoj estas persekutataj en Sovetunio.

La dua mondmilito estas preparata.
Eroŝenko restas malaperinta por siaj amikoj.
Kio eble okazintas al li? Pro Dio, li espereble do ne intencas...?
Ne. Ĉu li vere povus...? *Ĉu li kabeis?*[343]

14
La arto kabei

Klára Ertl rakontas al mi en 2016: en la ĉi-jara Universala Kongreso de Esperanto en Nitra, Slovakio, kvin nomoj elstaris en la listo de kongresanoj pro la vorto *forpasintoj*,[344] t.e. "mortintoj".

István Ertl faras vortludon: "Forpasintoj, forpisantoj."

Klára skuas la kapon: jes, li kreas vortludon almenaŭ unufoje en horo.

Ĉu tio signifas, ke la Esperanto-komunumo tuj scias, ĉu iu mankas? Kiel oni reagis al ĉi tiu informo?

Klára rakontas: en la junulara grupo, junulino, kiu nomis sin "Patrino Inge", konis unu el la forpasintaj esperantistoj. Estis virino, kiu ŝatis nomi sin "la Esperanta krokodilo" kaj ĉiam iradis portante krokodilan maskon. Dum la "urba ludo", speco de serĉludo kun diversaj kreaj taskoj, kiu estas parto de la Universala Kongreso, unu el la haltlokoj estis la Nitra tombejo, kie la partoprenantoj devis verki poemon. Iu verkis poeziaĵon pri la kvin forpasintoj. Laŭ Klára temis pri la mallonga ekzistado de homoj, "nun ni estas floroj, kiuj floras, sed baldaŭ ni pereos".

Do, la Esperanto-reto ŝajnas tre densa, kaj la homoj sentis sin en bonaj manoj, ĉu?

Nu, ĝi verŝajne similas al iu ajn alia komunumo, ĉu motivita de religio aŭ sporto aŭ iu alia komuna pasio. Sed estas iuj, kiuj tre identiĝas kun ĝi.

István Ertl rakontas pri sia satira ŝlosilromano *La postdomo*. Li verkis ĝin post kiam samseksema amiko estis akuzita de UEA

---
343 En Esperanto en la originalo.
344 En Esperanto en la originalo.

(Universala Esperanto-Asocio) pri multoblaj seksperfortoj. Estis absurdaj kaj tute senbazaj akuzoj, verŝajne simple pro homofobio. Li transformis tiun sperton en la romano. Poste, multaj homoj plendis pri ne esti menciitaj en la satiro. Oni perceptas unu la alian sufiĉe intense ene de la komunumo. Estas ekzemple la KKPS, la Klaĉ-Kunveno Post-Somera. Junuloj kunvenas en specifa loko kaj interŝanĝas klaĉojn pri la komunumo. La patrino de Klára konfirmas: Esperanto estas vilaĝo, oni ĉiam scias tion kaj tion pri tiu kaj tiu.

Iuj, kiel mi, kiuj konas la Esperantan mondon nur de ekstere, foje esprimas skeptikecon pri tio, kion ili perceptas kiel esperantistan specon de plilongigata infaneca ludmondo: la kongresoj, la grupludoj, la vilaĝa klaĉa strukturo, kiun mi emas mistraduki per klaĉkonvento. Mi ne certas pri tio. La Esperanto-komunumo ŝajnas stimuli ĉion ajn krom unuformecon aŭ unuanimecon. Ĝi ankaŭ havas kelkajn malnovajn tradiciojn, kiuj evoluis el la ebloj de internacia kuniĝo. La resto de la mondo trovis ĉi tiujn teknologiojn nur multe pli poste, kiam en la ĉiutaga vivo la komputilo konektis ilin al pli vasta socia reto. Perfekta ekzemplo de tio estas la Pasporta Servo, speco de antaŭtempa kanapturisma aranĝo, kiu permesas al esperantistoj en la tuta mondo resti senpage ĉe tiu aŭ alia *samideano*.[345] Iom pli ol mil gastigantoj estas listigitaj. – Dum unu tia okazo, Klára iam renkontis neanton de la holokaŭsto. Li vivis en Germanio, estis esperantisto kaj holokaŭsto-neanto – ne malebla, sed tamen tre absurda kombinaĵo.

"La plejmulto de aktivuloj en Esperantujo tendencas esti akceptemaj, pacamantaj homoj. Ekzistas fantaziuloj, sed ili pli maloftas ol en la cetera mondo. Sed ekzistas multaj kviraj,[346] strangaj homoj. Mi mem konas malmultajn homojn, kiuj estas transseksuloj, sed tiujn, kiujn mi konas, estas esperantistoj."

Pro la malferma strukturo de Esperanto ne estis precipe malfacile enkonduki specifajn neologismojn kiel la sengenra pronomo

---

345 En Esperanto en la originalo. N.d.l.T.
346 Kviro (el la angla "queer"), kies signifo estas "stranga") estas iu, kiu apartenas al grupo kun seksa konduto aŭ identeco, kiu ne konformas al la konvenciaj aliseksemaj normoj, supozoj ktp. Fonto Vikipedio "Kviro". N.d.l.T.

"ri", kiu estas verŝajne uzata simile al la angla "*they*". Kvankam ŝajnas esti pluraj paralelaj sugestoj (gi, hi, ri) kaj ankaŭ la simpla kunfandiĝo de la klasikaj viraj kaj inaj pronomoj: ŝli.

Esperanto estas reto, kiu atingis imponan densecon ne nur 130 jarojn post sia kreo, sed jam tuj post sia invento. Unu el la pli gravaj, se ne la plej grava frua progresiganto de la lingvo estis la polo Kazimierz Bein. Same kiel d-ro Zamenhof, li estis profesie okulkuracisto. Li intense dediĉis sin al la disvastigo de Esperanto dum multaj jaroj kaj ankaŭ verkis grandan internacian legolibron kun diversaj tradukitaj tekstoj de tiutempe konataj aŭtoroj. En la unuaj jaroj de la 20-a jarcento, li sukcesis fariĝi la plej konata Esperanto-tradukisto. La klara, brila, proza stilo de liaj tradukoj donis ekzemplon por tuta generacio de poetoj. La tekstoj en la nova lingvo estu facile legeblaj, ne artecaj kaj abstraktaj, por ĝuste konveni al vera internacia komunumo. Tial Bein celkonscie evitis pli komplikajn verboformojn kaj longan, hipotaksan stilon kaj anstataŭigis ambaŭ, kiel certigas al ni konantoj, per simpla graco kaj preskaŭ magia natureco. En 1910 li publikigis la unuan Esperantan vortaron, la antaŭulon de ĉiuj postaj normaj vortaroj.

Sed en 1911, nur unu jaron poste, li subite malaperis sen sciigo. Ŝajne, de unu tago al la alia, li tediĝis de la tuta entrepreno. Li ne plu verkis, ne plu tradukis; li estis neatingebla por siaj eksaj *samideanoj*.[347] Li okupis sin nur pri okulkuracado kaj administrado de la Varsovia Oftalmologia Instituto, kiun li estis kunfondinta.

La manko de klarigo pri lia subita malapero tiom incitis la esperantistaron, ke ili verbigis la akronimon KABE, kiun li uzis por subskribi siajn influajn verkojn. Tio estas tre facila en Esperanto. Se vi ne gardas vin, vi fariĝos verbo.

Kabei – subite retiriĝi post longa engaĝiĝo en la Esperanto-movado.

Mi kabeis, li kabeas, ŝi kabeos. – Germane oni povus diri: *Ich kabee,*[348] *er kabet, sie wird kabeen.*

---

347 En Esperanto en la originalo.
348 Ĉi tiu estas erareto, ĉar "kabeis" estas pasinta tempo kaj "ich kabee" sonas kiel nun-tempo. La tradukisto sugestas, ke en la germana, oni traktu "kabei" kiel aliajn fremdajn verbojn (precipe francajn) kies infinitivo finas per -ieren. Do: kabe-ieren, ich kabe-ierte, er kabe-iert, sie wird kabe-ieren.

Nur en 1931 esperantistoj sukcesis eltrovi kaj intervjui lin. Bein donis ĝeneralajn kaj senpasiemajn respondojn. Li simple ne plu havis veran konfidon al la lingvo. Ĉu li eble sciis, ke li, same kiel la ĉefmalbonulo en pli fruaj fabeltempoj, estis enŝlosita en la amuleto de verbo? Mi ne povas trovi ajnan referencon al tio.

Ekde kiam Klára Ertl rakontis al mi pri tiu ĉi Kazimierz Bein, mi ree kaj ree pripensas tion. Li evidente ĝisfunde esploris ĉiajn eblojn de Esperanto. Tial mi jam sentas simpation al li. Nur malofte ni renkontas homojn, kiuj rezignas certan kampon de arta agado, alveninte ĉe la kulmino de ilia famo aŭ ĝuste en momento de ilia plej granda akcelo al la supro, kaj neniam plu reeniras en tiun kampon. La angla poetino Rosemary Tonks, se oni amas ŝian poezion kiel mi, estas precipe fascina kaj dolora ekzemplo. Ŝi publikigis du elstarajn volumojn de poezio en juna aĝo: en 1963 *Notes on Cafés and Bedrooms* (Notoj pri kafejoj kaj dormoĉambroj) kaj kvar jarojn poste la mirinda *Iliad of Broken Sentences (Iliado de rompitaj frazoj)*. Ŝia famo kreskis. Ŝi estis rekonita kiel unu el la plej grandaj talentoj de sia tempo – kaj ŝi malaperis. Neniu sciis, kie ŝi estas aŭ kiel kontakti ŝin. Ŝi ŝajne ne volis ajnan interagon kun la literatura mondo, kiu ĵus enamiĝis al ŝi. Nur post ŝia morto en 2014 aperis kelkaj detaloj pri ŝia retiriĝo. Obstina okulmalsano preskaŭ tute forrabis ŝian vidkapablon. Ŝi fariĝis profunde religia kaj serĉis signifon nur en la interpreto de la Nova Testamento. Literaturo ne estis helpinta ŝin reakiri la vidkapablon. Al kio do utilas la literaturo? Certe ne por savi sian animon. Ekde 1980 Tonks loĝis sole en domo en Bournemouth kaj malkontaktigis ĉiun el la ekstera mondo. Ŝi bruligis la manuskripton (damne!) de neeldonita romano kaj eĉ kolekton da valoregaj ekstremorientaj artaĵoj, kiujn ŝi heredis. Ŝi eĉ ĉesis uzi la nomon Tonks.

Ni kutime scias tre malmulte pri tiuj kabeintoj kiel Juan Rulfo aŭ eĉ, en tre malsama maniero, J.D. Salinger, kiuj subite ne plu volis okupiĝi pri la komerco, en kiu ili fariĝis majstroj. Meditante pri tiu ĉi enigmo, oni preskaŭ volas festi la paradoksan Zen-formon de iliaj biografioj, precipe kiam oni konsideras, kiom koheraj, senŝanĝaj kaj superŝarĝitaj de intencoj aperas retrospektive la vivo de multaj artistoj (inkluzive de mia propra ĝis nun). Nur la ekstreme malkontinuaj biografioj de kabeintoj ankoraŭ posedas la malnovan, elementan partiklan ĉarmon de certaj arketipaj trompuloj, kiuj tiom mankas al ni, ne nur individue, sed ankaŭ al nia tuta kulturo.

Kiel formiĝas ĉi tiu forta kohereco en la lingvokomunumo?

Klára Ertl rakontis al mi, ke en la ludotago de la Nederlanda Esperantista Junulara Organizo estis teamo de du knaboj, kiuj, por kaŝi tion, kion ili diris, parolis unu kun la alia ne en Esperanto sed en Tokipono.

Tokipono estas nova planlingvo evoluigita en 2001 de lingvistino Sonja Lang.

Ĝi funkcias iom kiel aUI,[349] nur multe pli simpla kaj multege pli eleganta. Tokipono konsistas el 123 vortoj. Origine estis 120, sed de tiam aldoniĝis tri novaj.[350] La vorto "vaflo", ekzemple, *pan pi sike mama waso* signifas:"cereala produkto el ronda aĵo el patrina birdobesto". Por "viktimo" oni simple diras "persono + vundita", *jan pakala*. Efektive bona nomo por blogisto el Berlino, kiu konstante suferas pro io: Jan Pakala.

Kaj soldato estas "homo + batalo": *jan utala*. Malbonagulo, konfliktulo. Alkoholo nomiĝas *telo nasa*, "akvo + stranga". Soifa estas *wile moku e telo*, "voli konsumi akvon." Se oni volas paroli pri mango, oni jam bezonas tutan dorsosakon plenan de vortoj: *kili pi loje jelo pi ma tawi* - "frukto, kiu estas flavecruĝa, el Tajlando". Kaj tiel plu.

Tamen Tokipono ne estis konstruita por paroli pri mangoj, nek pri aliaj komplikaj aferoj. En Tokipono oni pli emas paroli pri la suno, kiu estas bela. La vivo estas bona. Mi havas arbon. Libro estas ĝojo. Mi manĝas mian arbon. Mi estas elefanteto. Mia koloro estas blua. Vi estas viktimo. Via nazo vivas. Anna havas floron. Ĝia nomo estas nubo. Kaj tiel plu.

---

349 aUI aŭ *La lingvo de la kosmo* estas filozofia, apriora planlingvo kreita de John W. Weilgart, en la 1950-aj jaroj. N.d.l.T. Fonto: Vikipedio sub "aIU (pazigrafio)".
350 Laŭ iuj fontoj eĉ kvin! N.d.l.A.

La frazo *jan li pona* povas signifi "Homoj estas bonaj" aŭ "Homoj estas simplaj" aŭ "Homoj estis amikaj". Estas tute egale en Tokipono. Simpla estas bona, bona estas simpla.

Ekzistas malgranda, floranta komunumo de ĉi tiu lingvo, kiu kontraŭas ĉian kompleksecon, kvankam ekzistas ankoraŭ tre malmulte da literaturo en ĝi. Poemo, kiun mi trovis ĉe Jutubo, ilustras la signifoŝanĝojn per minimuma variado en la ordo kaj formo de la vortoj, kaj ankaŭ la karakterizan, eksternorman simplecon kaj trankvilecon de Tokipono. La verkinto de la poemo nomiĝas Marcus Scriptor:

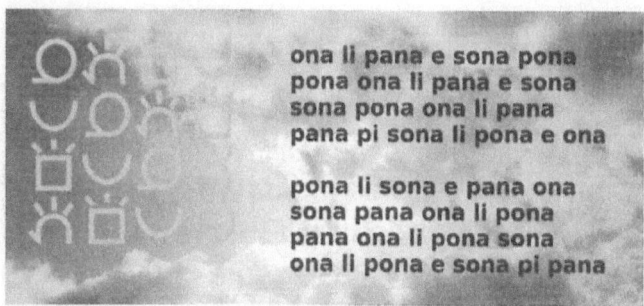

La ilustraĵo montras la poemon en la skribsistemo speciale disvolvita por Tokipono.

Jen la traduko:[351]

She gives good knowledge Ŝi donas bonan scion
Her goodness emits knowledge Ŝia bonkoreco alportas scion
Her good knowledge is released Ŝia bona scio estas liberigita
The giving of wisdom heals her Transdono de scio resanigas ŝin

Goodness knows her gift Bono konas ŝian donon
The knowledge given by her is good
  La scio donita de ŝi estas bona
Her gift is wise goodness Ŝia dono estas saĝa bonkoreco
She heals the wisdom of giving Ŝi resanigas la saĝon doni

---

351 La tradukisto inkluzivis la anglan tradukon el la video kaj uzis ĝin por la esperanta traduko. www.youtube.com/watch?v=0fXsNjqsh34. En sia germana traduko la aŭtoro notas, ke la pronomo povas esti "ŝi,li,ĝi".

"Ŝi resanigas la saĝon doni" – malfacile direbla, ĉu estas bona aŭ malbona frazo.

Tokipono ŝajnas bone disvolviĝi, ne kiel ĉefa monda helplingvo, sed kiel socia ludo, kiel malgranda, amuza apo por la cerbo, kaj eble iam ĝi havos same lojalan kaj afable enkorpigitan komunumon kiel Esperanto.

Sed tamen ni ankoraŭ ne scias multon pri la demando, kial ĝuste tiu ĉi Esperanto fariĝis tiel sukcesa kaj kreskema. Kial iuj lingvoj simple "funkcias" kaj aliaj, kun komparebla tembro kaj komplekseco, tuj malaperas?

15
Pri papoj, programistoj kaj imaginaraj limoj: La kazo de la Kvenja lingvo

Mi devas konfesi, ke mi neniam vere sukcesis interesiĝi pri io ajn rilate *La Mastro de l' Ringoj*. Mi mem miras pri tio. Eĉ la filmoj de Peter Jackson neniel tuŝis mian intereson. Oni certigas min, ke pro tiu ĉi stranga imuneco mi estas senigita de granda ĝojo. Tio tute ne faciligas la situacion.

Tamen, mi rigardis pli detale la kazon de la Kvenja, la "elfa lingvo", elpensita de J.R.R.Tolkien, ĉar ĝi plej bone rivelas, kiel konstruita lingvo devas funkcii kaj, aldone al tio, kiel ĝiaj lernantoj devas kompreni sin interne, por tiel diri, por ke la lingvo disvastiĝu fulmrapide tra la mondo. En la antaŭparolo de sia reta kurso de la Kvenja, la norvega filologo Helge Kåre Fauskanger skribas pri la specialaj kaj verŝajne historie unikaj problemoj de tiu ĉi lingvo. Indas citi la tekston iom pli amplekse, ĉar ĝi donas al ni ĉarman kaj kompletan bildon de ĉi tiu plej komplika mistero:

El ĉiuj lingvoj inventitaj de brita aŭtoro kaj filologo J.R.R. Tolkien (1892-1973), la Kvenja ĉiam estis la plej populara. Ĝi verŝajne estas ankaŭ la plej evoluinta el ĉiuj lingvoj, kiujn Tolkien elpensis. Fakte, nur du el ili – la Kvenja kaj la Sindara – estas tiom kompletaj, ke oni povas skribi en ili realajn tekstojn kun relativa facileco, sen uzi amason da memelpensaĵoj. Ĝis antaŭ nelonge la Sindara estis apenaŭ komprenita, kaj ĝia kompleksa fonologio povas fortimigi freŝbakitajn studentojn (precipe tiujn kun nenia antaŭa scio pri lingvistiko). Mia firma konsilo al tiuj, kiuj deziras studi la lingvajn kreaĵojn de Tolkien: komencu per la Kvenja. Kono de ĉi tiu lingvo faciligos pli postan studadon de aliaj lingvoj, inkluzive de la Sindara, ĉar la Kvenja estas nur unu branĉo el la elfa lingvofamilio: la elfaj lingvoj ne estas "sendependaj" lingvoj, sed evoluis el komuna praa lingvo, kaj multrilate la kvenja estas pli proksima al ĉi tiu praa originalo ol la aliaj lingvoj.

Mia brovo nature leviĝis ĉe la loko "sen uzi amason da memelpensaĵoj". Mi pensas, ke ĉi tie jam kaŝiĝas grandega malfacilaĵo. Unuflanke, ŝajnas prudente fari ĉi tiun distingon. Ĉu la lingvo estas sufiĉe kompleta, ĉu oni povas, almenaŭ provizore, tute fidi ĝin? Aliflanke, kiun oni perdus uzante siajn proprajn elpensaĵojn? Ĉu aliajn parolantojn? Kiel estas difinita la preciza lingvolimo? Kontraŭ kiu interna aŭ ekstera strukturo pekus vario de la Kvenja estante riĉa je memelpensaĵoj? Ĉu la persono de J.R.R. Tolkien mem iel rilatas al tio? Male al la plej multaj lingvoinventistoj, li estas mondfama verkisto kaj heroo por multaj homoj, kiuj malkovris liajn verkojn en juna aĝo kaj estis tirite, kvazaŭ per fiŝfadeno, en la mezon de la monda literaturo. La fragmentoj postlasitaj de tia persono verŝajne estos traktataj kun pli granda respekto ol tiuj de alirilate malmulte konata okulkuracisto. Aŭ ĉu temas multe pli ĝuste pri la implicitaj aŭ provizitaj uzinstrukcioj? Aŭ ĉu pli ĝuste pri la fikcia universo algluita al la lingvo?

Jen pli el la antaŭparolo de Fauskanger.

> En la mito de Tolkien, la Kvenja estis la lingvo de la elfoj, kiuj vivis en Valinor, en la malproksima okcidento – parolata en la *"Blessed Realm"* ("Benita regno"), ĝi estis la plej eleganta lingvo en la mondo. Poste, unu el la triboj de la elfoj, la Noldor,

iris en ekzilon al Meztero, kunportante ilian kvenjan lingvon. Ĝi baldaŭ ne plu estis ĉiutage uzata en Meztero, sed inter la Noldor la kvenja estis ĉiam konservata kiel solena, ceremonia lingvo. Kiel tia ĝi ankaŭ estis konata al la mortemuloj (homoj) de pli postaj epokoj. Tiel en *La Mastro de l' Ringoj* ni aŭdas Frodon doni la faman kvenjan saluton *elen síla lúmenn' omentielvon*, "stelo brilas sur la horon de nia renkontiĝo", dum li kaj liaj amikoj renkontas kelkajn elfojn (kaj la elfoj ĝojas trovi "scianton de la antikva lingvo"). Eble la plej bona maniero studi la Kvenjan por profundiĝi en la verkon de Tolkien estas imagi sin kiel morteman studenton en Meztero en la Tria Aĝo, la periodo, kiu konstituas la fonon de La Mastro de l' Ringoj. (Imagi sin kiel iu, kiu parolas la elfan kiel gepatran lingvon en Valinor en la Unua Epoko, povus esti tro ambicia!)

Jen unu el la problemoj. Konstruu vian lingvon tiel, ke la kosplej[352]- personoj, kiujn ĝi produktas, estas roleblaj ie ajn, ne nur en Meztero. Oni ne ĉiam povas esti elfo, ekz. ne antaŭ tribunalo aŭ dum baza militservo, nek esti klingono aŭ dotraka militisto. Sed oni povas, almenaŭ hodiaŭ, esti esperantisto en ĉiuj ĉi situacioj. La kvalifikaro por ĉi tiu identeco – aŭ almenaŭ ĝia senpene vivebla varianto – estas pli taŭga por ĉiutaga uzo ol aliaj.

Sed tio ne multe klarigas.

Ni memoru ankaŭ la realan konvertofobion de certaj aŭtoritatemaj regantoj en la 20-a jarcento, ke ĉiu lernanto de Esperanto aŭtomate dekadencas en internaciismon aŭ mondpacon aŭ aliajn danĝerajn konceptojn.

Fininte la Duolingo-kurson de la Klingona, mi provis legi *"Hamleto"*, kiu estis eldonita de la *Klingon Language Institute*. Ĝi estis tro malfacila por mi. Sed ekzistis ampleksa glosaro kaj komentaro, kiuj pensigis pri unuopaj lokoj de ĉi tiu kurioza teatraĵo de la Klingona verkisto Wil'yam Shex'pir. Laŭ la redaktoroj, oni ofte provis fari Teran poeton el la aŭtoro. Ĉi tiu ridinde akapara tendenco estas rezistenda. Ekzemple en la interpreto de la verso de akto 1, sceno 2: *HaghtaHvIS wa' mIn, nIjtaHvIS je latlh,* kio en la

---

352 Kosplejo (rolkostumado) venas de japanlingva vortokunfando de la anglaj vortoj "costume +play" (cosplay) Vikipedio sub kosplejo. N.d.l.T.

angla originalo tekstas *"with an auspicious and a dropping eye."*[353] "Gutanta okulo", laŭ la komento, estas kompreneble surpriza plezuro por Teraj komentistoj, kiuj provas lokalizi la verkon de Shex'pir sur sia mizera hejmplanedo, ĉar estas konate, ke neniu klingono havas ion similan al larmodukto. Tamen, tiu supozita eraro ne estas tia, sed estas derivebla de certaj Klingonaj teatraj tradicioj. Ĝi estis elemento de ŝoko, kiun dramistoj de la pasinteco povis uzi por provoki sian spektantaron, atribuante al personaĵo tiun neklingonan kvaliton, tiun malhonorigan urinadon per okulo. En la tempo de Shex'pir, tio tamen jam paliĝis en retorikan formulon.

The Klingon Hamlet (La Klingona Hamleto) ne estas traduko. Ĝi estas romano laŭ la modeloj de *Pale Fire* (Pala Fajro) de Nabokov aŭ *Hazarski rečnik* (Ĥazara vortaro) de Milorad Pavić, kvankam multe pli stulta kaj subridinda ol tiuj.

Sed jen: lingvoj kiel la Kvenja aŭ la Klingona estas voremaj. Ili varbas, ili turnas en fikcion. Ili devas pli potence kaj perfekte sorĉi siajn parolantojn por ankoraŭ funkcii. Esperanto kaj Volapuko provas tion nur parte. Imagi, ke Ŝekspiro estis esperantisto, ne provizas plian tenton al legado de liaj verkoj en Esperanto.

Plue Fauskanger skribas:

> La aparta formo de la Kvenja intence instruata en ĉi tiu kurso estas precize la varianto de la malfrua ekzilo aŭ Tria Aĝo. Tiu speco de la Kvenja estas ekzempligita en *La Mastro de l' Ringoj* en la poemo *Namarië* ankaŭ konata sub la nomo *Lamento de Galadriel*, kiu estas la plej elstara ekzemplo. Multaj entuziasmuloj produktis limigitan, sed ĉiam kreskantan kolekton de la Kvenja literaturo, precipe ĉar granda kontribuo al la vortprovizo fariĝis havebla kun la publikigo de *The Lost Road* (La Perdita Vojo) en 1987, 15 jarojn post la morto de Tolkien. Dank' al ĉi tiu kaj al dek kvin aliaj libroj de materialo pri Meztero eldonitaj de Christopher Tolkien el manuskriptoj postlasitaj de lia patro inter 1977 kaj 1996, ni nun scias multe pli pri la lingvoj de Tolkien, ol kiom ni sciis dum la vivo de

---

[353] En la Zamenhofa traduko: "Per unu el l' okuloj plezurante / Kaj per la dua larmojn verŝegante". N.d.l.T

la inventinto. Kompreneble ni ne povas sidiĝi kaj traduki la kompletajn verkojn de Ŝekspiro en la Kvenjan, sed ni konas kelkajn milojn da vortoj kaj povas dedukti la ĝeneralan skizon de la gramatiko, kiun Tolkien havis en la menso. Vi ankoraŭ ne povas vere "flue" paroli en la kvenja, kiom ajn vi studas tion, kio nuntempe disponeblas. Sed estas tre eble verki longajn kvenjajn tekstojn, se ni prudente ĉirkaŭlaboras la mankojn en nia scio, kaj ni povas almenaŭ esperi, ke kelkaj el tiuj mankoj (precipe koncerne gramatikajn trajtojn) povas esti forigitaj en estontaj eldonaĵoj. En la estonteco ni eble povos evoluigi la kvenjan en pli "uzeblan" lingvon. Sed ni devas komenci zorge kaj komplete internigi la informojn, kiujn la propra materialo de Tolkien donas al ni – laŭgrade ĝi disponeblas.

Ege riĉa, pensiga kazo, ĉi tiu kvenja. Ni konstatu la plej gravajn elementojn: eblas lerni ĝin "plejparte", sed la limoj de la lingvo ŝajne baldaŭ estas atingitaj. Por koni la vortprovizon de la lingvo, oni devis analizi la materialon, kiu ekzistis en la momento de la morto de J.R.R. Tolkien, aŭ oni esperis postmortajn malkovrojn.

Do la Kvenja ne estas laŭdefine malfermita fonto. Sed ne pro tio ke pli-malpli absolutisma reganto sidas ĉe ĝia stirilo, kiel en la kazoj de Volapuko, la Bliss-simboloj, la Klingona aŭ la Valiria, sed ĉar io alia regas en la koro de tiu ĉi lingvo: la lojaleco de ĝiaj fanoj. Ĝi estas vera obstaklo. Kaj Esperanto estas ĝuste la malo de tiu ĉi aliro. Malfermita fonto, kun neniu fanlojaleco al la geniaĵo de la origina inventaĵo, sed ja lojaleco al la evolua dinamismo de tiu inventaĵo.[354]

Oni povus aserti, ke Volapuko minacis sufokiĝi pro sia memaltrudita limigo – sed almenaŭ ĝi disponis la Cifal-sistemon, tiu papofico transdonita de generacio al generacio, kaj ĝi spertis revoluciojn kaj skismojn, ambaŭ konatajn kaj oftajn strategiojn por konservi malsanan paradigmon viva.

---

354 Tolkien neniam kreis sufiĉe da vortprovizo por ebligi konversacii en la kvenja, kvankam ŝatantoj verkas poezion kaj prozon en la kvenja ekde la 1970-aj jaroj. Tio postulis konjekton kaj la bezonon elpensi novajn vortojn, efektive evoluigante specon de nov-kvenja lingvo.» N.d.l.A. Citante Vikipedion en la angla.

Sed laŭdifine neniam povus ekzisti nova Tolkien. Kaj liaj fanoj perpleksiĝis pro la nekompleta lingvo. Ili amis ĝin, sed mankis tiom da vortoj. Inventi ilin alproksimigas la inventanton al aroganteco: ĉu vi volas kompari vin kun Tolkien? Kiam esperantistoj elpensas novajn vortojn, ili ne sakrilegias; male, ili honoras la spiriton de sia kara L.L. Zamenhof.

Kaj jen la centra problemo de poezio en inventitaj lingvoj estas reliefigita. La demando estas: kion precize ni amas pri inventita lingvo? Ĉu ĝian aŭtoron, ĝian nekompareblan spiriton, ĝian spriton, ĝian propran ĉarmon? Aŭ ĉu tio estas la melodio de ĝiaj silaboj? Ĉu tio eble estas la filozofia penso aŭ la viva fikcio malantaŭ la lingvo? Aŭ ĉu temas pri la inventitaj roluloj, kiuj parolis la lingvon unue, por tiel diri, kaj kun kiuj ni ŝatas ekidentiĝi lude aŭ ideologie?

Mi kredas, ke oni neniam verkis konstruitan lingvon tiel "ĝuste" kiel en la kazo de la planlingvo Esperanto. Ĉe la morto de Zamenhof la lingvo devis resti nekompleta. Kiel povus esti alie? Tio estis la plano. Sed ĝi restis nekompleta "sen vundoj", por tiel diri, sen perturbaj truoj, ĝi estis la malo de stumpo. Postmortaj eltrovaĵoj tiukaze havus nur historian valoron. Esperanto estis sistemo plena de eblecoj. Ĝi estis, kiel ĉiuj vivkapablaj lingvoj, senteble kaj strukture enkorpigita senfineco, sed (plejparte) sen ia aparta devo al neraciaj instancoj.

Eble ŝajnus simple iom nekonvene, aŭ eble ankaŭ sencele, al ŝatantoj de la Kvenja aŭ la Sindara daŭre plu prilaboradi la lingvon. Ĝi "ne plu estus la Kvenja." Ĝi estus fanfikcio de Tolkien. Esperanto estas laŭfundamente fanfikcio.

Aŭ la ŝatantoj de la Kvenja ĉiam sentas la diferencon inter sia propra imagaĵo kaj tiu de Tolkien, kun kies grandeco kaj potenco oni apenaŭ volas sin kompari. La inventinto mem, kiel memeo, ĉiam iel malhelpas la malstreĉitan, sentiman, kuraĝan kaj komunumkonstruan inventon de lingvo. Oni moviĝas el la komfortzono de Meztero tuj, kiam oni elpensas amasojn da novaj vortoj.

Aliflanke, ju pli da nova Esperanta vortprovizo oni elpensas, des pli profunde kaj firme oni penetras Esperantujon.

Kia bonŝanco, ke ĉi tiu granda Ludoviko Lejzer Zamenhof tute ne volis esti grandiozulo. Laŭ mia scio, li ne revis pri Nobel-premio pri paco, aŭ papaj oficoj. Li soifis ne personan estimon, sed mondpacon kaj la fratecon de la tuta homaro. Mi ne scias, ĉu oni povas nomi lin modesta pro tio. Sed homo ne devas esti tia. Humila li certe estis, sed laŭ la malofta maniero de certaj geniuloj, kiuj frue, kunfandiĝas kun sia verko kaj fine estas tute absorbitaj kaj konservitaj de ĝi, tio estas, de ĝia vivospaceca filantropio. El ĉiuj inventintoj de lingvoj de la pli malproksima pasinteco, nur li ŝajnas ankoraŭ viva.

16
La vera genio:
Spomenka Štimec

La plej impona vivanta Esperanto-verkistino estas sendube la kroata aŭtorino Spomenka Štimec, naskiĝinta en 1949. Ŝia *Kroata Milita Noktlibro* de 1993 estas unu el la malmultaj verkoj en la nuntempa Esperanta literaturo, kiu estis tradukita en plurajn lingvojn, eĉ en la germanan. La eldono estas malfacile trovebla hodiaŭ, sed indas la peno, ĉar mi scias pri malmultaj prozaj volumoj verkitaj tiel baldaŭ post aŭ rekte dum la Balkana Milito, en kiuj oni simile raportas sur ĉiu paĝo kun kortuŝa sobreco kaj detala magio pri la teruraĵoj okazantaj en tiu tempo.

Grandan parton de la libro Štimec tajpis sur frua tradukkomputilo, kaŝante sin en la banĉambro, kiam la bomboj falis. Kaj estas antaŭ ĉio la ĉiutagaj objektoj kaj novspecaj fenomenoj, kiuj rakontas pri la milito: lampo, kiu ne plu estas en sia kutima loko; tabletoj, cindrujoj kaj tapiŝoj kiuj subite troviĝas en alia rilato al la mondo. Ĉi tiu endokigo de malvivaj objektoj en la homan realecon memorigas min pri neforgesebla loko en la romano *Le Grand Troupeau* (La Granda Grego) de Jean Giono, kie juna soldato kun hejmforpermeso, kontemplante la lampon de sia ĉambro, pensas: "se mi estus ĉi tiu lampo... ĉi tiu arbo, ĉi tiu tablo, ĉi tiu porkino, tiam mi rajtus resti. Se mi estus ĉi tiu hundo, mi rajtus resti. Se mi estus la hundo..."

Post nokto de bombado, kiun la rakontantino pasigis en la kelo, la objektoj en la apartamento denove bonvenigas ŝin, sed ili estas ŝanĝiĝintaj: ili spertis, ke ŝi povas laŭbezone forlasi ilin en kriza situacio. Rezulte la vekhorloĝo tiktakas malsame, la bildoj pendas pli izolitaj sur la muroj.

La unua afero, kiun la infanoj rimarkas, estas la vestoj de konskripto, kiu antaŭe estis engaĝiĝinta esperantisto:

Jen li. Estas la unua fojo, ke li portas tiun uniformon. Ĝi ankoraŭ estas rigida kaj ne tute konvenas al lia korpo. Li rapide malligas siajn botojn. Du rimenoj estas fiksitaj per bukoj super la maleolo.

Sed poste:

La plej juna filo jam metis la botojn sur siajn feblajn piedojn. Unue li prenis unu, tenis la ledon sub la nazo kaj profunde enspiris la odoron de la ciro.
– Ĝi estas novega.
Li pravis. La botoj estis tute novaj. Ankoraŭ neniun ili estis mortigintaj.

En la atmosfero de milito, for de ĉia sekureco, la plej multaj objektoj ĉiam ŝajnas sur la rando de transformiĝo en vivantaĵon:

"Mi trinkis la ŝnapson el la glaso kun hunda kapo ĉizita sur ĝi. Kaj tenante ĝin, mi kredis, ke mi persone konis la hundon, kiam mi portis mian unuan uniformon."

Subite fariĝis tiel facile transformi vivantajn korpojn en objektojn, pro tio la pordegoj por la inversa vojo nun estas ankaŭ dolore malfermitaj. En la ekstreme impresa rakonto pri la dentisto René el Vukovar, enestas prahistoria kulta objekto, fama en la regiono, kiu postvivas la milit-rilatajn ŝanĝiĝojn en la mondo de objektoj:

Vukovar estas la plej orienta loko en Kroatio, en Slavonio. Oriente de ĝi, transe de Danubo, komenciĝas Serbio. Dum la milito de 1991, la urbo Vukovar subite fariĝis strategie grava punkto. Estas malgranda loko fama pro argila kolombo. La kolombo estas kulta artefakto elfosita en Vučedol apud Vukovar; ĝi estas artaĵo el la transiro de la neolitiko al la ferepoko. Ĝi nun troviĝas en la Zagreba Arkeologia Muzeo, la unuopaj fragmentoj zorge kunmetitaj. Dum la milito, la muzeo konservis siajn plej grandajn trezorojn en keloj. Verŝajne ankaŭ la kolombo el Vukovar estas zorge pakita en iu kesto. Ĝi ricevis en ĉi tiu milito pli da protekto ol la loĝantoj de Vukovar: post kiam ĝi estis iam frakasita, nenio okazis al ĝi en ĉi tiu milito.

Kaj fine:

> Ili montris al mi la geedziĝdonacojn. Unu estis argila kopio de la kolombo de Vukovar. Ĝi rompis dum transporto de ĝia urbo al ilia. Nun la kolombo aspektas eĉ pli aŭtentika – ŝercis René.

Al la leganto, kiu ĝis nun ne estas afliktita de ia reala sperto, la milito tiamaniere estas prezentita en ĉi tiu libro kiel nehaltigebla venko de la malvivaĵoj super la vivaĵoj. La juna Jean-Paul Sartre faris tre similan priskribon de la milito komence de siaj taglibroj verkitaj dum la dua mondmilito kadre de la notico de septembro 1939, kiam, postenigite ĉe la meteologia servo en Alzaco, li registras la transformiĝon de objektoj jene:

> La signifo de aferoj ŝanĝiĝis. Gastejo estas ankoraŭ surloka, ĝi estas ankoraŭ ornamita kaj bonveniga, sed ĝi bonvenigas en forlasitecon, tio estas, ĉi tiu eblo detruas sin mem kaj fariĝas absurda. (...) La bonorda ĉambro, kiu propre sorĉu la vojaĝanton, nun servas nur kiel loĝejo al soldatoj kiuj okupaciis ĝin. Do longe antaŭ ol la bombo detruas la homfaritan objekton, la homa signifo de la objekto estas detruita.[355]

---

355 Sartre estis esceptita de aktiva militservo pro sia difektita vidkapablo. Dum la tiel nomata «sidmilito» [germane *Sitzkrieg*], la stranga milito [france *drôle de guerre*], ĉe la okcidenta fronto en 1939, Sartre preskaŭ ne spertis ion similan al bataloj, li eĉ havis je sia dispono sufiĉe da libera tempo por verki tutan

En Arzwiller, Sartre malkovras la saman sinistran metamorfozon ankaŭ en la naturo:

Kvindek metrojn for de la vojo estis kverka arbaro sur ruĝa roko. Ni kuŝis ĉe la vojflanko, premitaj de niaj fusiloj, pakaĵoj, manteloj, kiel majskaraboj sur la dorso. Mi volis — ne, ne eniri ĉi tiun arbaron, sed pensi, ke mi povus eniri ĝin. Tamen, estis neeble eĉ pensi tion. Tio ne estis elektebla al mi. Kvindek metroj sufiĉas por meti lokon ekster atingodistanco. Ĝi tial fariĝas pura akcesoraĵo.

Pri objektoj kaj vortoj. Kiel esperantistino, kiu verŝajne estas aparte sentema pri vortoj kaj ilia uzo, la rakontantino de la *Kroata Milita Noktlibro* daŭre memoras la strangajn kaŝludojn, kiujn la ĉiutagaj vortoj devas travivi dum la milito: "Kiam mi estis lernejano, 'Croatia' estis antaŭ ĉio la nomo de fabriko, kiu produktis bateriojn, kaj tiu de asekura kompanio." Aŭ: "Mia avino uzis la plej multajn el la riboj por fari konfitaĵon. La infanoj havis sian propran vicon da ribarbustoj. Ni nomis ĉi tiun riban aleon 'Aleo de Frateco kaj Unueco', nur por amuzo, laŭ la grandaj ŝoseoj inter Zagrebo kaj Beogrado." Subite la familio, kiu antaŭe vojaĝis inter Zagrebo kaj Beogrado tien kaj reen, devas konsideri sin netransponteble malkunigita, kaj la aerlinio Beogrado-Teherano ankoraŭ estas ofertata ĉiutage, dum la kombinaĵo Beogrado-Zagrebo fariĝis tute neimagebla.

En radioelsendo oni rekomendas malplenigi parton de la kela formetejo, kaj kiam ĉio estas transportita sur la straton: matracoj, tripiedaj seĝoj, malplenaj boteloj, la absurdeco de ĉiuj tiuj neglektitaj kelaj formetejoj estas subite ekkonsciita kun turmenta klareco. Kio ili estis? Kial ĉiuj ĉi aĵoj estis amasigitaj tie? Ĉu ili estis destinitaj por ratoj aŭ por homoj?

Tiam aviadilataka alarmo kaj subita foriro. Rerigardo en la apartamenton. Subite ĝi aperas "bela dum adiaŭo, trankvila kaj hejmeca." Kiel la rakontantino baldaŭ lernas, la amplekso de la detruo fare de la bombado estas facile determinebla per la grado

---

romanon kaj partojn de liaj postaj filozofiaj verkoj. N.d.l.A. [Laŭ Vikipedio la esperanta termino estas «stranga milito».] N.d.l.T.

de gajeco de la kantoj poste elsenditaj de la radio. Devas esti aparte malbone se ili ludas la kanton *Hrvatine*.

Kiam mi demandis pri la vivo de la objektoj en ŝiaj libroj, la aŭtorino respondis: "Vi pravas, mi ŝatas tiajn detalojn. Recenzo iam nomis min 'la virino, kiu amas objektojn'. Tio estas ĝusta. Ankaŭ en mia ĉiutaga vivo mi estas ĉirkaŭita de multaj malnovaj objektoj, kiuj havas sian historion. Por mi, la historio de objektoj pli gravas. Plejofte ili ja ekzistas pli longe ol homoj. Do mi ne devas serĉi ĉi tiujn bildojn de animitaj objektoj, ili estas en mi."

Iom post iom, ĉiuj ebloj de longdistanca komunikado malaperas, poŝto, telefono, oni ne plu povas atingi iun ajn. La serĉado de malaperintoj fariĝas neebla. Sed la mirinda afero estas, ke la esperantistaj retoj montriĝas pli efikaj kaj utilaj ol la oficialaj registaraj institucioj, eĉ ol la Ruĝa Kruco. Mi demandis al s-ino Štimec, ĉu la Esperanto-asocioj vere funkcias pli efike kaj rapide. 'Kelkfoje jes,' ŝi skribis al mi. 'Pensu pri tio, kion faris Hector Hodler en la unua mondmilito. Apenaŭ iu institucio atingas la efikecon de individuaj esperantistoj.'"

Hector Hodler. Li estas unu el la ĉefroluloj en ŝia fascina historia romano *Hodler en Mostar*, multaspekta rakonto verkita kiel epizoda filmo. La rakonto tuŝas la vivon de la pentristo Ferdinand Hodler kaj lia filo, Hector Hodler, unu el la plej fruaj esperantistoj, sed unuavice temas pri certa Jeanne.

Post sia separo de Augustine, la patrino de lia filo Hektoro, la pentristo Ferdinand Hodler renkontis fraŭlinon Jeanne Charles en sia metiejo. Ŝi estas ne nur la plej grava modelo por li, sed ankaŭ la plej grava persono ĝenerale, lia amiko kaj prizorganto en la ĉiutaga vivo. Tamen foje la humoroj de la du karakteroj sin intersekcas, kaj iun tagon la bela Jeanne simple malaperas el la vivo de la fama pentristo Hodler. Ŝi baldaŭ prezentas al Hodler sian novan edzon, la muzikiston Andreas Cerani. Iom poste, Jeanne revenas kiel modelo al Hodler. Ŝia vizaĝo estas eternigita sur la nova 50 svisfranka monbileto.

La filo Hektoro fariĝas profesia esperantisto, kio estas tute fremda al la patro. En la Universala Kongreso en Krakovo,[356] Hector vidis Zamenhof rezigni pri ajna aŭtoreco de la mondlingvo. La edzo de Jeanne mortas komence de la milito. Jen pli longa eltiraĵo:[357]

Ŝi iris al la fenestro kaj rigardis eksteren kaj suferis ĉar la pejzaĝo restis la sama kiun li neniam plu vidos. Ŝi penseme rigardis paserojn, ĉar birdoj povus nun rilati al li. Ŝi atendis lian signon. Ŝi bezonis scii ke li ne forlasis ŝin. La pasero kiun ŝi rigardis direktis al ŝi rapidan flankan rigardon.

–Andreo – prononcis ŝi timeme kaj la birdo neinteresite forflugis al alia flanko de la pejzaĝo.

Ŝi eksploris ĉar ŝi devas serĉi Andreon inter birdoj.

Ŝi lasis nokte la fenestron lumigita, por ke Andreo trovu la vojon hejmen. Ĉiun nokton vane lumis la fenestroj.

– Ĉu ĉi-nokte la arbobranĉo tuŝos la fenestron?

En la parko ŝi promenis kun Mimi kiel malsanulo kiu perdis intereson pri ĉio. Subite vento leviĝis, kirlis foliaron kaj seka folio forte gluiĝis al ŝiaj lipoj. Ŝi aŭtomate forigis la folion de sia buŝo kaj ĵetis ĝin for. Nur poste ŝi komprenis: tio estis kiso de Andreo.

Malserene ŝi rigardis teren. Ŝi aŭskultis ĉu iu ŝtoneto mesaĝos al ŝi ion. Ŝtoneto leviĝis kaj piketis ŝian maleolon super la ŝurando. Ŝi pintigis la orelojn kaj observis kio sekvos. Sekvis nenio.

Iutage en la parko antaŭ ŝiaj ŝuoj kuŝis brune kolorigita peniso de Andreo. Jeanne prenis ĝin en la manon, sekan lignopecon.

– Mimi, mi trovis, mi ne povas lasi ĝin sur la promenejo.

– Estas lignopeco, bruligu ĝin.

– Bruligi, Mimi? Tio aspektas kiel organo de Andreo

---

356 Temas pri la 8-a UK en la jaro 1912. N.d.l.T.
357 La aŭtoro citas sian propran germanan tradukon. Per helpo de kunlaborantoj en Facebook la tradukisto trovis la originalon en Esperanto. Štimec, Spomenka: Hodler en Mostar, Edistudio, Zagrebo kaj Pisa 2006, ĉapitro 9, pp. 41-42 N.d.l.T.

Mimi venis pli proksimen por vidi la organon. Ŝi vidis nur lignopecon. Ili decidis bruligi ĝin hejme en la kameno. Jeanne eksploris pro la ideo. Survoje ili vidis laboristojn ĉe eta fajro. Ili bruligis iujn bretrestaĵojn. Mimi proponis ke ŝi tien sur la fajron ĵetu la trovitan lignan pecon. Jeanne diris nek jes nek ne. Ŝi jam denove ploris, ĉar jen fajro dum Andreo kuŝas en malvarmo kaj neniam plu scios kio estas fajro.

Estas mirinde, kiel la aŭtorino unue konstruas la kliŝon – la animo de la mortinto vivas plu en paseroj,[358] alblovita folio estas kiso de mortinto – kaj poste lasas ĝin eksplodi: tie, lia kompatinda peniso kuŝas en la herbo. En la fajron kun ĝi. Kaj malpli talenta aŭtorino ĉesus ĉe tiu pintumo. Sed kion ni trovas ĉi tie? La fajro. Meze de ĉiuj akre troigitaj bildoj, ĝi subite fariĝas vera fonto de sincera miro pri la nealirebleco de la mortintoj. Kiom ajn el iliaj membroj oni metas en la fajron, ili ne plu sentas ion. Ili ne plu scias, kio estas fajro.

Jeanne faras sian volontulan servon en la milithospitalo en Ĝenevo prizorgita de la Ruĝa Kruco. En konciza, potence ilustrita prozo, kiu faciligas la tradukadon, estas registrita la eksternorma kaoso, la amasa senanimigo de la mondo kaj la malapero de ĉiuj elirejoj.

Venonttage Jeanne vestis siajn plej komfortajn ŝuojn, surmetis larĝan jupon, platigis la hararon kaj eniris la hospitalon. Ŝi ricevis kitelon. Oni fiksis al ŝi la rubandon kun la ruĝa kruco. Oni klarigis al ŝi, kie lavi la manojn. Vunditaj soldatoj abundis. Ĉiutage alvenadis novaj kvantoj. Ŝi svenis dum la amputado de la unua brako, kiun ŝi ĉeestis. Kuracisto forigis ŝin en apudan ĉambron. Kiam ŝi rekaptis la forton, oni vokis ŝin denove helpi en la operaciejo. Ne eblis retiriĝi.
Ĉirkaŭ ŝi oni mortadis amase.[359]

---

358 Komuna bildo ekde Katulo. En poemo li priploras la nun ekskluzive alimondan flugon de pasero, kiu apartenis al lia kara Lesbia kaj lastatempe kuŝis morta en la kaĝo. – Ĝuste pro sia kompakta, malmultkolora, ĉiutaga ĉeesto en niaj urboj kaj pro sia aŭdaca, senceremonia saltetado, la paseroj ŝajnas al ni la plej taŭgaj tra la jarcentoj por plenumi mesaĝistajn servojn de la regno de la mortintoj ĝis la nia (kaj inverse). N.d.l.A.
359 Citaĵo: Štimec, Spomenka: Hodler en Mostar, Edistudio, Zagrebo kaj Pisa 2006, ĉapitro 9, p. 43

Unu el la vunditoj en la hospitalo estas la serba soldato Meho Ćišić el Mostar, al kiu Jeanne enamiĝas. En 1920 Hector Hodler mortis. Dum la milito, li sukcesis dokumenti la kieon de centmiloj da homoj per UEA-eldonaĵoj, kolekti kaj plusendi centojn da leteroj, kaj establi reton de lokaj perantoj, kiu, kiel ni scias, ankoraŭ ekzistas hodiaŭ kaj ankaŭ estis uzata en la lastatempaj militoj de Eŭropo. En 1920 Jeanne kaj Meho geedziĝis. Ferdinand Hodler ĉeestas nur per siaj bildoj. Jeanne mortas en 1955. Je la fino, la romano saltas al 1993. Sarajevo kaj Mostar estas bombataj. La Malnova Ponto, kiun ni vizitis pli frue en la romano, estas detruita de grenadoj. Sed la pentraĵoj de Hodler en la Nacia Galerio en Sarajevo, same kiel la Vukovar-kolombo, restis tute nedifektitaj. Ankaŭ ĉi tie: la amara triumfo de la objektoj.

La romano montras homojn en la kulmino de iliaj jaroj kaj la ĉiam kreskantan pezon de pli fruaj intimecoj, la kulpon, la mallertecon inter la seksoj, la mortigajn rendevuejojn de la eŭropa historio. Sed ĉio ĉi tiel malpezas kiel plumo, ke dum legado, mi transformiĝis en senforman fantomon invititan studi la misterajn kunligajn liniojn inter la individuaj biografioj de homoj. La stilo estas vitreca, senornama kaj fleksebla kaj forte memorigas min pri la historiaj noveloj de mia plej ŝatata aŭtorino Alice Munro (ekz. *The View from Castle Rock* aŭ *A Wilderness Station*). Fine ĉiam estas ĉi tiuj formoj de saĝo, de familiareco kun la vivo, kiuj allogas min al rakontoj.

Mi demandis sinjorinon Štimec, ĉu ŝi havis en menso ian rolmodelon dum la verkado.

"Mi ne havis iun rolmodelon", ŝi diris. Ne, neniun.

Mi cerbumis pri la stranga pozicio de ĉi tiu granda eŭropa aŭtorino. Dank' al Dio ŝiaj verkoj ne restas sekretaj, sed ĉu ili estas traktataj samrajte kiel tiuj en naturaj lingvoj? Mi pensas, ke ne.

Krom la fakto, ke la Nobel-premio ĉiaokaze estas nur privata afektado de akademio, kiu ial ajn estas tre influhava, Spomenka Štimec devus ricevi ĝin. En la kazo de William Auld, la akademianoj ne kuraĝis. Nun eblus. Mi kredas, ke mi diris tion ankaŭ al sinjorino Štimec, kune kun multaj aliaj fanatikulecaj babilaĵoj. Kiam ŝi adiaŭis, ŝi diris: *"Estas agrable renkonti homon kiu legas."*[360]

---
360 En Esperanto en la originalo.

17

La malfruaj jaroj de Eroŝenko

Kia estus la vivo de Vasilij Eroŝenko, se Esperanto ne ekzistus? Mi pensas, ke oni povas tion imagi. Eĉ hodiaŭ, la vivsituacio de homoj kun handikapoj estas tro antaŭdecidita. Korbteksisto, masaĝisto. Sed lingvo kiel Esperanto kaj komunumo kiel Esperantujo ankoraŭ ne konsistigas magian solvon, almenaŭ ne por ĉiuj. Vasilij Eroŝenko estas speciala kazo. Ankaŭ aliaj kontaktiĝis kun Esperanto, kaj ĝi eble ŝajnis al ili kiel eblo teleportiĝi, sed tiam, ho...

Baldur Ragnarsson, kiu mortis en decembro 2018, estis unu el la plej popularaj Esperanto-poetoj. Liaj fortoj estis imagismaj, delikataj, klaraj poeziaĵoj, en kiuj la tragedio kaj la mistero kutime nur disfaldiĝas per minimumaj efektoj. Jen unu el liaj poeziaĵoj, el la volumo *La fontoj nevideblaj* el la Jaro 2010. Kiam mi legis la poeziaĵon, kompreneble, mi devis pensi pri Eroŝenko kaj kiom la mondo, ĉiu kulturo kaj ĉiu kontinento devas esti plenaj de malhelpataj Eroŝenkoj:

Orfoj[361]

Du infanoj
en Orienta Kongo
gefratoj 12-jara kaj 16-jara
iliaj gepatroj mortigitaj

   ili sendis al mi leteron en Esperanto
   kiel ili lernis la lingvon
   estas al mi mistero
   antaŭ unu monato
   ili skribis denove
   la knabo havis akcidenton

---

[361] En Esperanto en la originalo. La aŭtoro aldonas sian germanan tradukon, kiun la tradukisto preterlasas.

falis de biciklo
rompis piedon

preĝu por ni
vana peto

post tio nenio

Estas precize ĉi tiu *"post tio nenio"*, kiu ŝvebas kiel konstanta danĝero super ĉiuj edifaj rakontoj, en kiuj izolita, malfavorata aŭ eĉ finfine kondamnita estaĵo provas malligi sin de la frakasantaj trajektorioj de sia ĝisnuna sorto helpe de magiaj ingrediencoj – nova identeco, nova lingvo, nova komunumo. *Post tio / nenio* – ĉi tiu estas la rimo, per kiu la universo respondas al ĉiuj niaj klopodoj. Esperanto neniel helpis la du gefratojn el la Demokratia Respubliko Kongo. Sed momenton, kial mi akceptas ĉi tion tiel facile? Kial mi opinias, ke ilia sorto estas iel simila al tiu de Eroŝenko? Ĉu eble ĉar ili skribas *"preĝu por ni"*? Sed la cerbumado de Ragnarsson pri tio, kiel ili probable lernis Esperanton, ŝajnas al mi, je la dua rigardo, preskaŭ naiva kaj stulta. Esperanto vivas en multaj Afrikaj landoj. *"Vana peto"* – kial vana?

Eroŝenko revenis. Tamen ne hejmen, sed al tute nova lando: Sovetunio. Tie, nova laboro estis baldaŭ trovita por la lingve talentega viro: li devis simultane traduki subaŭskultatajn telefonkonversaciojn el diplomataj hoteloj. Eroŝenko rifuzis. Por puni lin pro tiu rifuzo, la aŭtoritatoj ekde tiam esploris lian tutan korespondaĵon kaj eĉ incendiis lian privatan bibliotekon.

En 1929 li fuĝis de reprezalioj al la Ĉukotlando en la fora oriento de Rusio, kie lia frato laboris kiel bestkuracisto. Dum iom da tempo li vivis tie kun la ĉukĉoj, indiĝena popolo en Siberio. Li lernis ilian lingvon kaj kolektis fabelojn kaj legendojn. Li lernis ankaŭ stiri hundosledon kaj eĉ uzi ĝin por ĉasado. Lia solsola orientigilo estis la aŭdsenso. Iam li preskaŭ mortis en neĝoŝtormo, kiu neatendite furiozis en la mezo de la tundro. Post iom da tempo hundo elspuris en neĝduno la duone frostigitan Eroŝenkon, kiu apenaŭ povis moviĝi, kaj kondukis lin hejmen. Eroŝenko aparte interesiĝis pri la sorto de du viroj blindaj. Kiel estis ilia vivo en tiu ĉi tre tradicie organizita kulturo? Laŭ mi, la raporto de Eroŝenko pri la du blinduloj eble estas la plej ŝatinda el liaj malfruaj verkoj. La unua viro nomiĝis Filip Onkudimov kaj tiutempe estis 24-jara. Eroŝenko skribas:

> Li komencis perdi sian vidkapablon jam en la infanaĝo, sed li ankoraŭ povas vidi iomete hodiaŭ. Mi ne povas diri kun certeco, kian malsanon li havas. Laŭ lia priskribo ambaŭ okuloj estas kvazaŭ kovritaj de vualo iĝanta ĉiam pli dika, ĉiam pli densa, kaj ĉiu nova tago iĝas iom pli maldiafana, iom pli senkonsola ol la antaŭa, kaj la tuta vivo iĝas pli malhela kaj punsimila. Interese estas, ke lia familio kaj najbaroj tute ne konsideras lin blinda.

Kiel en la infanaĝo de Eroŝenko, kiam nenio alia helpas, oni konsultas sanktulojn kaj pastrojn. Filip estas unu el la malmultaj ĉukĉoj kies prapatroj estis baptitaj. La popo, kiun oni venigis al li, aspergas la malsanajn okulojn per benita akvo. Eroŝenko notas: "Ĉi tio ne helpis." Sanktan oleon oni elprovis. Sama rezulto. Poste, pli potencaj armiloj estis alportitaj. Filip kisu la lignajn ikonojn en la preĝejo, kiuj, kiel ĉiuj devas koncedi, "estas terure ornamitaj per kupro kaj plumbo," tute griza kaj parte nigriĝintaj per fumo kaj fulgo. "Eĉ la popo mem kaj eĉ la plej fervoraj kredantoj en la paroĥo ne plu atendis miraklojn de ili. Nur Filip fidis." Ĉar li ne vidas la staton, en kiu la ikonoj troviĝas. La popo diras, ke la juvelitaj, orumitaj kaj unu pudon pezantaj ikonoj en Moskvo, kiuj estas nutrataj per la lumo de miloj da kandeloj en la preĝejo eble povas helpi. Li ankaŭ povas varmege rekomendi la neputremajn restaĵojn de Sankta Jozefo en Belgorodo. Amikoj, kiuj observas la indiĝenajn tradiciojn, kondukas Filip al ŝamano. La ikonoj ŝajnas sufiĉe suspektindaj al ili. Kisi oldaĉajn sanktulojn? Aliokaze ili ja proponus puni per vergoj la etajn diojn respondecajn pri la bonfarto de la familio Onkudimov, kiel kutimas en la tundro "*por* ke ili pli zorgu pri la aferoj de siaj adorantoj".³⁶² (bela frazero ĉi tiu lasta) Sed ĉi tiu propono estas finfine malakceptita, ĉar la ikonoj aspektas "multe tro mizeraj kaj sensciaj pri magio", esence ili aspektas, kvazaŭ ili estus jam antaŭlonge draŝitaj.

La ŝamano batas sian sanktan tamburinon kaj murmuras nekompreneblajn vortojn. Li rakontas pri la *Kelja*, giganta raso, kiu kutimis priloĝi la regionon, kiu limas la Arktan Oceanon. Ili kaptis fiŝojn, ĉasis rosmarojn kaj marleonojn kaj tre ofte ankaŭ homojn. Sed de kiam la homoj komencis kunporti pafilojn, la *Kelja* fariĝis nevideblaj. Foje ili obsedas la animon de homo kaj malsanigas lin.

Sed ankaŭ tio ne helpas la kompatindan Filip. Li decidas ŝpari monon por vojaĝo al Moskvo. Eble tie troviĝas kompetentaj kuracistoj aŭ almenaŭ funkciantaj ikonoj. Li laboregis por dek, por dudek viroj kaj helpas kun la ĉiujara kaptado de sovaĝa ketao.³⁶³ Li perlaboras multan monon, sed ĝi simple glitas tra liaj fingroj, ĉar liaj parencoj ĉiam bezonas monon, kaj li volas helpi ilin.

Filip estas blokita. Mondaj eventoj okazas kaj faras ĉian vojaĝon eĉ pli malfacila: la unua mondmilito, revolucio, bolŝevikoj, kontraŭrevolucio kaj bolŝevikoj denove. Fine disvastiĝas la onidiro, ke fama okulkuracisto baldaŭ vojaĝos tra la proksima urbo Anadir.

La 25-an de julio 1929, ankaŭ Eroŝenko vojaĝas al Anadir, sur la vaporŝipo Astraĥano. Li venas el Moskvo. En Anadir li renkontas Filip.

Tiu demandas lin, ĉu ankaŭ li vere estas blinda.

Jes.

Tute blinda?

Bedaŭrinde jes.

Tio estas nekredebla, diras Filip, ĉar la sinjoro venas el Moskvo. Kiel li povus esti blinda? Ĉar tie ja troviĝas la ikonoj faritaj el multepeza oro kaj la multaj sanktuloj kaj la magiaj relikvoj. Ne, la sinjoro ne povas esti el Moskvo!

---
362 En Esperanto en la originalo.
363 **Ketao** (*Oncorhynchus keta*), aŭ **Ĉum-salmo**, estas salmoneda fiŝo. La nomo *Ketao* devenas de komuna vorto uzata por tiu fiŝo de diversaj popoloj de ekstreme Nord-Okcidenta Rusio. N.d.l.T. Vikipedio

"Aŭskultu min, Filip," diras Eroŝenko. "La bolŝevikoj transportis la miraklajn ikonojn kaj figurojn de sanktuloj en publikajn muzeojn. Bedaŭrinde ili ne plu havas sanigan efikon tie."
Sed la famaj kuracistoj! Kio pri la famaj kuracistoj en Moskvo? Eroŝenko certigas lin, ke ili ne interesiĝas pri blinduloj. La ĉefa problemo ne estas blindeco, sed la viduloj. "Ili eĉ ne donas al ni la ŝancon labori por nia vivtenado."
Filip estas konfuzita.
"Sed ĉe ni", li diras, "la viduloj kun plezuro donas al mi ĉiun ŝancon labori por mia vivteno!"
Jes, Eroŝenko volas respondi, vi ja estas sovaĝuloj.
Nun ankaŭ li estas iom konfuzita.
Responde al la demando de Filip, li rakontas iomete pri la laboroj, kiujn blinduloj rajtas fari en Moskvo. En pli kaj malpli grandaj fabrikoj, ili okupiĝas pri kelkaj simplaj manlaboroj, ktp.
Ĉu la blinduloj en Moskvo ne kaptas fiŝojn?
"Kelkaj, por plezuro, kaptas fiŝojn per hokoj", diras Eroŝenko.
Por plezuro! Tio estas malbonfaro! Oni kaptu fiŝojn nur por pluvivi! En proksima kunlaboro kun viduloj. Filipo indignas.

Oni vokas lin labori. "La tutan tiun tagon li malsukcesas: li lasas la reton for el la manoj, ekglitas sur fiŝo kaj falas trans la boatrandon en la riveron. Sekigante sin apud la fajro, li sidiĝas tiel proksime al ĝi, ke lia pantalono ekbrulas. Tiun tagon li klare ekkomprenas, ke li blindiĝas. Unue li koleras kaj poste ploretas amare. Tiun ĉi tagon ĉiuj liaj kamaradoj ekvidas, ke li estas blinda, kaj neniu plu vokas lin al la laboro. Oni lasas lin sidi trankvile ĉe la fajro. Filip ekblindulas."[364]

En la 1930-aj jaroj, Eroŝenko veturis tra la Arkta Oceano per glacirompilo kaj loĝis en Kuŝka,[365] en la Sovetia respubliko de Turkmenio, kie li fondis blindullernejon kaj evoluigis novan brajlan sistemon por la turkmena lingvo. Ĝi estas uzata tie ankoraŭ hodiaŭ.

---

364 Anstataŭ traduki el la germana ĉi tiu citaĵo venas rekte el "El vivo de la ĉukĉoj", Eroŝenko, 1933. N.d.l.T.
365 La urbo Kuŝka hodiaŭ nomiĝas Serketabad. N.d.l.T.

Dum la dua mondmilito, la sekreta polico esploris la delonge politike suspektatan viron eĉ pli atente kaj forpelis lin el Turkmenio en 1945. Li laboris kiel instruisto en vilaĝa lernejo.

Oni ne scias multe pri la lastaj jaroj; almenaŭ nenion ekscitantan, aventurecan. Li gvidis blindullernejojn, li spertis reprezaliojn, li instruis lingvojn.

Kiam seriozaj sanproblemoj trafis lin en 1951, kuracisto ekzamenis lin kaj malkovris stomakan kanceron en progresinta stadio. La kuracisto intencis kaŝi la diagnozon antaŭ Eroŝenko kaj murmuris ĝin nur latine, supozante, ke la blindulo ne komprenos. Sed Eroŝenko komprenis la latinan plej bone. La kuracisto eligis kuraĝigajn vortojn. Eroŝenko dankis lin.

Li ne plendis. Nur malmultaj aferoj estis rifuzitaj al li en la vivo. Li ŝatus flugi kun Arthur Roy Smith, sed tiu aĉulo simple malakceptis lian peton en aprilo 1916. Ĉu li foje sopiras al Ĉinio? Ho ne. Ĉu al Japanio? "Tro malmulte da spaco kaj tro da feliĉo", estis lia fina verdikto. Li skribis, ke foje li ŝatus havi kronon, nur por ke li povu ĵeti ĝin al preterpasantoj sur la strato.

Li travojaĝis la mondon lastan fojon por adiaŭi siajn amikojn. En la tajgo en la Jakutia respubliko li ĉasis helpe de gvidisto. Tamen li ne plu povis realigi sian lastan grandan revon: marŝi sole tra Rusio, akompanata nur de gvidhundo, de sia naskiĝurbo Obuĥovka ĝis Vladivostok.

FINALO

Kio estas la malo de leporo?

Jen jam la fino de mia libro, kvankam multaj el miaj aventuroj ankoraŭ ne estas rakontitaj. Ekzemple, kiam la poezio de Matthias Koeppel en lia planlingvo *Starckdeutsch*, ridigis min tiel forte, ke kaprina lakto elfluis el mia nazo. Aŭ kiam mi ĉeestis koncerton de la franca progresivroka, libera, ĵazbanda Magma en 2015, kiu kantas siajn kantojn en sia propra lingvo, la Kobaja. Ĝi estas la lingvo de la planedo Kobajo, kiu, mi supozas, estis la hejmo de la muzikistoj. Aŭ mia senbrida entuziasmo por la poetino Dagmara Kraus, kiu verkas en pluraj planlingvoj, inter kiuj troviĝas eĉ Volapuko, sed ankaŭ en la *Langue Bleue* (aŭ Bolak) de Léon Bollack kaj la tute izolita mondlingvo *Myrana* de Josef Stempfl. Mi precipe amas ŝian libreton, *"kleine grammaturgie"*, aperigita de la eldonejo Urs Engeler. El lernolibroj de la *Langue Bleue*, ŝi arigis diversajn ekzercfrazojn en mallongajn priskribojn de la vivo, kia ĝi vere estas:

	(en Esperanto)
ne seri nif ib gev	*ni estas naŭ sur la tero*
dog	*hundo*
kval	*ĉevalo*
virt	*virto*
div	*dio*
madr	*hejmlando*
per di lers	*patro el fero*
it ag sor A	*kaj ĉi tiu sinjoro A*

Mi rakontis retpoŝte al s-ino Kraus pri la mankanta vorto por "kato" en la originala vortaro de Volapuko.[366] Ŝia respondo: "Mala situacio troviĝas ĉe Léon Bollack.

---

[366] En la 1920-aj jaroj Arie de Jong faris revizion de *Volapük*, kiu estis eldonita en 1931 (nun nomata *Volapük Nulik* "Nova Volapuko" kontraste al *Volapük Rigik* "Originala Volapuko" de Schleyer). N.d.l.T.

Oni povas inigi la vorton 'patro' en *Bolak/ Langue Bleue*, sed mi ankoraŭ ne elpensis taŭgan ekvivalenton de ĉi tiu inigita patro en en la germana, ĉu *Vätin* aŭ *Väterin*".

Oni notu, ke *uper* verŝajne ne signifas patrinon, ĉar Bolak, nesurprize, havas la vorton *mer*. S-ino Kraus dediĉis iom da tempo al miaj multaj demandoj kaj respondis kun pacienco.
Kaj kion mi faris?
Mi denuncis ŝin.
Al la papo.
Ĉar mi tuj montris ŝian Volapukan poeziaĵon el "*Kleine Grammaturgie*" al Cifal Hermann Philipps. Li avertis min, ke mi ne lernu Volapukon el ĉi tiuj versoj. Kaj li korektis la poeziaĵon por mi. Alivorte, li verkis tute novan poeziaĵon – en ĝusta Volapuko.

Jen la teksto de la lasta strofo en la germana:

es war still
ein leuchtturm ein rettich ein bäumchen
rückten näher zusammen

estis kviete
lumturo rafano arbido
proksimiĝis

La leganto nun povas provi interpreti, kiu el la sekvaj du formoj estas la ĝusta kaj kiu estas la intence malĝuste kompilita de Dagmara Kraus:

ästilos
far e raf e bimil
änilükons odis

Aŭ:

pänepükos
far e raf e bimil
lä od

Dagmara Kraus estas unu el tiuj maloftaj poetinoj, kiu kapablas rigardi lingvojn kiel la neordinarajn artaĵojn, kiuj ili ja estas. La estonteco estu ŝia. Mi pensas, ke mi ne taŭgas por verkado de poeziaĵoj en planlingvoj. Sed se mi devus, mi verŝajne provus verki en unu el la plej idiosinkraziaj kaj sukcesaj el la lastatempaj planlingvaj projektoj, la *Ulysses* de konstruitaj lingvoj: Loĵbano. Ĝi estis kreita en la malfruaj 1980-aj jaroj. Ĝia kreinto estas teamo de aŭtoroj nomata *The Logical Language Group* (La Logika Lingvo-Grupo). Loĵbano realigas la ĝis nun vanan revon de John Wilkins aŭ Charles Bliss pri la perfekta unusenceco de la terminoj. Tio estas plej bone klarigebla per ekzemplo. En la nederlanda oni trafe priskribas bagatelemajn aŭ pedantajn homojn kiel *mierenneuker*, formik-fikantoj. Oni neniam povus diri tion en Loĵbano. Ĉar la lingvo estas konstruita tiel pefekte unusence, ke, aŭdante ĉi tiun esprimon, oni nepre prezentas al si en la menso nur la laŭvortan signifon: fikanto de formiko. Ankaŭ vortoj kiel "rifuĝint-ondo" aŭ "rifuĝint-fluo" tuj aperas absurdaj kaj sengustaj al loĵbanisto – kaj ne nur post longaj debatoj aŭ instruoj.

Ankaŭ Til' Strigospegul'[367] estus nepensebla en pura Loĵbana mondo. Ĉar, kiel konate, li prenas idiomaĵojn laŭvorte kaj tiamaniere kaŭzas kaoson. En la malfrua mezepoko kaj frua moderna periodo, la homoj pli kaj pli rimarkis la strangan diferencon inter la idiotismoj kaj la faktaj aferoj, kaj ĉi tiu diferenco iĝis fonto de novspeca humuro, kies kulmino estas verŝajne la pentraĵo de Breughel pri la nederlandaj proverboj. "Strigoj kaj cerkopitekoj!"[368] malbenas la majstro-bakisto – kaj la genie stulta Til' Strigospegulo prenas tion kiel konkretan mendon. Se li estus unulingva denaska Loĵban-parolanto, li povus eĉ ne pensi pri tio. Konsiderante la hipotezon de Sapir-Whorf, mi eĉ asertas: por Loĵban-parolanto,

---

367 **Til' Strigospegulo**, originale malaltgermane *Dyl Ulenspegel*, altgermane *Till Eulenspiegel* kaj nederlande *Tijl Uilenspiegel*, estas legenda, mezepoka vojaĝanta amuzisto kaj heroo de malaltgermana populara libro, publikigita anonime dum la jaro 1510 aŭ 1511. En Esperanto aperis "Amuza legado pri Til' Strigospegul'" (tr. Rikardo Ŝulco, Esperanto-Centro Paderborno 1987) Vikipedio N.d.I.T.

368 Rakonto el Til' Strigospegulo, kie la bakisto lasas la helpanton baki sole. La helpanto demandas, kion li devas baki. La bakisto ŝerce respondis "strigoj kaj cerkopitekoj". La helpanto plenumas la ordonon laŭvorte kaj estis maldungita. N.d.I.T.

eĉ la ideo fari tian klasikan Strigospegulaĵon efektive estus neebla. Kiel Loĵban-parolanto kun ĉiutaga kompenteco, la majstrobakisto ne lasus dubon, ĉu lia eldiro estas intencita kiel ordono, deziro, ĝentila mendo aŭ kiel pure metafora malbeno. Ĉar ekzistas en Loĵbano, simile al Bliss-simboloj, propra reguloj por indiki metaforan lingvouzon. Pro tiuj indikoj oni scias, ke la sekva frazo konsistas en specifa sinsekvo da vortoj laŭ la lingvouzo de certa kulturo, lasante la interpretadon al la inteligenteco de la interparolanto. Tamen, kiel unu el la ĉefaj loĵbanistoj, John Cowan, asertas:[369] "La lingvo estis konstruita por forigi kelkajn limojn de homa pensado; ĉi tiuj limoj ne estas komprenataj. Tial la tendenco estas forigi limojn, kiam ajn lingvaj strukturoj malhelpas la pensadon. Oni certe povas paroli sensencaĵojn en Loĵbano."

En Loĵbano estas neniu diferenco inter tio, kio estas dirita, kaj la maniero, kiel ĝi estas interpretita. En matematiko tia unusenceco estas nomata unu-al-unu aŭ bijekcia bildigo. Resume: "Mi ne nepre scias, kion vi volis diri, sed mi ĉiam scias precize, kion vi diras." Kiam la sama frazo estas donita al du Loĵbanparolantoj, kiuj ambaŭ perfekte regas la lingvon, ili devas tute same kompreni ĝin. Unu koncepto havas ekzakte unu vorton, kiu siavice povas rilati nur al ĉi tiu unu koncepto. Ekzistas nek hazarde identaj vortoj, nek konceptoj, kiuj iel parte kongruas. Ĉio estas bonorde apartigita, kiel ŝtatoj, kiel konstelacioj. El ĉi tiu troigita unusenceco rezultas, ke kelkaj ekstreme mallongaj eldiroj en Loĵbano foje respondas al sufiĉe longaj frazoj en nia lingvo, ekzemple, "*ko mo*" = "Kio estas tio, kion mi ordonas al vi?"

Origine Loĵbano (kiu antaŭe, en sia praa formo, nomiĝis Loglan, *Logical language*) estis destinita por lingva esplorado, sed montriĝis, ke ĝi povas ankaŭ plibonigi la komunikadon inter homoj kaj maŝinoj.

Kaj tamen homoj verkas poeziaĵojn en Loĵbano, kvankam nur malmultajn. Laŭ mia scio, ankoraŭ neniuj libroj, romanoj aŭ volumoj de poezio estas publikigitaj.

---

369 La citaĵo estas en la angla: "The language was built to attempt to remove some limits on human thought; these limits are not understood, so that the tendency is to try to remove restrictions whenever we find the language structure gets in our way. You definitely can talk nonsense in Lojban". N.d.l.T.

La lingvo prosperas sur interretaj forumoj, ekzemple sur Reddit. Kaj iun tagon, en unu el tiuj diskutejoj, ekestis la demando, ĉu limeriko skribita en Loĵbano devas esti amuza. Ĉar, laŭ la demandanto, limerikoj en la angla ĉiam estas humuraj. Tio pensigis min dum momento. Ĉu vere ĉiam? Ĉu ne ekzistas deprimaj limerikoj? Kaj se ne, kial ne? Kio okazas, se oni provas? Prave: oni estos vangofrapita de la kvina linio. Stranga efiko. Sed oni mem povas provi tion. Io en la ritmo mem kaŭzas, ke la ripetiĝanta rimo ĉiam malfaras la tuton kaj igas ĝin ridinde malserioza kaj malreala. Limerikoj en Loĵbano ŝajne ĝuis mallongan floradon antaŭ proksimume dek jaroj. Jen unu:

fe le tolcre cu nandu.i'u
.iunai fa lo nu finti le mu
lo vlali'i co pemci
.i se tordu le temci
.lo rimni cu sarcu je'u

La aŭtoro, Michael Truniansky, provizas anglan tradukon.

For the novice, it's hard (don't I know
And hate that?) to write five
Lines of poetry.
Time is short,
And it has to rhyme (Really!)

Por la novulo, malfacilas (ĉu mi ne scias
kaj hatas tion?) skribi kvin
liniojn da poezio.
La tempo mallongas,
kaj ĝi devas rimi (Vere!)

Rima versio povus aspekti kiel ĉi tio:

Für den Neuling – oh großes Verhängnis! –
ist die Limerickform ein Gefängnis.

Es sind nur fünf Zeilen
man muss sich beeilen
und kommt echt in Reimwort-Bedrängnis!

Por novulo – granda pereo! –
limerik' estas koncentrejo.
Kun linioj nur kvin
tuje aranĝu vin,
ĉar necesas rimoideoj!

Michael Turniansky estas programisto kaj loĵbanisto. Demandite pri la ekzisto de poezio en Loĵbano sur la retejo Quora, kiu celas respondi kiel eble plej multajn demandojn, li respondis per kelkaj memfaritaj ekzemploj kaj tradukoj, inkluzive de unu el la poeziaĵo Lied (Kanto) de Robert Gernhardt:

In dem Grase war ein Tier;
es saß dort, ich stand hier.
Ich ging langsam darauf zu,
fragte es: Wer bist denn du?
Bist du bräunlich
oder rot? Bist lebendig
oder tot?
Bist ein Teufel
oder Gott?
Oder bist du ein Hase?
Kion besto en la herbo faris?
Ĝi sidis tie, dum mi staris.
Lante alproksimiĝante
demandis mi: kiu estas vi?
Ĉu vi brunas
aŭ ruĝas? Ĉu vivantas
aŭ mortintas?
Ĉu vi estas diablo
aŭ Dio?
Aŭ ĉu vi estas leporo?

La viro montras bonan guston. Ĉi tio estas perfekta poeziaĵo. Leporoj en poeziaĵo estas ĝenerale bona ideo. Kiel mi jam okaze menciis, mi sentas min kiel io leporeca. Ekde kiam mi loĝas en Vieno, mi eĉ regule manĝigas la sovaĝajn kuniklojn, kiuj troviĝas ĉe la bordo de la rivero Danubo. (Vi ne devas kompreni.)

La parolanto en la poeziaĵo tiel gracie palpas sian vojon laŭlonge de la evidentaĵo, nome la komprenaĵo, ke la leporo prezentas la alternativon al ĉiuj ekzamenece postulataj kategorioj. Ĉar ne ekzistas kontraŭo al "leporo". Verŝajne eĉ ne en Loĵbano.

Ĉiaokaze, la poemo aspektas jene en Loĵbano:

zvati le srasu fa le danlu
.i ri zutse lo ve'i canlu
.i mi mo'i zo'i klama
ta'i lo masno to xu jbama
toi.i selrei lu uanai
doi xunre
la'acu'i do ca'a
.ia bunre
.i doi mivmrocevyrid
doi cun re
clakerlo cu se ponse do

Ĉar oni verŝajne komprenos nur post longa, anime danĝera studado, el kiuj morfemoj la vortoj kaj frazoj detale konstruiĝas en Loĵbano kun freneza, barokeca, kategoriiga pasio, la tradukisto aldonis interlinian anglan version:

Present in the grass, a creature.
It sits in a small area.
I approach
Slowly (Is it a bomb?
). Asking, <confusion>
O, red thing!
Perhaps you are really

<belief> brown.
O, Alive-Dead-God-Devil,
O Random, two
Long ears you possess!

Ĉeestanta en la herbo, estaĵo.
Ĝi sidas en malgranda areo.
Mi alproksimiĝas
Malrapide (Ĉu ĝi estas bombo?
). Demandante, <konfuzo>
Ho, ruĝa aĵo!
Eble vi vere estas
<kredo> bruna.
Ho, Vivanta-Morta-Dio-Diablo,
Ho Hazarde, du
Longajn orelojn vi posedas!

Jen, la lastan linion, la pintumon li tute ŝanĝis. Eble li ne ŝatis la fakton, ke ne ekzistas kontraŭo de leporo. Kaj ke la poeziaĵo celas ridindigi la ĝeneralan, deliran kategoriemon de la homoj; kaj ĝuste pri tio temas Loĵbano. Ofte nia nekonata interna memo elektas la poeziaĵojn, kiujn ni tradukas.

Se Ludoviko Zamenhof kaj Johann Martin Schleyer amis sufiksojn, tiam oni povas diri, ke loĵbanistoj estas tute sufiks-ebriaj. Esence ĉio en ĉi tiu lingvo estas reguligita per ili. Ekzemple, la fakto, ke oni nur kredas, sed ne scias ion, postulas propran sufikson. **Vere mojosaj mi trovas la jenajn versojn:**

O, Alive-Dead-God-Devil,	*Ho, Vivanta-Morta-Dio-Diablo,*
O Random, two	*Ho Hazarde, du*
Long ears you possess!	*Longajn orelojn vi posedas!*

Skribu tion sur mia tomboŝtono, kaj mi estos kontenta.[370] Bedaŭrinde, mi ne povas diri ĉu tio sonas same mirinde en Lojbano. Mi supozas, ke ne. Ĉar ĉi tiu lingvo, laŭ ĉio, kion mi lernis pri ĝi, trovas tiajn esprimojn sufiĉe normalaj. Tiamaniere konstruiĝas vortoj en Lojbano. Tio ne nepre konstituas devion. Sed tio ja estas la koro de ĉiu poezio: devio.

[Ĉi tie la aŭtoro enmetas sian propran tradukon de la supraj versoj:]

O Lebend-tot-Gott-Teufel
O Zufällig, zwei
lange Ohren besitzest du!

Mi vere malamas la lamentadon fare de kelkaj homoj pri la nuntempa literaturo. Mi certe komprenas, ke ne ĉiuj ŝatas fari profundan esploron en arkivoj aŭ en obskuraj vortaroj aŭ sur certaj retejoj, sed multaj fontoj estas tre proksimaj, por tiel diri, en la najbaraĵo. Oni ne ĉiam devas legi la samajn librojn. Kiam mi komencis mian planlingvan projekton antaŭ almenaŭ ses jaroj, ankaŭ mi ne suspektis, ke ekzistas tiaj riĉaĵoj, ke la mondo fakte estas ankoraŭ grandparte nemalkovrita. Rigardate de supre, la germanlingva literatura pejzaĝo foje aspektas kiel malgaje konstruita kastora digo, kiu ŝirmas kontraŭ ĉio, kio estas tro fremda. Sed ekzistas kantoj trans tiu baro. Ĝuste malantaŭ la kurbiĝo de la vojo troviĝas nekonataj kontinentoj, kie, enirante iliajn teritoriojn, oni akiras tute novan komprenon kaj oni vidas, kie la katŝafidoj karakolas. Kaj vi povas facile veni tien. Vi eĉ ne devas ŝanĝi vian vivon.

---

370 Kvankam "Aŭ ĉu vi estis leporo?" ankaŭ ne estus malbona. Tiam vi povas decidi. N.d.l.A.

FONTO DE BILDOJ

P. 16 Foto de Franz Kafka en la aĝo de kvin jaroj (fonto: https://commons.wikimedia.org/wiki/File:Kafka5jahre.jpg)

P. 24, 68, 71, 72 Mustafa Ahmed Jama: *Viijan: dikter: poems* (Göteborg, 1999)

P. 34, 77, 78, 79, 80, 81, 85 https://globalsymbols.com/

P. 36, 37 John Wilkins: *An Essay Towards a Real Character, and a Philosophical Language* (London, 1668)

P. 38, 40, 41, 42, 44, 45, 62 Charles K. Bliss: *Semantography (Blissymbolics). A logical Writing for an illogical World* (Sydney, 1965)

P. 43 https://web.archive.org/web/20140701062756/http:/www.blissymbolics.us/

P. 43 https://web.archive.org/web/20141003054209/http:/www.blissymbolics.us/2013/06/how-to-compose-nonlinear-bliss-sentence.html

P. 46 https://cdnadmin.artofliving.org/ sysimg / 1.jpg

P. 82 W John Weilgart: *aUI. The Language of Space. For the First Time Represented and Adapted to the Needs of this Planet* (New Delhi, 1968)

P. 109, 110, 111 https ://translate.google.com/ (bildigita de Sarah Wipauer)

P. 120 https://de.wikipedia.org/wiki/Datei:JM_Schleyer_1888.jpg

P. 129 Neuigkeits-Welt-Blatt. ANNO Historische Zeitungen und Zeitschriften, © Österreichische Nationalbibliothek, Wien

P. 131 Tram-mḷöi hhâsmařpṭuktôx (https://commons.wikimedia.org/wiki/File:Ithkuil-exoo1.jpg)

P. 138 https ://en.wikibooks.org/wiki/L%C3%Aıdan/ Lessons/15

P. 153, 155 Samuel R. Delany, Marilyn Hacker: *Quark*/2 (New York, 1971)

P. 163 http:/ /wiki.talossa.com/File:VuodePalace.jpg

P. 164 https://www.youtube.com/watch?v=oFAzMNQVZnE

P. 284 https://storage.googleapis.com/hippostcard/p/ c88oab9bo67a1fada18a5f6eo9obc5d2.jpg)

P. 193 https:/ /www.daserste.de/information/politik-weltgeschehen/weltspiegel/videos/ trauerfeier-fuer-nelson-mandela-teil-1-100.html

P. 197 https:/ /www.urbandictionary.com/define.php?term=tineka

P. 206 https:/ /www.google.com/ – Suche nach "fälisch")

P. 218-220 https:/ /www.youtube.com/watch?v=ho6_Ds36zZY

P. 234 Foto de la aŭtoro

P. 294 Vasilij Eroschenko (https://commons.wikimedia.org/ wiki/File: Portrait_of_Vasilii_Yaroschenko_ by_Nakamura_ Tsune_(National_Museum_of Modern_Art,_Tokyo).jpg)

P. 296 Vasilij Eroschenkos (https://www.nakamuraya.co.jp/ pavilion/founder/salon/a_o12.htm)

P. 325 https://www.chassons.com/chasse-en-france/faits-divers/coronavirus-en-2003-lepidemie-de-sras-etait-nee-en-chine-lauteur-du-virus-etait-alors-une-civette/323859/

P. 333 https://www.youtube.com/watch?v=ofXsNjqsh34

Pliaj bildfontoj: arkivo de la eldonejo Suhrkamp.

FONTO DE POEMOJ

P. 90 kaj sekvaj: H. C. Artmann: *Versuch einer kleinen Chrestomathie mit Zisternen*, en:
H. C. Artmann, Sämtliche Gedichte
© 2003, Jung und Jung Verlag GmbH, Salzburg

P. 104 H. C. Artmann: *ginevra verrät sich im schlaf und der könig artus antwortet ihr mit einem gedicht*, en:
H. C. Artmann, Sämtliche Gedichte
© 2003, Jung und Jung Verlag GmbH, Salzburg

P. 203 kaj sekvaj: August Walla: "Ctabinoh"
© Art Brut KG

P. 209 kaj sekvaj: poemoj de Ernst Herbeck, en:
Ernst Herbeck, Leo Navratil (eld.), Im Herbst da reiht der Feenwind.
Gesammelte Texte 1960-1991
© 1999, Residenz Verlag GmbH, Salzburg – Wien

P. 222 kaj sekvaj: poemoj de Oskar Pastior
© Oskar Pastior Stiftung

P. 271 kaj sekvaj: poemoj de Marjorie Boulton, en:
William Auld (Hg.), Esperanta Antologio. Poemoj 1887-1957
© 1958, J. Regulo - Eldonisto, La Laguna

P. 358 kaj sekvaj: Robert Gernhardt: *Lied*, en:
Robert Gernhardt, Wörtersee. Gedichte
© 2018, S. Fischer Verlag GmbH, Frankfurt am Main

Ne ĉiuj posedantoj de kopirajto estis troveblaj, malgraŭ nia intensiva serĉado. Se vi estas unu el la posedantoj de kopirajto de bildo aŭ teksto, bv. kontakti la eldonejon.

DANKO DE LA AŬTORO

Mustafa Ahmed Jama, Christian Cimpa, Klára Ertl, István Ertl, Goro Christoph Kimura, Hermann Philipps, Spomenka Štimec, Dagmara Kraus-Cavaillès, Stefan Schuhmacher, Adnan Popović, Doris Plöschberger, Jacob Teich, Ĵoko Hamann. Sarah.

ENHAVO

Jan P. Sandel: Enkonduko. Videbligi la nevideblan en la granda ora ĉelaro 5

La abeloj kaj la nevidebla 11

Enkonduko 12

UNUA ĈAPITRO. La Karakolado 14
1. 14
2. 16
3. 21
4. 23

DUA ĈAPITRO. La malfacile filmebla historio de S-ro Bliss 26

TRIA ĈAPITRO. Liber Pictorum 75
1. 75
2. 88
3. 96
4. 23

KVARA ĈAPITRO. Mia somero en Volapuko 115
1: Taglibro 115
2: Ek, water. Ek, writer 130
3: La loĝantoj de la lando Prashad 151
4: *Childhood Bedroom Dream*: Parabolo 157
5: Taglibro monatojn poste 176
6: Aldono 178
7: La fino 183

KVINA ĈAPITRO. Umzaka. Poezio sensenca kaj ĝia similaĵo 186
1: Ekskludante la publikon 186
2: La sfinkso de Soweto 190
3: Tri provoj 196
4: Walla, Herbeck, Mach – la *Linguae Ignotae* de Gugging 201
5: The Ballad of Austin Creek 216

6: Gifts from God 221
7: Sadasa Ulna 231
8: Arli's Poems 235

SESA ĈAPITRO. La granda liberigo: Esperanto 240
1: La vojaĝo 240
2: Origino 245
3: Kiel oni lernas Esperanton 252
4: Majstro-poeto en Esperanto 263
5: Ĉie amikoj 273
6: Pri amo kaj landlimoj 280
7: Fabelrakontisto kaj Anarkiisto 290
8: Malhelblondaj bukloj 293
9: Baldur Ragnarsson: Pensemo en la universo 296
10: Deportado kaj persekutado 301
11: La Tragedio de la Kokidoj kaj aliaj bestoj:
   ĉinaj jaroj de Eroŝenko 307
12: La geniulo: Jorge Camacho 318
13: Eroŝenko malaperas 326
14: La arto kabei 328
15: Pri papoj, programistoj kaj imaginaraj limoj:
   La kazo de la Kvenja lingvo 334
16: La vera genio: Spomenka Štimec 340
17: La malfruaj jaroj de Eroŝenko 348

FINALO 354

FONTO DE BILDOJ 364

FONTO DE POEMOJ 366

DANKO DE LA AŬTORO 367

www.ingramcontent.com/pod-product-compliance
Lightning Source LLC
Chambersburg PA
CBHW021759220426
43662CB00006B/125